ZOYA

Danielle Steel

ZOYA

Roman

*Traduit de l'anglais (Etats-Unis)
par Arlette Rosenblum*

PRESSES
DE LA CITÉ

Titre original : *Zoya*

© Danielle Steel, 1988
Tous droits réservés, incluant tous les droits de reproduction d'une partie ou de toute l'œuvre sur tous types de supports
© Presses de la Cité, 1990 pour la traduction française et 2013 pour la présente édition
ISBN 978-2-258-09384-3

Presses
de   un département **place des éditeurs**
la Cité

place
des
éditeurs

Maxx bien-aimé

Jamais trop jeune, jamais trop vieux,
toujours assez fort
pour vivre, aimer, vouloir connaître,
sois tout cela,
cordial toujours
et toujours compatissant.
Que la vie te dispense
ses mille bienfaits,
que ses fardeaux te soient légers.
Aie le vent en poupe,
le soleil dans ton âme
et notre affection dans ton cœur,
maintenant et à jamais.

A toi, à ton papa,
mon cœur toujours,
mon amour et ma vie
pour toujours à vous.

                                        D.S.

Zoya

Errant par le monde
en des lieux enchanteurs,
des visages
bien-aimés
aux voix murmurantes
surgissant du passé,
des nuées de souvenirs
qui défilent,
et Vie
son nom même,
rien
plus jamais
pareil à ce que c'était
voilà si longtemps
les palais,
les souvenirs,
les rêves,
l'ordre
de tout ce qui était,
tout ce qui aurait dû
et aurait pu être,
et que naguère elle
avait vu,
une existence magique
de palais
et de bals

tout voué à tomber
comme la neige,
tout voué à n'être plus,
dissipé en un clin d'œil
comme la pluie,
les rires,
la musique
la beauté, la souffrance,
les amis,
leurs sourires
laissés derrière eux,
les souvenirs
aussi doux que la rosée,
tel du satin sur sa joue...
avec une vie entière
pour chercher de nouveau
tout cela qui a si vite disparu,
plaisant, précieux
chant d'hiver,
abrité dans un cocon d'amour,
vie de feu
rapidement
consumée,
et trop tôt
bien trop tôt
terminée.

SAINT-PÉTERSBOURG

1

La troïka filait sur le sol glacé et Zoya referma les yeux, le léger brouillard de neige lui déposant de minuscules baisers humides sur les joues et transformant ses cils en dentelle, tandis qu'elle écoutait tintinnabuler les clochettes des chevaux. Elle adorait ce son depuis son enfance. A dix-sept ans, elle se sentait adulte, était en fait presque une femme, et pourtant gardait encore ses impressions de petite fille, cependant que Fiodor incitait du fouet les chevaux d'un noir luisant à presser l'allure dans la neige... plus vite... encore plus vite... Quand elle rouvrit les yeux, ce fut pour voir le village à la lisière de Tsarskoïe Selo. Elle sourit toute seule, les paupières plissées afin de distinguer les deux palais qui se trouvaient juste derrière, et, retroussant un de ses gros gants doublés de fourrure, elle vérifia combien de temps il avait fallu. Elle avait promis à sa mère qu'elle serait de retour pour le dîner... et elle y serait... si elles ne bavardaient pas trop... mais comment faire autrement ? Marie était son amie la plus chère, presque une sœur.

Elle rit de plaisir, et le vieux Fiodor, jetant un coup d'œil par-dessus son épaule, lui sourit. La journée avait été parfaite. Ses cours de danse classique la ravissaient toujours et, en ce moment même, ses chaussons étaient calés sur le siège à côté d'elle. Depuis sa plus tendre enfance, danser était une fête, une passion, et parfois, dans le plus grand secret, elle avait chuchoté à Marie que ce qu'elle souhaitait le plus au monde, c'était s'enfuir pour le Mariinski[1] et s'y exercer jour et nuit avec les autres élèves de l'école. L'idée la faisait sourire maintenant. C'était un rêve qu'elle ne pouvait même pas formuler à voix haute : les gens de son monde ne devenaient pas danseurs professionnels. Elle était douée pour la danse, elle le savait depuis l'âge de cinq ans, et du moins ses leçons avec Mme Nastova lui donnaient-elles le plaisir d'étudier ce qu'elle préférait. Elle travaillait avec acharnement durant les heures qu'elle passait là-bas, s'imaginant toujours que Fokine, le grand chorégraphe, le grand professeur, découvrirait son talent. Ses pensées se détournèrent vite du ballet, toutefois, et se reportèrent sur son amie d'enfance tandis que la troïka traversait rapidement le village pour l'emmener rejoindre sa cousine Marie. Le père de Zoya, Constantin, et le tsar étaient cousins éloignés ; sa mère, de même que celle de Marie, était allemande. Elles avaient tout en commun, les passions, les secrets, les rêves, le milieu social. Enfants, elles avaient partagé les mêmes terreurs et les mêmes ravissements, et il fallait qu'elle lui rende visite aujourd'hui, quand bien même elle avait promis à sa mère de s'en abstenir. C'était vraiment stupide, pourquoi ne pas la voir ? Elle n'irait pas dans la chambre des autres qui étaient malades, et puis Marie se portait comme un charme. Pas plus tard que la veille, elle avait envoyé à Zoya un billet disant à quel point elle s'ennuyait au milieu de ces malades. Et ce n'était rien de grave, somme toute, seulement la rougeole.

Les paysans se hâtaient de laisser la voie libre à la troïka qui passait comme une flèche et Fiodor aiguillonnait les trois chevaux noirs par ses cris. Comme son père

---

1. Théâtre Marie, anciennement théâtre Kirov. (*Toutes les notes sont de la traductrice.*)

avant lui, il avait dans sa jeunesse travaillé au service du grand-père de Zoya, puis pour la famille. Pour personne d'autre qu'elle il n'aurait pris le risque d'encourir la colère de son père et l'élégant mécontentement muet de sa mère, mais Zoya lui avait juré que personne ne le saurait, et il l'avait déjà conduite là-bas un millier de fois. Elle rendait visite à ses cousins presque tous les jours, quel mal y avait-il à le faire maintenant, même si le frêle tsarévitch et ses sœurs aînées avaient la rougeole ? Alexis n'était qu'un gamin, et un gamin en mauvaise santé, comme tout le monde le savait. Zoya Constantinovna était jeune, bien portante et robuste, et tellement, tellement jolie. C'était la plus belle enfant que Fiodor eût jamais vue – son épouse Ludmilla s'était occupée d'elle quand elle était bébé. Ludmilla était morte l'année précédente, d'une typhoïde, une perte terrible pour lui, d'autant plus qu'ils n'avaient pas d'enfants. Son unique famille était celle pour laquelle il travaillait.

La sentinelle cosaque les arrêta à la grille et Fiodor tira sur les rênes des chevaux fumants. La neige était plus épaisse à présent. Deux gardes à cheval, en haute toque de fourrure et en uniforme vert, approchèrent, menaçants, jusqu'à ce qu'ils aient identifié l'attelage. Zoya était bien connue à Tsarskoïe Selo. Ils saluèrent militairement tandis que Fiodor faisait repartir les chevaux, qui longèrent rapidement la chapelle Fedorovski en direction du palais Alexandre. De leurs nombreuses résidences, c'était celle que l'impératrice préférait. La famille impériale utilisait rarement le palais d'Hiver à Saint-Pétersbourg, sauf pour des bals ou des réceptions officielles. Chaque année, au mois de mai, ils s'installaient dans le domaine de Peterhof, puis, après avoir passé l'été sur leur yacht, l'*Etoile polaire*, et à Spala en Pologne, ils se rendaient toujours en septembre au palais de Livadia, en Crimée. Zoya les retrouvait souvent là-bas avant de rentrer étudier à l'Institut Smolny. Mais le palais Alexandre était aussi sa demeure préférée. Elle s'était prise de passion pour le célèbre boudoir mauve de l'impératrice et avait demandé que sa chambre soit décorée dans les mêmes teintes douces et opalescentes choisies par celle qu'elle appelait tante Alix. Sa mère avait trouvé amusant que Zoya choisisse ce décor et, l'année précédente, elle avait décidé de céder à cette fantaisie. Chaque fois qu'elle y venait, Marie la taquinait à ce propos, disant que la pièce lui rappelait beaucoup trop sa mère.

Fiodor descendit de son siège pendant que deux jeunes garçons maintenaient les chevaux qui piaffaient, et la neige lui cinglait la tête quand il tendit précautionneusement la main pour aider Zoya, dont les joues étaient rougies par le froid et les deux heures de trajet depuis Saint-Pétersbourg. Elle aurait juste le temps de prendre le thé avec son amie, songea-t-elle en disparaissant dans l'entrée imposante du palais Alexandre, tandis que Fiodor revenait en hâte à ses chevaux. Il avait des amis dans les écuries et était toujours content de leur apporter des nouvelles de la ville quand il attendait sa maîtresse en leur compagnie.

Deux femmes de chambre se chargèrent de son manteau, tandis que Zoya enlevait lentement sa grande toque de zibeline, libérant une crinière couleur de flamme qui attirait l'attention quand elle flottait sur ses épaules, ce qui était couramment le cas, l'été, à Livadia. Le tsarévitch Alexis adorait la taquiner à propos de sa soyeuse chevelure rousse qu'il caressait doucement de ses mains délicates chaque fois qu'elle le serrait dans ses bras. Pour Alexis, Zoya était pratiquement une de ses sœurs. Nées à quinze jours d'intervalle, Marie et Zoya avaient des caractères semblables et toutes deux le dorlotaient constamment, à l'instar de ses autres sœurs. Son entourage, sa mère, ses sœurs l'appelaient Baby. Même maintenant qu'il avait douze ans, elles le voyaient encore sous ce jour et Zoya prit un air grave quand, à sa question, la plus âgée des femmes de chambre secoua la tête.

— Le pauvre petit, il est couvert de taches et il a une toux terrible. M. Gilliard est resté auprès de lui toute la journée. L'impératrice était occupée auprès des jeunes filles.

Olga, Tatiana et Anastasia avaient attrapé la rougeole par leur frère, c'était une vraie épidémie ; voilà pourquoi la mère de Zoya ne voulait pas qu'elle les approche. Marie, cependant, ne présentait aucun symptôme et son billet de la veille suppliait Zoya de lui rendre visite. *Viens me voir, Zoya chérie, si seulement ta mère veut bien le permettre...*

Les yeux verts de Zoya pétillaient pendant qu'elle secouait la tête pour regonfler ses cheveux et rajustait l'épaisse robe de laine qu'elle avait enfilée à la place de son uniforme d'écolière après la leçon de danse. Elle longea d'un pas rapide l'immense vestibule jusqu'à la porte bien connue par où elle gagnerait l'étage et la chambre spartiate de Marie et d'Anastasia. En chemin, elle passa silencieusement devant la pièce où l'aide de camp du tsar, le prince Mestcherski, travaillait tout le temps, mais il ne la remarqua pas car, même avec ses bottes épaisses, elle gravissait sans bruit l'escalier. Elle frappa à la porte de la chambre et entendit la voix familière.

— Oui ?

D'une main déliée et gracieuse, elle tourna le bouton de la porte et ce fut comme si une gerbe rousse la précédait quand, passant la tête à l'intérieur de la chambre, elle vit sa cousine et amie, silencieuse, debout devant la fenêtre. Les immenses yeux bleus de Marie s'illuminèrent aussitôt et elle s'élança pour l'accueillir, en même temps que Zoya entrait comme une flèche et ouvrait grands les bras pour l'embrasser.

— Je suis venue te sauver, Machka chérie !

17

— Dieu merci ! J'ai cru mourir d'ennui. *Tout le monde* ici est malade. Même la pauvre Anna a été atteinte par la rougeole hier. Elle ne bouge pas des pièces voisines de l'appartement de maman, et maman tient absolument à s'occuper elle-même de tout le monde. Elle a passé la journée entière à porter à tous du bouillon et du thé et, quand ils dorment, elle va à côté s'occuper des soldats. C'est à croire qu'il y a maintenant ici deux hôpitaux au lieu d'un...

Elle feignit de s'arracher les cheveux, qui étaient bruns et soyeux, tandis que Zoya riait. Le palais Catherine, à côté, avait été transformé en hôpital au début de la guerre et l'impératrice s'y affairait sans relâche en uniforme de la Croix-Rouge, attendant de ses filles qu'elles imitent son exemple, mais, de toutes, Marie montrait le moins d'enthousiasme pour s'acquitter de ces tâches.

— Je n'en peux plus ! J'avais peur que tu ne viennes pas. Maman serait furieuse si elle savait que je te l'ai demandé.

Les deux amies traversèrent la pièce bras dessus bras dessous et s'assirent devant la cheminée. La chambre que Marie partageait en temps normal avec Anastasia était simple et austère. Comme leurs sœurs, elles disposaient de modestes lits de fer, aux impeccables draps blancs, et d'un petit bureau. Sur le manteau de la cheminée étaient soigneusement alignés des œufs de Pâques décorés avec art. Année après année, Marie les collectionnait, cadeaux de ses amis ou de ses sœurs. Il y en avait en malachite, d'autres en bois, certains merveilleusement sculptés ou incrustés de pierres précieuses. Elle y tenait autant qu'à ses rares autres petits trésors. Les chambres des enfants, comme on continuait à les appeler, n'avaient rien de l'opulence ou du luxe de l'appartement de leurs parents, ou du reste du palais. Jeté sur un des deux fauteuils que contenait la chambre, il y avait un châle somptueusement brodé que la grande amie de sa mère, Anna Viroubova, avait fait pour elle. C'était cette dame que Marie avait mentionnée lorsque Zoya était entrée. Et maintenant son amitié lui valait d'être atteinte de la rougeole. Cette idée provoqua un sourire chez les deux jeunes filles, qui, pour avoir échappé à la maladie, éprouvaient un sentiment de supériorité.

— Mais tu vas bien ?

Zoya l'examinait avec affection, son corps mince paraissant encore plus menu dans l'épaisse robe de laine grise qu'elle avait mise pour avoir chaud pendant le trajet depuis Saint-Pétersbourg. Elle était plus petite que Marie et encore plus fine, bien que Marie fût considérée comme la beauté de la famille. Celle-ci avait hérité des yeux bleu vif de son père, et de son charme. Elle aimait les bijoux et les jolis vêtements beaucoup plus que ses sœurs. C'était une passion qu'elle partageait avec Zoya. Elles passaient des heures à discuter des belles toilettes qu'elles avaient vues, et à essayer les chapeaux et les bijoux de la mère de Zoya chaque fois que Marie allait la voir.

— Je n'ai pas à me plaindre... sinon que maman dit que je ne pourrai pas aller en ville dimanche avec tante Olga.

C'était le rituel qu'elle chérissait plus qu'aucun autre. Chaque dimanche, leur tante, la grande-duchesse Olga Alexandrovna, les emmenait toutes en ville déjeuner avec leur grand-mère au palais Anitchkov et rendre visite à une ou deux de leurs amies mais, avec ses sœurs malades, il n'en était plus question. Le visage de Zoya se rembrunit à cette nouvelle.

— Je le craignais. Et moi qui voulais tant te montrer ma nouvelle robe. Grand-mère me l'a rapportée de Paris.

La grand-mère de Zoya, Evgenia Petrovna Ossoupov, était une femme extraordinaire. Menue et élégante, elle avait, à quatre-vingt-un ans, les yeux qui brûlaient encore d'une flamme couleur d'émeraude. Et tout le monde affirmait que Zoya était sa vivante image. La mère de Zoya était grande, raffinée, beauté indolente aux cheveux blond pâle et aux yeux bleus mélancoliques. C'était le genre de femme qu'on a envie de protéger du reste du monde, et le père de Zoya n'y avait jamais manqué. Il la traitait comme une enfant fragile, au contraire de sa fille exubérante.

— La robe est absolument ravissante, en satin rose entièrement brodé de perles minuscules. Je tenais tellement à ce que tu la voies !

Pareilles à des enfants, elles parlaient de leurs robes comme de leurs ours en peluche, et Marie, ravie, battit des mains.

— Je brûle d'envie de la voir ! La semaine prochaine, tout le monde devrait être rétabli. Nous viendrons à ce moment-là. Je te le promets ! Et en attendant, je ferai une peinture pour ta chambre mauve ridicule...

— Ne dis pas de mal de ma chambre ! Elle est presque aussi élégante que celle de ta mère !

Les deux jeunes filles rirent et Joy, le cocker des enfants, entra en bondissant dans la pièce. Elle jappa avec satisfaction autour des pieds de Zoya, qui se chauffait les mains devant la cheminée en racontant tout à Marie sur les autres élèves du Smolny. Marie adorait ses récits, recluse comme elle l'était, avec pour seule compagnie son frère et ses sœurs, leur précepteur Pierre Gilliard et M. Gibbes, leur professeur d'anglais.

— Au moins, nous échappons aux leçons pour le moment. M. Gilliard est trop occupé à veiller Baby, et je n'ai pas vu M. Gibbes depuis une semaine. Papa dit qu'il est terrifié à l'idée d'attraper la rougeole.

Elles repartirent à rire, et avec des gestes affectueux Marie commença à natter la soyeuse crinière rousse de Zoya. Se tresser mutuellement les cheveux était leur passe-temps favori depuis l'enfance ; elles en profitaient pour bavarder et cancaner à propos de Saint-Pétersbourg et des gens qu'elles connaissaient, bien qu'il y eût moins d'animation depuis la guerre. Même les parents de Zoya, à son grand dam, ne donnaient plus autant de réceptions. Elle adorait parler aux hommes en uniforme aux coloris éclatants et regarder les femmes portant robe élégante et beaux bijoux. Cela lui donnait quelque chose de neuf à raconter à Marie et à ses sœurs sur les flirts qu'elle avait observés, qui était belle, qui ne l'était pas, et qui arborait la rivière de diamants la plus spectaculaire. C'était un monde qui n'existait nulle part ailleurs, le monde de la Russie impériale. Et Zoya avait toujours vécu joyeusement en son centre, jeune comtesse elle-même, comme sa mère et sa grand-mère avant elle ; apparentés au tsar par son père à un degré éloigné, elle et les siens jouissaient d'une situation privilégiée, toute de luxe, avec de nombreux liens familiaux parmi la noblesse. Sa propre demeure n'était rien de moins qu'une version réduite du palais Anitchkov, et ses camarades de jeu étaient de ceux qui écrivaient l'histoire. Pourtant tout cela lui paraissait banal et ordinaire.

— Joy semble bien en forme maintenant, dit-elle en regardant la chienne qui jouait à ses pieds. Comment sont les chiots ?

Marie eut un sourire voilé et haussa une épaule avec grâce.

— Adorables. Oh, attends…

Elle laissa choir la longue natte qu'elle avait faite des cheveux de Zoya et courut chercher sur son bureau quelque chose qu'elle avait failli oublier. Zoya pensa aussitôt qu'il s'agissait d'une lettre d'une de leurs amies, ou d'une photo d'Alexis ou de ses sœurs. Elle avait toujours des trésors à partager quand elles étaient ensemble, mais cette fois Marie revint avec un petit flacon qu'elle tendit fièrement à son amie.

— Qu'est-ce que c'est ?

— Quelque chose de merveilleux... pour toi toute seule !

Elle déposa doucement un baiser sur la joue de Zoya tandis que celle-ci penchait la tête au-dessus de la petite bouteille.

— Oh, Machka ! Est-ce que c'est ?... Oui !

D'une aspiration, elle le confirma. C'était du « Lilas », le parfum favori de Marie, que Zoya convoitait depuis des mois.

— Où l'as-tu trouvé ?

— Lili me l'a rapporté de Paris. Je me suis dit que tu aimerais l'avoir. Il m'en reste encore assez de celui que maman m'a procuré.

Zoya ferma les yeux et aspira profondément, l'air heureuse et candide. Leurs plaisirs étaient si innocents et si simples... les chiots, le parfum... et, en été, de longues promenades dans les champs odorants de Livadia... ou des jeux sur le yacht impérial tandis qu'elles voguaient au milieu des fjords. C'était une existence vraiment parfaite, que même les réalités de la guerre avaient laissée intacte, nonobstant le fait qu'elles en parlaient quelquefois. Quand Marie avait passé une journée avec les blessés dans le palais voisin, elle en revenait toujours bouleversée. Cela lui semblait si cruel qu'ils soient meurtris et mutilés... qu'ils meurent... mais pas plus cruel que la maladie qui menaçait son frère sans relâche. Son hémophilie était souvent le sujet de leurs conversations les plus sérieuses et les plus secrètes. Presque personne en dehors du cercle familial ne connaissait la nature exacte du mal.

— Il va bien, n'est-ce pas ? Je veux dire... la rougeole n'aura pas...

L'anxiété se lisait dans les yeux de Zoya tandis qu'elle posait sa précieuse fiole de parfum et elles se remirent à parler d'Alexis. Le visage de Marie, cependant, avait une expression rassurante.

— Je ne pense pas que la rougeole soit vraiment dangereuse pour lui. Maman dit qu'Olga est plus gravement malade.

Elle était de quatre ans leur aînée, et beaucoup plus posée. Elle était aussi d'une timidité terrible, au contraire de Zoya ou de Marie, ou de ses deux autres sœurs.

— C'était épatant, mon cours de danse, aujourd'hui, déclara Zoya avec un soupir tandis que Marie sonnait pour avoir du thé. J'aimerais pouvoir en faire quelque chose de merveilleux.

Marie se mit à rire. Elle les avait déjà entendus, les rêves de sa très chère amie.

— Quoi, par exemple ? Etre découverte par Diaghilev ?

Elles rirent toutes deux, mais quand Zoya s'était exprimée, ses yeux brillaient d'un éclat passionné. Tout en Zoya était intense, ses yeux, ses cheveux, la façon dont elle agitait les mains ou s'élançait à travers la pièce, ou jetait les bras autour de son amie. Elle était toute menue mais pleine de force, de vie et d'enthousiasme. Son nom même signifiait « vie » et il était parfaitement bien choisi pour la fillette qu'elle avait été et la femme qu'elle était en train de devenir.

— Je parle sérieusement... et Mme Nastova dit que je suis *très* bonne.

Marie rit de nouveau et leurs regards se croisèrent, les deux jeunes filles pensant la même chose... Mathilde Kschessinska, la ballerine qui avait été la maîtresse du tsar avant son mariage avec la princesse allemande Alix de Hesse – devenue par cette union l'impératrice Alexandra. Un sujet totalement prohibé, dont on ne pouvait parler qu'à voix basse pendant les nuits obscures d'été et jamais à portée d'ouïe des adultes. Zoya en avait touché un mot à sa mère, un jour, et la comtesse, outrée, avait interdit à Zoya d'en reparler. Ce n'était absolument pas un sujet convenable pour des jeunes filles. En revanche, sa grand-mère s'était montrée moins prude quand elle l'avait de nouveau abordé et s'était contentée de dire d'un ton amusé que cette jeune femme était une danseuse de grand talent.

— Rêves-tu toujours de t'enfuir pour entrer au Mariinski ?

Elle n'en avait pas parlé depuis des années, mais Marie la connaissait bien, assez bien pour deviner si elle plaisantait ou non et à quel point elle prenait ses rêves secrets au sérieux. Elle n'ignorait pas que pour Zoya c'était un projet irréalisable. Un jour, elle se marierait et aurait des enfants, elle serait aussi élégante que sa mère, et n'habiterait pas dans la célèbre école de ballet. Mais c'était amusant de parler de choses comme ça et de rêver par un après-midi de février en buvant à petites gorgées le thé brûlant et en regardant la chienne gambader dans la pièce. La vie paraissait très agréable en ce moment précis, malgré l'épidémie impériale de rougeole qui sévissait actuellement. Avec Zoya, Marie pouvait oublier quelque temps ses problèmes, et ses responsabilités. Elle aurait aimé être aussi libre que son amie. Elle savait bien qu'un jour ses parents choisiraient pour elle l'homme qu'elle devrait épouser. Mais ils avaient ses deux sœurs aînées à pourvoir d'abord... Les yeux fixés sur le feu, elle se demanda si elle l'aimerait vraiment.

— A quoi pensais-tu, là, tout de suite ?

La voix de Zoya était basse, le feu crépitait, la neige tombait dehors. Il faisait déjà noir et elle avait complètement oublié qu'elle devait se dépêcher de rentrer pour dîner.

— Machka ?... Tu avais l'air si grave.

Cela lui arrivait souvent quand elle ne riait pas. Ses yeux étaient d'un bleu vif avec un regard ardent et chaleureux, au contraire de ceux de sa mère.

— Je ne sais pas... des bêtises, je suppose.

Elle sourit gentiment à son amie. Elles avaient toutes deux presque dix-huit ans et l'idée du mariage commençait à les effleurer... peut-être après la guerre...

— Je me demandais qui nous allions épouser plus tard.

Elle était toujours franche avec Zoya.

— J'y pense aussi parfois. Grand-maman dit qu'il est presque temps d'y songer. Elle estime que le prince Orlov serait très bien pour moi...

Et soudain elle rit et secoua la tête, ses cheveux se libérant de la tresse lâche que lui avait faite Machka.

— As-tu jamais vu quelqu'un et pensé que ce devrait être lui ?

— Pas très souvent. Olga et Tatiana se marieront les premières. Et Tatiana est si sérieuse, je ne la vois même pas voulant se marier.

De toutes, c'était la plus proche de leur mère et Marie imaginait aisément qu'elle souhaiterait rester éternellement au sein de sa famille.

— Ce serait bien, tout de même, d'avoir des enfants.

— Combien ? questionna Zoya d'un ton taquin.

— Cinq au moins.

C'était le nombre de sa famille et pour elle il avait toujours paru parfait.

— J'en veux six, déclara Zoya avec une totale conviction. Trois garçons et trois filles.

— Tous avec des cheveux roux !

Marie, malicieuse, rit et se pencha pour lui caresser gentiment la joue.

— Tu es vraiment ma plus chère amie.

Leurs regards se joignirent et Zoya, lui prenant la main, la baisa avec une ardeur enfantine.

— J'ai toujours souhaité t'avoir pour sœur.

A la place, elle avait un frère aîné, qui la taquinait sans merci, en particulier à propos de ses cheveux roux. Les siens étaient noirs, comme ceux de leur père, bien que ses yeux fussent verts aussi. Agé de vingt-trois ans, il avait la force tranquille et la dignité de leur père.

— Comment est Nikolaï, ces temps-ci ?

— Odieux, comme d'habitude. Mais maman est follement contente qu'il soit dans un régiment de la Garde, le Preobrajenski. Pour le moment, il n'est pas sur le front. Grand-mère dit qu'il est resté ici pour ne manquer aucune réception.

Elles rirent et le moment de gravité s'envola, cependant que la porte s'ouvrait silencieusement et qu'une femme de haute taille entrait sans bruit dans la chambre. Elle les contempla un instant avant qu'elles s'aperçoivent de sa présence. Un gros chat gris l'avait suivie et se tenait à côté d'elle en observateur. C'était l'impératrice Alexandra, qui venait tout droit de la chambre des malades, où elle s'était occupée de ses trois autres filles.

— Bon après-midi, mes enfants.

Elle sourit quand Zoya se retourna. Les jeunes filles se levèrent toutes deux d'un bond et Zoya courut l'embrasser. La tsarine avait eu la rougeole bien des années auparavant, elle savait qu'il n'y avait pas de danger de contagion.

— Tante Alix ! Comment vont-ils tous ?

Elle serra Zoya dans ses bras avec affection et eut un sourire las en soupirant.

— Ah, on ne peut pas dire qu'ils aillent bien. La pauvre Anna est la plus malade.

Elle parlait de sa grande amie Anna Viroubova. Lili Dehn et elle étaient ses compagnes les plus intimes.

— Et toi, petite ? Tu te portes bien ?

— Oui, merci beaucoup.

Elle rougit, comme cela lui arrivait souvent. C'était la rançon de son teint de rousse et ce qu'elle détestait le plus, cela et le fait qu'elle attrapait toujours des coups de soleil sur le yacht royal ou quand ils allaient à Livadia.

— Je suis surprise que ta mère t'ait laissée venir nous voir aujourd'hui.

Elle connaissait la terreur panique que la contagion inspirait à la comtesse. Mais la rougeur encore plus vive de Zoya lui apprit la vérité sans qu'elle ait à l'avouer, et la tsarine rit en la menaçant du doigt.

— Tiens ! C'est ce que tu as fait ? Et que lui diras-tu ? Où es-tu allée aujourd'hui ?

Zoya eut un rire confus, puis confessa à la mère de Marie ce qu'elle projetait de raconter à la sienne.

— J'ai passé des heures et des heures à mon cours de danse, à travailler dur avec Mme Nastova.

— Je vois. C'est une honte pour une fille de ton âge de dire des mensonges pareils, mais j'aurais dû savoir que nous ne pouvions pas vous séparer, toutes les deux.

Elle reporta son attention vers sa fille.

— As-tu déjà donné son cadeau à Zoya, ma chérie ?

L'impératrice sourit aux deux jeunes filles. D'ordinaire, elle était distante, mais la fatigue semblait la rendre à la fois plus vulnérable et plus cordiale.

— Oui ! répliqua aussitôt Zoya d'une voix ravie avec un geste vers le flacon de « Lilas » posé sur la table. C'est justement mon favori !

La tsarine questionna Marie du regard et sa fille gloussa en quittant vivement la pièce, pendant que Zoya bavardait avec sa mère.

— Est-ce qu'oncle Nicolas va bien ?

— Oui, bien que je l'aie à peine vu. Le pauvre homme revient du front pour prendre du repos et à la place il se retrouve au beau milieu d'une épidémie de rougeole.

Elles riaient l'une et l'autre quand Marie revint, portant quelque chose enveloppé dans un bout de couverture. Il y eut un curieux petit pépiement, qui ressemblait presque à un cri d'oiseau, et peu après une tête marron et blanc, avec de longues oreilles soyeuses et des yeux brillants couleur d'onyx, apparut. C'était un des chiots de Joy.

— Oh, comme il est mignon ! Je n'avais vu aucun d'eux depuis des semaines !

Zoya allongea la main et le chiot émit une série de piaulements en lui léchant les doigts.

— C'est une femelle et elle s'appelle Sava, dit fièrement Marie, qui regardait Zoya avec des yeux pétillants de joie. Maman et moi, nous voulons te le donner.

Elle tendit le chiot à Zoya, qui le considérait avec stupeur.

— C'est pour moi ? Oh, pas possible... Qu'est-ce que...

Elle s'apprêtait à demander : « Qu'est-ce que je vais dire à ma mère ? », mais elle ne tenait pas à ce qu'elles reprennent leur cadeau et elle s'interrompit aussitôt. Malgré tout, l'impératrice ne comprit que trop bien.

— Oh, mon Dieu... ta mère n'aime pas les chiens, n'est-ce pas, Zoya ? J'avais oublié. Sera-t-elle très fâchée contre moi ?

— Non !... Non... pas du tout.

C'était un gros mensonge qu'elle débita joyeusement en prenant la petite chienne entre ses mains et la serrant contre elle, Sava lui lécha le nez, les joues, les yeux et Zoya eut un vif mouvement de tête pour que la petite cocker ne lui attrape pas les cheveux.

— Oh, quel amour ! Est-elle vraiment à moi ?

— Tu me rendrais un grand service, ma chérie, si tu la prenais.

L'impératrice sourit et se laissa aller avec un soupir dans un des deux fauteuils. Elle avait l'air épuisée, et Zoya remarqua qu'elle portait son uniforme de la Croix-Rouge. Elle se demanda si elle l'avait endossé pour soigner les enfants malades et son amie ou si elle avait aussi travaillé à l'hôpital ce jour-là. Elle attachait une très grande importance à son travail d'infirmière et elle insistait toujours pour que ses filles s'en acquittent aussi.

— Maman, est-ce que tu aimerais prendre du thé ?

— Avec grand plaisir, merci, Machka.

Marie sonna la femme de chambre, qui, sachant que la tsarine se trouvait avec elles, survint sans tarder, et une tasse ainsi qu'une nouvelle théière arrivèrent presque aussitôt. Marie servit, et toutes trois burent ensemble.

— Merci, chérie.

Puis elle se tourna vers la cousine éloignée de son mari.

— Comment va ta grand-mère ces temps-ci, Zoya ? Il y a des mois que je ne l'ai vue. Je suis tellement occupée ici. Je n'ai plus le temps de me rendre à Saint-Pétersbourg.

— Elle va très bien, merci, tante Alix.

— Et tes parents ?

— Bien aussi. Maman a toujours peur que Nikolaï soit envoyé au front. Papa dit que cela la rend terriblement nerveuse.

Tout rendait Natalia Ossoupov nerveuse, elle était extrêmement fragile et son mari lui passait ses moindres caprices. La tsarine avait souvent confié à Marie qu'à son avis la gâter constamment comme il le faisait était malsain. Du moins Zoya, elle, n'affectait jamais un air languissant. Elle était pleine de vie et d'ardeur, et n'avait rien de la timide violette. Alexandra gardait en tête l'image de la mère de Zoya étendue sur une chaise longue, entièrement vêtue de soie blanche, avec son teint pâle et ses cheveux blonds, ses perles sans pareilles et une expression de terreur dans les yeux, comme si vivre était tout bonnement trop pénible pour elle. Au début de la guerre, elle lui avait demandé de l'aider dans son travail d'infirmière, et Natalia avait purement et simplement dit qu'elle ne pourrait pas le supporter. Elle ne se sentait pas assez robuste. La tsarine s'était abstenue d'émettre un commentaire, se contentant de hocher la tête.

— Ne manque pas de lui transmettre mes amitiés quand tu rentreras.

A ces paroles, Zoya jeta un coup d'œil au-dehors et vit que l'obscurité était tombée. Elle se leva d'un bond et vérifia sa montre, horrifiée.

— Oh ! Il faut que je rentre ! Maman va être furieuse.

— Et ce sera parfaitement justifié.

La tsarine rit et la menaça du doigt en se levant, dominant la jeune fille de sa haute taille.

— Tu ne dois pas cacher à ta mère que tu es venue ici. Et je sais qu'elle sera bouleversée que tu te sois exposée à la rougeole. Tu l'as déjà eue ?

Zoya rit.

— Non, jamais, mais je ne l'attraperai pas maintenant, et si c'est le cas...

Elle haussa les épaules avec un nouvel éclat de rire tandis que Machka souriait d'une oreille à l'autre. C'était un des traits que Marie aimait en elle, son courage et son insouciance. Cela les avait entraînées à faire pas mal de bêtises ensemble au cours des années, mais jamais rien de dangereux ou de vraiment malfaisant.

— Je vais te renvoyer chez toi maintenant. Et il faut que je retourne auprès des enfants et de cette pauvre Anna...

Elle les embrassa toutes les deux et quitta la pièce. Marie dénicha le chiot, qui s'était caché, l'enveloppa de nouveau dans sa couverture et le tendit à Zoya.

— N'oublie pas Sava.

Leurs regards se croisèrent de nouveau et celui de Zoya était rempli d'affection pour Marie.

— Je peux vraiment l'avoir ?

— Elle est à toi. Elle t'était destinée depuis le début mais je voulais te faire la surprise. Garde-la dans ton manteau pendant le trajet. Comme ça, tu lui tiendras chaud.

La petite chienne n'avait que sept semaines. Elle était née le jour de la Noël russe et Zoya, invitée en compagnie de ses parents à dîner avec le tsar et sa famille à cette occasion, s'en était aussitôt entichée.

— Ta mère va être furieuse, non ?

Elles rirent en chœur.

— Oui, mais je lui dirai que ta mère sera terriblement contrariée si nous la renvoyons. Maman aura trop peur de l'offenser.

Elles riaient de nouveau quand Marie descendit l'escalier à sa suite et l'aida à enfiler son manteau tout en tenant le chiot dans sa couverture. Zoya remit la toque de zibeline sur ses cheveux roux et les deux jeunes filles s'embrassèrent.

— Prends soin de toi et ne tombe pas malade.

— Je n'en ai aucunement l'intention !

Elle lui tendit aussi le flacon de parfum que Zoya prit de sa main gantée, tandis que la femme de chambre annonçait que Fiodor était prêt.

— Je reviendrai dans un jour ou deux... c'est promis... et merci !

Zoya la serra vivement contre elle et se hâta de sortir pour aller à la troïka où Fiodor attendait. Il avait les joues et le nez rouge vif et elle devina qu'il avait bu avec ses amis dans l'écurie, mais cela n'avait pas d'importance. Il en aurait besoin pour se tenir chaud pendant le trajet de retour vers Saint-Pétersbourg. Il l'aida à s'asseoir et elle fut soulagée de constater que la neige s'était arrêtée.

— Il faut nous dépêcher, Fiodor... Maman sera très fâchée contre moi si je suis en retard.

Mais elle savait déjà qu'arriver à temps pour le dîner était matériellement impossible. Tous seraient en train de prendre place à table quand elle arriverait... avec le chien !... Elle rit tout haut, cependant que le fouet claquait

31

dans l'air froid de la nuit et que la troïka s'ébranlait derrière les trois fringants chevaux noirs. Presque aussitôt ils franchirent la grille, et les cosaques sur leurs montures devinrent des silhouettes floues tandis qu'ils traversaient le village de Tsarskoïe Selo à vive allure.

2

Pendant que Fiodor menait la troïka à grand train sur la perspective Nevski, Zoya serrait contre elle la petite chienne en s'efforçant de se tranquilliser et d'inventer toutes sortes d'excuses pour attendrir sa mère. Elle savait que, puisque Fiodor la conduisait, ses parents n'avaient aucune crainte pour sa sécurité, mais sa mère serait sûrement outrée qu'elle rentre si tard, et qu'elle apporte ce petit chiot. Ce dernier ne devrait pas être présenté tout de suite. Sur la Fontanka, ils tournèrent brusquement à gauche et les chevaux prirent quasiment le mors aux dents, conscients qu'ils étaient presque arrivés et désireux de retrouver leur écurie. Connaissant bien le terrain, Fiodor leur laissa la bride sur le cou et, peu après, il aidait Zoya à descendre. Saisie d'une inspiration subite, elle sortit de son manteau la chienne enveloppée dans sa couverture et la fourra entre les mains de Fiodor avec un regard implorant.

— S'il te plaît, Fiodor... L'impératrice me l'a donnée... Elle s'appelle Sava. Emporte-la à la cuisine et confie-la à Gallina. Je descendrai la chercher plus tard.

Elle avait dans les yeux une expression d'enfant terrifiée qui le fit éclater de rire et secouer la tête.

— La comtesse me fera couper le cou pour ça, mademoiselle ! Et ça se pourrait qu'elle fasse couper le vôtre avec.

— Je sais... Peut-être que papa...

Son père qui intercédait toujours pour elle, qui était toujours si bon, qui témoignait toujours tant de considération pour sa mère. C'était un homme merveilleux et sa fille unique l'adorait.

— Vite, Fiodor... Il faut que je me dépêche.

Sept heures avaient sonné et elle devait encore changer de robe avant de pouvoir se présenter dans la salle à manger. Il se chargea de la petite chienne et elle gravit en hâte le perron de marbre de leur petit mais très beau palais. Il semblait à la fois russe et français, et avait été construit par son grand-père pour sa jeune épouse. Sa grand-mère habitait à présent dans un pavillon au fond du jardin, entouré d'un petit parc personnel, mais Zoya n'avait pas le temps de penser à elle maintenant. Elle était follement pressée. Elle se faufila prestement à l'intérieur, enleva sa toque et confia son manteau à une servante qui se trouvait là. Elle montait quatre à quatre l'escalier d'honneur pour gagner sa chambre lorsqu'elle entendit une voix bien connue retentir dans son dos.

— Halte ! Qui va là ?

— Tais-toi ! chuchota-t-elle avec fureur à l'adresse de son frère, qui était au pied de l'escalier. Qu'est-ce que toi, tu fais ici ?

Il était grand et bien pris dans son uniforme, elle savait que la plupart de ses camarades de l'Institut Smolny se pâmaient en le voyant. Il portait l'insigne du célèbre régiment Preobrajenski, néanmoins elle n'en était plus impressionnée.

— Où est maman ?

Mais elle connaissait déjà la réponse avant de le demander.

— Dans la salle à manger, qu'est-ce que tu t'imaginais ? Où étais-tu ?

— Dehors. Je dois me dépêcher, je suis en retard.

Elle avait encore à se changer, et il la retardait un peu plus. Il rit et les yeux verts si semblables aux siens pétillèrent d'amusement.

— Tu ferais bien d'y aller comme ça. Maman sera furieuse si tu t'attardes davantage.

Zoya hésita en le regardant du haut des marches.

— Est-ce qu'elle a dit quelque chose ?... Tu l'as vue ?

— Pas encore. J'arrive à l'instant. Je voulais voir papa après dîner. Va te changer. Je les occuperai.

Il l'aimait plus qu'elle ne le pensait. Elle était la sœur cadette dont il se vantait devant tous ses amis, eux qui l'admiraient depuis des années ; pourtant il les aurait tués s'ils l'avaient touchée. C'était une petite beauté mais elle ne le savait pas encore et elle était beaucoup trop jeune pour flirter avec ses camarades. Un jour, elle épouserait un prince, ou du moins quelqu'un d'aussi important que leur père. C'était un comte, un colonel, un homme qui inspirait le respect et l'admiration de tous ceux qui le connaissaient.

— File, petit monstre ! lui cria-t-il. Dépêche-toi !

Elle courut jusqu'à sa chambre et, dix minutes plus tard, elle était redescendue en robe de soie bleu marine ornée d'un col de dentelle. Elle détestait cette robe, mais elle savait que sa mère aimait la lui voir porter. C'était une toilette très « bon genre » et très jeune, et elle ne voulait pas donner à sa mère un sujet d'irritation supplémentaire. Apparaître sur le seuil de la salle à manger sans attirer l'attention était impossible et quand elle entra posément dans la pièce, l'air sage et discrète, son frère, assis entre leur mère et leur grand-mère, lui décocha un sourire malicieux. La comtesse paraissait plus pâle encore que d'ordinaire dans une robe de satin gris, avec un magnifique collier de perles noires et de diamants. Ses yeux paraissaient presque de la même couleur que sa robe quand elle leva lentement la tête et posa un regard attristé sur sa fille unique.

— Zoya !

Elle n'élevait jamais le ton, mais son déplaisir était facile à voir quand elle lui fit face. Les yeux de Zoya plongèrent franchement dans les siens et elle s'élança pour déposer un baiser sur sa joue froide, avant de jeter un coup d'œil nerveux à son père et à sa grand-mère.

— Je suis vraiment désolée, maman... J'ai été retardée... au cours de ballet aujourd'hui... J'ai dû faire un saut chez une amie... Je suis navrée... Je...

— Où étais-tu exactement ? demanda sa mère d'une voix glaciale tandis que les autres membres de la famille attendaient.

— Je... J'ai dû aller... Je suis...

Natalia la regarda droit dans les yeux, cependant que Zoya essayait de remettre ses cheveux en place. Elle avait l'air de s'être coiffée précipitamment en quatre coups de peigne, ce qui était évidemment le cas.

— Je veux savoir la vérité. Es-tu allée à Tsarskoïe Selo ?

— Je...

C'était inutile. Sa mère était trop imperturbable, trop belle, trop terrifiante, et trop maîtresse de la situation.

— Oui, maman, répondit-elle, se sentant sept ans au lieu de dix de plus. Excusez-moi.

— Tu es stupide.

Les yeux glacés de Natalia étincelèrent et elle tourna vers son mari un regard navré.

— Constantin, je lui ai explicitement dit de ne pas y aller. Tous les enfants là-bas ont la rougeole, et maintenant elle s'est exposée à la contagion. C'est un acte de désobéissance irresponsable.

Zoya regarda son père avec inquiétude, mais ses yeux scintillaient du même feu émeraude que les siens, et il réprimait avec peine un sourire. Autant il aimait sa femme, autant il adorait sa fille. Et, cette fois, Nikolaï intercéda pour elle, ce qui était inhabituel, mais elle avait tellement l'air à la torture qu'il eut pitié d'elle.

— Peut-être qu'ils lui ont demandé de venir, maman, et Zoya n'a pas osé refuser.

Mais, en plus de ses autres qualités, elle était honnête, et elle affronta directement sa mère depuis sa place à table où elle attendait que les domestiques lui apportent son dîner.

— Je voulais y aller, maman. C'était ma faute, pas la leur. Marie souffrait tant d'être toute seule.

— C'était très bête de ta part, Zoya. Nous en reparlerons après dîner.

— Bien, maman.

Elle baissa les yeux sur son assiette et les autres continuèrent leur conversation sans elle. Peu après, en levant la tête, elle prit conscience de la présence de sa grand-mère et un sourire illumina son visage.

— Bonsoir, grand-maman. Tante Alix a dit de vous transmettre ses amitiés.

— Comment se porte-t-elle ?

La question venait de son père. Sa mère était assise comme une belle statue silencieuse, encore manifestement mécontente de sa fille.

— Elle va toujours bien quand elle soigne des malades, répondit sa grand-mère à sa place. C'est ce qu'il y a d'étrange chez Alix. Elle semble affectée de tous les maux de la terre jusqu'à ce que quelqu'un de plus malade qu'elle ait besoin de son aide, alors elle se montre merveilleusement à la hauteur.

La vieille comtesse regarda sa belle-fille d'un air significatif, puis sourit fièrement à Zoya.

— La petite Marie a dû être heureuse de ta visite, Zoya.

Cette dernière sourit avec reconnaissance.

— Très, grand-maman.

Puis, pour rassurer sa mère :

— Je n'ai pas vu les autres du tout. Elles étaient enfermées quelque part. Même Mme Viroubova est malade maintenant, ajouta-t-elle pour le regretter aussitôt devant l'air terrifié de sa mère.

— Quelle idiotie de ta part, Zoya... Je ne comprends pas pourquoi tu es allée là-bas. As-tu envie d'attraper la rougeole ?

— Non, maman. Je suis vraiment navrée.

Rien pourtant dans son expression ne pouvait le laisser croire. Seules ses paroles étaient empreintes de la contrition attendue.

— Je ne pensais pas rentrer tard. J'allais m'en aller quand tante Alix est venue prendre le thé avec nous et je n'ai pas voulu me montrer impolie à son égard...

— Tu as bien fait. Somme toute, elle est notre impératrice en même temps que notre cousine, fit remarquer sa grand-mère.

Elle avait les yeux du même vert que ceux de Zoya, de son père et de son frère. Seuls ceux de Natalia étaient d'un pâle gris bleuâtre, comme un ciel d'hiver glacial sans espérance d'été. L'existence avait toujours trop exigé d'elle, son mari était actif et robuste, il l'avait toujours aimée avec ardeur et force, et il avait désiré plus d'enfants qu'elle n'avait été capable d'en porter. Deux étaient mort-nés, elle avait eu plusieurs fausses couches et aussi bien Zoya que Nikolaï lui avaient valu une grossesse difficile. Elle avait passé un an alitée pour chacun d'eux, et maintenant elle dormait dans son appartement personnel. Constantin portait une grande affection à ses amis et il aurait voulu aussi donner d'innombrables bals et réceptions, mais elle trouvait tout cela bien trop épuisant et avançait l'argument d'une mauvaise santé comme excuse pour son manque de *joie de vivre**[1] et sa

---

1. Les expressions en italique suivies d'un astérisque sont en français dans le texte original.

timidité presque insurmontable. Elle prenait des airs de dédain glacé, derrière lesquels elle masquait le fait que les gens la terrifiaient, et elle était bien plus heureuse étendue sur une chaise longue près du feu. Sa fille tenait beaucoup plus de lui et, après que Zoya aurait fait ses débuts dans le monde au printemps, Constantin envisageait avec joie la perspective qu'elle l'accompagne quand il irait à une réception. Ils avaient longuement discuté de la possibilité de donner un bal, Natalia avait affirmé avec insistance qu'ils ne devraient pas y songer en temps de guerre mais, finalement, la grand-mère de Zoya avait tranché pour eux et Constantin en était grandement soulagé. Un bal était donc prévu dès qu'elle aurait son diplôme de l'Institut Smolny en juin, peut-être pas un bal aussi grandiose que s'il n'y avait pas eu de guerre, mais ce serait tout de même une très belle réception.

— Quelles nouvelles de Nicolas ? questionna Constantin. Marie en a-t-elle parlé ?

— Elle n'a pas dit grand-chose. Tante Alix a annoncé qu'il était de retour du front, mais je crois qu'il ne tardera pas à repartir là-bas.

— Je sais. Je l'ai vu la semaine dernière. Il va bien, néanmoins, n'est-ce pas ?

Le beau jeune homme qu'était son fils observait Constantin et lui trouva l'air soucieux. Il comprit que son père devait être au courant des rumeurs que lui-même avait entendues à la caserne : Nicolas était épuisé au-delà de tout ce qu'on imaginait, la tension provoquée par la guerre le consumait. Certains parlaient même à voix basse d'une possible dépression nerveuse. L'aimable bonté du tsar et sa constante préoccupation pour tous rendaient cette éventualité presque inimaginable. Penser qu'il cède à la dépression ou renonce à sa tâche était difficile. Il était profondément aimé par ses pairs et en particulier par le père de Zoya, un de ses amis d'enfance. Il avait tenu Nikolaï – qui portait son prénom – sur les fonts baptismaux, et le père de Nicolas avait été un intime du père de Constantin. Leur affection réciproque dépassait les simples liens familiaux, ils avaient toujours été extrêmement proches et ils s'étaient mutuellement taquinés à propos du fait que tous deux avaient épousé des Allemandes, encore qu'Alix paraisse être un peu plus résistante que Natalia. Du moins était-elle capable de se montrer à la hauteur de la situation quand il le fallait, comme elle le faisait avec son œuvre de la Croix-Rouge et maintenant que ses enfants étaient malades. Natalia aurait été incapable par nature de rien accomplir de semblable. La vieille comtesse avait été terriblement déçue que son fils n'ait pas épousé une Russe. Qu'une Allemande ait suffi au tsar n'était qu'une piètre consolation.

— A propos, qu'est-ce qui t'amène ici ce soir ?

Constantin s'était tourné vers Nikolaï avec un sourire affectueux. Il était fier de lui, et content qu'il ne soit pas encore appelé au front, ce dont il ne se cachait pas. Il n'avait aucun désir de perdre son fils unique. Les pertes russes étaient déjà très lourdes, depuis la bataille de Tannenberg, au cours de l'été 1914, jusqu'aux terribles revers dans les champs gelés de Galicie, et il souhaitait que désormais Nikolaï reste en sécurité à Petrograd, ainsi qu'on appelait désormais Saint-Pétersbourg. Cela au moins était un immense soulagement pour lui, et pour Natalia.

— J'avais envie de bavarder un peu avec vous après le dîner, papa. Tout simplement.

Sa voix était ferme et calme. Natalia lui jeta un coup d'œil anxieux. Elle espérait qu'il n'avait pas de nouvelle bouleversante à annoncer, elle avait appris récemment par une amie que son fils était lié avec une danseuse, et elle aurait son mot à dire s'il déclarait à son père qu'il allait se marier. Sa grand-mère l'examina de son regard chargé d'expérience par l'âge et elle devina que, quel que fût le sujet dont il désirait s'entretenir avec son père, il

40

mentait sur son importance. Quelque chose l'inquiétait et l'inquiétait suffisamment pour qu'il vienne passer une soirée avec eux tous, ce qui ne lui ressemblait vraiment pas.

— En fait, poursuivit-il en souriant à sa famille assemblée, je suis venu m'assurer que ce petit monstre n'a pas été méchant.

Il s'était tourné vers Zoya et elle lui décocha un coup d'œil contrarié à l'extrême.

— J'ai grandi, Nikolaï. J'ai cessé d'être « méchante ».

Elle eut un reniflement dédaigneux et acheva son dessert cependant qu'il lui riait au nez.

— Tiens ? Voyez-vous ça… Il me semble bien qu'il n'y a pas plus de quelques minutes tu montais l'escalier quatre à quatre, en retard pour le dîner comme d'habitude, piétinant les marches avec tes bottes trempées et coiffée comme avec une fourche…

Il était prêt à continuer sur ce registre et elle lui lança sa serviette de table à la tête, cependant que leur mère adressait d'un air mourant un regard implorant à leur père.

— Constantin, je t'en prie, fais-les cesser ! Ils me mettent les nerfs à bout.

— Ce n'est qu'un chant d'amour, ma chère, commenta avec sagesse la comtesse Evgenia. C'est le seul moyen qu'ils connaissent pour se parler à ce stade de leur vie. Mes enfants étaient perpétuellement en train de se tirer les cheveux et de se bombarder à coups de chaussures. N'est-ce pas, Constantin ?

Il eut un éclat de rire en regardant sa mère avec une mine penaude.

— J'avoue que je ne me conduisais pas non plus en enfant sage quand j'étais jeune, ma chérie.

Il adressa un regard aimant à sa femme, un autre joyeux autour de la table en se levant, s'inclina légèrement et précéda son fils dans un petit salon voisin, où ils pourraient s'entretenir en privé. Comme sa femme, il espérait que Nikolaï n'était pas venu leur annoncer son futur mariage.

Quand ils s'assirent en silence près du feu, l'élégant étui à cigarettes en or que Nikolaï sortit de la poche de son uniforme ne passa pas inaperçu. C'était un des modèles les plus caractéristiques de Carl Fabergé, le joaillier de la cour, en or jaune et rose avec un très joli fermoir en saphir. Constantin était presque certain que le maître orfèvre qui l'avait exécuté était soit Hollming soit Wigström.

— Une nouvelle babiole, Nikolaï ?

Comme sa femme, il était au courant de l'histoire de la petite danseuse prétendument très jolie de Nikolaï.

— Un cadeau d'une amie, papa.

Constantin sourit avec indulgence.

— C'est plus ou moins ce que je craignais.

Les deux hommes rirent et Nikolaï fronça les sourcils. Il était encore jeune mais il était avisé pour son âge et, en plus de sa belle mine, il était très intelligent. C'était un fils dont on pouvait être fier.

— Vous n'avez pas de souci à vous faire, père. En dépit des bruits qui courent, je me paie simplement une petite distraction, rien de sérieux, je vous l'affirme.

— Bien. Alors, qu'est-ce qui t'amène ici ce soir ?

Nikolaï avait l'air soucieux en regardant d'abord le feu puis son père droit dans les yeux.

— Quelque chose qui a bien plus d'importance. J'entends des propos désagréables sur le compte du tsar : il serait fatigué, malade, il ne devrait pas être chargé du commandement suprême des armées. Papa, vous l'avez sûrement entendu dire aussi.

— Effectivement.

Il hocha lentement la tête et dévisagea son fils.

— Mais je crois toujours qu'il ne nous décevra pas.

— J'étais hier soir à une réception avec l'ambassadeur Paléologue. Il peint un tableau très sombre. Il estime que la pénurie de nourriture et de combustible est bien plus grave que nous ne l'admettons, la tension de la guerre se fait sentir. Nous ravitaillons six millions d'hommes sur le front, et nous sommes tout juste capables de prendre soin des nôtres dans le pays. Il craint que nous ne nous effondrions... que la Russie ne s'effondre... que Nicolas ne tienne pas le coup... et alors, qu'est-ce qui se passera, papa ? Estimez-vous qu'il a raison ?

Constantin réfléchit longuement et finit par secouer la tête.

— Non, je ne le crois pas. Bien sûr, je pense que nous subissons le contrecoup de tout cela, et Nicolas aussi. Mais il s'agit de la Russie, Nikolaï, ce n'est pas un petit pays faible et perdu au bout du monde. Nous sommes un peuple fort, résolu, et quelles que soient les difficultés extérieures ou intérieures, nous ne craquerons pas. Jamais.

C'était sa conviction, et Nikolaï la trouva rassurante.

— La Douma se réunit demain. Il sera intéressant de voir ce qui va se passer.

— Il ne va rien se passer, mon fils. La Russie est éternelle. Tu dois sûrement le savoir.

Il considéra avec affection le jeune homme, qui se sentit rasséréné.

— Bien sûr. Peut-être avais-je seulement besoin de l'entendre dire.

— Nous en avons tous besoin un jour ou l'autre. Il faut que tu sois fort pour Nicolas, pour nous tous, pour ta patrie. Nous devons tous nous montrer forts maintenant et les temps heureux reviendront. La guerre ne continuera pas éternellement.

— C'est une chose terrible.

L'un et l'autre savaient à quel point les pertes avaient été lourdes. Mais cela ne signifiait pas automatiquement la fin de tout ce qui leur était cher. Maintenant qu'il y songeait, Nikolaï se jugeait ridicule de s'être autant tourmenté. C'est seulement que l'ambassadeur français s'était montré si convaincant dans ses prédictions de malheur. Il était content à présent d'être venu parler à son père.

— Est-ce que maman va bien ?

Nikolaï l'avait trouvée encore plus nerveuse que d'ordinaire, ou peut-être en était-il plus frappé maintenant parce qu'il la voyait moins souvent, mais Constantin ne fit que sourire.

— Elle se tracasse aussi à cause de la guerre... et à cause de toi et de moi... et de Zoya... C'est une enfant terrible.

— Adorable, néanmoins, n'est-ce pas ?

Il parlait de Zoya avec une chaleur et une admiration qu'il aurait niées avec véhémence si quelqu'un avait rapporté ses propos à sa sœur.

— La moitié de mes camarades de régiment sont amoureux d'elle apparemment. Je passe la majeure partie de mon temps à menacer de leur couper la gorge.

Son père rit, puis secoua la tête avec tristesse.

— Dommage qu'elle doive faire ses débuts dans le monde en temps de guerre. Peut-être que tout sera fini en juin.

C'était un espoir partagé par chacun d'eux, mais Nikolaï craignait qu'il ne soit voué à être déçu.

— Songez-vous à quelqu'un pour elle ?

Nikolaï avait envie de savoir. Il avait plusieurs amis qui, à son avis, feraient d'excellents prétendants à la main de Zoya.

— Je ne peux pas supporter l'idée de la perdre. C'est ridicule, je suppose. Elle est trop vivante pour rester encore bien longtemps avec nous. Ta grand-mère estime beaucoup le prince Orlov.

— Il est trop vieux.

Il avait trente-cinq ans sonnés, et l'instinct protecteur de Nikolaï le fit se rembrunir à cette idée. A la vérité, il n'était pas sûr qu'il existe quelqu'un d'assez bien pour son ardente petite sœur.

Constantin se leva et sourit à son fils en lui tapotant l'épaule.

— Mieux vaut aller les retrouver maintenant. Si nous n'y allons pas, ta mère va s'inquiéter.

Ils sortirent de la pièce, le bras de Constantin passé autour des épaules de Nikolaï. Quand ils rejoignirent les dames dans un des petits salons, Zoya argumentait avec sa mère à propos de quelque chose.

— Qu'est-ce que tu as donc commis, petit monstre ?

Nikolaï rit en voyant son expression, et se rendit compte que sa grand-mère s'était détournée pour cacher un sourire. Le visage de Natalia était blanc comme un linge et celui de Zoya rouge comme un coquelicot quand elle jeta un coup d'œil irrité à son frère.

— Ne te mêle pas de ça !

— De quoi s'agit-il, mignonne ?

Constantin eut l'air amusé jusqu'à ce qu'il voie la réprobation peinte sur la figure de sa femme. Elle le jugeait beaucoup trop indulgent à l'égard de sa fille.

— A ce qu'il paraît, déclara la comtesse sur un ton indigné, Alix lui a donné un cadeau totalement ridicule aujourd'hui et je ne veux absolument pas la laisser le garder.

— Miséricorde, qu'est-ce que c'est ? Ses fameuses perles ? Je t'en prie, chérie, accepte-les, tu pourras toujours les porter plus tard.

Constantin était de bonne humeur après son entretien avec Nikolaï, et les deux hommes échangèrent un regard affectueux par-dessus la tête des femmes.

— Ce n'est pas drôle, Constantin, et j'attends de toi que tu lui dises exactement la même chose que moi. Il faut qu'elle s'en débarrasse tout de suite.

— Qu'est-ce que c'est, jeune peste ? Un serpent appri-
voisé ? la taquina Nikolaï.

— Non, c'est un des chiots de Joy.

Zoya avait les yeux brillants de larmes et elle regarda
son père d'un air implorant.

— Papa, je vous en prie... Si je promets de m'en occuper moi-même, de ne jamais la laisser courir en liberté ou
sortir de ma chambre, et de toujours l'empêcher d'aller
auprès de maman... Dites ?...

Des larmes tremblaient au bord de ses paupières et le
cœur de son père fondit, tandis que Natalia avançait dans
la pièce comme un ouragan, ses yeux aussi bien que ses
diamants lançant des éclairs à la clarté des lampes.

— Non ! Les chiens occasionnent des maladies ! Et
vous savez tous parfaitement combien ma santé est délicate !

Plantée au centre du salon, ravissante image de la
fureur, elle était bien loin d'avoir l'air délicate. Cela rappela à Constantin le coup de foudre qu'il avait éprouvé la
première fois qu'il l'avait vue, mais il savait aussi maintenant que Natalia n'était pas quelqu'un de facile à vivre.

— Peut-être que si ce chien reste à la cuisine... Peut-
être alors...

Il lança un coup d'œil plein d'espoir à sa femme, qui
s'éloignait à grands pas vers la porte et l'ouvrit toute
grande.

— Tu lui cèdes toujours, Constantin, n'est-ce pas ?

— Chérie... ce ne sera pas un très gros chien. Le leur
est tout petit.

— Et ils en ont deux autres, plus un chat, et leur
enfant est constamment à deux doigts de la mort.

Elle faisait allusion, bien sûr, à la mauvaise santé
d'Alexis.

— Cela n'a rien à voir avec leurs chiens. Peut-être
grand-mère accepterait-elle de le garder chez elle...

Il questionna du regard sa mère, qui sourit, secrètement enchantée de cette tempête. C'était bien d'Alix de donner un chien à Zoya, en sachant pertinemment dans quel état de rage cela mettrait sa mère. Il y avait toujours eu entre les deux femmes une rivalité secrète, mais Alexandra, somme toute, était la tsarine.

— Je le prendrai très volontiers, proposa la comtesse douairière.

— Parfait.

Constantin pensait avoir trouvé la solution idéale, mais la porte claqua avec un fracas voulu et il comprit qu'il ne verrait plus sa femme avant le lendemain matin.

— Et sur cette note joyeuse, dit Nikolaï en souriant à la ronde et en s'inclinant cérémonieusement devant sa grand-mère, je m'en retourne dans ma caserne excessivement paisible.

— N'y manque pas, répliqua sa grand-mère d'un ton significatif avec un sourire mal dissimulé, puis un petit rire, comme il prenait congé en l'embrassant. J'entends dire que tu deviens un vrai libertin, mon cher.

— Ne croyez pas tout ce que vous entendez. Bonne nuit, grand-maman.

Il l'embrassa sur les deux joues, caressa doucement l'épaule de son père en lui disant bonsoir.

— Quant à toi, petit monstre…

Il tira doucement sur une éclatante mèche rousse en l'embrassant, et elle leva les yeux vers lui avec toute l'affection à peine masquée qu'elle éprouvait à son égard.

— … sois sage, bêtasse, et essaie de ne pas rapporter d'autres animaux à la maison. Tu vas rendre maman complètement folle.

— Personne ne t'a demandé ton avis ! rétorqua-t-elle, sarcastique, avant de l'embrasser à son tour. Au revoir, espèce d'abominable gamin.

— Je ne suis pas un gamin, je suis un homme, mais tu ne sais pas faire la différence.

— Je le saurais si j'en voyais un.

Sur le seuil, il agita la main à leur adresse à tous avec un air amusé, puis il disparut, plus que probablement pour rendre visite à sa petite danseuse.

— Quel garçon charmant, Constantin. Il me fait beaucoup penser à toi lorsque tu étais plus jeune, déclara la vieille comtesse avec fierté, tandis que son fils souriait et que Zoya se jetait dans un fauteuil avec une mine écœurée.

— Je le trouve parfaitement détestable.

— Il parle de toi bien plus gentiment, Zoya Constantinovna, remarqua son père avec douceur.

Il était fier de ses enfants et les aimait tous deux profondément. Il se pencha pour déposer un baiser sur sa joue, puis sourit paisiblement à sa mère.

— Allez-vous réellement prendre le chien, maman ? demanda-t-il à la comtesse Evgenia. Je crains que Natalia ne nous mette tous à la porte si j'insiste.

Il réprima un soupir. Il y avait des fois où il aurait aimé que son épouse soit un peu plus accommodante, en particulier quand sa mère était présente et se retenait tout juste de dire sa façon de penser. Au vrai, Evgenia Ossoupov s'était formé depuis longtemps une opinion sur sa belle-fille et rien dans la conduite actuelle de Natalia ne saurait vraiment la modifier.

— Bien sûr. Je serai ravie d'avoir un petit compagnon.

Elle se tourna vers Zoya, la mine malicieuse.

— Lequel de leurs chiens a donné naissance à celui-ci ? Le king-charles du tsarévitch ou le petit bouledogue français de Tatiana ?

— Ni l'un ni l'autre, grand-maman. C'est Joy, le cocker de Marie. Elle est si mignonne et elle s'appelle Sava.

Zoya, radieuse, vint s'asseoir aux pieds de sa grand-mère, et la vieille femme posa une main noueuse mais aimante sur ses épaules.

— Demande-lui seulement de ne pas baptiser mon tapis d'Aubusson favori et nous serons bonnes amies, je te le promets.

Elle caressa les cheveux couleur de flamme qui tombaient sur les épaules de Zoya. Depuis son enfance, cette dernière aimait le contact des mains de sa grand-mère. Elle se redressa et l'embrassa tendrement.

— Merci, grand-maman. J'ai tellement envie de la garder.

— Et tu la garderas, mon petit... Tu la garderas...

Elle se leva et se dirigea lentement vers la cheminée, se sentant lasse mais en paix, tandis que Zoya s'éclipsait pour aller reprendre la petite chienne aux domestiques. La comtesse se tourna vers Constantin, et il lui sembla que seulement quelques instants plus tôt son fils avait encore l'âge de Nikolaï, et sa grande jeunesse. Les années semblaient s'être écoulées comme l'éclair, mais elles lui avaient été légères. Son mari avait mené une vie bien remplie. Il était mort trois ans auparavant à quatre-vingt-neuf ans, et elle bénissait le ciel d'avoir connu l'amour avec lui. Constantin lui ressemblait maintenant et lui rappelait son époux par bien des traits heureux, notamment quand elle le voyait avec Zoya.

— C'est une enfant charmante, Constantin, une belle jeune fille.

— Elle tient beaucoup de vous, maman.

Evgenia secoua la tête, mais il voyait bien dans ses yeux qu'elle était d'accord avec lui. De temps à autre, elle retrouvait beaucoup d'elle-même dans la jeune fille, et elle était toujours contente que Zoya soit si peu semblable à sa mère. Même quand elle désobéissait à Natalia, la vieille comtesse trouvait cela admirable, en quelque sorte, et estimait depuis longtemps que c'était le signe que son propre sang coulait dans les veines de Zoya, ce qui exaspérait d'autant plus Natalia.

— C'est un être neuf... Elle est elle-même. Nous ne devons pas l'accabler du fardeau de nos propres bizarreries et insuffisances.

— Quand donc avez-vous jamais failli en quoi que ce soit ? Vous avez toujours été bonne envers moi, maman... envers nous tous.

C'était une femme respectée et aimée. Une femme décidée, aux principes solides. Il connaissait sa sagesse et se reposait sur ses avis innombrables mais généralement judicieux.

— La voici, grand-maman !

Zoya venait de reparaître avec la petite chienne. Elle était à peine plus grande que ses mains, et la comtesse la lui prit délicatement.

— N'est-ce pas qu'elle est adorable ?

— Elle est merveilleuse... et elle le sera jusqu'à ce qu'elle mange mon plus beau chapeau ou mes chaussures préférées... mais pas, plaise à Dieu, mon Aubusson favori. Et si tu le fais, conclut-elle en caressant la tête de la petite chienne comme elle avait caressé celle de Zoya un instant seulement auparavant, je te mets à cuire pour avoir du bouillon. Rappelle-toi ça !

La petite Sava aboya en réponse.

— C'était très gentil à Alix de te la donner, mignonne. J'espère que tu l'as remerciée comme il faut.

Zoya gloussa et se couvrit la bouche de la main dans un mouvement plein de grâce.

— Elle craignait un peu que maman ne soit contrariée.

Sa grand-mère rit et Constantin s'efforça par déférence envers sa femme de ne pas sourire.

— Elle connaît très bien ta mère, à ce que je vois, n'est-ce pas, Constantin ?

Elle le regarda droit dans les yeux et il comprit tout ce qu'elle sous-entendait.

— La santé de cette pauvre Natalia ne lui rend pas la vie facile, ces temps-ci. Peut-être un jour... dit-il dans une tentative pour la défendre.

— Peu importe, Constantin.

La comtesse douairière eut un geste impatient de la main, prit le chiot dans le creux de son bras et donna un baiser à sa petite-fille.

— Viens nous voir demain, Zoya. Ou retournes-tu à Tsarskoïe Selo ? Il faudra que j'aille avec toi un de ces jours rendre visite à Alix et aux enfants.

— Pas pendant qu'ils sont malades, maman, je vous en prie... et le trajet par ce temps sera trop pénible pour vous.

Sa mère éclata de rire.

— Ne sois pas ridicule, Constantin. Il y a près de cent ans que j'ai eu la rougeole et je ne me suis jamais préoccupée du temps. Je me porte fort bien, merci beaucoup, et j'ai l'intention de continuer pour une dizaine d'années au moins, sinon davantage. Je suis assez coriace pour y arriver.

— Excellente nouvelle, dit-il en souriant. Je vous raccompagne au pavillon.

— Ne sois pas stupide.

Elle le repoussa d'un geste pendant que Zoya allait chercher sa cape et revenait la lui poser sur les épaules.

— Je suis parfaitement capable de traverser le jardin, tu sais. Je le fais plusieurs fois par jour.

— Alors ne me refusez pas le plaisir de le faire avec vous, *madame**.

Elle lui sourit, le voyant de nouveau comme un enfant, du moins dans son cœur, où il resterait à jamais un petit garçon aussi longtemps qu'elle vivrait.

— Eh bien donc, d'accord, Constantin. Bonne nuit, Zoya.

— Bonne nuit, grand-maman. Et merci de garder Sava pour moi.

La vieille femme l'embrassa affectueusement, et Zoya monta à sa chambre mauve tandis qu'ils sortaient dans l'air froid de la nuit. Zoya bâilla puis sourit en songeant à la petite chienne que Marie et sa mère lui avaient donnée. Cette journée avait été fantastique. Elle referma doucement la porte de sa chambre et se promit de retourner dans un jour ou deux à Tsarskoïe Selo. Entre-temps, il lui faudrait trouver quelque chose de merveilleux à apporter à Machka.

Deux jours plus tard, alors que Zoya prévoyait de
retourner à Tsarskoïe Selo auprès de Marie, une lettre
arriva avant le petit déjeuner. Elle était apportée par le
docteur Fedorov en personne, le médecin d'Alexis, qui
était venu en ville chercher des médicaments supplémentaires, et il annonçait la nouvelle désolante que Marie
aussi avait été atteinte par la rougeole. Zoya lut avec
consternation le mot qu'elle lui envoyait. Cela signifiait
non seulement qu'elle ne pouvait pas y aller mais encore
qu'elles ne se verraient peut-être pas pendant des
semaines, car le docteur Fedorov affirma que Marie ne
serait sans doute pas en mesure de recevoir des visiteurs
pendant un bon bout de temps, selon la gravité de son
état. Déjà Anastasia avait des ennuis avec ses oreilles à la
suite de la maladie, et il redoutait que le tsarévitch n'ait
contracté une pneumonie.

— Oh, mon Dieu... gémit Natalia. Et tu as été exposée
aussi. Zoya, je t'avais interdit d'y aller et maintenant...
Comment as-tu pu me faire ça ? Comment as-tu osé !

Elle perdait presque la tête à la pensée de la maladie
que Zoya risquait d'avoir involontairement introduite
dans la maison. Constantin entra en scène à temps pour
assister à l'évanouissement de son épouse et il envoya
sans tarder la femme de chambre chercher son flacon de
sels. Il avait commandé un étui spécial, exécuté par
Fabergé sous forme d'une grosse fraise en émail rouge

incrusté de diamants, qu'elle gardait toujours à portée de main, près de son lit.

Le docteur Fedorov eut la bonne grâce de rester jusqu'à ce qu'il eût raccompagné Natalia à sa chambre pendant que Zoya griffonnait un mot à son amie. Elle lui souhaitait un prompt rétablissement pour qu'elles puissent être de nouveau ensemble et elle signa sa missive pour elle-même et Sava, qui avait généreusement arrosé la veille au soir le fameux tapis d'Aubusson. Sa grand-mère avait tout de même gardé la petite chienne, la menaçant toujours de la mettre à la marmite si ses manières ne s'amélioraient pas rapidement.

... je t'aime tendrement, ma chérie. Alors dépêche-toi de guérir, que je puisse venir te voir. Elle lui envoyait deux livres, dont l'un était *Helen's Babies*, de John Habberton, qu'elle-même avait lu quelques semaines plus tôt et adoré, et qu'elle avait de toute façon projeté de lui donner. Elle ajouta aussi un bref post-scriptum, avertissant Machka de ne pas se servir de cela comme excuse pour tricher encore au tennis, comme elles l'avaient fait toutes les deux, l'été précédent, quand elles jouaient à Livadia avec deux des sœurs de Marie. C'était leur sport favori, et Marie y était plus forte que les autres, encore que Zoya ait toujours été bien près de la battre. *... je viendrai te voir dès que ta mère et le médecin m'y autoriseront. De tout mon cœur, ton affectionnée Zoya...*

Cet après-midi-là, Zoya vit de nouveau son frère, ce qui lui changea les idées et, en attendant que leur père rentre à la maison, il l'emmena faire un tour dans la troïka de leur mère. Elle n'avait pas quitté sa chambre de toute la journée tant elle avait été bouleversée d'apprendre la maladie de Marie et de songer que sa fille s'était exposée à la contagion à cause de son entêtement. Zoya savait qu'elle ne sortirait peut-être pas pendant des jours d'affilée et elle était heureuse d'avoir son frère pour la distraire.

— Pourquoi veux-tu revoir papa ? Il y a quelque chose qui ne va pas, Nikolaï ?

— Ne sois pas bête. Pourquoi penses-tu qu'il y a quoi que ce soit qui n'aille pas ? Quelle poule mouillée tu fais !

Mais une poule mouillée intelligente. Il s'émerveilla qu'elle ait compris d'instinct qu'il était revenu voir Constantin parce qu'il était inquiet. La veille, quand la Douma s'était réunie, Alexandre Kerenski, le député du parti socialiste révolutionnaire, avait prononcé un discours incendiaire, véritable incitation à assassiner le tsar, et Nikolaï commençait à craindre qu'il n'y ait du vrai dans ce qu'avait dit Paléologue, l'ambassadeur français. Peut-être la situation était-elle pire que tous ne le supposaient, et les gens encore plus démoralisés par la pénurie qu'on ne le soupçonnait. Sir George Buchanan, l'ambassadeur anglais, avait tenu sensiblement les mêmes propos avant de partir pour dix jours de vacances en Finlande. Nikolaï entendait beaucoup de choses ces jours-ci et cela le tourmentait, voilà pourquoi une fois de plus il était désireux de connaître l'opinion de son père.

— Tu ne viens jamais que s'il y a quelque chose qui cloche, Nikolaï, insista Zoya comme ils filaient à toute allure le long de la belle perspective Nevski.

Il y avait de la neige fraîche sur le sol et l'avenue n'avait jamais été plus belle, mais Nikolaï continua à soutenir obstinément que tout allait bien. Même si elle ressentait une bizarre sensation de peur, elle décida de le croire.

— Comme c'est charmant de dire ça, Zoya. Et d'ailleurs ce n'est pas vrai. Dis-moi plutôt, est-il exact que tu as encore rendu maman malade ? J'ai entendu dire qu'elle s'était alitée à cause de toi et que son médecin a dû venir la voir deux fois.

Zoya haussa les épaules, avec un sourire espiègle.

— C'est juste parce que le docteur Fedorov lui a dit que Machka avait la rougeole.

— Et tu l'auras ensuite ?

Nikolaï lui sourit et elle se moqua de lui.

— Ne sois pas stupide. Je ne suis jamais malade.

— Ne sois pas trop sûre de toi. Tu ne retourneras pas là-bas, hein ?

Pendant un instant, il eut l'air soucieux, mais elle secoua la tête avec une expression de déception enfantine.

— On ne me le permettra pas. Personne ne peut y aller maintenant. Et la pauvre Anastasia a terriblement mal aux oreilles.

— Elles seront toutes rétablies bientôt et tu pourras y retourner.

Zoya hocha la tête, puis sourit.

— A propos, Nikolaï, comment va ta danseuse ?

Il sursauta et tira ensuite sur une des mèches qui dépassaient de sa toque de fourrure.

— Qu'est-ce qui te fait penser que j'ai une danseuse ?

— Tout le monde le sait, idiot... exactement comme on le savait pour oncle Nicolas, avant qu'il épouse tante Alix.

Avec lui, elle pouvait parler ouvertement, après tout il n'était que son frère, mais il eut néanmoins l'air choqué. Certes, il connaissait son franc-parler, mais il aurait souhaité qu'elle y mît un peu les formes !

— Zoya ! Comment oses-tu parler de ces choses-là !

— A toi, je peux dire tout ce que je veux. Comment est la tienne ? Est-elle jolie ?

— Elle n'est rien du tout ! Elle n'existe pas. C'est cela qu'on t'enseigne au Smolny ?

— On ne m'enseigne rien, dit-elle avec entrain, faisant fi de la très solide instruction reçue là-bas malgré elle, tout comme lui des années auparavant au Corps impérial des pages, l'école militaire réservée aux fils de nobles et d'officiers de haut rang. D'ailleurs, j'ai presque fini.

— J'imagine qu'on sera terriblement content de te voir les talons, ma chère.

Elle haussa les épaules et tous deux rirent. Il crut un instant lui avoir donné le change, mais elle était plus opiniâtre que cela et elle se tourna vers lui avec un sourire malicieux.

— Tu ne m'as toujours pas parlé de ton amie, Nikolaï.

— Tu es épouvantable, Zoya Constantinovna.

Elle gloussa et il la ramena au pas vers le palais familial sur la Fontanka, où leur père était maintenant rentré. Les deux hommes s'enfermèrent en tête à tête dans la bibliothèque de Constantin, qui avait vue sur le jardin. Elle était remplie de beaux livres reliés en cuir et d'objets qu'il avait collectionnés au fil des années, en particulier les malachites, auxquelles il tenait beaucoup. Il y avait aussi une collection de ces œufs, créations de Fabergé, que Natalia lui offrait tous les ans, semblables à ceux que le tsar et la tsarine échangeaient à l'occasion de Pâques. Constantin, debout devant la fenêtre en train d'écouter son fils, aperçut Zoya bondissant dans la neige. Elle allait voir sa grand-mère et Sava.

— Eh bien, père, qu'en pensez-vous ?

Lorsque Constantin se retourna vers lui, il vit que Nikolaï était sincèrement inquiet.

— Je ne crois pas que cela porte à conséquence. Et même s'il y avait un peu d'agitation dans les rues, le général Khabalov est en mesure de maintenir l'ordre, Nikolaï. Il n'y a pas de quoi se mettre martel en tête.

Il eut un sourire réconfortant, satisfait que son fils se préoccupe autant du salut de la ville et du pays.

— Tout va bien, mais cela ne nuit jamais d'être en alerte. C'est la marque d'un bon soldat.

C'est ce qu'était Constantin, ce qu'il avait été dans sa jeunesse, comme son père avant lui. S'il avait pu, il aurait combattu sur le front, mais il était bien trop âgé pour cela, quelque profond que fût son attachement à son cousin le tsar et à son pays.

— Papa, est-ce que le discours de Kerenski à la Douma ne vous inquiète pas ? Mon Dieu, ce qu'il propose, c'est de la trahison !

— Effectivement, mais personne ne peut vraiment prendre cela au sérieux, Nikolaï. On ne va pas assassiner le tsar. On n'oserait pas. D'ailleurs, Nicky est assez sage pour bien se protéger. Je crois qu'il court beaucoup plus de danger chez lui, en ce moment, entouré d'enfants et de serviteurs en proie à la rougeole, qu'il n'a à craindre de son peuple. En tout cas, je verrai l'ambassadeur Buchanan à son retour, s'il est soucieux à ce point-là. Son point de vue sur la question m'intéresse, de même que celui de Paléologue. Quand Buchanan reviendra de vacances, j'arrangerai un déjeuner avec eux et, bien sûr, tu es cordialement invité à te joindre à nous.

Il pensait surtout à favoriser la carrière de son fils. Nikolaï était un garçon intelligent, à l'avenir brillant.

— Vous avoir parlé m'a fait du bien, papa.

N'empêche que cette fois ses craintes ne s'étaient pas si facilement apaisées et, quand il quitta la maison, il se sentait encore tenaillé par une sensation de danger imminent. Il était tenté de se rendre à Tsarskoïe Selo pour avoir un entretien avec son cousin mais, d'après ce qu'il avait entendu dire sur l'épuisement du tsar et son inquiétude pour son fils, il comprenait que le moment était mal choisi. Le déranger à présent serait fâcheux et mieux valait s'abstenir.

C'est une bonne semaine plus tard, le 8 mars, que Nicolas quitta Petrograd pour retourner sur le front, à Moghilev, à huit cents kilomètres de là. Et c'est ce même jour que se manifesta le premier signe de désordre dans les rues, lorsque les queues à la porte des boulangeries se transformèrent en ruées de gens furieux et hurlants qui forcèrent l'entrée dans les boutiques en criant : « Donnez-nous du pain ! » Au coucher du soleil, un escadron de cosaques arriva pour les maîtriser. Pourtant personne ne semblait autrement inquiet. L'ambassadeur Paléologue donna même une très grande réception. Le prince et la princesse Gortchakov y assistèrent, ainsi que le comte Tolstoï, Alexandre Benois et l'ambassadeur espagnol, le marquis de Villasinda. Natalia ne se sentait toujours pas bien et avait décrété qu'elle ne pouvait absolument pas sortir, et Constantin n'avait pas voulu la laisser. Il se réjouit de leur décision quand il apprit, le lendemain, qu'un tramway avait été renversé par les émeutiers dans les faubourgs de la ville. Cependant, dans l'ensemble, personne ne paraissait s'alarmer outre mesure. Et comme pour rassurer tout un chacun, le jour suivant se leva pur et ensoleillé. La perspective Nevski était noire de monde, mais les gens avaient l'air d'assez bonne humeur et toutes les boutiques étaient ouvertes. Il y avait des cosaques sur place pour observer ce qui se passait, néanmoins ils étaient apparemment en bons termes avec la foule. En revanche, le samedi 10 mars, il y eut des actes de pillage inattendus et, le dimanche, plusieurs personnes furent tuées au cours de diverses émeutes.

Ce soir-là, malgré tout, les Radziwill devaient donner une très grande réception. On aurait dit que tous voulaient faire comme si rien ne se passait. Il était pourtant difficile de ne pas tenir compte des récits de troubles et de soulèvement.

Gibbes, le professeur d'anglais de Marie, apporta ce jour-là à Zoya une lettre de Machka et elle bondit à sa rencontre les bras ouverts, mais elle fut consternée de lire que Marie se sentait « dans un état affreux » et que Tatiana s'était mise elle aussi à souffrir des oreilles. Du moins Baby allait-il un peu mieux.

— La pauvre tante Alix doit être bien fatiguée, dit Zoya dans l'après-midi à sa grand-mère, assise dans son salon, Sava sur les genoux. Je voudrais tant revoir Marie, grand-maman.

Elle n'avait rien eu pour s'occuper depuis des jours, sa mère lui avait formellement interdit de reprendre ses cours de danse en raison des incidents de rue et, cette fois, son père s'était associé à cet ordre.

— Un peu de patience, ma chère, exhorta sa grand-mère. Tu ne voudrais pas te trouver dans les rues en ce moment, de toute façon, avec tous ces gens malheureux et morts de faim.

— Est-ce que cela va si mal pour eux, grand-maman ?

C'était difficile à imaginer, au milieu de tout le luxe dont eux jouissaient. Cela lui serrait le cœur de penser qu'il y avait des gens tellement affamés.

— J'aimerais que nous puissions leur donner un peu de ce que nous avons.

Leur vie était si confortable et facile, cela semblait cruel que tout autour d'eux des gens souffrent du froid et de la famine.

— Chacun de nous le souhaite parfois, mignonne, répondit sa grand-mère, plongeant son regard ardent dans le sien. La vie n'est pas toujours juste. Il y a beaucoup, beaucoup de gens qui n'auront jamais ce qu'il nous paraît naturel d'avoir tous les jours... des vêtements chauds, des lits confortables, de la nourriture en abondance... pour ne rien dire des agréments comme les vacances, les réceptions et les jolies robes.

— Est-ce mal ?

Cette idée même parut déconcerter Zoya.

— Certainement pas, mais c'est un privilège, et nous ne devons jamais l'oublier.

— Maman dit que ce sont des gens ordinaires qui n'aimeraient de toute façon pas ce que nous avons. Croyez-vous que ce soit vrai ?

Evgenia la regarda avec une ironie agacée, stupéfaite que sa belle-fille puisse encore se montrer si aveugle et si bête.

— Ne sois pas ridicule, Zoya. Imagines-tu que quelqu'un puisse refuser l'idée d'un lit bien chaud, d'un estomac plein, d'une belle robe ou d'une troïka somptueuse ? Il faudrait être vraiment stupide.

Zoya n'ajouta pas que sa mère avait dit aussi que les gens l'étaient, car la jeune fille comprenait bien que ce n'était pas vrai.

— Vous savez, grand-maman, c'est triste qu'ils ne connaissent pas oncle Nicky et tante Alix, Baby et ses sœurs. Ils sont si gentils, personne ne pourrait être fâché contre eux si on les connaissait.

C'était une remarque judicieuse et en même temps incroyablement simpliste.

— Eux ne sont pas en cause, ma chérie... seulement ce qu'ils représentent. C'est extrêmement difficile pour des gens qui se trouvent à l'extérieur d'un palais de se rappeler que ceux qui sont à l'intérieur ont des chagrins et des difficultés. Personne ne saura jamais à quel point Nicolas tient à eux tous, comme il se désole de leurs maux et comme il a eu le cœur brisé par la maladie d'Alexis. Les gens ne le sauront jamais, ne le verront jamais... Cela m'attriste aussi. Le pauvre homme porte tant de terribles fardeaux. Et le voilà maintenant de retour au front. Ce doit être pénible pour Alix. Je souhaite vraiment que les enfants se rétablissent pour que je puisse aller les voir.

— J'aimerais y aller aussi. Mais papa ne veut même pas me laisser sortir de la maison. Il me faudra des mois pour rattraper mon retard chez Mme Nastova.

— Bien sûr que non.

Evgenia l'examina, on aurait dit qu'elle devenait de jour en jour plus belle à mesure qu'elle approchait de son dix-huitième anniversaire. Elle était gracieuse et délicate, avec ses cheveux roux flamboyants et ses immenses yeux verts, ses longues jambes parfaites et cette taille menue que l'on pouvait encercler des deux mains. Elle vous coupait le souffle quand on la regardait.

— Grand-maman, c'est tellement assommant.

Elle pirouetta sur une pointe tandis qu'Evgenia émettait un rire moqueur.

— Tu ne me flattes vraiment pas, ma chère. Beaucoup de gens me trouvent ennuyeuse depuis fort longtemps, mais personne ne me l'a jamais dit avec aussi peu de ménagement.

— Pardon, s'excusa-t-elle en riant. Ce n'est pas à vous que je pensais. Je parlais d'être confinée ici. Et même cet idiot de Nikolaï n'est pas venu nous voir aujourd'hui.

Plus tard dans l'après-midi, elles comprirent pourquoi. Le général Khabalov avait fait placarder dans la ville entière d'immenses affiches avertissant chacun que les réunions politiques et les rassemblements étaient désormais interdits, et que tous les grévistes devaient retourner au travail le lendemain. Le refus d'obtempérer impliquerait d'être immédiatement enrôlé dans l'armée et envoyé au front, mais personne ne prêta la moindre attention à ces affiches. D'énormes foules de manifestants déferlèrent du quartier de Vyborg, franchirent les ponts sur la Neva et entrèrent dans la ville ; à quatre heures et demie les soldats étaient apparus et il y avait eu une fusillade sur la perspective Nevski en face du palais Anitchkov. Cinquante personnes avaient été tuées, dans les heures qui suivirent deux cents de plus périrent et, soudain, le dissentiment naquit chez les soldats. Une compagnie du régiment Pavlovski refusa de tirer et, se tournant contre l'officier qui la commandait, l'abattit ; alors, tout à coup, un désordre indescriptible s'instaura et le régiment Preobrajenski dut être appelé pour désarmer les cosaques.

Constantin en fut informé le soir et il disparut pendant des heures, durant lesquelles il tenta de découvrir ce qui se passait ailleurs, souhaitant au fond de lui-même s'assurer que Nikolaï était sain et sauf. Brusquement, il s'était senti submergé par la panique à l'idée que son fils était en danger. Toutefois, il apprit seulement que les éléments rebelles du régiment Pavlovski avaient été désarmés avec très peu de pertes en vies humaines. « Très peu » semblait subitement trop, et il rentra chez lui attendre des nouvelles. En chemin, il vit les illuminations chez les Radziwill et s'étonna de la folie d'une cité qui continuait à danser pendant que des gens étaient assassinés. D'un seul coup lui vint l'idée que Nikolaï avait peut-être eu raison de s'alarmer. Constantin était maintenant impatient de parler à Paléologue, et il décida d'aller le voir le lendemain matin. Pourtant, c'est seulement quand il tourna dans la Fontanka et aperçut les chevaux devant sa propre demeure que son cœur se serra et qu'il fut saisi du désir de tourner bride. La terreur l'étreignait, il pressa l'allure de son attelage. Il y avait au moins une dizaine de soldats des Preobrajenski au-dehors, ils couraient et criaient en transportant quelque chose ; Constantin entendit un appel jaillir de sa propre bouche et il abandonna Fiodor et la troïka avant même que celle-ci soit complètement arrêtée en criant pour lui-même : « Oh, mon Dieu... Oh, mon Dieu... », puis il le vit. Il était porté par deux hommes et il y avait du sang partout sur la neige. C'était Nikolaï. « Oh, mon Dieu... » Les larmes ruisselaient sur les joues de Constantin, qui regardait d'un air hébété, puis il s'élança.

— Est-ce qu'il vit ?

Un des hommes se tourna vers lui et hocha la tête, répondant à mi-voix à Constantin :

— Tout juste.

Il avait été atteint à sept reprises par des coups tirés pendant l'affrontement avec un soldat du Pavlovski, un des leurs... un des hommes du tsar... mais il avait montré son courage et il avait abattu l'autre.

— Emmenez-le à l'intérieur... vite.

Il appela Fiodor, qui apparut à son côté.

— Va chercher le médecin de ma femme, tout de suite ! ordonna-t-il d'une voix tonnante, cependant que les jeunes soldats le regardaient sans bouger.

Ils savaient qu'il n'y avait plus rien à faire, c'est pour cela qu'ils l'avaient transporté chez lui ; Nikolaï leva un regard vitreux vers son père, mais il le reconnut, et sourit, avec de nouveau un air d'enfant quand son père le souleva dans ses bras vigoureux et l'emporta dans la maison. Il le déposa sur le canapé recouvert de tapisserie dans le grand vestibule, et tous les domestiques accoururent.

— Apportez des bandages... des draps... Vite, donnez-moi de l'eau chaude.

Il n'avait aucune idée de ce qu'il ferait de tout cela, mais quelque chose devait être fait. Quelque chose... n'importe quoi, il fallait le sauver. C'était son petit garçon, ils l'avaient rapporté pour qu'il meure chez lui, mais il n'allait pas le laisser partir. Il devait l'en empêcher avant qu'il soit trop tard ; soudain il sentit une main ferme le pousser de côté et il vit sa propre mère prendre la tête du jeune homme entre ses mains et déposer doucement un baiser sur son front en murmurant :

— Tout va bien, Nikolaï, grand-mère est là... et ta maman et ton papa...

Les trois femmes avaient commencé à dîner sans attendre Constantin, et Evgenia avait immédiatement deviné ce qui s'était passé lorsqu'elle avait entendu les hommes entrer. Les autres soldats se tenaient avec embarras dans le vestibule où retentit un cri terrifiant : Natalia avait aperçu son fils. Elle s'évanouit sur le seuil de la porte.

— Zoya ! appela Evgenia.

La jeune fille se précipita vers elle tandis que Constantin regardait avec désarroi le sang de son fils suinter sur le sol de marbre et s'enfoncer lentement dans le tapis. Il voyait que Zoya était toute tremblante quand elle courut vers sa grand-mère et s'agenouilla au chevet de son frère.

Elle avait le visage d'un blanc de craie. Elle prit la main de son frère avec douceur.

— Nikolaï... je t'aime... C'est Zoya...

— Qu'est-ce que tu fais ici ?

Sa voix était tout juste un murmure et Evgenia comprit en l'examinant qu'il ne les voyait plus. Constantin, qui pleurait, s'agenouilla pour embrasser son fils.

— Papa ?... Vous êtes là, papa ? appela-t-il d'une voix d'enfant. Papa... je vous aime... Zoya... sois sage.

Puis il leur sourit et ce fut fini. Il mourut dans les bras de son père. Constantin lui ferma les paupières avec douceur et lui baisa les yeux, secoué de sanglots irrépressibles en tenant le fils qu'il avait si tendrement aimé, dont le sang imprégnait son gilet tandis qu'il le serrait contre sa poitrine. Debout à côté d'eux, Zoya pleurait et Evgenia caressait d'un geste affreusement tremblant la main de Nikolaï, puis elle se détourna lentement et fit signe aux soldats de les laisser seuls avec leur chagrin. Le médecin était arrivé entre-temps et essayait de ranimer Natalia, qui gisait toujours inerte sur le seuil. On la porta dans son appartement à l'étage, Fiodor pleurait à chaudes larmes et le vestibule entier donnait l'impression de s'emplir d'une lamentation. Les serviteurs au complet y étaient accourus... trop tard... tous trop tard pour l'assister.

— Viens, Constantin. Il faut que tu les laisses l'emporter là-haut.

Elle le détacha avec douceur de son fils puis le guida, car il ne voyait plus rien, jusqu'à la bibliothèque, le poussa délicatement dans un fauteuil et lui versa un cognac. Il n'y avait rien qu'elle puisse dire pour soulager sa peine, et elle n'essaya pas. Elle fit signe à Zoya de s'approcher et, quand elle vit sa pâleur, elle la força à prendre une gorgée du cognac qu'elle s'était servi.

— Non, grand-maman... Non... je vous en prie...

Les vapeurs de l'alcool la prenaient à la gorge, mais sa grand-mère l'obligea à boire, puis s'occupa de nouveau de Constantin.

— Il était si jeune... Mon Dieu... Mon Dieu... ils l'ont tué...

Elle le soutint tandis qu'il oscillait involontairement dans son fauteuil, pleurant son fils unique ; soudain Zoya bondit dans ses bras, s'agrippant à lui comme s'il était la seule chose solide qui restait sur terre, hantée par la pensée que cet après-midi même elle avait dit de lui « cet idiot de Nikolaï »... cet idiot de Nikolaï... et que maintenant, il était mort... Son frère était mort... Elle regarda son père avec de grands yeux horrifiés.

— Papa, qu'est-ce qui se passe ?

— Je ne sais pas, ma mignonne... Ils ont tué mon petit...

Il la serra contre lui tandis qu'elle sanglotait dans ses bras, et peu après il se leva et la confia à sa grand-mère.

— Emmenez-la avec vous, maman. Il faut que j'aille voir Natalia.

— Elle ne risque rien.

Evgenia s'inquiétait beaucoup plus pour son fils que pour sa sotte épouse. Elle craignait que la perte de Nikolaï ne lui porte un coup fatal. Elle avança la main pour caresser de nouveau la sienne et il remarqua l'expression de ses yeux, où se lisaient la sagesse, l'expérience et un incommensurable chagrin.

— Oh, maman ! s'écria-t-il.

Il l'étreignit longuement cependant qu'elle tendait la main et attirait Zoya à eux. Il finit par se dégager avec lenteur, puis monta l'escalier pour se rendre à l'appartement de sa femme, sous le regard de Zoya, debout dans le vestibule. Le sang de Nikolaï sur les dalles de marbre avait été lavé, le tapis enlevé, et son frère gisait déjà, silencieux et froid, dans la chambre où il avait vécu depuis son enfance. Il était né là et il y était mort, il avait vécu vingt-trois courtes années, et avec lui disparaissait un monde qu'ils avaient tous connu et aimé. C'était comme si aucun d'eux ne serait plus jamais en sécurité. Evgenia l'avait déjà compris quand elle conduisit Zoya à son pavillon, parcourue de violents frissons sous sa cape, les yeux pleins d'une stupeur horrifiée.

— Il faut que tu sois forte, mignonne, lui dit sa grand-mère comme Sava se précipitait vers elles dans son salon et que Zoya recommençait à pleurer. Ton père aura doublement besoin de toi maintenant. Et peut-être... peut-être... que rien ne sera plus jamais pareil désormais... pour aucun de nous. Mais quoi qu'il arrive...

Sa voix trembla comme elle pensait à son petit-fils mourant dans leurs bras et, cependant que ses mains maigres étaient agitées de violentes secousses, elle attira Zoya contre elle pour déposer un baiser sur ses joues satinées.

— ... rappelle-toi seulement, mignonne, combien il t'aimait...

4

Le lendemain fut un cauchemar. Nikolaï gisait dans la chambre de son enfance, lavé et impeccable, revêtu de son uniforme et entouré de cierges. Ce 12 mars, les régiments de la Garde, le Volinski, le Semenovski, l'Ismaïlovski, le Litovski, et pour finir le plus noble de tous, le propre régiment de Nikolaï, le Preobrajenski, se soulevèrent et passèrent au service de la révolution. Partout il y avait des bannières rouges brandies bien haut, et les soldats en tenue dépenaillée n'étaient plus les hommes qu'ils avaient été... Saint-Pétersbourg n'était plus la même ville. Rien ne devait plus jamais être comme avant l'incendie du palais de justice par les révolutionnaires, ce matin-là. Bientôt l'arsenal de la perspective Liteini fut en flammes, puis le ministère de l'Intérieur, le bâtiment du Gouvernement militaire, le quartier général de l'Okhrana, la police secrète, et plusieurs postes de police furent détruits. Tous les prisonniers avaient été libérés et, à midi, la Forteresse Pierre-et-Paul était aussi aux mains des rebelles. A l'évidence, des mesures draconiennes devaient être prises, et le tsar devait revenir immédiatement pour nommer un gouvernement provisoire qui reprendrait les choses en main. Mais même cela ne paraissait guère un plan viable et, lorsque le grand-duc Michel lui téléphona au quartier général de Moghilev dans l'après-midi, il promit de rentrer immédiatement. Assimiler ce qui s'était passé à Petrograd pendant les quelques jours écoulés depuis qu'il en était parti lui était impossible et il tenait absolument à tout voir par lui-même avant de nommer de nouveaux ministres pour faire face à cette crise. C'est seulement le soir qu'il prit conscience de ce qui arrivait, quand le président de la Douma lui envoya un message l'avertissant que la vie des siens était en danger. L'impératrice elle-même ne l'avait pas compris. Mais déjà à ce moment-là, il était trop tard. Bien trop tard pour eux tous.

Lili Dehn était venue voir Alexandra à Tsarskoïe Selo dans l'après-midi et l'avait trouvée complètement absorbée par les soins qu'elle prodiguait à ses enfants malades. Ce que relatait Lili était des récits de désordres de rue, et elle ne voyait pas encore nettement que c'était plus que des émeutes ordinaires, que c'était en fait une révolution.

Le lendemain matin, en plein blizzard, le général Khabalov fit porter un message à la tsarine. Il insistait pour qu'elle parte tout de suite avec les enfants. Il soutenait un siège au palais d'Hiver à Saint-Pétersbourg avec quinze cents hommes dévoués ; à midi, tous l'avaient abandonné. L'impératrice ne comprit toujours pas. Elle refusa de quitter Tsarskoïe Selo avant le retour de Nicolas. Elle se sentait en sécurité avec ses marins fidèles, l'Equipage de la Garde, auprès d'elle, et d'ailleurs les enfants étaient encore bien trop malades pour voyager. Marie avait aussi une pneumonie, à présent.

Ce même jour, des châteaux alentour furent pillés et brûlés, et Constantin occupa tous les serviteurs à enterrer dans le jardin l'argenterie, les objets d'or et les icônes. Zoya était enfermée dans le pavillon de sa grand-mère avec les femmes de chambre, et elles cousaient avec frénésie des bijoux dans la doublure de leurs vêtements d'hiver les plus épais. Natalia poussait des cris aigus en parcourant la grande maison, entrait dans la chambre de Nikolaï où reposait toujours sa dépouille, et ressortait en courant éperdument. Toute tentative pour l'enterrer était impossible maintenant que la révolution se propageait partout autour d'eux.

— Grand-maman, chuchota Zoya en introduisant une petite boucle d'oreille dans un bouton qu'elle recoudrait ensuite sur une robe, grand-maman... qu'est-ce que nous allons faire maintenant ?

Tandis qu'elle s'efforçait de manier l'aiguille en dépit du tremblement de ses doigts, les yeux dilatés de terreur, on entendait des bruits de fusillades dans le lointain.

— Nous ne pouvons rien faire avant d'avoir fini ça... Dépêche-toi, Zoya... Tiens... fixe les perles dans ma jaquette bleue.

La vieille dame travaillait avec acharnement, étrangement calme, alors que Constantin se trouvait au palais d'Hiver avec Khabalov et les derniers fidèles. Il les avait laissées de bonne heure ce matin pour aller là-bas.

— Qu'est-ce que nous ferons de...

Elle fut incapable de prononcer le nom de son frère, mais cela semblait tellement horrible de le laisser couché là-bas pendant qu'elles enfermaient des bijoux dans les ourlets des robes de sa grand-mère.

— Nous nous occuperons de tout en temps utile. A présent, tais-toi, mon petit. Nous devons attendre des nouvelles de ton père.

Sava était couchée aux pieds de Zoya et gémissait comme si elle savait que même sa vie à elle était en danger. Plus tôt dans la matinée, la vieille comtesse avait tenté d'amener Natalia au pavillon avec elle, mais elle avait refusé de quitter la maison. Elle avait l'air à demi folle, elle ne cessait de parler à son fils mort, lui assurant que tout allait bien et que son père rentrerait bientôt au palais. Evgenia l'y avait laissée et avait emmené toutes les servantes chez elle pour accélérer au mieux le sauvetage de ce qu'elle avait de précieux avant que les émeutiers forcent les portes et prennent tout. Evgenia avait déjà appris la mise à sac du château de Kschessinska par la populace, et elle voulait sauver ce qu'elle pouvait avant que les pillards arrivent. Tout en cousant elle se demandait si elles parviendraient jusqu'à Tsarskoïe Selo.

Là-bas, l'impératrice aussi avait fort à faire. Les enfants avaient toujours de la température, Marie étant la plus fiévreuse de tous, et Anna était également encore malade. Les soldats rebelles étaient arrivés au village à la fin de l'après-midi, mais, craignant la garde du palais, ils s'étaient contentés de saccager le bourg et de fusiller au hasard ceux qu'ils rencontraient.

Les enfants entendaient les coups de feu depuis leur chambre ; Alexandra leur répéta encore et encore que c'étaient seulement leurs propres soldats en manœuvre. Mais ce soir-là, elle envoya un message à son mari, le suppliant de revenir. Ne comprenant toujours pas dans quel état de désespoir ils se trouvaient tous, il choisit de rentrer par l'itinéraire le plus long, car il ne voulait pas perturber la circulation des trains militaires. A ce moment-là, l'idée qu'il n'avait plus d'armée fidèle lui était inconcevable. Les régiments de la Garde, dont la mission avait toujours été de protéger le tsar, la tsarine et leurs enfants, avaient presque tous abandonné leur poste. Même les soldats de Tsarskoïe Selo avaient déserté et trahi. Saint-Pétersbourg était tombée. Le mercredi 14 mars, en une nuit, un monde entier avait changé. Envisager tout ce que cela impliquait était presque impossible.

Les ministres et les généraux pressaient Nicolas d'abdiquer en faveur de son fils, en confiant la régence au grand-duc Michel, mais les télégrammes fébriles envoyés à Nicolas sur le chemin de retour du front, lui expliquant la situation, ne suscitèrent aucune réaction de sa part.

Au milieu de son silence, Zoya et sa grand-mère restaient aussi sans nouvelles. Constantin n'était pas revenu depuis deux jours et il n'y avait aucun moyen de savoir où il était. C'est seulement quand Fiodor eut finalement le courage de se risquer dans les rues qu'il rapporta la terrible nouvelle redoutée depuis longtemps par Evgenia. Constantin était mort. Il avait péri au palais d'Hiver avec les derniers soldats loyalistes, tué par ses propres hommes. Il n'y avait même pas de cadavre à leur ramener. Il avait été inhumé parmi des centaines d'autres. Fiodor rentra le visage ruisselant de larmes et, secoué par les sanglots, il expliqua à Evgenia ce qui était arrivé à Constantin. Elles l'écoutèrent, Zoya le fixant avec de grands yeux horrifiés et sa grand-mère se retournant d'un bloc pour ordonner aux servantes de se hâter. Tous ses bijoux avaient été dissimulés, ainsi que ceux de Natalia, et le reste devrait être abandonné. Elle prit rapidement une autre décision. Ils allaient enterrer Nikolaï dans le jardin. Evgenia et Fiodor, avec trois des plus jeunes serviteurs, retournèrent au corps de logis principal et s'immobilisèrent silencieusement dans sa chambre. Il était mort depuis trois jours et ils ne pouvaient pas attendre plus longtemps. Evgenia le contempla gravement avec des yeux secs, songeant maintenant à son propre fils. C'était trop tard pour verser des larmes, elle aurait aimé les pleurer tous, mais à présent elle devait penser à Zoya et, pour l'amour de Constantin, à Natalia.

Comme ils s'apprêtaient à emporter le corps, Natalia surgit comme un fantôme ; elle errait dans les couloirs en long peignoir blanc, les cheveux épars, et les dévisagea avec des yeux égarés.

— Où allez-vous avec mon bébé ?

Elle considéra sa belle-mère d'un air impérieux et il apparut nettement à tous qu'elle avait perdu la raison. Elle ne semblait même pas reconnaître Zoya.

— Qu'est-ce que vous faites, espèce d'imbécile ?

Elle allongea une main aux doigts recourbés comme des serres pour empêcher les hommes de soulever Nikolaï, mais la vieille comtesse la tira en arrière et plongea son regard dans le sien.

— Il faut que vous veniez avec nous, Natalia.

— Mais où emportez-vous mon petit garçon ?

Evgenia refusa de lui répondre, cela n'aurait qu'ajouté à sa confusion ou provoqué une nouvelle crise de nerfs. Elle avait toujours eu l'esprit faible et, sans Constantin pour se prêter à ses caprices et la protéger contre la réalité, elle n'était plus capable d'affronter l'existence. Elle était complètement folle et Zoya le comprit en la regardant.

— Habillez-vous, Natalia. Nous partons.

— Pour aller où ?

Zoya fut stupéfaite quand elle entendit la réponse :

— Tsarskoïe Selo.

— Mais nous ne pouvons absolument pas y aller. C'est l'été et tout le monde est à Livadia.

— Nous irons là-bas par la suite, mais nous devons d'abord nous rendre à Tsarskoïe Selo. A présent, nous allons nous habiller, n'est-ce pas ?

Elle l'empoigna par un bras et fit signe à Zoya de prendre l'autre.

— Qui êtes-vous ?

Elle arracha son bras à la jeune fille effrayée et seul le regard autoritaire de sa grand-mère posé sur elle retint Zoya de fuir avec terreur cette femme qui avait été naguère sa mère. « *Qui* êtes-vous ? » ne cessait-elle de demander à l'une et l'autre, et la vieille dame lui répondait avec calme. En quatre jours, elle avait perdu à la fois son fils et son petit-fils dans une révolution qu'aucun d'eux ne comprenait vraiment. Mais ce n'était pas le moment d'en discuter. Il leur fallait quitter Saint-Pétersbourg avant qu'il ne soit trop tard, elle le savait. Et à défaut d'un autre endroit, elle était certaine qu'elles seraient à l'abri à Tsarskoïe Selo. Seulement Natalia se refusait à les suivre. Elle protestait qu'elle voulait rester, que son mari allait rentrer d'un instant à l'autre et qu'ils donnaient une réception.

— Votre mari vous attend à Tsarskoïe Selo, mentit Evgenia.

Zoya frissonna à l'idée de tout ce qui se passait autour d'elles. Avec une vigueur qu'elle n'aurait jamais soupçonnée chez sa grand-mère, Evgenia enveloppa Natalia dans une cape et l'entraîna vers l'escalier qu'elle lui fit descendre de force ; elles gagnèrent le jardin par la porte de service, au moment même où elles entendaient un fracas retentissant. Les pillards étaient arrivés et forçaient l'entrée de leur palais de la Fontanka.

— Vite, chuchota Evgenia à la jeune fille qui la veille encore était une enfant, trouve Fiodor. Dis-lui de tenir les chevaux prêts... l'ancienne Troïka de ton père !

Puis la vieille dame courut vers son pavillon, la respiration haletante, la main crispée sur le bras de Natalia. Elle appelait ses servantes à grands cris, leur disait de rassembler tous les vêtements où les bijoux avaient été cousus et de les fourrer dans des sacs. Elles n'avaient le temps de rien emballer. Tout ce qu'elles pouvaient prendre irait dans la troïka. Et tout en donnant ses ordres, elle surveillait du coin de l'œil le palais de l'autre côté du jardin. Ce n'était qu'une question de temps avant que les pillards l'abandonnent pour venir au pavillon. Soudain elle se rendit compte que Natalia n'était plus à côté d'elle et, en se retournant vivement, elle vit une silhouette blanche traverser le jardin en courant. Elle s'élança pour retenir sa belle-fille, mais trop tard. Natalia était rentrée dans le palais. Presque au même instant, la vieille dame vit des flammes jaillir des fenêtres du premier étage et elle entendit Zoya pousser un « Ah » étranglé.

— Grand-maman !

Elles aperçurent alors toutes les deux la silhouette blanche qui courait d'une fenêtre à l'autre. Natalia surgissait entre les flammes en hurlant et riant, elle appelait comme si elle s'adressait à des amis. C'était un spectacle effroyable, Zoya bondit soudain vers la porte et sa grand-mère la rattrapa.

— Non ! Tu ne peux plus la sauver ! Il y a des hommes à l'intérieur avec elle. Ils te tueront, Zoya !

— Je ne peux pas les laisser la tuer... Je ne peux pas... grand-maman ! Je vous en prie !

Elle sanglotait et se débattait avec une force que sa grand-mère avait du mal à maîtriser mais, à ce moment-là, Fiodor entra en courant dans le vestibule.

— La troïka est prête... derrière la haie...

Il avait eu la sagesse de sortir la troïka dans la rue de derrière pour que les pillards ne les voient pas du palais.

— Grand-maman !

Zoya luttait toujours pour se dégager et subitement sa grand-mère la gifla.

— Arrête ! Elle est déjà morte... Nous devons partir *tout de suite* !

Il n'y avait plus un instant à perdre. Elle avait déjà distingué aux fenêtres du rez-de-chaussée du palais quelques visages qui contemplaient le jardin.

— Je ne peux pas l'abandonner là-bas !

Elle suppliait sa grand-mère de la laisser y aller, mais la vieille dame ne céda pas :

— Il le faut.

Sa voix s'était adoucie comme elle serrait brièvement sa petite-fille contre elle. Au même moment, un bruit terrible retentit, semblable à une explosion. Le premier étage était maintenant entièrement en feu et, quand elles se retournèrent pour regarder, elles virent Natalia, dans son peignoir blanc qui brûlait, sauter par la fenêtre. Entre les flammes et la chute, survivre était impossible, la vie de Natalia avait manifestement pris fin, et c'était ce qu'il y avait de mieux pour elle. Elle n'aurait jamais retrouvé la raison après le double choc d'avoir perdu à la fois un mari et un fils, alors que le monde qu'elle connaissait s'était écroulé autour d'elle.

— Venez vite !

C'était Fiodor qui les appelait. D'un geste vif, la vieille comtesse ramassa Sava, la fourra dans les bras de Zoya et lui fit franchir hâtivement la porte pour gagner la troïka qui attendait.

5

Quand la troïka s'ébranla, Zoya se retourna et vit les flammes danser au-dessus des arbres, dévorant ce qui avait été son foyer et n'était maintenant plus que la carcasse de son ancienne existence. Mais en quelques minutes Fiodor leur avait habilement fait gagner les voies peu fréquentées. Les deux femmes se blottirent l'une contre l'autre, avec à leurs pieds les sacs remplis des vêtements aux bijoux dissimulés dans les doublures, la petite Sava tremblant de froid dans les bras de Zoya. Il y avait des soldats dans les rues, mais personne ne tenta de les arrêter tandis qu'ils s'acheminaient par les ruelles vers les faubourgs de la ville. C'était le jeudi 15 mars et bien loin de là, dans la ville de Pskov, Nicolas lisait les télégrammes envoyés par ses généraux, lui disant qu'il devait abdiquer. Il avait le visage mortellement pâle en voyant la trahison tout autour de lui, mais il n'était pas plus blême que Zoya, qui regardait Saint-Pétersbourg rapetisser derrière eux. Il leur fallut plus de deux heures pour se retrouver sur les chemins secondaires conduisant à Tsarskoïe Selo, et de là, ils mirent longtemps pour y arriver. Ils avançaient sans savoir ce qui se passait et sans bien comprendre ce qui s'était produit. Zoya ne pouvait penser à rien d'autre qu'à cette vision de sa mère dans son peignoir en feu qui se jetait d'une fenêtre pour un saut fatal... et à son frère tel qu'il devait être quand les flammes l'avaient environné, gisant mort dans la chambre où elle lui avait si souvent rendu visite quand elle était enfant... Nikolaï... Elle l'avait appelé « cet idiot de Nikolaï ». Elle se demanda si elle se le pardonnerait jamais... Ce n'était qu'hier... quand tout allait bien et que la vie était normale.

La tête enveloppée dans un vieux châle, les oreilles douloureuses à cause du froid, elle songea à Olga et à Tatiana, à qui la rougeole avait donné mal aux oreilles. Ces simples calamités avaient été leur lot à peine quelques jours auparavant... des petites choses stupides comme la fièvre, l'otite et la rougeole. Elle avait du mal à se concentrer, sa grand-mère se cramponnait à sa main et toutes deux se demandaient en leur for intérieur ce qu'elles trouveraient à Tsarskoïe Selo. Le village apparut à la fin de l'après-midi et Fiodor le contourna avec adresse. Des soldats errants l'arrêtèrent à deux reprises. Fiodor songea un instant seulement à forcer le passage avec sa troïka, mais il savait d'instinct qu'ils seraient tous abattus s'il le faisait, alors il ralentit prudemment et dit qu'il transportait une vieille bonne femme malade et sa petite-fille simple d'esprit. Les deux dévisagèrent d'un œil vide les soldats comme si elles n'avaient rien à cacher, et la vieille comtesse fut heureuse que Fiodor ait pensé à prendre leur plus vilain traîneau, dont la peinture était écaillée mais dont les patins étaient encore en état de servir. Il n'avait pas été utilisé depuis des années et s'il avait été élégant naguère, il ne l'était plus. Seuls les chevaux, d'une extraordinaire beauté, incitaient à croire qu'ils disposaient de grands moyens, et le deuxième groupe de soldats les dépouilla d'une paire des meilleurs chevaux noirs de Constantin. Ils atteignirent les grilles de Tsarskoïe Selo avec un seul cheval pour tirer la vieille troïka en caracolant nerveusement. Les gardes cosaques n'étaient nulle part en vue, il n'y avait aucune sentinelle, seulement quelques soldats à l'air inquiet.

— Donnez votre identité ! leur cria rudement l'un d'eux.

Zoya fut terrifiée, mais, tandis que Fiodor commençait à débiter son histoire, Evgenia se leva dans la troïka. Elle était vêtue simplement et, comme Zoya, ne portait qu'un vieux châle de laine sur la tête, pourtant, d'un regard impérieux, elle obligea le soldat à baisser les yeux. Elle repoussa sa petite-fille derrière elle.

— Evgenia Petrovna Ossoupov. Je suis une vieille dame et la cousine du tsar. Allez-vous donc me fusiller ?

Ils avaient assassiné son fils et son petit-fils, s'ils avaient envie de l'abattre, qu'ils ne s'en privent pas, mais elle était prête à les tuer la première au cas où ils porteraient la main sur Zoya. Celle-ci l'ignorait, mais sa grand-mère avait un petit pistolet à crosse de nacre dissimulé dans sa manche, et elle était disposée à s'en servir sans hésiter.

— Il n'y a plus de tsar, riposta le soldat d'un ton farouche.

Son brassard rouge prit soudain une signification plus sinistre, cependant que le cœur de la vieille dame battait la chamade et que Zoya était saisie de terreur. Que voulait-il dire ? L'avaient-ils tué ? Il était quatre heures de l'après-midi... quatre heures et le monde où elles vivaient n'existait plus... mais Nicolas... l'avaient-ils tué aussi ?... comme Constantin et Nikolaï... Evgenia dévisageait le soldat, majestueuse jusqu'au bout des ongles.

— Il faut que je voie ma cousine Alexandra. Et ses enfants.

Ou les avaient-ils tués, eux aussi ? Le cœur de Zoya battait à se rompre, elle restait figée sur son siège derrière les jupes de sa grand-mère, un bloc de terreur, tandis que Fiodor, sur le qui-vive, observait sans rien dire. Il y eut un silence interminable pendant lequel le soldat les examina, puis soudain il recula d'un pas, criant par-dessus son épaule à ses comparses :

— Laissez-les passer ! Mais rappelle-toi, vieille femme, ajouta-t-il durement en se retournant vers Evgenia, il n'y a plus de tsar. Il a abdiqué il y a une heure, à Pskov. Nous sommes dans une nouvelle Russie.

Sur quoi, il s'effaça et, avec l'espoir de lui écraser les orteils, Fiodor fit démarrer la troïka à toute allure. Une nouvelle Russie... la fin d'une ancienne vie... Tout l'ancien et le nouveau se mêlant dans une terrible confusion, Evgenia était assise, le visage blafard, à côté de sa petite-fille. Quand ils passèrent devant l'église Fedorovski, Zoya, incapable de croire ce qu'elle avait entendu – l'oncle Nicolas ne pouvait pas avoir fait ça –, lui demanda à voix basse :

— Grand-mère, crois-tu que ce soit vrai ?

— Peut-être. Alix nous dira ce qu'il en est.

Mais les portes principales du palais Alexandre étaient étrangement désertées, il n'y avait pas de sentinelles, pas de protection, personne nulle part. Quand Fiodor eut frappé à coups redoublés à l'énorme entrée du palais, deux servantes craintives se montrèrent et les introduisirent à l'intérieur. Les vestibules étaient d'un vide effrayant.

— Où sont-ils tous ? demanda la vieille comtesse.

L'une d'elles désigna la porte si bien connue de Zoya, qui conduisait à l'étage où se trouvaient les appartements privés. Le visage de la domestique était couvert de larmes qu'elle essuya avec son tablier avant de finir par répondre :

— L'impératrice est en haut avec les enfants.

— Et le tsar ?

Les yeux d'Evgenia lancèrent un flamboyant regard vert à cette femme qui pleurait sans pouvoir se retenir.

— Vous n'avez pas appris la nouvelle ?

Oh, mon Dieu, non... pria Zoya.

— On dit qu'il a abdiqué en faveur de son frère. Les soldats sont venus nous l'annoncer il y a une heure. Sa Majesté ne le croit pas.

— Mais il est vivant, alors ?

Evgenia sentit le soulagement envahir son corps comme une vie nouvelle.

— Nous le croyons.

— Dieu merci,

Elle se retourna dans un envol de jupe et jeta un coup d'œil brusque vers Zoya.

— Dis à Fiodor de tout apporter ici.

Elle ne voulait pas que les soldats touchent à leurs vêtements truffés de bijoux. Quand Zoya vint la rejoindre peu après en compagnie de Fiodor, sa grand-mère ordonna à la servante de les conduire à la tsarine.

— Je sais où c'est, grand-maman, je vais vous emmener.

Elle suivit sans bruit les couloirs qu'elle connaissait si bien, les couloirs qu'elle avait traversés avec son amie si peu de temps auparavant.

Un silence oppressant régnait dans le palais Alexandre quand elle précéda sa grand-mère dans l'escalier et frappa doucement à la porte de Marie, mais il n'y avait personne. Elle avait été transportée dans un des salons de sa mère pour être soignée avec ses sœurs et Anna Viroubova. A pas muets, elles poursuivirent leur chemin dans le couloir en frappant aux portes jusqu'à ce que finalement elles entendent des voix. Zoya attendit que quelqu'un leur dise d'entrer et la porte s'ouvrit lentement, laissant voir Alexandra, grande et mince, qui tendait un verre de thé à ses deux filles cadettes. Anastasia avait des larmes sur les joues quand elle se tourna vers la porte ; Marie se redressa sur son lit et se mit à pleurer en apercevant Zoya.

Trop bouleversée pour parler, cette dernière traversa la pièce en courant et jeta les bras autour de son amie, tandis qu'Evgenia allait serrer dans les siens sa cousine épuisée.

— Mon Dieu, cousine Evgenia, comment êtes-vous arrivée ici ? Comment allez-vous ?

La vieille dame elle-même avait du mal à parler tandis qu'elle étreignait cette femme à la grande et élégante silhouette qui semblait si désespérément lasse. Ses yeux gris clair semblaient emplis d'une vie entière de tristesse.

— Nous sommes venues vous aider, Alix. Et nous ne pouvions plus rester à Petrograd. Ils ont mis le feu à la maison ce matin au moment où nous nous en allions. Nous sommes parties très vite.

— Je ne peux pas le croire...

Alexandra se laissa lentement tomber dans un fauteuil.

— Et Constantin ?

Le visage de la vieille dame blêmit, son cœur cogna sous sa robe épaisse. Elle sentit soudain le poids de tout ce qu'elle avait perdu et eut peur de s'évanouir devant cette jeune femme, mais elle ne voulut pas se laisser aller, étant donné tout ce qu'Alix avait à supporter.

— Il est mort...

Sa voix se fêla, mais elle ne pleura pas.

— Et Nikolaï aussi... dimanche... Natalia a été tuée quand la maison a brûlé, ce matin.

Elle ne lui dit pas que sa belle-fille était devenue folle avant de sauter par la fenêtre dans ses vêtements en feu.

— Est-ce vrai... pour Nicky ?

Elle avait peur de poser la question, mais elle le devait. Il fallait qu'elles sachent. C'était tellement difficile de comprendre ce qui était arrivé.

— L'abdication ? Ce n'est pas possible. Ils disent ça pour nous faire peur... mais je n'ai pas eu de nouvelles de Nicolas aujourd'hui.

Elle jeta un coup d'œil à ses deux filles qui tenaient Zoya embrassée, toutes les trois en pleurs. Cette dernière venait de leur annoncer pour Nikolaï et sanglotait, appuyée contre Marie. Même malade comme elle l'était, celle-ci cherchait à consoler son amie, et aucune d'elles ne prêtait attention aux aînées.

— Tous nos soldats nous ont quittés... même...

L'impératrice avait visiblement du mal à prononcer les mots.

— ... même Derevenko a abandonné Baby.

C'était un des deux soldats affectés à la protection du tsarévitch depuis sa naissance. Il s'en était allé le matin à l'aube sans un mot, sans un regard en arrière. L'autre, Nagorny, avait juré de défendre Alexis jusqu'à la mort et il était à son côté en ce moment dans la pièce voisine, ainsi que le docteur Fedorov. Le docteur Botkine était parti avec Gibbes dans l'intention d'essayer de trouver d'autres médicaments pour les jeunes filles.

— C'est incompréhensible... Nos marins... Je ne parviens pas à le croire. Si seulement Nicolas était ici...

— Il va venir, Alix. Nous devons garder notre calme. Comment vont les enfants ?

— Ils sont tous malades... Je ne pouvais pas leur expliquer d'abord, mais ils savent maintenant... Il n'y avait plus moyen de le leur dissimuler.

Elle soupira, puis ajouta :

— Le comte Benckendorff est ici, il a juré de nous protéger, et la baronne Buxhoeveden est arrivée hier matin. Resterez-vous, Evgenia Petrovna ?

— Si vous le permettez. Nous ne pouvons pas revenir à Saint-Pétersbourg maintenant...

Elle ne conclut pas par « ni jamais ». Sûrement le monde allait-il reprendre son cours normal. Sûrement, quand Nicolas reviendrait... la nouvelle de son abdication était probablement un mensonge répandu par des révolutionnaires et des traîtres pour les affoler et les réduire à merci.

— Vous pouvez prendre la chambre de Machka, si vous voulez. Et Zoya...

— Nous dormirons ensemble. A présent, que puis-je pour vous aider, Alix ? Où sont les autres ?

L'impératrice eut un sourire reconnaissant envers la vieille cousine de son mari, qui se débarrassait de son manteau et roulait soigneusement les manchettes de la robe simple qu'elle portait.

— Allez vous reposer. Zoya tiendra compagnie aux petites pendant que je m'occuperai des autres.

— Je viens avec vous.

La vieille dame l'accompagna avec constance, versant du thé, bassinant des fronts fiévreux, aidant même Alix à changer les draps d'Alexis sous les yeux du fidèle Nagorny. Comme Alix, Evgenia avait du mal à admettre que Derevenko l'ait réellement abandonné.

Minuit n'était pas loin de sonner ce soir-là quand Zoya et sa grand-mère se glissèrent dans leurs lits, dans la chambre de Marie et d'Anastasia. Zoya resta éveillée pendant des heures, écoutant sa grand-mère ronfler doucement. Cela paraissait impossible que moins de trois semaines auparavant elle soit venue rendre visite à Marie dans cette même chambre, où cette dernière lui avait offert un flacon de son parfum favori, disparu à présent, alors que tout gisait écroulé autour d'elles. Elle s'était rendu compte aussi qu'aucune des jeunes filles ne comprenait vraiment ce qui était arrivé. Elle n'était pas bien sûre de le comprendre elle non plus, même après ce qu'elle avait vu dans Saint-Pétersbourg. Il est vrai qu'elles avaient été bien malades, et maintenues éloignées des désordres de rue, des émeutes, des meurtres, du pillage. La vision de sa demeure en feu ne s'estompait pas... non plus que le spectacle de son frère se vidant de son sang sur les dalles de marbre, quatre jours seulement auparavant. Zoya ne s'endormit qu'au matin, alors qu'une nouvelle tempête de neige faisait rage au-dehors et qu'elle se demandait quand le tsar rentrerait et si jamais la vie redeviendrait normale.

Mais à cinq heures de l'après-midi, cette éventualité devint encore plus improbable. Le grand-duc Paul, oncle de Nicolas, se rendit à Tsarskoïe Selo pour donner les nouvelles à Alexandra. Nicolas avait abdiqué la veille, transmettant le pouvoir à son frère, le grand-duc Michel, abasourdi et pas du tout préparé à monter sur le trône. Alix et le docteur Fedorov étaient les seuls à comprendre vraiment pourquoi Nicolas avait abdiqué en faveur non pas de son fils mais de son frère. La gravité de la maladie d'Alexis était un secret bien gardé. Un gouvernement provisoire était en formation lorsque Alexandra apprit en silence ces nouvelles, souhaitant désespérément pouvoir s'entretenir avec son mari.

Quant à Nicolas, il arriva au quartier général de Moghilev le matin suivant pour dire adieu à ses troupes, et c'est de là qu'il eut enfin la possibilité de téléphoner à sa femme. La communication fut établie alors qu'Alexandra aidait le docteur Botkine à soigner Anastasia. Elle sortit comme une flèche de la pièce pour lui parler, priant qu'il lui dise que rien de tout cela n'était vrai, mais au son de sa voix elle comprit instantanément que si, au-delà de tout espoir. Leur vie et leurs rêves, en même temps que sa dynastie, étaient anéantis. Il promit de revenir aussitôt que possible et, comme toujours, s'enquit avec affection des enfants. Le lendemain soir, dimanche, le général Kornilov vint de Petrograd voir si elle avait besoin de quoi que ce soit, comme des médicaments ou de la nourriture, et ses premières pensées furent pour les soldats. Elle le supplia d'aider à approvisionner les hôpitaux en médicaments et aliments. Après s'être occupée d'eux pendant si longtemps, elle ne pouvait les oublier à présent, même s'ils n'étaient plus « ses » soldats. Il lui assura qu'il n'y manquerait pas. Elle ne savait quoi dans cette visite lui donnait à penser que quelque chose de pire se préparait. Elle recommanda ce soir-là à Nagorny de ne pas quitter le chevet de Baby, et elle resta assise

auprès de ses filles jusqu'à une heure avancée de la soirée. Il était plus de minuit quand elle se rendit finalement
dans sa chambre, et la vieille comtesse frappa doucement
à sa porte pour lui apporter un verre de thé. Elle vit qu'il
y avait des larmes dans ses yeux et lui caressa doucement
l'épaule.

— Y a-t-il quelque chose que je puisse faire pour vous,
Alix ?

Elle secoua la tête, toujours fière, toujours solennelle,
et la remercia du regard.

— Je souhaite seulement qu'il rentre à la maison. Tout
à coup... j'ai peur pour les enfants ici.

Evgenia aussi, mais elle ne voulut pas le reconnaître
devant sa jeune cousine.

— Nous vous soutenons tous.

Mais ce « tous » représentait un bien petit nombre, une
poignée de vieilles femmes et d'amis fidèles qui se comptaient sur les doigts d'une seule main. Ils avaient été
abandonnés par l'ensemble des autres, le coup était
presque trop pénible à supporter. Elle savait cependant
qu'elle ne pouvait pas se laisser aller maintenant. Elle
devait rester forte pour son mari.

— Il faut que vous dormiez un peu, Alix.

Alexandra parcourut nerveusement du regard son
célèbre boudoir mauve, puis elle jeta un coup d'œil triste
à la vieille dame.

— Il y a des choses que je veux faire... Je dois...

C'était un déchirement pour elle de le dire.

— Je désire brûler mes journaux intimes ce soir... et
mes lettres... Qui sait si on ne s'en servira pas d'une
manière ou d'une autre contre lui.

— Ils ne vont quand même pas...

Mais à la réflexion Evgenia découvrit qu'elle était
d'accord avec elle.

— Aimeriez-vous que je reste avec vous ?

Elle ne voulait pas être importune, mais l'impératrice avait l'air tellement anéantie, tellement solitaire.

— Je préférerais être seule, si cela ne vous ennuie pas.

— Non, bien sûr.

Elle laissa discrètement Alexandra à sa tâche pénible.

L'impératrice resta assise auprès du feu jusqu'au matin, lisant lettres et journaux intimes, brûlant même le courrier de sa grand-mère, la reine Victoria. Elle brûla tout, excepté sa correspondance avec son bien-aimé Nicolas, et en souffrit pendant deux jours, jusqu'au mercredi, où le général Kornilov revint et demanda à lui parler seul à seule. Elle le reçut au rez-de-chaussée dans une des pièces qu'utilisait souvent Nicolas. Fièrement dressée de toute sa taille, elle s'efforça de dissimuler sa surprise et sa douleur en écoutant ce qu'il disait. Elle était placée en résidence surveillée, avec sa parenté, ses domestiques et ses enfants. Elle aurait voulu ne pas croire ses paroles, mais c'était maintenant inévitable. La fin était venue et ils devaient tous l'affronter. Il expliqua avec soin que quiconque souhaitait demeurer avec eux le pouvait, mais que ceux qui choisiraient de partir ne seraient pas autorisés à retourner à Tsarskoïe Selo. C'était une nouvelle atterrante, et elle dut rassembler toutes ses forces pour ne pas s'évanouir en l'écoutant.

— Et mon mari, général ?

— Nous pensons qu'il sera ici demain matin.

— Vous l'emprisonnerez ?

Elle se sentait physiquement malade en posant la question, mais elle avait besoin de savoir maintenant. Elle avait besoin de tout savoir, ce à quoi ils pouvaient s'attendre et ce qu'ils devraient affronter. D'après ce qu'elle avait entendu raconter au cours de ces derniers jours, elle supposait qu'elle devrait être reconnaissante qu'on ne les tue pas tous mais, étant donné ce qui arrivait, c'était difficile de montrer de la gratitude.

— Votre mari sera assigné à résidence ici, à Tsarskoïe Selo.

— Et ensuite ?

Elle était mortellement pâle en le demandant, mais la réponse ne fut pas aussi terrifiante qu'elle l'avait craint. Elle ne pouvait penser à rien d'autre qu'à son mari et ses enfants, leur sécurité et leur vie. Elle se serait sacrifiée pour eux d'un cœur content. Elle aurait fait n'importe quoi, et le général Kornilov, qui l'observait, l'admira en silence.

— Le gouvernement provisoire désire vous conduire sous escorte, avec votre mari et votre famille, à Mourmansk. Nous vous enverrons par bateau à vapeur en Angleterre, au roi George V.

— Je vois. Et quand cela ?

Son visage était comme taillé dans le granit.

— Aussitôt que cela pourra être arrangé, madame.

— Très bien. J'attendrai que mon mari soit de retour pour avertir les enfants.

— Et les autres ?

— Je les informerai tous aujourd'hui qu'ils sont libres de partir, s'ils le souhaitent, mais qu'ils ne pourront pas revenir. C'est bien cela, général ?

— Exactement.

— Et vous ne leur ferez aucun mal quand ils s'en iront, nos parents et nos amis loyaux ? Ils sont si peu nombreux maintenant.

— Je vous en donne ma parole, madame.

La parole d'un traître, eut-elle envie de lui jeter à la figure, mais elle demeura digne et calme en le regardant s'en aller, puis retourna prévenir les autres. Elle leur annonça à tous, cet après-midi-là, qu'ils étaient libres de partir et elle les pressa vivement de le faire s'ils en avaient envie.

— Nous ne pouvons pas attendre de vous que vous restiez si vous ne le souhaitez pas. Nous partirons pour l'Angleterre dans quelques semaines et il serait peut-être plus sûr pour vous de nous quitter maintenant...

Peut-être même avant que Nicolas revienne. Elle ne pouvait pas croire complètement qu'on les plaçait en résidence surveillée pour les protéger.

Mais les autres refusèrent de partir et, le lendemain, Nicolas revint enfin, blême, l'air épuisé, par une sinistre matinée où régnait un froid de loup. Il entra silencieusement dans le vestibule et, pendant un long moment, resta debout là. Les domestiques prévinrent bien vite Alix, qui descendit le rejoindre et le regarda du bout de l'immense pièce, avec dans les yeux tout ce qu'elle était incapable de dire, le cœur débordant de compassion pour l'homme qu'elle aimait ; sans prononcer un mot, il vint à elle et la serra contre lui. Il ne leur restait rien à dire ni à l'un ni à l'autre quand ils montèrent lentement l'escalier pour aller retrouver leurs enfants.

6

Les jours qui suivirent le retour de Nicolas furent des jours de peur, de tension silencieuse et pourtant, en même temps, de soulagement qu'il soit rentré sain et sauf. Il avait tout perdu mais du moins ne l'avait-on pas tué. Il passait des heures en silence au chevet du tsarévitch, et Alexandra se consacrait à ses filles. C'est Marie qui était la plus malade à présent, d'une pneumonie consécutive à la rougeole. Une toux effrayante secouait son corps sans répit, et la fièvre refusait de tomber. Zoya la veillait continuellement.

— Machka... bois un peu... pour me faire plaisir...

— Je ne peux pas... J'ai trop mal à la gorge.

Elle pouvait à peine parler ; Zoya sentait en la touchant que sa peau était sèche et brûlante. Elle lui bassinait le front à l'eau de lilas et lui parlait tout bas de leurs parties de tennis de l'été précédent à Livadia.

— Tu te rappelles cette photo cocasse que ton papa avait prise de nous toutes suspendues la tête en bas. Je l'ai apportée avec moi... Machka, veux-tu la voir ?

— Plus tard... Mes yeux sont trop douloureux, Zoya... Je me sens affreusement mal.

— Chut... Essaie de dormir... Je te montrerai la photo quand tu te réveilleras.

Elle avait même apporté la petite Sava pour l'égayer, mais Marie ne s'intéressait à rien. Zoya n'espérait qu'une chose, qu'elle se rétablisse assez pour voyager jusqu'à

Mourmansk et prendre le bateau à destination de l'Angleterre. Ils partaient dans trois semaines, et Nicolas avait déclaré que tout le monde devait être guéri à ce moment-là. Il avait dit que c'était son dernier ordre impérial, plaisanterie qui avait déclenché une crise de larmes générale. Il s'efforçait perpétuellement de remonter le moral de son entourage et d'égayer les enfants. Plus le temps passait, plus sa femme et lui avaient l'air éreintés. C'est trois jours plus tard que Zoya l'aperçut dans le couloir devant le boudoir mauve, le visage blafard. Dans l'heure qui suivit, elle apprit pourquoi. Son cousin anglais avait refusé de le recevoir, pour des raisons encore nébuleuses. La famille impériale ne partirait donc pas pour l'Angleterre. Il avait demandé à Zoya et à la vieille comtesse de les accompagner, mais maintenant personne ne savait ce qui allait se passer.

— Qu'est-ce qui va arriver, grand-maman ? lui demanda ce soir-là Zoya avec des yeux terrifiés.

Qui sait si on ne les garderait pas ici à Tsarskoïe Selo et si on ne finirait pas par les abattre…

— Je n'en ai aucune idée, mon petit. Nicolas nous préviendra quand cela sera décidé. Ils iront probablement à Livadia.

— Est-ce que tu crois qu'on va nous tuer ?

— Ne sois pas stupide.

Mais elle le craignait aussi. Il n'y avait plus de solution facile maintenant. Même les Anglais avaient renoncé à aider le tsar. Ils n'avaient nulle part ailleurs où aller, où être en sécurité. Le voyage à destination de Livadia était, au mieux, périlleux, elle le devinait. Ils étaient maintenant bloqués à Tsarskoïe Selo. Nicolas paraissait toujours si calme et il incitait tout le monde à ne pas se faire de souci, mais comment s'en empêcher ?

C'est le lendemain matin que Zoya, sortie de sa chambre sur la pointe des pieds, vit en regardant par une fenêtre Nicolas et sa grand-mère marcher à pas lents dans le jardin enneigé. Il n'y avait apparemment personne à part eux, lui, le buste droit aux épaules fièrement redressées, et sa grand-mère si petite, silhouette en manteau tout noir tranchant sur la neige. Zoya eut l'impression que celle-ci pleurait, puis Nicolas lui passa doucement un bras autour des épaules et ils disparurent au coin du palais.

Zoya rentra dans la chambre qu'elle partageait avec sa grand-mère. Peu après celle-ci revint, le regard triste. Elle se laissa lentement choir dans un fauteuil et tourna les yeux vers sa ravissante petite-fille. Quelques semaines auparavant, elle avait encore un air enfantin ; maintenant elle semblait soudain si avisée et si triste. Elle était plus maigre et paraissait à première vue plus frêle, mais sa grand-mère était sûre que les horreurs de ces derniers temps n'avaient fait qu'aider à la rendre plus forte. Elle allait avoir besoin de son énergie désormais. Tous en auraient besoin.

— Zoya...

Elle ne savait pas comment lui annoncer la chose, mais elle avait conscience que Nicolas avait raison. Elle devait songer à la sécurité de Zoya. Cette dernière avait une longue vie devant elle et sa grand-mère aurait volontiers renoncé à la sienne pour la protéger.

— Grand-maman, est-ce qu'il y a quelque chose qui ne va pas ?

Etant donné les événements des quinze derniers jours, la question paraissait ridicule, mais elle avait l'intuition qu'un nouveau malheur les menaçait.

— Je viens de parler à Nicolas, Zoya Constantinovna... Il veut que nous partions maintenant... pendant que nous le pouvons encore...

Ses yeux se remplirent aussitôt de larmes et elle se leva d'un bond, terrifiée.

— Pourquoi ? Nous avons dit que nous resterions avec eux et ils vont tous s'en aller bientôt... n'est-ce pas, grand-maman ?... N'est-ce pas ?...

La vieille femme ne répondit pas, elle mettait en balance la vérité et un mensonge, et la vérité l'emporta, comme toujours avec elle :

— Je ne sais pas. Puisque les Anglais refusent de les recevoir, Nicolas craint que leur situation ne s'aggrave. Il a le sentiment qu'ils seront tenus en captivité ici peut-être très longtemps, ou même emmenés ailleurs. Nous risquons d'être tous séparés un de ces jours... et il ne peut plus nous offrir sa protection. Je ne peux pas moi-même te protéger de ces sauvages. Il a raison, nous devons partir... tant que c'est encore possible.

Elle regardait tristement cette jeune fille qui, si peu de temps plus tôt, était encore une enfant, mais elle n'était nullement préparée au déchaînement de la fureur de Zoya.

— Je ne pars pas avec toi ! Je ne *veux* pas ! Je ne les quitterai pas !

— Tu le dois ! Tu finirais en Sibérie toute seule, petite sotte... sans eux ! Il faut que nous partions demain ou après-demain. Nicolas a peur que les conditions ne deviennent beaucoup plus pénibles. Les révolutionnaires ne veulent pas de lui et, si les Anglais refusent de les accueillir, qui le fera ? La situation est très grave...

— Alors je mourrai avec eux ! Tu ne peux pas m'obliger à m'en aller !

— Je peux faire tout ce que je désire et tu dois faire ce que je te dis, Zoya. C'est aussi le vœu de Nicolas. Et tu ne dois pas désobéir à ses ordres !

Elle était presque trop lasse pour tenir tête à la jeune fille, mais elle savait qu'il lui fallait utiliser jusqu'à sa dernière réserve de force pour la convaincre.

— Je ne veux pas laisser Marie ici, grand-maman, elle est si malade... et elle est tout ce qui me reste...

Zoya se mit à sangloter et, comme une petite fille, elle cacha sa tête dans ses bras posés sur la table. C'était à cette même table qu'elle s'était assise avec Marie un mois seulement auparavant, quand celle-ci lui avait natté les cheveux et qu'elles avaient bavardé en gloussant. Où ce monde avait-il disparu ? Que leur était-il arrivé à tous... à Nikolaï... à sa mère et à son père... Sa grand-mère lui caressa doucement les cheveux comme Marie l'avait fait.

— Il te reste moi, mon petit... Il faut que tu sois forte. Ils l'attendent de toi. Il le faut, Zoya. Nous n'avons plus le choix maintenant.

— Mais où irons-nous ?

— Je ne sais pas encore. Nicolas dit qu'il va s'en occuper. Peut-être que nous irons en Finlande. Et de là, en France ou en Suisse.

— Mais nous ne connaissons personne, là-bas...

Le visage marbré de larmes qu'elle tourna vers Evgenia avait une expression horrifiée.

— Ce sont des choses qui arrivent, ma chérie. Nous devons nous fier à Dieu et partir quand Nicolas nous le dira.

— Grand-maman, je ne peux pas...

En dépit de ses lamentations, sa grand-mère demeura ferme. Dure comme l'acier et deux fois plus résolue dans sa décision. Zoya n'était pas de taille à se mesurer à elle, pas encore en tout cas, et elles le savaient l'une comme l'autre.

— Tu le peux et tu le feras. Il ne faut pas que tu parles de quoi que ce soit aux enfants, ils ont leurs propres soucis en ce moment. Nous ne devons pas ajouter à leur fardeau, ce ne serait pas bien.

— Qu'est-ce que je vais dire à Machka ?

Les larmes montèrent aux yeux de la vieille dame en regardant la jeune fille qu'elle chérissait si tendrement, et lorsqu'elle reprit la parole, ce fut dans un murmure rauque chargé de son propre chagrin pour ceux qu'elles avaient déjà perdus, et ceux qu'elles allaient perdre :

— Dis-lui seulement quelle profonde affection tu as pour elle.

7

Zoya entra sur la pointe des pieds dans la chambre où Marie dormait et elle resta un long moment à la regarder. Cela l'ennuyait de la réveiller, mais elle ne pouvait pas partir sans dire au revoir. Elle ne pouvait pas supporter l'idée de la quitter, pourtant il n'y avait pas moyen de faire autrement à présent. Sa grand-mère attendait au rez-de-chaussée et Nicolas avait tout prévu pour elles. Elles devaient suivre le long itinéraire scandinave, par la Finlande et la Suède, jusqu'au Danemark. Il avait donné à Evgenia le nom d'amis de sa tante danoise, et Fiodor les accompagnait pour les protéger. Tout avait été décidé. Il ne lui restait plus qu'à faire ses adieux à son amie. Elle la regarda s'agiter fiévreusement sous son drap, puis Marie ouvrit les yeux et sourit au visage familier, cependant que Zoya s'efforçait vaillamment de retenir ses larmes.

— Comment te sens-tu ? chuchota-t-elle dans la pièce silencieuse.

Anastasia dormait avec ses deux sœurs dans une autre chambre, toutefois leur état s'améliorait lentement. Seule Marie demeurait très malade, mais Zoya essaya de ne pas y penser. Elle ne pouvait penser à rien, elle ne pouvait pas se permettre de songer au passé ni même à l'avenir, il n'y avait rien à en attendre à présent. Il n'y avait que ceci... un dernier instant très bref avec sa meilleure amie et, d'un geste doux, elle tendit la main pour lui caresser la joue.

— Machka...

Marie esquissa une tentative pour s'asseoir dans son lit et considéra son amie avec un drôle d'air.

— Que se passe-t-il ?

— Rien... Je... je retourne à Saint-Pétersbourg avec ma grand-mère.

Elle avait promis à Alix de ne pas lui dire la vérité, c'en serait trop pour elle dans son état actuel. Cependant Marie avait quand même l'air soucieuse. Elle avait toujours eu un sixième sens en ce qui concernait son amie, et ce sixième sens éveillait maintenant son inquiétude. Elle tendit la main pour prendre celle de Zoya, qu'elle serra fortement dans la sienne, beaucoup trop brûlante.

— N'est-ce pas dangereux ?

— Bien sûr que non, mentit Zoya en rejetant en arrière ses cheveux roux. Ton père ne nous laisserait pas partir si nous risquions quoi que ce soit.

Mon Dieu, je vous en prie, empêchez-moi de pleurer maintenant... Je vous en prie... Elle tendit le verre d'eau à Marie, qui le repoussa et plongea son regard dans celui de son amie.

— Il se passe quelque chose, n'est-ce pas ? Tu vas quelque part.

— Juste à la maison pour quelques jours... Je serai bientôt de retour.

Elle se pencha alors pour prendre Marie dans ses bras et l'étreignit cependant que les larmes lui montaient aux yeux.

— Il faut que tu guérisses, maintenant. Tu n'as été malade que trop longtemps.

Elles se serrèrent dans les bras, et Zoya arborait un grand sourire quand elle se dégagea, sachant qu'on l'attendait.

— Tu m'écriras ?

— Naturellement.

Elle ne se décidait pas à partir, elle restait là à regarder Marie. Elle voulait tout absorber, tout retenir ; le contact de la main de son amie, la douceur des draps, l'expression de ses immenses yeux bleus...

— Je t'aime, Machka. Je t'aime tant...

Les mots étaient un murmure léger.

— Moi aussi.

Marie se laissa alors retomber sur son oreiller avec un soupir. Rien que de rester assise et de parler était épuisant, et elle se mit à tousser horriblement, soutenue par Zoya.

— Guéris vite, je t'en prie...

Elle se pencha pour lui déposer un dernier baiser sur la joue, sentit sous sa main la douceur de ses cheveux, puis elle se détourna rapidement et se dirigea vers la porte, regardant en arrière une dernière fois en agitant la main, mais les yeux de Marie étaient de nouveau clos ; Zoya referma la porte avec précaution, le cœur déchiré, baissa la tête et pleura sans bruit. Elle avait dit au revoir aux autres une demi-heure plus tôt, et elle ne s'arrêta à présent qu'une minute devant la chambre du petit Alexis. Nagorny était à l'intérieur avec lui, ainsi que Pierre Gilliard, et le docteur Fedorov sortait justement de la pièce.

— Puis-je entrer ?

Elle essuya les larmes sur ses joues et il lui exprima silencieusement sa sympathie en lui tapotant le bras.

— Il dort.

Alors elle se borna à hocher la tête et descendit précipitamment l'escalier bien connu pour rejoindre sa grand-mère, le tsar et la tsarine, qui attendaient dans le vestibule principal. Fiodor était déjà au-dehors avec deux des meilleurs chevaux du tsar attelés à la vieille troïka dans laquelle elles étaient venues. La tension qu'elle subissait était presque insupportable et elle marchait avec des pieds de plomb. Elle aurait voulu que tout s'arrête, elle aurait voulu remonter le temps... courir retrouver son amie là-haut... Elle avait l'impression de commettre une trahison envers eux tous, et pourtant elle était contrainte de les quitter.

— Comment a-t-elle réagi ?

Alexandra plongea un regard inquiet dans les yeux de Zoya, en espérant que Marie n'avait pas été en mesure de discerner leur expression de douloureuse angoisse.

— Je lui ai dit que nous rentrions à Saint-Pétersbourg.

Zoya pleurait maintenant ouvertement, et même sa grand-mère dut faire un effort pour retenir ses larmes quand Nicolas l'embrassa sur les deux joues et serra ses mains dans les siennes, une tristesse mortelle dans les yeux mais toujours un sourire plein de dignité sur les lèvres. Evgenia l'avait entendu sangloter dans l'appartement de sa femme le soir de son retour, mais aux autres il n'avait jamais laissé voir son chagrin. Il encourageait fermement tout le monde, toujours charmant et calme, comme maintenant où il lui disait adieu en l'embrassant.

— Bon voyage, Evgenia Petrovna. Nous serons heureux de vous revoir bientôt.

— Nous prierons pour vous tous à chaque instant, répondit la vieille dame en déposant un doux baiser sur sa joue. Bonne chance à vous tous.

Puis elle se tourna vers Alix, à côté de qui Zoya pleurait à chaudes larmes.

— Prenez soin de vous, ne vous épuisez pas trop, ma chère. J'espère que les enfants ne tarderont pas à se remettre.

— Ecrivez-nous, dit Alix tristement, exactement comme l'avait demandé Marie à Zoya quelques instants plus tôt. Nous attendrons avec impatience de vos nouvelles.

Elle se tourna ensuite vers Zoya. Elle la connaissait depuis sa naissance, son enfant et celle de Natalia venues au monde à quelques jours seulement de distance, et de si grandes amies pendant ces dix-huit années.

— Sois sage, obéis à ta grand-mère et prends bien soin de toi.

Puis sans rien ajouter, elle la serra contre elle, avec pendant un instant le sentiment qu'elle perdait sa propre fille.

— Je vous aime, tante Alix... Je vous aime tous tellement... Je n'ai pas envie de m'en aller...

Elle pouvait à peine parler à travers ses sanglots. Elle se tourna ensuite vers Nicolas, qui l'étreignit comme l'aurait fait son père s'il avait été encore en vie.

— Nous t'aimons aussi et nous t'aimerons toujours. Nous serons réunis un jour. Sois-en certaine. Et que Dieu vous garde l'une et l'autre jusque-là, mon petit.

Il l'écarta doucement avec un petit sourire.

— Il faut partir, à présent.

Il l'escorta solennellement au-dehors tandis que sa femme prenait le bras d'Evgenia, et ils les aidèrent à s'installer dans leur traîneau, Zoya toujours en larmes. Les derniers domestiques étaient venus leur dire adieu et eux aussi pleuraient. Ils connaissaient Zoya depuis son enfance ; à présent elle les quittait, et bientôt d'autres s'en iraient aussi. C'était effrayant de penser qu'il n'y aurait jamais de retour. Voilà tout ce à quoi Zoya était capable de penser, alors que Fiodor levait lentement son fouet et effleurait les chevaux du tsar pour la première fois. La troïka s'ébranla, et dans la grisaille ambiante elles s'éloignèrent brusquement d'Alexandra et de Nicolas, qui agitaient la main.

Zoya se retourna, serrant la minuscule Sava bien fort contre elle. La petite chienne gémit soudain comme si elle savait, elle aussi, qu'elle quittait son foyer pour n'y jamais revenir, et subitement Zoya enfouit son visage dans les bras de sa grand-mère. Elle ne pouvait plus supporter de regarder cela, ces deux silhouettes au visage courageux qui leur faisaient de grands signes, le palais Alexandre vu pour la dernière fois, et tout à coup Tsarskoïe Selo même qui s'estompait au loin dans un brouillard de neige, cependant que Zoya gémissait d'angoisse en songeant à Machka... Machka... sa seule et unique amie de cœur... à son frère... à ses parents... tous disparus...

Elle se cramponna à sa grand-mère et pleura, mais la vieille dame demeura stoïque, assise dans le traîneau, les yeux clos d'où des larmes glacées roulaient sur ses joues, abandonnant derrière elle une vie entière, tout ce qu'elle avait jamais connu, un monde qu'ils avaient tous aimé... évaporé comme neige au soleil... tandis que, sous la conduite de Fiodor, les chevaux de Nicolas les emportaient loin, bien loin, de leur patrie, loin de toute chose et de tout être qu'elles connaissaient et aimaient.

— Adieu, *chers amis*... murmura Evgenia sous la neige qui tombait.

Elles n'avaient plus qu'elles deux, une très vieille femme et une très jeune fille, fuyant loin d'un monde condamné et des êtres qu'elles y avaient aimés. Nicolas et les siens appartenaient désormais à l'histoire, inoubliables à jamais, à jamais chéris, et elles ne devaient plus jamais les revoir.

PARIS

8

Le trajet de Tsarskoïe Selo à Beloostrov sur la frontière finlandaise demanda sept heures, bien que ce ne fût pas loin de Petrograd, mais Fiodor avait pris soin d'emprunter toutes les petites routes. Nicolas l'avait prévenu que c'était plus sûr, même si cela prenait plus de temps. Et, à la grande surprise d'Evgenia, ils franchirent facilement la frontière. Quelques questions furent posées, mais soudain Evgenia parut se ratatiner et arborer un air de petite vieille ; quant à Zoya, empaquetée et gelée, il y avait longtemps qu'elle n'avait plus eu cette mine de fillette. C'est Sava qui, finalement, leur sauva la mise. Les gardes-frontière furent séduits par elle et, après un moment d'angoisse, ils leur firent signe de repartir ; les trois réfugiés poussèrent un soupir de soulagement quand la troïka s'ébranla derrière les chevaux de Nicolas. Fiodor avait veillé à utiliser le vieux harnais qu'il avait apporté de Saint-Pétersbourg et s'était bien gardé de se servir de la moindre pièce de harnachement appartenant à l'écurie du tsar que marquait l'aigle bicéphale bien reconnaissable.

La traversée de la Finlande depuis Beloostrov jusqu'à Turku dura deux jours entiers et quand ils arrivèrent, tard dans la nuit, Zoya avait l'impression qu'elle resterait engourdie jusqu'à la fin de son existence. Tout son corps semblait figé dans la position qu'elle avait sur la troïka. Sa grand-mère pouvait à peine marcher lorsqu'on l'aida à en descendre, et même Fiodor paraissait épuisé. Ils trouvèrent une petite auberge où ils louèrent deux chambres. Le lendemain matin, Fiodor vendit les chevaux pour une somme ridiculement modeste. Puis tous trois embarquèrent sur un brise-glace à destination de Stockholm. Ce fut encore une journée interminable sur ce bateau qui avançait lentement au milieu des glaces entre la Finlande et la Suède, et les trois compagnons parlèrent à peine, chacun perdu dans ses pensées.

Ils arrivèrent à Stockholm vers la fin de l'après-midi, juste à temps pour attraper le train de nuit pour Malmö. Le lendemain, ils prirent le transbordeur pour Copenhague, où ils descendirent dans un petit hôtel, et Evgenia téléphona aux amis de la tante du tsar, mais ils étaient absents. Alors, le matin suivant, ils quittèrent Copenhague pour la France sur un vapeur britannique. Zoya semblait à ce moment-là presque hébétée et, le premier jour, elle fut en proie à un mal de mer terrible. Sa grand-mère lui trouvait l'air fiévreux, mais il était difficile de voir si elle était malade ou seulement fatiguée. Ils étaient tous épuisés après ces six jours de voyage. Ce voyage qui n'en finissait pas, en troïka, en bateau et en train, avait été une rude épreuve. Même Fiodor paraissait avoir vieilli de dix ans pendant cette semaine, mais ils souffraient aussi du chagrin d'abandonner leur patrie. Ils parlaient peu, dormaient rarement, et aucun d'eux n'avait apparemment jamais faim. On aurait dit que leur corps même était plein de peine, ils n'auraient pas pu en supporter davantage. Ils avaient tout laissé derrière eux, un mode de vie, mille ans d'histoire, les êtres qu'ils avaient aimés et perdus. C'était presque trop à endurer et Zoya se surprit à espérer que le bateau serait coulé par des sous-marins allemands pendant la traversée vers la France. Hors de la Russie, c'était la Grande Guerre et non la révolution que craignaient les gens. Zoya, en revanche, se disait que mourir de la main de n'importe qui aurait été plus facile que d'affronter un monde nouveau qu'elle n'avait pas envie de connaître. Elle songea aux centaines de fois où Marie et elle avaient rêvé d'aller à Paris. Cela paraissait si romanesque à l'époque, si enthousiasmant avec toutes ces femmes élégantes et les belles robes qu'elles achèteraient. Maintenant, il n'y aurait rien de tout cela. Sa grand-mère et elle disposaient seulement de la petite somme d'argent empruntée au tsar avant leur départ, ainsi que des bijoux cousus dans leurs vêtements. Evgenia s'était déjà décidée à en vendre autant qu'il le faudrait à leur arrivée à Paris. Et elles devaient aussi penser à Fiodor. Il avait promis de chercher du travail dès qu'ils seraient là-bas, il avait juré de faire son possible pour les aider, mais il avait refusé de les laisser accomplir seules le voyage. Il ne lui restait plus rien en Russie et il était incapable d'imaginer une vie sans servir les Ossoupov. Cela l'aurait tué si elles l'avaient laissé. Pendant la traversée vers la France, il fut aussi malade que Zoya ; il n'avait jamais mis les pieds sur un bateau auparavant et il se cramponnait à la rambarde, terrifié.

— Qu'est-ce que nous allons faire, grand-maman ?

Assise dans la cabine minuscule, Zoya observait sa grand-mère avec un air malheureux. Fini la magnificence des yachts impériaux, les palais, les princes, les réceptions. Dissipées l'affection et la chaleur de la famille. Disparus les gens qu'elles avaient connus, leur mode de vie, même l'assurance qu'elles auraient suffisamment à manger le lendemain. Tout ce qu'elles avaient, c'était leur vie, et Zoya n'était même pas sûre d'avoir envie de la sienne. Tout ce qu'elle désirait, c'était rentrer à la maison auprès de Machka, en Russie, remonter le temps et revenir dans un monde anéanti, peuplé de gens qui n'existaient plus. Son père, son frère, sa mère. Elle se demanda si Machka se rétablissait.

— Il faudra que nous trouvions un petit appartement, lui répondit sa grand-mère.

Elle n'était pas allée à Paris depuis des années. Elle avait très peu voyagé depuis la mort de son mari. Seulement, à présent, elle devait s'occuper de Zoya. Elle devait être forte pour le bien de la jeune fille. Elle devait faire en sorte d'assurer convenablement son avenir. Elle priait que lui soit accordé de vivre assez longtemps pour prendre soin d'elle, pourtant celle qui semblait en danger maintenant, ce n'était pas Evgenia mais Zoya. La jeune fille avait l'air très malade, ses yeux plus grands que jamais dans son visage blême et, quand la vieille comtesse la toucha, elle comprit aussitôt qu'elle brûlait de fièvre. Elle commença à tousser tard dans la nuit, alors la comtesse eut peur d'une pneumonie. Le lendemain matin, la toux avait empiré et quand, à Boulogne, elles montèrent dans le train pour Paris, ce dont elle souffrait devint évident. Les taches s'étaient mises à apparaître sur sa figure et ses mains, et, quand sa grand-mère l'eut forcée à remonter sa chemise de laine, toutes deux constatèrent que Zoya avait la rougeole. Evgenia était inquiète, et d'autant plus désireuse d'amener la jeune fille à Paris. Le trajet en train leur sembla durer des heures, et elles arrivèrent juste avant minuit. Il y avait une demi-douzaine de taxis devant la gare du Nord ; Evgenia envoya Fiodor en chercher un, pendant qu'elle aidait Zoya à descendre du train. Appuyée lourdement sur sa grand-mère, elle pouvait à peine mettre un pied devant l'autre, sa figure était soudain aussi enflammée que ses cheveux roux ardent. Elle toussait horriblement et la fièvre la faisait presque divaguer.

— Je veux rentrer chez nous, gémit-elle en étreignant la petite chienne.

Sava avait grossi à présent et Zoya avait du mal à la porter en suivant sa grand-mère qui sortait de la gare.

— Nous y allons, ma chérie. Fiodor nous cherche un taxi.

Mais Zoya se mit seulement à pleurer, la femme qu'elle était devenue s'évaporait et elle regardait sa grand-mère avec des yeux d'enfant perdue.

— Je veux retourner à Tsarskoïe Selo.

— Ne t'inquiète pas, Zoya... Ne t'inquiète pas...

Fiodor jonglait avec leurs bagages en les appelant à grands gestes, Evgenia entraîna doucement Zoya hors de la gare et l'aida à monter dans l'antique taxi. Tout ce qu'elles possédaient encore était empilé entre Fiodor et le chauffeur quand Zoya et sa grand-mère s'installèrent sur la banquette arrière avec des soupirs las. Elles n'avaient rien réservé nulle part, ne savaient où aller, le chauffeur était sourd et âgé. Tous les jeunes hommes étaient partis depuis longtemps à la guerre, seuls les vieillards et les infirmes restaient à Paris.

— *Alors ?... On y va, mesdames* ?*

Il sourit en direction de la banquette arrière et eut l'air surpris en voyant que Zoya pleurait.

— *Elle est malade* ?*

Evgenia se hâta de le tranquilliser en disant qu'elle était seulement très fatiguée, comme ils l'étaient tous.

— D'où venez-vous ? demanda-t-il aimablement pour faire la conversation.

Evgenia essayait de se souvenir à quel hôtel elle était descendue avec son mari bien des années auparavant, mais subitement elle ne se rappelait plus rien. Elle avait quatre-vingt-deux ans et elle était absolument exténuée. Or il fallait conduire Zoya dans un hôtel, et appeler un médecin.

— Pouvez-vous nous recommander un hôtel ? Quelque chose de petit, de propre et de pas très cher.

Il réfléchit un instant en plissant les lèvres et Evgenia serra instinctivement son sac contre elle. Elle y transportait le dernier cadeau que lui avait fait l'impératrice, et le plus important. Alix lui avait donné un de ses œufs de Pâques, un de ses œufs impériaux, créé spécialement pour elle trois ans auparavant par Carl Fabergé. C'était une œuvre sans pareille en émail mauve avec des rubans de diamant, et Evgenia savait qu'elle ne possédait rien de plus précieux. Quand tout le reste viendrait à manquer, elles pourraient le vendre et vivre sur ce qu'il leur rapporterait.

— Est-ce que vous tenez à un quartier particulier, madame... pour l'hôtel ?

— Pour autant que c'est un quartier convenable.

Elles pourraient toujours chercher quelque chose de mieux par la suite, ce soir tout ce dont elle avait besoin c'était de chambres et de lits. Les raffinements, s'il y en avait encore qu'on puisse obtenir, viendraient plus tard.

— Il y a un petit hôtel à côté des Champs-Elysées, madame. Le portier de nuit est mon cousin.

— Est-il cher ? questionna-t-elle sèchement.

Il haussa les épaules. Il voyait bien qu'elles ne roulaient pas sur l'or, leurs vêtements étaient modestes et le vieil homme avait l'air d'un paysan. Du moins la femme parlait-elle français ; il pensait que la jeune fille le parlait également, même si elle ne faisait que pleurer la plupart du temps, et elle toussait affreusement. Il espérait seulement qu'elle n'était pas atteinte de tuberculose, qui exerçait des ravages dans Paris présentement.

— Ça peut aller. Je dirai à mon cousin de discuter avec le réceptionniste.

— Très bien. Cela ira, dit-elle d'un ton impérieux en s'adossant à la banquette de l'antique taxi.

Cette vieille femme avait du cran et il la trouvait sympathique.

L'hôtel, situé rue Marbeuf, était vraiment très petit, toutefois il avait l'air propre et bien tenu. Il ne comportait qu'une dizaine de chambres, mais le veilleur de nuit leur assura qu'il y en avait deux de libres. Les cabinets communs se trouvaient au bout du couloir, ce qui causa un certain choc à Evgenia, mais même cela n'avait pas d'importance pour le moment. Elle ouvrit le lit, les draps étaient impeccables. Elle déshabilla Zoya, après avoir caché son sac sous le matelas. Fiodor avait apporté le reste de leurs affaires. Il avait accepté de garder Sava avec lui. Dès que Zoya fut couchée, la comtesse redescendit demander au réceptionniste de faire venir un médecin.

— Pour vous, madame ? demanda-t-il.

Il n'était pas surpris, ils avaient tous l'air pâles et fatigués, et elle était manifestement très vieille.

— Pour ma petite-fille.

Elle ne lui dit pas que Zoya avait la rougeole, mais deux heures plus tard, quand le médecin finit par arriver, il le confirma.

— Elle est très malade, madame. Vous devrez la soigner attentivement. Avez-vous une idée de la façon dont elle l'a attrapée ?

Ç'aurait été ridicule de lui dire qu'elle avait été contaminée par les enfants du tsar de Russie.

— Des amis la lui ont passée, je crois. Nous avons fait un très long voyage.

En croisant son regard chargé d'expérience et de tristesse, il eut l'intuition qu'elles avaient subi pas mal d'épreuves, mais même lui ne pouvait imaginer toutes les souffrances qu'elles avaient connues au cours des trois dernières semaines, combien peu de choses leur restaient ou à quel point elles redoutaient l'avenir.

— Nous sommes venus de Russie... par la Finlande, la Suède et le Danemark.

Il la considéra avec stupeur, puis soudain il comprit. D'autres avaient fait des voyages du même genre au cours des dernières semaines, fuyant la révolution. Il devina sans guère se tromper qu'il y en aurait d'autres dans les mois suivants, s'ils réussissaient à s'échapper. La noblesse russe, ou ce qui en restait, fuyait en foule, et bon nombre de ces réfugiés venaient à Paris.

— Je suis navré... vraiment navré, madame.

— Nous aussi, répondit-elle avec un sourire triste. Elle n'a pas une pneumonie, n'est-ce pas ?

— Pas encore.

— Sa cousine en a souffert pendant plusieurs semaines et elles étaient ensemble.

— Je ferai de mon mieux, madame. Je reviendrai la voir dans la matinée.

Mais, quand il arriva, son état avait empiré et à la tombée de la nuit elle délirait. Il prescrivit un médicament et déclara que c'était son seul espoir de guérison. De sorte que le lendemain matin, lorsque le réceptionniste annonça à Evgenia que l'Amérique venait d'entrer en guerre, cela lui parut presque sans intérêt. La guerre paraissait tellement moins importante maintenant, à la lumière de tout ce qui était arrivé d'autre.

Elle prenait ses repas dans leur modeste chambre, et Fiodor allait acheter les médicaments et des fruits. Le pain était rationné et il était difficile d'obtenir quoi que ce soit, mais Fiodor était ingénieux pour dénicher ce dont la comtesse avait besoin. Il se félicitait en particulier d'avoir trouvé un chauffeur de taxi parlant russe. Comme eux, il n'était à Paris que depuis peu. C'était un prince originaire de Saint-Pétersbourg, et Fiodor pensait que c'était un ami de Constantin, mais Evgenia n'avait pas le temps de l'écouter. Elle était très inquiète pour Zoya.

Plusieurs jours encore s'écoulèrent avant que la jeune fille paraisse comprendre où elle était. Elle jeta un coup d'œil à la petite chambre nue, puis plongea son regard dans celui de sa grand-mère, et lentement le souvenir lui revint qu'elles étaient à Paris.

— Depuis combien de temps suis-je malade, grand-maman ?

Elle essaya de s'asseoir mais elle était encore trop faible. Du moins sa terrible toux s'était-elle finalement un peu apaisée.

— Depuis notre arrivée, ma chérie, il y a presque une semaine. Tu nous as fait bien peur. Fiodor a couru tout Paris pour essayer de se procurer des fruits à ton intention. La pénurie ici est presque aussi grande qu'en Russie.

Zoya hocha la tête, regarda par l'unique fenêtre de la chambre et ses pensées prirent un autre cours :

— Je sais maintenant ce que Machka ressentait... et elle était encore plus malade que moi. Je me demande comment elle va aujourd'hui.

Penser à l'heure présente lui était trop pénible.

— Ne t'inquiète pas, la gronda doucement sa grand-mère en voyant l'expression de tristesse dans ses yeux. Je suis sûre qu'elle est rétablie. Nous sommes parties il y a quinze jours.

— Seulement ? s'étonna-t-elle avec un soupir en se tournant vers sa grand-mère. Cela me paraît un siècle.

Cela leur paraissait un siècle à tous. Sa grand-mère avait à peine fermé l'œil depuis leur départ de Russie. Elle avait dormi pendant des jours assise dans un fauteuil parce qu'elle craignait de troubler le sommeil de Zoya en couchant dans le lit auprès d'elle, et aussi de ne pas se réveiller si la jeune fille avait besoin d'elle, mais maintenant elle pouvait relâcher un peu sa vigilance. Ce soir, elle s'étendrait au pied du lit. Elle avait besoin de repos presque autant que Zoya.

— Demain, nous te lèverons mais il faut d'abord que tu te reposes, que tu manges et que tu reprennes des forces.

Elle tapota la main de Zoya, et celle-ci lui sourit faiblement.

— Merci, grand-maman.

Elle avait les yeux remplis de larmes quand elle appuya contre sa joue la main noueuse qui avait été jadis si fine. Même ce geste réveilla douloureusement des souvenirs de son enfance.

— De quoi, petite sotte ? De quoi as-tu à me remercier ?

— De m'avoir amenée ici... d'être si courageuse... et de faire tant pour nous sauver.

Elle venait seulement de prendre conscience de la longueur du trajet qu'elles avaient accompli et à quel point sa grand-mère avait été extraordinaire. Sa mère ne se serait certainement jamais montrée à la hauteur. Zoya aurait dû porter Natalia tout le long du chemin depuis la Russie.

— Nous nous construirons ici une nouvelle vie, Zoya. Tu verras. Un jour, nous pourrons regarder en arrière et tout ne sera pas aussi pénible.

— Je n'arrive pas à l'imaginer... Je n'imagine pas un temps où les souvenirs ne seront pas aussi douloureux.

Elle avait l'impression de mourir.

— Le temps est bienfaisant, mon petit. Et il le sera pour nous aussi. Je te le garantis. Nous aurons une vie agréable ici.

Mais pas celle qu'elles avaient connue en Russie. Zoya essaya de ne pas y penser et pourtant, plus tard ce soir-là, pendant que sa grand-mère dormait, elle se faufila hors du lit et alla chercher dans son petit sac la photo que Nicolas avait prise alors qu'elles faisaient les pitres à Livadia l'été précédent. Anastasia, Marie, Olga, Tatiana et elle étaient renversées en arrière, presque la tête en bas, souriant d'une oreille à l'autre après la partie qu'elles avaient jouée. Elle lui paraissait ridicule maintenant... ridicule... et si charmante... Même sous cet angle bizarre, elle les trouvait toutes si belles, davantage encore à présent... les jeunes filles avec qui elle avait grandi et qu'elle aimait... Tatiana, Anastasia... Olga... et, bien sûr, Machka.

La rougeole avait terriblement affaibli Zoya, cependant, au grand soulagement de sa grand-mère, elle parut revivre dans la beauté de Paris en avril. Elle avait maintenant une gravité qui lui avait été étrangère jusqu'à présent, et elle ne parvenait pas à se débarrasser d'une toux légère ; en revanche il y avait de temps à autre dans ses yeux un pétillement de gaieté presque comme naguère, et cela rendait le cœur d'Evgenia un peu plus léger.

L'hôtel de la rue Marbeuf, si simple qu'il fût, commençait à être coûteux pour eux trois et Evgenia comprit qu'il leur faudrait bientôt trouver un appartement. Ils avaient déjà utilisé une bonne partie de l'argent donné par Nicolas et elle désirait sauvegarder leurs maigres ressources. Au début de mai, il devint évident qu'elle devrait vendre quelques-uns de ses bijoux.

Par un après-midi ensoleillé, après avoir soigneusement retiré un collier de rubis de la doublure d'une de ses robes noires, elle laissa Zoya avec Fiodor pour aller rue Cambon voir un bijoutier que l'hôtel lui avait indiqué. Elle avait mis dans son sac le collier, puis avait sorti de leur cachette – deux grands boutons recouverts de tissu – les boucles d'oreilles assorties. Ces cachettes avaient bien rempli leur office. Elle avait appelé un taxi avant de quitter l'hôtel et quand elle donna l'adresse au chauffeur, celui-ci se retourna lentement pour la dévisager. C'était un homme de haute taille à l'air distingué, aux cheveux argentés et à la moustache blanche parfaitement soignée.

— Ce n'est pas possible... Comtesse, est-ce bien vous ?

Elle le regarda alors avec attention et sentit soudain son cœur battre un peu plus vite : le prince Vladimir Markovski. Elle le reconnut avec stupeur, c'était un des amis de Constantin, et son fils aîné avait même demandé en mariage la grande-duchesse Tatiana, avant d'être sommairement éconduit. Cette dernière le jugeait bien trop frivole, mais c'était un garçon charmant, comme son père.

— Comment êtes-vous arrivée ici ?

Elle rit, secouant la tête devant l'étrangeté de l'existence ces temps-ci. Elle avait vu d'autres visages familiers à Paris depuis son arrivée et, à deux autres occasions, elle avait appelé des taxis et découvert qu'elle connaissait les chauffeurs. Les aristocrates russes n'avaient pas d'autre moyen de gagner leur pain. Dépourvus de la moindre qualification, bien de leur personne, de bonne naissance et d'un charme extrême, il ne restait pas grand-chose qu'ils puissent faire excepté conduire une automobile, comme le prince Vladimir, qui la contemplait avec bonheur. Cela éveilla en elle des souvenirs doux-amers de jours meilleurs, et elle poussa un soupir avant de commencer à lui expliquer les péripéties de son exil de Russie. Le récit de Vladimir fut très semblable au sien, encore qu'il eût couru beaucoup plus de dangers quand il avait franchi la frontière.

— Est-ce là que vous êtes descendue ?

Il jeta un coup d'œil à son hôtel en mettant la voiture en marche pour aller vers l'adresse qu'elle lui avait donnée, rue Cambon.

— Oui, pour le moment, mais il faut que Zoya et moi prenions un appartement.

— Elle est avec vous, donc. Elle doit être tout juste sortie de l'enfance. Et Natalia ?

Il avait toujours trouvé l'épouse de Constantin extrêmement belle, quoique nerveuse bien sûr, et il n'avait manifestement pas entendu parler de sa mort quand les révolutionnaires avaient pris d'assaut le palais de la Fontanka.

— Elle a été tuée... peu de jours après Constantin... et Nikolaï aussi.

Sa voix était basse quand elle répondit. Mentionner leurs noms était encore pénible, en particulier devant lui parce qu'il les avait connus. Il hocha tristement la tête, de sa place sur le siège avant. Il avait perdu aussi ses deux fils et il était venu à Paris avec sa fille, qui n'était pas mariée.

— Je suis navré.

— Nous le sommes tous, Vladimir. Et plus encore pour Nicolas et Alexandra. Avez-vous eu de leurs nouvelles ?

— Aucune. Je sais seulement qu'ils sont toujours en résidence surveillée à Tsarskoïe Selo, Dieu seul sait combien de temps on les gardera là-bas. Du moins vivent-ils dans un cadre confortable, à défaut d'être en sécurité.

Personne n'était plus en sécurité nulle part en Russie. Du moins pas les gens qu'ils connaissaient.

— Vous installerez-vous à Paris ?

Ils n'avaient pas le choix, aucun d'eux ; d'autres Russes arrivaient par petits groupes de jour en jour, avec d'étonnants récits de fuite, et leurs pertes terribles.

— Je pense que oui. Cela paraissait la meilleure destination possible. Du moins ici ne risquons-nous rien. Et c'est un endroit convenable pour Zoya.

Il acquiesça d'un signe de tête et se faufila avec son taxi dans la circulation.

— Souhaitez-vous que j'attende, Evgenia Petrovna ?

Cela lui mettait du baume au cœur de parler en russe à quelqu'un qui connaissait son nom. Il venait de freiner devant la boutique du joaillier.

— Cela vous ennuierait-il beaucoup ?

Ce serait réconfortant de savoir qu'il était là et de revenir avec lui, surtout si le bijoutier lui donnait une importante somme d'argent.

— Bien sûr que non. J'attendrai ici.

Il l'aida avec précaution à sortir de la voiture et l'escorta jusqu'à la porte du magasin. Imaginer ce qu'elle allait y faire n'était pas difficile. C'était la même chose que tous faisaient, vendre tout ce qu'ils pouvaient, les mêmes trésors qu'ils avaient emportés subrepticement avec eux, qui seulement quelques semaines auparavant étaient des colifichets auxquels ils n'attachaient pas d'importance.

La comtesse ressortit une demi-heure plus tard avec un air digne et le prince Markovski ne lui posa pas de questions en la ramenant à l'hôtel. Elle paraissait toutefois préoccupée quand il l'aida à descendre du taxi rue Marbeuf, et il espéra qu'elle avait obtenu ce dont elle avait besoin. Elle était bien âgée pour être contrainte de survivre à l'aide d'expédients en vendant ses bijoux dans un pays inconnu, sans personne pour prendre soin d'elle et avec une très jeune fille à charge. Il ne connaissait pas l'âge exact de Zoya, mais il était certain qu'elle était nettement plus jeune que sa propre fille, qui avait presque trente ans.

— Est-ce que tout va bien ?

Il était soucieux en l'escortant jusqu'à la porte et elle tourna vers lui un regard blessé.

— Je le suppose. La période n'est pas facile.

Elle jeta un coup d'œil au taxi puis le regarda. Il avait été bel homme dans sa jeunesse et il l'était encore mais, comme elle, il avait soudain quelque chose de différent. Ils avaient tous été changés. La face même du monde n'était plus la même depuis la révolution.

— Ce n'est facile pour aucun de nous, n'est-ce pas, Vladimir ?

Quand il ne restera plus de bijoux à vendre, se demanda-t-elle, que ferons-nous ? Ni elle ni Zoya ne pouvaient conduire un taxi, Fiodor ne parlait pas le français et ne l'apprendrait vraisemblablement pas. Il était presque plus un fardeau qu'une aide, mais il s'était montré si fidèle, si dévoué en les aidant à s'enfuir, qu'elle ne pouvait pas l'abandonner à son sort. Elle devait le prendre en charge exactement comme Zoya. Mais deux chambres d'hôtel coûtent le double d'une seule, et avec la somme insignifiante qu'elle avait obtenue pour son collier et ses boucles d'oreilles en rubis, elle avait peu d'espoir que leurs fonds durent bien longtemps. Il leur faudrait songer à quelque chose de vraiment rémunérateur. Peut-être pourrait-elle faire de la couture à domicile, songea-t-elle en disant distraitement au revoir à Vladimir. Elle eut tout à coup l'air plus âgée qu'une heure auparavant, quand elle était partie chez le bijoutier. Le prince Markovski lui baisa la main et refusa tout net de la laisser le payer. Elle se demanda si elle le reverrait jamais. Elle pensait cela à propos de tout le monde désormais, mais deux jours plus tard, lorsqu'elle descendit avec Zoya et Fiodor, elle le trouva qui attendait dans le hall.

En la voyant, il s'inclina profondément pour lui baiser la main, jetant à Zoya un coup d'œil amical, puis manifestement surpris en voyant combien elle était jolie et adulte. Elle était devenue une beauté remarquable.

— Je dois vous présenter mes excuses pour m'imposer ainsi à vous, Evgenia Petrovna, mais je viens d'entendre parler d'un logement... Il est très petit, mais près du Palais-Royal... Peut-être qu'il vous conviendrait. Vous avez dit l'autre jour que vous étiez désireuse de trouver un endroit où habiter. Il a deux chambres.

Il regarda soudain avec un air soucieux Fiodor, qui se trouvait derrière elle.

— Peut-être n'est-il pas assez grand pour vous trois, néanmoins.

— Si, si.

Elle lui sourit comme s'il était depuis toujours son ami le plus cher. Cela comptait tellement à présent de voir un visage familier, même un qu'elle n'avait pas croisé très souvent naguère. Du moins était-ce un visage de ce passé pas si lointain, un vestige de son pays, et elle le présenta vivement à sa petite-fille.

— Zoya et moi, nous pouvons très bien partager une chambre. Nous le faisons ici, à l'hôtel, et cela n'a pas l'air de la contrarier.

— Bien sûr que non, grand-maman.

Elle lui sourit affectueusement et dévisagea avec curiosité ce grand Russe distingué.

— Dois-je prendre un rendez-vous pour que vous le visitiez, alors ?

Il paraissait très intéressé par Zoya, mais sa grand-mère n'eut pas l'air de s'en apercevoir.

— Ne pourrions-nous le voir maintenant ? Nous sortions justement nous promener.

C'était un ravissant après-midi de mai et on avait du mal à imaginer que la paix ne régnait pas dans le monde, que toute l'Europe se battait et que l'Amérique avait fini par prendre part au conflit.

— Je vais vous montrer où il est et peut-être qu'on vous laissera le visiter tout de suite.

Il les conduisit là-bas aussi vite qu'il le put. Fiodor était assis à l'avant à côté de lui, et Vladimir raconta aux dames les derniers potins. Plusieurs de leurs connaissances étaient arrivées quelques jours seulement auparavant, mais aucune apparemment n'avait de nouvelles fraîches de Tsarskoïe Selo. Zoya l'écouta avec intérêt énumérer les noms. Elle en reconnut la plupart, encore qu'aucune de ces personnes n'ait fait partie du cercle de leurs amis intimes. Il mentionna aussi que Diaghilev était là et préparait un spectacle des Ballets russes. Ils devaient se produire au Châtelet en commençant la semaine suivante par une répétition générale. Zoya sentit son cœur battre plus vite en l'écoutant et elle remarqua à peine par quelles rues ils passaient pour aller à l'appartement.

Le logement lui-même était très exigu, mais il donnait sur un agréable jardin. Il comportait deux petites chambres et une minuscule salle à manger, une petite cuisine, avec des cabinets au bout du couloir qu'il fallait partager avec quatre autres logements. C'était évidemment bien loin d'être le palais de la Fontanka, ou même l'hôtel de la rue Marbeuf, mais elles n'avaient plus le choix. La grand-mère de Zoya lui avait avoué quelle somme misérable elle avait tirée de la vente du collier de rubis. Il restait certes encore d'autres bijoux à vendre, mais cela augurait mal de leur avenir.

— Peut-être est-il trop petit, tout bien considéré...

Le prince Vladimir semblait soudain gêné, mais ce n'était pas plus embarrassant que d'être obligé comme lui de conduire un taxi.

— J'estime qu'il fera très bien l'affaire, déclara la comtesse, pratique.

Mais elle avait déjà vu l'expression consternée de Zoya. Le couloir sentait très mauvais, un mélange d'urine et de relents de cuisine. Peut-être un peu de parfum... le lilas que Zoya aimait tellement... et les fenêtres ouvertes sur le joli jardin. N'importe quoi améliorerait les choses et le loyer cadrait exactement avec leurs ressources. La comtesse se tourna vers Vladimir avec un sourire chaleureux et se confondit en remerciements.

— Il faut bien que nous prenions soin des nôtres. Je vais vous reconduire à votre hôtel.

Il s'adressait à elle avec cordialité, mais ses yeux ne quittaient pas Zoya. Elles avaient convenu d'emménager la semaine suivante et, sur le chemin du retour, Evgenia commença à dresser une liste des meubles dont elles auraient besoin. Elle avait l'intention d'acheter le moins possible, Zoya et elle pouvaient confectionner les rideaux et les dessus-de-lit.

— Tu sais, avec un joli tapis sur le plancher, la pièce paraîtra peut-être un peu plus grande.

Elle parlait avec entrain et se forçait à ne pas penser aux précieux Aubusson du pavillon derrière le palais de la Fontanka.

— Tu ne crois pas, ma chérie ?

— Hm ?... Pardon, grand-maman ?

Elle regardait par la portière, les sourcils froncés, tandis qu'ils suivaient les Champs-Elysées en direction de la rue Marbeuf. Elle était en train de réfléchir à quelque chose de bien plus important. Quelque chose dont elles avaient désespérément besoin. Quelque chose qui leur permettrait de vivre de nouveau décemment, peut-être pas dans un palais mais dans un appartement plus vaste et plus confortable que cette espèce de cage à lapins puante. Elle avait envie maintenant de retourner à l'hôtel et d'y laisser sa grand-mère à ses listes, ses projets et ses ordres à Fiodor d'aller chercher des meubles et un joli tapis.

Elles remercièrent de nouveau le prince Markovski quand il les déposa, et Evgenia fut stupéfaite d'entendre Zoya dire qu'elle sortait faire une promenade mais refuser catégoriquement de laisser Fiodor l'accompagner.

— Je ne risque rien du tout, grand-maman. Je vous assure. Je n'irai pas loin. Juste aux Champs-Elysées.

— Veux-tu que je vienne avec toi, ma chérie ?

— Non, répondit-elle avec un sourire à la grand-mère qu'elle aimait si tendrement, en songeant à tout ce qu'elle lui devait. Reposez-vous un petit moment. Nous prendrons le thé quand je reviendrai.

— Tu es sûre que ça ira pour toi ?

— Absolument certaine.

A regret, la comtesse la laissa partir et monta lentement l'escalier, au bras de Fiodor. Ce serait un bon exercice préparatoire à la longue ascension des marches pour arriver à leur nouveau logis.

Dès qu'elle fut sortie de l'hôtel, Zoya tourna au coin de la rue et héla un taxi, en priant que le chauffeur connaisse l'adresse de sa destination et, quand elle y serait, que quelqu'un sache de quoi elle parlait. C'était un fol espoir, mais elle avait conscience qu'elle devait tenter sa chance.

— Le Châtelet, s'il vous plaît, dit-elle d'un ton impérieux comme si elle était sûre de son fait, implorant en silence que le chauffeur sache l'y mener.

Après un instant d'hésitation, elle vit que ses prières étaient exaucées. Elle osait à peine respirer pendant que le taxi l'emportait là-bas à vive allure ; elle donna au chauffeur un pourboire généreux parce qu'il l'avait déposée à bon port, et parce qu'elle éprouvait des scrupules d'être soulagée qu'il ne soit pas russe. C'était plutôt déprimant de voir des personnes qu'elle avait connues conduire des taxis en parlant mélancoliquement de la famille de Tsarskoïe Selo.

Se hâtant d'entrer, elle jeta un coup d'œil autour d'elle et se rappela ses menaces de s'enfuir pour le théâtre Mariinski ; elle se retrouva en train de songer à Marie et à la stupeur qu'elle aurait éprouvée de la voir là. Cela fit sourire Zoya pendant qu'elle cherchait quelqu'un, n'importe qui, capable de répondre à ses questions. Elle découvrit finalement une jeune femme en tenue de danse qui s'exerçait silencieusement à la barre et Zoya devina avec exactitude que c'était un professeur.

— Je cherche M. Diaghilev, annonça-t-elle, faisant sourire la jeune femme.

— Vraiment ? Puis-je demander pourquoi ?

— Je suis danseuse et j'aimerais auditionner devant lui.

Elle avait jeté toutes ses cartes à la fois sur la table et jamais elle n'avait paru plus jeune, plus jolie ou plus craintive.

— Je vois. A-t-il déjà entendu parler de vous ?

La question était plutôt cruelle et la jeune femme ne prit même pas la peine d'attendre une réponse.

— Je constate que vous n'avez rien apporté pour danser, mademoiselle. Voilà des vêtements qui ne sont guère appropriés, pour passer une audition…

Zoya jeta un coup d'œil à sa jupe étroite en serge bleu marine, à son corsage blanc à col marin et aux chaussures noires qu'elle avait portées tous les jours pendant les dernières semaines à Tsarskoïe Selo. Elle devint alors rouge comme un coquelicot et la jeune femme lui sourit à nouveau. Elle était si jolie, si jeune et si naïve. C'était difficile de croire qu'elle valait quelque chose comme danseuse.

— Je suis désolée. Peut-être que je pourrais revenir le voir demain.

Puis, dans un chuchotement étouffé :

— Est-il ici ?

L'autre sourit.

— Non, mais il y sera dans quelques jours. Il organise une répétition générale ici le 11.

— Je sais. Je voulais auditionner pour lui. Je voudrais faire partie du spectacle et entrer dans sa compagnie.

Elle le dit tout d'une traite et la jeune femme éclata de rire.

— Vraiment ? Et où avez-vous été formée ?

— A l'école de Mme Nastova, à Saint-Pétersbourg... jusqu'à il y a deux mois.

Elle regretta à ce moment-là de ne pas savoir mentir pour répondre « au Mariinski », mais on aurait presque certainement découvert la vérité. Et l'Ecole de danse académique de Mme Nastova était aussi l'une des plus prestigieuses de Russie.

— Si je vous procure un léotard[1] et des chaussons, vous pourriez faire un essai devant moi, là, maintenant ?

La jeune femme avait l'air amusée et Zoya n'hésita qu'un quart de seconde.

---

1. Tiré du nom de Jules Léotard, acrobate aérien français du XIXe siècle, maillot collant (justaucorps) utilisé par les danseurs, trapézistes, gymnastes, etc. Le terme est utilisé comme nom commun dans ces professions.

— Oui, s'il vous plaît.

Son cœur battait comme un tambour, mais elle devait trouver du travail, et danser était tout ce qu'elle savait et désirait faire. Elle devait bien ça à Evgenia.

Les chaussons qu'elle lui prêta la meurtrissaient terriblement et, comme la jeune femme se dirigeait vers le piano, Zoya se sentit ridicule d'avoir même seulement voulu cet essai. Elle aurait l'air stupide toute seule sur la scène et peut-être que Mme Nastova avait simplement fait preuve de bienveillance quand elle lui avait dit qu'elle était très bonne. Cependant, lorsque la musique commença, elle se mit à oublier peu à peu ses craintes et à danser, exécutant tout ce que Mme Nastova lui avait enseigné. Elle dansa sans relâche pendant presque une heure, observée d'un œil critique, paupières plissées, par la jeune femme dont le visage ne portait cependant aucune expression de mépris ou d'amusement. Zoya était trempée de sueur quand la musique s'arrêta enfin et qu'elle s'inclina dans une révérence gracieuse vers le piano. Alors, dans le silence de la salle, les regards des deux femmes se croisèrent et la pianiste hocha lentement la tête.

— Pouvez-vous revenir dans deux jours, mademoiselle ?

Les yeux de Zoya s'arrondirent comme deux énormes soucoupes et elle courut vers le piano.

— Est-ce que je suis engagée ?

La jeune femme secoua la tête et rit.

— Non, non... mais il sera là à ce moment-là. Nous verrons ce qu'il dit, lui, et les autres professeurs aussi.

— Très bien. Je me procurerai des chaussons.

— Vous n'en avez pas ?

La jeune femme parut surprise et Zoya la regarda gravement.

— Nous avons laissé tout ce que nous possédions en Russie. Mes parents et mon frère ont été tués au moment de la révolution et je me suis enfuie avec ma grand-mère il y a un mois. Il faut que je trouve un emploi. Elle est trop âgée pour travailler, et nous n'avons pas d'argent.

C'était une explication brève qui valait tous les discours et qui toucha profondément le cœur de la jeune femme, quoiqu'elle ne le montrât pas.

— Quel âge avez-vous ?

— Juste dix-huit ans. Et j'ai suivi des cours pendant douze ans.

— Vous êtes très bonne. Peu importe ce qu'il dira... lui ou les autres... ne vous laissez intimider par personne. Vous êtes très bonne.

Alors Zoya éclata de rire, car c'était exactement ce qu'elle avait dit à Marie, en cet après-midi à Tsarskoïe Selo.

— Merci ! Merci beaucoup !

Elle avait envie de lui sauter au cou et de l'embrasser, mais se retint. Elle avait peur de perdre la chance qui lui était offerte. Elle était prête à tout pour danser devant Diaghilev, et cette femme allait le lui permettre. Cela dépassait tout ce qu'elle avait jamais rêvé. Peut-être que vivre à Paris ne serait pas tellement désagréable après tout... si elle pouvait devenir ballerine.

— Je serai meilleure dès que j'aurai recommencé à danser. J'ai arrêté depuis deux mois. Je suis un peu rouillée.

— Alors vous serez encore meilleure que je ne pense.

Elle sourit à la belle petite rousse qui se tenait avec tant de grâce et de dignité à côté du piano, puis brusquement Zoya sursauta. Elle avait promis à sa grand-mère de rentrer dans très peu de temps et elle était partie depuis près de deux heures.

— Il faut que je m'en aille ! Ma grand-mère... Oh... je suis navrée...

Elle courut se changer et revint en jupe bleu marine et corsage à col marin, cygne redevenu vilain petit canard.

— Je serai là dans deux jours... et merci pour les chaussons !...

Elle s'élança vers la sortie, puis se retourna de nouveau subitement et cria :

— Oh... à quelle heure ?

— Deux heures, répondit la jeune femme, qui se rappela quelque chose d'autre : Quel est votre nom ?

— Zoya Ossoupov, répliqua-t-elle.

Puis elle disparut et la jeune femme se rassit derrière le piano avec un sourire, se rappelant la première fois où elle avait dansé pour Diaghilev, vingt ans auparavant... Cette petite était douée, c'était indéniable... Zoya... Pauvre enfant, elle avait traversé pas mal d'épreuves d'après le peu qu'elle avait dit... C'était difficile de s'imaginer avoir de nouveau dix-huit ans et être aussi exubérante qu'elle.

10

Le vendredi après-midi, à deux heures, Zoya arriva au Châtelet avec un petit sac en tapisserie contenant un léotard et une paire de chaussons de danse tout neufs. Elle avait vendu sa montre pour les payer et s'était gardée de dire à sa grand-mère où elle se rendait. Depuis deux jours, Zoya avait été incapable de penser à autre chose qu'à la chance extraordinaire qui s'offrait à elle et elle priait son ange gardien et tous ses saints favoris de l'aider à ne pas la gâcher. Si elle était maladroite... si elle tombait... s'il jugeait son style détestable... si Mme Nastova lui avait menti toutes ces années... Elle avait été dévorée par l'appréhension et, quand elle se retrouva au Châtelet, elle n'avait plus qu'une envie, s'enfuir, mais elle vit la jeune femme pour qui elle avait dansé deux jours auparavant et soudain ce fut trop tard. Diaghilev en personne survint et Zoya lui fut présentée. Ensuite, sans savoir comment, elle se retrouva sur scène, dansant pour eux tous qui étaient assis dans la salle, et elle oublia même leur présence. Elle était plus à l'aise que deux jours auparavant, à sa propre surprise, et elle se sentait emportée par la musique. Quand elle eut fini, ils lui demandèrent de danser de nouveau, cette fois avec un homme, qui était excellent ; Zoya semblait voler dans les airs sur les ailes des anges. Au total, elle dansa une heure et demie, et de nouveau elle était trempée de sueur quand elle s'arrêta, ses chaussons neufs lui faisaient atrocement mal, mais elle avait l'impression qu'elle aurait été capable de voler jusqu'à la lune quand elle se tourna vers les spectateurs. Ils étaient en train de hocher la tête, échangeant des paroles inintelligibles. Ils discutèrent pendant ce qui sembla des heures, puis l'un des professeurs se tourna simplement vers elle et lui cria de l'autre bout de la scène, comme si ce n'était rien de remarquable :

— Vendredi prochain, à quatre heures, *répétition générale**, ici même ! Je vous remercie.

Sur quoi, ils ne s'occupèrent plus d'elle, qui se tenait là avec des larmes roulant sur ses joues. Mme Nastova n'avait pas menti et les dieux lui avaient été favorables. Elle ne savait pas si cela voulait dire qu'elle avait un emploi et elle n'osait pas les questionner. Tout ce qu'elle savait, c'est qu'elle dansait dans la répétition du vendredi après-midi suivant. Et peut-être... peut-être... si elle était très, très bonne... Elle n'osait même pas y penser quand elle se changea et franchit les portes en courant. Elle aurait voulu pouvoir en parler à sa grand-mère, mais c'était impossible, bien sûr. L'idée que Zoya devienne danseuse l'aurait mise hors d'elle. Mieux valait ne rien dire, en tout cas pas encore. Peut-être que si on la laissait effectivement danser avec la compagnie... peut-être alors...

Mais la semaine suivante, victorieuse, ayant décroché un emploi, du moins pour le moment, elle fut obligée d'annoncer la bonne nouvelle.

— Tu as *quoi* ?

Sa grand-mère avait l'air bouleversée, stupéfaite au-delà de toute expression.

— J'ai auditionné pour Serge Diaghilev et il me laisse danser avec sa compagnie des Ballets russes. La première représentation a lieu la semaine prochaine.

Elle sentait son cœur battre comme un tambour, sa grand-mère n'avait pas l'air contente.

— Es-tu folle ? Une vulgaire danseuse sur la scène ? Imagines-tu ce qu'en dirait ton père ?

C'était un coup bas qui lui fit trop mal et, le regard ulcéré, elle lança sa riposte à la grand-mère qu'elle aimait tant :

— Ne parlez pas de lui comme ça. Il est mort. Il n'aimerait rien de ce qui nous est arrivé, grand-maman. Mais ça nous est arrivé et il faut bien que nous réagissions. Nous ne pouvons pas nous contenter de rester ici à mourir de faim.

— Ah, c'est donc cela ? Tu as peur que nous mourions de faim ? Je n'oublierai pas de commander un supplément de dîner pour toi ce soir, mais crois-moi, tu ne monteras pas sur scène.

— *Si.*

Pour la première fois, elle la défia du regard. Par le passé, c'est seulement avec sa mère qu'elle avait osé discuter de cette façon, mais elle ne pouvait pas laisser sa grand-mère l'arrêter maintenant. C'était trop important pour elle et c'était leur seul moyen de s'en sortir, en tout cas le seul qu'elle voyait. Elle ne voulait pas travailler dans une boutique, ni frotter des parquets, ni coudre des boutons minuscules sur des chemises d'homme ou travailler pour une modiste et coudre des plumes sur un chapeau, et que pouvait-elle faire d'autre ? Rien du tout. Tôt ou tard il faudrait en venir là. Sa grand-mère le savait aussi.

— Grand-maman, soyez raisonnable. Vous n'avez presque rien obtenu pour le collier de rubis que vous avez vendu. Et combien de bijoux pouvons-nous vendre ? Tous les autres ici font la même chose. Tôt ou tard, l'une de nous doit aller travailler et c'est la seule chose que je sache faire.

— C'est ridicule. D'abord, notre argent n'est pas encore épuisé et, quand il le sera, nous pouvons toutes les deux trouver des occupations respectables. Nous cousons toutes les deux convenablement, je sais tricoter, tu peux enseigner le russe, le français, l'allemand ou même l'anglais si tu veux te donner un peu de peine.

On lui avait enseigné tout cela à l'Institut Smolny, ainsi que bien d'autres raffinements qui ne servaient strictement plus à rien maintenant.

— Il n'y a absolument aucune raison que tu deviennes une danseuse comme... comme...

Elle était si en colère qu'elle avait failli mentionner la femme dont Nicolas avait été tellement épris des années auparavant.

— Peu importe. De toute façon, Zoya, je ne le permettrai pas.

— Vous n'avez pas le choix, grand-maman.

Elle parlait sur un ton de calme désespoir et c'était la première fois que sa grand-mère la voyait ainsi.

— Zoya, tu dois m'obéir.

— Je ne le veux pas. C'est la seule chose que je désire faire et je souhaite vous aider.

Elle regarda sa seule et unique petite-fille avec des yeux qui se remplissaient de larmes.

— En est-on arrivées là ?

Pour elle, c'était un peu mieux que la prostitution mais guère plus.

— Qu'est-ce qu'il y a de si terrible à être danseuse ? Cela ne vous choque pas que le prince Vladimir conduise un taxi. Est-ce tellement respectable ? Est-ce tellement mieux que ce que je veux faire ?

Evgenia se retourna vers elle avec un regard navré et un cœur qui se brisait de chagrin.

— C'est pathétique. Il y a trois mois seulement, c'était un homme important, et autrefois son père était un grand personnage. A présent, il est à peine plus qu'un mendiant... mais c'est tout ce qui lui reste, Zoya... C'est tout ce qu'il peut faire. Le passé est bien passé pour lui, et au moins, il est en vie. Ton existence en est à son début et je ne peux pas te la laisser commencer de cette façon. Tu seras perdue de réputation... Et je peux faire si peu pour t'aider.

Elle se couvrit la figure de ses mains et se mit à sangloter. Zoya était sidérée de voir pleurer sa grand-mère, c'était la première fois qu'elle la voyait dans un moment de faiblesse et elle en fut touchée jusqu'à l'âme, mais elle savait néanmoins qu'elle devait danser avec la compagnie des Ballets russes, quelles que soient les conséquences. Elle n'allait pas coudre, tricoter ou enseigner le russe.

Elle passa ses bras autour de sa grand-mère et la serra contre elle.

— Je vous en prie, non, grand-maman... Je vous en prie... Je vous aime tant...

— Alors promets-moi de ne pas danser avec les Ballets... s'il te plaît, Zoya... je t'en supplie... Il ne faut pas que tu le fasses.

Elle regarda sa grand-mère tristement, avec une sagesse qui n'était pas de son âge. Elle avait mûri beaucoup trop et trop vite au cours de ces derniers mois et elle ne pouvait pas revenir en arrière. Toutes deux le savaient, aussi résolument qu'Evgenia tentât de s'y opposer.

— Ma vie ne sera jamais comme la vôtre, grand-maman, plus jamais. Ce n'est pas quelque chose que nous pouvons changer, vous et moi, nous devons simplement nous en accommoder. Il n'y a pas moyen de faire autrement. Tout comme oncle Nicolas et tante Alix... ils doivent faire ce à quoi ils sont obligés. C'est ce que je fais maintenant... Je vous en prie, ne soyez pas fâchée...

La comtesse, qui paraissait soudain courbée sous le poids des ans et des soucis, s'assit dans un fauteuil, l'air vaincue, et dévisagea Zoya d'un regard malheureux.

— Je ne suis pas fâchée, je suis triste. Et je me sens vraiment désemparée.

— Vous m'avez sauvé la vie. Vous m'avez sortie de Saint-Pétersbourg... et de Russie. Sans vous, on m'aurait tuée quand on a incendié la maison, ou peut-être pire encore... Vous ne pouvez pas changer l'histoire, grand-maman. Nous ne pouvons que faire de notre mieux... et pour moi, c'est danser... Laissez-moi le faire... s'il vous plaît... S'il vous plaît, donnez-moi votre bénédiction.

La vieille femme ferma les yeux et songea à son fils unique, puis elle secoua lentement la tête en regardant Zoya, mais cette dernière avait raison. Constantin était mort. Ils étaient tous morts. Quelle importance cela avait-il maintenant ? Quoi qu'il arrive, Evgenia savait que Zoya allait faire ce qu'elle voulait et, pour la première fois, elle se sentit trop vieille et trop lasse pour la contre-carrer.

— Eh bien, tu as ma bénédiction, mais tu es une vilaine, très vilaine fille !

Elle la menaça du doigt et s'efforça de sourire à travers ses larmes, puis se demanda soudain comment elle avait pu s'y prendre pour passer cette audition.

— Où diable as-tu trouvé les chaussons ?

Zoya ne lui avait pas demandé un sou depuis leur arrivée à Paris.

— Je les ai achetés, répondit-elle en souriant avec malice.

Du moins était-elle ingénieuse. Son père aurait aimé cela.

— Avec quoi ?

— J'ai vendu ma montre. Elle était affreuse, de toute façon. Une de mes camarades de classe me l'avait offerte pour ma fête.

Sur quoi Evgenia ne put que rire. C'était une jeune fille remarquable et la vieille femme l'aimait encore plus qu'elle ne le croyait, quand bien même elle dépassait les bornes.

— Je devrais être reconnaissante que tu n'aies pas vendu la mienne, je suppose.

— Grand-maman ! Dire ça ! Je ne ferais jamais une chose pareille !

La jeune fille tenta de prendre une mine chagrinée, mais toutes deux savaient qu'elle ne l'était nullement.

— Dieu seul sait de quoi tu es capable... Je frissonne rien que d'y penser.

— On croirait entendre Nikolaï...

Zoya sourit tristement, et leurs regards se rencontrèrent longuement. C'était un monde nouveau pour elles, plein de nouveaux principes, de nouvelles idées, de gens nouveaux... et une nouvelle existence pour Zoya.

11

Sa première répétition avec les Ballets russes, le 11 mai, fut absolument exténuante. Elle se termina à dix heures du soir et Zoya revint à l'appartement enivrée de joie mais si fatiguée qu'elle pouvait à peine avancer. Ses pieds avaient fini par être en sang à force de reprendre sans arrêt le pas de deux et les jetés. En comparaison, ses années avec Mme Nastova ressemblaient à des jeux d'enfant.

Sa grand-mère ne s'était pas couchée et l'attendait dans la minuscule salle à manger. Elles avaient emménagé dans le logement deux jours auparavant et avaient apporté un divan et plusieurs petites tables. Il y avait des lampes avec d'affreuses franges et un tapis vert aux lugubres fleurs violettes. Disparus les Aubusson, les meubles d'époque et les jolies choses qu'elles avaient naguère aimées. Mais le logement était confortable et Fiodor l'entretenait pour elles. La veille, il était allé à la campagne avec le prince Markovski et était rentré avec le taxi plein de bois de chauffage. Il y avait un bon feu flambant et sa grand-mère tenait prête pour elle une théière de thé brûlant.

— Eh bien, mon petit, comment ça s'est passé ?

Elle avait encore gardé l'espoir que Zoya reviendrait à la raison et abandonnerait l'idée de danser avec les Ballets russes, mais elle voyait bien maintenant dans les yeux de la jeune fille que c'était inutile d'y compter. Elle ne l'avait pas vue si heureuse depuis que le cauchemar avait commencé, exactement deux mois plus tôt, avec les émeutes dans les rues et la mort de Nikolaï. Rien n'était oublié mais le souvenir en était un peu moins vif quand elle se laissa choir dans un de leurs fauteuils inconfortables en souriant d'une oreille à l'autre.

— Grand-maman, c'était merveilleux... vraiment merveilleux... mais je suis si fatiguée que je peux à peine remuer.

Les longues heures de répétition avaient été éreintantes au-delà de toute expression, pourtant, d'une certaine façon, c'était un rêve qui s'était réalisé pour elle, et tout ce à quoi elle pouvait penser maintenant, c'était au spectacle qui aurait lieu dans deux semaines. Sa grand-mère avait promis d'y assister et le prince Markovski viendrait avec sa fille.

— Tu n'as pas changé d'avis, mon petit ?

Elle secoua la tête avec un sourire las et, prenant la théière fumante, se servit un verre de thé. On lui avait dit ce soir qu'elle danserait dans les deux parties du spectacle et elle était follement fière de l'argent qu'elle avait gagné. Elle le glissa silencieusement dans la main de sa grand-mère avec une fierté timide tandis que les larmes montaient aux yeux d'Evgenia. On en était donc là. Elle allait être entretenue par la danse de cette petite. C'était presque insupportable.

— C'est pour faire quoi, ça ?

— Grand-maman, c'est pour toi.

— Nous n'en avons pas encore besoin.

Mais les murs nus autour d'elles et le vilain tapis sur le plancher disaient le contraire. Tout ce qu'elles possédaient était usé jusqu'à la corde, et toutes deux savaient que la somme tirée du collier de rubis serait bientôt épuisée. Il y avait d'autres bijoux, bien sûr, mais pas assez pour assurer éternellement leur subsistance.

— Est-ce vraiment ce que tu souhaites faire ? demanda Evgenia tristement.

Zoya lui caressa doucement la joue avant d'y déposer un baiser.

— Oui, grand-maman... C'était superbe, aujourd'hui.

C'était exactement comme son rêve de danser avec les élèves du Mariinski et, ce soir-là, elle écrivit à Marie une longue missive courageuse qui lui expliquait tout excepté le sinistre petit logement. Elle resta assise dans la minuscule salle à manger, longtemps après que sa grand-mère fut allée se coucher, lui racontant les gens qu'elle avait vus, comment était Paris et son exultation à danser avec les Ballets russes. Elle voyait presque Marie sourire quand elle l'écrivit. Elle adressa l'enveloppe au docteur Botkine à Tsarskoïe Selo et espéra qu'elle ne mettrait pas trop longtemps à atteindre Marie. Rien que de lui écrire la lui avait rendue plus proche.

Le lendemain, elle répéta encore et ce soir-là il y eut un raid aérien. Tous trois descendirent dans la cave de l'immeuble, puis remontèrent lentement chez eux quand ce fut terminé. C'était un rappel de la guerre qui sévissait encore, mais Zoya n'avait pas peur. Toutes ses pensées présentes étaient absorbées par la danse.

Le prince Markovski était souvent là quand Zoya rentrait. Il avait toujours des histoires à raconter et il lui apportait fréquemment des biscuits, et des fruits frais chaque fois qu'il pouvait en trouver. Il leur avait même fait cadeau d'un des rares trésors qu'il possédait encore, une icône sans prix que sa grand-mère ne voulait pas accepter, mais il insista. Evgenia ne savait que trop qu'ils avaient tous besoin des objets qu'ils pouvaient vendre, mais Markovski balaya l'objection d'une main élégamment veinée aux longs doigts fuselés et leur dit qu'il avait plus qu'assez pour le moment. Sa fille avait déjà un emploi comme professeur d'anglais.

Le soir de sa première représentation, ils étaient tous là, au troisième rang. Zoya avait acheté les billets pour eux avec son cachet. Seul Fiodor n'était pas venu. Lui aussi était fier d'elle, mais le ballet le dépassait, et Zoya lui donna un programme avec son nom écrit en lettres minuscules dans le bas de la liste. Même sa grand-mère était fière d'elle, encore qu'ayant pleuré des larmes de chagrin doux-amer la première fois qu'elle l'avait vue. Elle aurait préféré n'importe quoi plutôt que de voir sa propre petite-fille sur scène comme une vulgaire danseuse.

Le prince porta un toast avec le champagne qu'il avait apporté quand ils revinrent à l'appartement.

— Vous avez été merveilleuse, Zoya Constantinovna ! Nous sommes tous tellement fiers de vous !

Il sourit joyeusement à la jeune fille aux cheveux flamboyants, nonobstant le coup d'œil austère et le reniflement de sa fille. Elle estimait choquant que Zoya soit devenue danseuse. Les deux ne s'étaient encore jamais vues, elle était grande et sèche, avec toutes les caractéristiques de la vieille fille. La vie à Paris était atroce à ses yeux. Elle détestait les enfants auxquels elle apprenait l'anglais et elle trouvait indiciblement gênant de voir son père conduire un taxi. Zoya ne partageait aucun de ses points de vue compassés. Ses yeux semblaient flamboyer d'excitation. Il y avait une chaude teinte rose sur ses joues, ses cheveux ardents s'échappaient de son chignon et cascadaient comme des flammes par-delà ses épaules. Elle était belle et l'excitation de la soirée accentuait encore sa beauté.

— Vous devez être fatiguée, mon petit, dit aimablement le prince en servant le reste du champagne.

— Pas du tout.

Rayonnante, Zoya pirouetta autour de la pièce sur des pieds qui avaient encore envie de danser. Tellement plus facile que les répétitions, la représentation avait été tout ce dont elle avait rêvé et plus encore.

— Je ne suis même pas un peu fatiguée.

Elle sourit puis gloussa de rire en prenant une autre gorgée de champagne, tandis qu'Elena, la fille du prince, arborait un air désapprobateur. Zoya avait envie de rester debout toute la nuit et de leur raconter les potins des coulisses. Elle avait besoin d'en parler avec des gens qui s'y intéressaient.

— Vous avez été fabuleuse ! répéta le prince.

Zoya sourit de toutes ses dents. Il était tellement grave et tellement vieux, mais il avait l'air d'avoir de l'affection pour elle. En un sens, elle regrettait que son père n'ait pas été là, mais cela lui aurait brisé le cœur de la voir sur la scène... quoique... peut-être, dans le fond, aurait-il été fier d'elle... et Nikolaï... Ses yeux se remplirent de larmes à cette pensée, elle posa son verre et se détourna pour aller à la fenêtre regarder les jardins au-dehors.

— Vous êtes ravissante, ce soir, entendit-elle Vladimir chuchoter à son côté.

Quand elle le regarda, il vit les larmes scintiller à ses paupières. Son corps souple était si jeune et si ferme. Il brûlait de désir pour elle et ce désir étincelait dans son regard ; elle s'écarta d'un pas, soudain consciente de ce qu'elle n'avait pas remarqué avant. Il était encore plus âgé que son père et elle fut choquée de ce qu'elle croyait voir maintenant dans ses yeux.

— Merci, prince Vladimir, dit-elle d'une voix éteinte, soudain attristée par leur désespoir à tous, leur soif d'amour et de bribes du passé qu'ils pouvaient encore partager.

A Saint-Pétersbourg, il ne l'aurait pas regardée deux fois, elle n'aurait été pour lui rien de plus qu'une jolie enfant, mais maintenant... maintenant ils restaient attachés à un monde disparu, aux gens qu'ils avaient laissés derrière eux. Elle n'était rien de plus qu'un moyen de perpétuer le passé. Elle avait envie de le dire à Elena lorsque cette dernière prit congé d'un air gourmé.

Zoya se rappela le prince Vladimir pendant qu'elle se déshabillait et attendait que sa grand-mère revienne des cabinets au fond du couloir.

— C'était gentil de sa part de nous avoir apporté du champagne, déclara sa grand-mère en se brossant les cheveux.

Sa chemise de nuit en dentelle encadrait son visage et la faisait paraître plus jeune dans l'éclairage tamisé. Elle avait été belle naguère et les yeux des deux femmes étaient presque semblables quand leurs regards se croisèrent. Zoya se demanda si elle savait que Vladimir était attiré par elle. Sa main avait caressé la sienne en partant et il l'avait tenue trop serrée quand il l'avait embrassée sur la joue.

Elle resta un long moment sans rien lui répondre.

— Elena semble vraiment triste, n'est-ce pas ?

Evgenia hocha la tête et posa sa brosse d'un air grave.

— Elle n'a jamais été une enfant gaie, si je me souviens bien. Ses frères étaient bien plus intéressants, ils ressemblaient davantage à Vladimir.

Elle se remémora le beau garçon qui avait demandé la main de Tatiana.

— C'est un homme charmant, tu ne trouves pas ?

Zoya se détourna un instant, puis lui fit face avec franchise.

— J'ai l'impression que... qu'il a un petit peu trop de sympathie pour moi, grand-maman...

Elle avait trébuché sur les mots et Evgenia fronça les sourcils.

— Que veux-tu dire par là ?

— Je veux dire que...

Sa figure devint rouge comme une pivoine dans la faible lumière et elle eut de nouveau l'air d'une enfant.

— ... que... qu'il m'a touché la main ce soir...

A l'expliquer maintenant, cela paraissait stupide... Peut-être que cela n'avait aucune importance.

— Tu es jolie et sans doute lui rappelles-tu des souvenirs. Je crois qu'il avait beaucoup d'affection pour ta maman et je sais qu'il était intime avec Constantin quand ils étaient jeunes. Ils sont allés à la chasse plus d'une fois avec Nicolas... Ne vois pas en lui de mauvaises intentions, Zoya. C'était gentil de sa part d'être venu te voir ce soir. Il se montre simplement aimable, mon petit.

— Peut-être, dit Zoya diplomatiquement tandis qu'elles éteignaient la lumière et se glissaient dans le lit étroit qu'elles partageaient.

Dans le noir, Zoya entendait Fiodor ronfler dans la pièce voisine et elle finit par s'endormir en songeant combien le spectacle avait été magique.

Mais le lendemain matin elle fut sûre que Vladimir ne se montrait pas simplement aimable. Il l'attendait en bas quand elle sortit pour se rendre à sa répétition.

— Aimeriez-vous que je vous emmène ?

Elle fut surprise de le voir, et il avait des fleurs pour elle.

— Je ne veux pas vous déranger... Ça ira très bien. J'aime marcher.

Elle aurait préféré aller à pied au Châtelet. La façon dont il la regardait la mettait subitement mal à l'aise.

La journée était magnifique et elle était joyeuse d'aller répéter. Les Ballets russes étaient le plus grand bonheur de sa vie à l'heure actuelle et elle n'avait envie de le partager avec personne, pas même avec le beau prince aux cheveux argentés qui se dressait là si courtoisement en lui offrant des roses blanches. Ces fleurs ne lui inspiraient que de la tristesse. Marie lui donnait toujours des roses blanches au printemps, mais cela, il ne pouvait pas le savoir. Il ne connaissait strictement rien d'elle, il était l'ami de ses parents, pas le sien, et elle se sentit soudain déprimée de le voir se tenir là, dans sa veste usée au col râpé. Comme les autres, il avait tout laissé derrière lui et s'en était tiré avec sa vie, une poignée de bijoux et l'icône dont il leur avait fait cadeau quelques jours plus tôt.

— Ce serait peut-être gentil si vous montiez voir grand-maman.

Elle lui sourit poliment et il sembla mortifié.

— Est-ce ce que vous pensez de moi ? Que je suis l'ami de votre grand-mère ?

Elle ne tenait pas à répondre que oui, mais c'était bien ça. Il était là à la regarder et elle lui trouvait l'air d'avoir mille ans.

— Est-ce que je vous parais donc si vieux ?

— Pas du tout... Excusez-moi... il faut que je m'en aille... Je vais arriver en retard et on sera furieux contre moi.

— Permettez que je vous conduise, alors. Nous pourrons bavarder en route.

Elle hésita, mais elle allait être en retard. A regret, elle le laissa lui ouvrir la portière du taxi et y monta, les roses blanches déposées entre eux sur le siège. C'était aimable à lui de lui apporter des présents, mais elle savait qu'il n'avait guère les moyens de lui offrir quoi que ce soit. Pas étonnant qu'Elena les voie, elle et sa grand-mère, d'un mauvais œil.

— Comment va Elena ? demanda-t-elle pour passer le temps pendant qu'ils roulaient.

Elle évita son regard, tournant la tête vers les autres voitures puis la ramenant lentement vers lui.

— Elle était bien silencieuse, hier soir, ajouta-t-elle.

— Elle n'est pas heureuse ici, dit-il avec un soupir. Peu d'entre nous le sont, je suppose. C'est un changement si brutal et personne n'y était préparé...

Il se pencha alors et lui toucha la main, la surprenant par les paroles suivantes :

— Zoya, pensez-vous que je suis trop âgé pour vous, ma chère ?

Sa voix s'étrangla dans sa gorge et elle dégagea doucement sa main.

— Vous êtes l'ami de mon père, répondit-elle en le
regardant avec des yeux attristés. C'est dur pour nous
tous, nous restons tous attachés à ce que nous n'avons
plus. Peut-être que je fais partie de ce passé pour vous.

Il sourit.

— Vous croyez que c'est de cela qu'il s'agit ? Savez-
vous que vous êtes très belle ?

Elle se sentit rougir et maudit en silence la peau claire
qui allait de pair avec ses cheveux ardents.

— Merci beaucoup. Mais je suis infiniment plus jeune
qu'Elena... Je suis sûre qu'elle serait bouleversée...

C'est la seule riposte qui lui vint à l'esprit cependant
qu'elle souhaitait qu'ils arrivent au Châtelet pour qu'elle
puisse lui échapper.

— Elle a sa propre vie à mener, Zoya. Et j'ai la
mienne. J'aimerais vous emmener dîner un de ces jours.
Peut-être chez Maxim's.

C'était de la folie... le champagne... les roses... l'idée
même de dîner chez Maxim's. Ils ne mangeaient à leur
faim ni les uns ni les autres, il conduisait un taxi, elle
dansait dans les Ballets russes, et cela ne rimait à rien
qu'il dépense pour elle le peu qu'il avait. Il était bien trop
âgé, mais elle ne voulait pas être impolie.

— Je ne crois pas que grand-maman...

Elle le regarda avec des yeux malheureux, et il eut l'air
peiné.

— Vous seriez mieux avec l'un de nous, Zoya Constantinovna, quelqu'un qui connaît notre monde, plutôt
qu'avec un jeune imbécile quelconque.

— Je n'ai pas de temps à perdre avec tout ça, Vladimir.
Si on me garde dans la troupe, il faudra que je travaille
nuit et jour pour être à la hauteur.

— Nous pouvons trouver le temps. Je peux passer vous
prendre le soir...

Il laissa sa voix s'éteindre en la dévisageant avec espoir, mais elle secoua la tête, mal à l'aise.

— Cela ne m'est impossible... vraiment... impossible.

Elle vit avec soulagement qu'ils étaient arrivés et elle se retourna vers lui une dernière fois.

— Je vous en prie, ne m'attendez pas maintenant. Je ne souhaite qu'une chose, c'est oublier... ce qui a été... Nous ne pouvons pas le faire revivre. Ce ne serait pas bien pour nous... s'il vous plaît.

Il ne dit rien quand elle sortit vivement de la voiture et s'éloigna en hâte, laissant les roses blanches sur le siège à côté de lui.

12

— Est-ce que Vladimir t'a ramenée à la maison ?

Sa grand-mère lui sourit quand elle entra, et Zoya remarqua avec un serrement de cœur les roses blanches dans un vase près d'elle sur la table.

— Non. Une des filles m'a déposée.

Elle s'assit avec un sourire et se massa les jambes.

— C'était dur, aujourd'hui.

Mais cela lui était égal. Danser avec les Ballets russes lui redonnait la sensation de vivre.

— Il avait dit qu'il te raccompagnerait.

Evgenia fronça les sourcils. Il lui avait apporté du pain frais et un pot de confiture. C'était un homme si aimable et il se montrait si bon envers elles. D'une certaine façon, cela réconfortait Evgenia de penser qu'il s'occupait de Zoya.

— Grand-maman...

Zoya la regardait en cherchant ses mots.

— Je ne tiens pas à ce qu'il le fasse.

— Pourquoi donc ? Tu es plus en sécurité avec lui qu'avec quelqu'un que tu ne connais pas.

C'est ce qu'il lui avait dit lui-même cet après-midi, quand il était venu à l'appartement rapporter les roses de Zoya, et la souffrance causée par le fait que sa petite fille dansait avec les Ballets russes lui fut de nouveau comme un coup de couteau au cœur, mais elle savait qu'il n'y avait pas moyen de l'en empêcher maintenant. Elle était obligée de reconnaître que l'une d'elles devait travailler, et qu'il n'y avait que Zoya qui le pouvait. Elle souhaitait seulement lui voir trouver un autre genre de gagne-pain, comme les cours que donnait Elena. Si Vladimir la prenait sous son aile, peut-être Zoya cesserait-elle même de danser. Il l'avait justement suggéré cet après-midi, ce qui avait incité Evgenia à le considérer sous un jour différent. Celui de héros et sauveur.

— Grand-maman... je crois que le prince Vladimir... Je crois qu'il a autre chose en tête.

— C'est un homme respectable. Bien élevé, de bonne naissance. C'était un ami de Constantin.

Evgenia n'avait pas envie de découvrir trop tôt son jeu, bien que Vladimir l'eût convaincue.

— Voilà justement ce que je veux dire. C'était l'ami de papa. Pas le mien. Il doit avoir soixante ans.

— C'est un prince russe et le cousin du tsar.

— Est-ce que cela arrange tout ? s'exclama Zoya avec humeur en se levant d'un bond. Cela vous est donc égal qu'il soit assez vieux pour être mon grand-père ?

— Il ne te veut pas de mal, Zoya... Quelqu'un doit prendre soin de toi. J'ai quatre-vingt-deux ans... Je ne serai pas toujours là pour toi... penses-y.

Au fond de son cœur, elle aurait été soulagée de savoir qu'elle laissait Zoya entre les mains de Vladimir. Du moins était-il quelqu'un qu'elle connaissait, quelqu'un qui comprenait l'existence qu'elles avaient menée auparavant. Personne à Paris ne pouvait le comprendre, sauf un des leurs, et elle dévisagea Zoya d'un air implorant, la suppliant du regard d'y réfléchir, mais cette dernière était visiblement horrifiée.

— Alors vous tenez à ce que je l'épouse ? C'est ce que vous souhaitez ?

Les larmes lui montèrent aux yeux à cette idée.

— C'est un vieillard.

— Il prendrait soin de toi. Songe aux gentillesses qu'il a eues pour nous depuis notre arrivée...

— Je ne veux plus en entendre parler !

Elle se précipita dans la chambre, claqua la porte et se jeta sur le lit en sanglotant irrépressiblement. Ne restait-il que cela ? La perspective d'un mariage avec un homme qui avait trois fois son âge, simplement parce qu'il était un prince russe ? Cette seule pensée la rendait malade et lui faisait regretter plus que jamais son existence et ses amis perdus.

Sa grand-mère vint s'asseoir au bord du lit et lui caressa doucement les cheveux.

— Zoya... non... ma chérie, je t'en prie... Je n'essaie pas de te forcer à faire quelque chose dont tu ne veux pas, mais je m'inquiète tellement pour toi. Fiodor et moi, nous sommes si vieux... Il faut que tu trouves quelqu'un qui puisse s'occuper de toi.

— J'ai dix-huit ans, dit-elle en sanglotant, le nez dans l'oreiller. Je ne veux épouser personne... et surtout pas lui.

Il n'avait rien qui l'attirait et elle détestait Elena. L'idée d'être condamnée à vivre avec eux la mettait au bord de la crise de nerfs. Tout ce qu'elle voulait faire, c'était danser, elle gagnerait avec sa danse suffisamment pour les entretenir, elle, Fiodor et sa grand-mère. Elle se jura de faire n'importe quoi plutôt que d'épouser un homme qu'elle n'aimait pas. Elle travaillerait jour et nuit... Elle ferait n'importe quoi...

— Allons... allons... je t'en prie, ne pleure pas comme ça... Je t'en prie...

Elle aussi avait les yeux pleins de larmes en pensant à la cruauté de leur destin. Peut-être l'enfant avait-elle raison. Cela n'avait été qu'une idée. Bien sûr qu'il était trop âgé, mais il était un des leurs, et cela comptait énormément pour elle. Toutefois, il y en avait d'autres qui avaient survécu, des hommes plus jeunes. Peut-être Zoya en rencontrerait-elle un et tomberait-elle amoureuse. C'était maintenant son plus cher espoir. Le seul qui lui restait... cela et la poignée de bijoux dissimulés dans le lit où elles couchaient. Il n'y avait plus rien d'autre... excepté quelques diamants et émeraudes, un long sautoir de perles parfaites, l'œuf de Fabergé qu'Alix lui avait donné... et toute une vie de rêves brisés.

— Voyons, Zoya... sèche tes larmes. Allons nous promener.

— Non, dit Zoya avec une moue lugubre en se cachant de nouveau la figure dans l'oreiller, il va être en bas à nous attendre.

Evgenia lui sourit. Elle était encore tellement enfant, bien qu'elle ait mûri rapidement au cours des deux derniers mois.

— Ne sois pas ridicule. Ses manières sont impeccables. Ce n'est pas un voyou qui guette au coin des rues.

Zoya se roula lentement sur le dos, belle d'une beauté sans pareille.

— Désolée, grand-maman. Je ne veux pas vous chagriner. Je promets de prendre soin de nous.

— Ce n'est pas ce que je veux pour toi, ma petite. Je veux que quelqu'un se charge de toi. C'est ainsi que cela aurait dû se passer.

— Mais tout est différent maintenant. Rien n'est plus comme avant.

Elle s'assit sur le lit avec un sourire timide.

— Peut-être qu'un jour je serai une danseuse célèbre.

Elle parut grisée par cette idée et Evgenia rit.

— Dieu m'assiste, je crois presque que cela te plaît.

Zoya sourit alors d'une oreille à l'autre.

— J'adore les Ballets russes, grand-maman.

— Je sais. Et tu es très douée. Mais il ne faut pas que tu envisages ceci pour le restant de tes jours. Fais-le maintenant, s'il le faut. Un jour, les choses changeront de nouveau.

Ce n'était pas une promesse, c'était une prière et pourtant, quand Zoya descendit d'un bond du lit et s'en alla prendre son manteau, elle eut conscience de ne pas être sûre qu'elle avait envie de les voir changer. Elle adorait danser avec les Ballets russes... bien plus que sa grand-mère ne l'imaginait.

Tandis qu'elles se dirigeaient lentement vers le Palais-Royal et jetaient un coup d'œil sous les arcades aux boutiques et à leurs nombreuses marchandises, Zoya sentit son âme vibrer d'enthousiasme. Paris était une belle ville et elle aimait les gens qui l'habitaient. La vie n'était pas si désagréable. Elle se sentit soudain joyeuse et jeune. Trop jeune pour gâcher son existence auprès du prince Vladimir. Bien trop jeune.

13

Zoya dansa avec les Ballets russes pendant tout le mois de juin, et elle était tellement absorbée par son travail qu'elle savait à peine ce qui se passait dans le monde. La surprise fut donc énorme pour elle quand le général Pershing, à la tête des troupes américaines qui allaient être engagées sur le front, arriva le 13 juin. La ville se déchaîna quand ils se dirigèrent vers la place de la Concorde et la façade de l'hôtel Crillon. Les gens les acclamaient et saluaient à grands gestes, les femmes jetaient des fleurs aux soldats en criant « *Vive l'Amérique* !* ». Zoya eut du mal à revenir chez elle pour raconter à sa grand-mère ce qu'elle avait vu.

— Grand-maman, il y en a des milliers !

— Alors peut-être qu'ils mettront bientôt fin à la guerre pour nous.

Elle était épuisée par les alertes nocturnes et pensait en secret que, si la guerre se terminait, les choses change-raient peut-être en Russie et qu'elles pourraient donc rentrer dans leur pays. Toutefois la plupart des gens savaient qu'il ne fallait pas l'espérer.

— Veux-tu venir te promener pour voir ?

Zoya avait les yeux brillants. Il y avait quelque chose de merveilleux dans les visages pleins d'espoir des Fran-çais, chez ces soldats au teint frais dans leur uniforme kaki. Ils avaient l'air si sains et si pleins de vie. Partout, l'espérance semblait renaître, mais sa grand-mère secoua seulement la tête.

— Je n'ai aucun désir de voir des soldats dans les rues, mon petit.

Elle en avait d'affreux souvenirs, elle était en sécurité à la maison et elle pressa Zoya d'y demeurer aussi.

— N'y va pas. Les foules peuvent vite devenir dangereuses.

Mais ce n'était pas le cas ici. Pour tout le monde, c'était un jour de liesse et les répétitions furent écourtées pendant le reste de la semaine. Pour la première fois depuis un mois, Zoya eut du temps à elle, le temps de paresser au lit, de se promener, de s'asseoir au coin du feu et de lire. Elle se sentait insouciante, jeune, et elle goûtait maintenant la vie. Ce soir-là, elle s'installa dans la salle à manger et écrivit une longue lettre à Marie, racontant l'arrivée de Pershing et son travail aux Ballets russes. Elle en avait davantage à confier à présent, toutefois elle s'abstint de mentionner le prince Vladimir. Son amie aurait été choquée, elle le savait, que sa grand-mère ait encouragé sa demande en mariage, mais cela n'avait plus d'importance pour Zoya. Il avait compris et si la comtesse continuait à recevoir ses visites pendant que Zoya était partie travailler, elle-même ne l'avait pas revu depuis des semaines.

Pendant qu'elle écrivait à Marie, la petite Sava, couchée confortablement sur ses genoux, ronflait paisiblement. *... elle ressemble à Joy trait pour trait si bien qu'elle me fait penser à toi dès qu'elle entre en bondissant dans la pièce. Encore que je n'aie pas besoin de quoi que ce soit pour me rafraîchir la mémoire à ton sujet. Cela me semble toujours incroyable que nous soyons à Paris et toi là-bas... que nous ne vous rejoindrons pas à Livadia cet été. La photo de nous toutes prise pendant les dernières vacances est à côté de mon lit...*

Zoya la regardait tous les soirs avant de s'endormir. Elle avait aussi apporté un cliché d'Olga tenant Alexis sur ses genoux quand il avait trois ou quatre ans... et une

149

photographie magnifique de Nicolas et d'Alix. Rien que des souvenirs à présent, mais écrire à son amie les maintenait vivants dans son cœur. Le docteur Botkine lui avait expédié la semaine précédente une lettre de Marie, où elle disait à Zoya que tout allait bien, encore qu'ils fussent toujours en résidence surveillée, mais on leur avait annoncé qu'ils iraient à Livadia en septembre. Et elle était rétablie. Elle s'excusait d'avoir passé la rougeole à Zoya et disait qu'elle aurait aimé la voir toute couverte de taches. Ce qui fit sourire Zoya à travers ses larmes.

Elle relisait sa lettre quand arriva un message. Elle devait danser *Petrouchka*, le ballet de Michel Fokine sur une musique d'Igor Stravinski, à l'Opéra avec les Ballets russes, pour le général Pershing et ses troupes. Sa grand-mère, comme d'habitude, fut moins que ravie par la nouvelle. Danser pour des soldats était encore pire que les représentations au Châtelet, mais cette fois-ci elle n'essaya même pas de dissuader Zoya, sachant bien que cela ne servirait à rien.

A ce moment-là, Pershing et son état-major étaient déjà confortablement installés dans leur quartier général de la rue de Constantine, en face des Invalides, et il habitait près de la rue de Varenne, dans un bel hôtel particulier que lui avait prêté un autre Américain, Ogden Mills, qui servait ailleurs dans l'infanterie.

— Je veux que Fiodor t'accompagne ce soir, déclara sa grand-mère d'un air sombre quand elle partit pour l'Opéra.

— Ne soyez pas ridicule, grand-mère, je ne risque rien. Ils ne peuvent pas être bien différents des généraux russes. Je suis sûre qu'ils sont parfaitement bien élevés. Ils ne vont pas sauter sur la scène pour nous emporter avec eux.

Nijinski dansait avec eux ce soir-là et Zoya brûlait d'impatience. Rien que de se trouver sur la même scène que lui l'exaltait à un point presque insupportable.

— Je serai en parfaite sécurité, je vous l'affirme.

— Tu n'iras pas seule. Soit Fiodor, soit le prince Vladimir. Choisis.

Elle savait bien qui ce serait, tout en le regrettant secrètement, mais elle n'avait plus plaidé la cause du prince auprès de Zoya. Au fond, elle savait que celle-ci avait raison, Vladimir était beaucoup trop vieux pour elle.

— D'accord, dit Zoya en riant. Je prendrai Fiodor. Mais attendre dans les coulisses va lui être un supplice.

— Pas si c'est toi qu'il attend, ma chérie.

Le vieux domestique les servait avec un dévouement confinant au fanatisme et Evgenia savait que sa petite-fille serait en sécurité s'il était à son côté. Quant à Zoya, elle accepta uniquement pour que sa grand-mère ait l'esprit en repos.

Ils prirent ensemble un taxi pour l'Opéra et, en quelques instants, Zoya fut absorbée par les préparatifs de la représentation en l'honneur de Pershing. Elle savait qu'il y avait d'autres festivités prévues pour lui à l'Opéra-Comique, à la Comédie-Française et dans d'autres théâtres de la capitale. Paris ouvrait les bras au commandant du corps expéditionnaire américain et à ses hommes.

Quand le rideau se leva ce soir-là elle dansa comme jamais encore elle n'avait dansé. Savoir que Nijinski était là l'aiguillonnait et Diaghilev en personne lui parla à la fin du premier acte. Après avoir entendu ses compliments, elle se sentit pousser des ailes et se donna plus encore à sa danse, stupéfaite de s'apercevoir que le spectacle avait passé comme un éclair quand le rideau tomba sur le dernier tableau. Elle aurait voulu que la soirée ne s'achève jamais. Elle salua avec le reste de la troupe et se retira avec les autres dans les loges. Les danseuses étoiles avaient une loge personnelle, bien sûr ; des années s'écouleraient avant qu'elle puisse espérer atteindre ce stade, mais elle n'y attachait pas vraiment d'importance. Tout ce qu'elle souhaitait, c'était danser et elle dansait. Elle se sentait remplie de fierté quand elle délaça lentement ses chaussons. Elle avait les orteils douloureux à cause des pointes, mais même cela n'avait pas d'importance maintenant. C'était un faible prix à payer pour tant de joie. Elle en avait oublié le général et son état-major. Tout ce à quoi elle pouvait penser ce soir, c'était le ballet où elle avait dansé, dansé, dansé... et elle leva les yeux avec surprise quand un des professeurs entra dans la pièce.

— Vous êtes toutes invitées à une réception au domicile du général, annonça-t-elle. Deux camions militaires vous y conduiront.

Elle les considéra avec fierté. Elles avaient toutes donné le meilleur d'elles-mêmes.

— Champagne pour tout le monde ! ajouta-t-elle avec un sourire, comme chacune se mettait à parler et à rire.

Paris semblait revivre avec la présence des Américains. Il y avait des réceptions et des spectacles partout. Zoya se rappela subitement Fiodor, qui l'attendait dehors. Elle souhaitait désespérément aller avec les autres, être comme tout le monde, en dépit des craintes de sa grand-mère. Elle sortit discrètement et partit à la recherche de Fiodor, qu'elle découvrit debout près de l'entrée des artistes, l'air d'être au supplice comme elle l'avait prédit à sa grand-mère. Il se sentait ridicule, entouré de femmes en justaucorps et jupe de tulle, et d'hommes qui passaient devant lui moins qu'à demi vêtus. L'immoralité manifeste de la chose l'horrifiait.

— Oui, mademoiselle ?

— Il faut que j'aille à une réception avec le reste de la troupe, expliqua-t-elle, et je ne peux pas t'y emmener, Fiodor. Rentre chez grand-mère et je reviendrai aussi vite que je pourrai.

— Non, répliqua-t-il en secouant la tête d'un air solennel. J'ai promis à Evgenia Petrovna. Je lui ai dit que je vous raccompagnerais à la maison.

— Mais tu ne peux pas venir avec nous. Je t'assure que je ne risque rien.

— Elle sera très fâchée contre moi.

— Mais non. Je lui expliquerai moi-même quand je rentrerai.

— Je veux vous attendre.

Il la regarda d'un air impassible et elle eut envie de hurler. Elle ne voulait pas d'un chaperon. Elle voulait être comme toutes les autres. Elle n'était plus un bébé, finalement, mais une adulte de dix-huit ans. Et peut-être, si elle avait vraiment beaucoup de chance, Nijinski lui parlerait-il... ou Diaghilev de nouveau. Elle s'intéressait bien plus à eux qu'à aucun des hommes de Pershing. Mais il lui fallait d'abord convaincre Fiodor de rentrer à la maison, et en fin de compte, après une discussion qui parut interminable, il accepta de partir, bien qu'il fût certain que la comtesse serait furieuse contre lui.

— Je te le promets, je lui expliquerai tout.

— Très bien, mademoiselle.

Il porta la main à son front, s'inclina et partit par l'entrée des artistes, cependant que Zoya poussait un soupir de soulagement.

— De quoi s'agissait-il donc ? questionna une des autres danseuses quand elle passa à côté d'elle.

— Oh, rien qu'un ami de la famille.

Elle sourit. Personne ici ne connaissait sa situation et personne ne s'y intéressait. Tout ce qui comptait, c'était le ballet, pas des récits larmoyants sur les circonstances qui l'avaient amenée à entrer dans la troupe, et que le vieux serviteur monte la garde comme une sentinelle cosaque la gênait. Elle fut soulagée quand il partit et qu'elle put regagner la loge afin de se changer pour la réception chez le général Pershing. Tout le monde était plein d'entrain et quelqu'un avait déjà commencé à leur servir du champagne.

Ils s'entassèrent joyeusement dans les camions militaires et traversèrent le pont Alexandre-III en chantant ; il fallut leur rappeler plus d'une fois de bien se tenir à leur arrivée dans l'hôtel particulier du général Pershing. Mince, de haute taille, en grand uniforme, celui-ci les accueillit avec bienveillance dans l'élégant vestibule de marbre. Pendant un instant le cœur de Zoya se serra lorsqu'elle jeta un coup d'œil autour d'elle. Cela lui rappelait les palais de Saint-Pétersbourg, en plus petit naturellement. Mais les sols de marbre, les colonnes et les escaliers majestueux ne lui étaient que trop familiers, et un rappel trop vif du monde qu'elle venait de quitter depuis si peu de temps.

La troupe fut conduite dans une vaste salle de bal aux murs couverts de miroirs, ornée de colonnes dorées et de cheminées en marbre, de style Louis XV. Zoya eut soudain l'impression d'être redevenue très jeune, cependant que les danseuses folâtraient et riaient, tandis qu'un orchestre militaire se mettait à jouer une valse lente et que d'autres buvaient du champagne. Elle éprouva une irrésistible envie de pleurer en écoutant la musique et, se sentant oppressée, elle sortit dans le jardin sur lequel s'ouvrait la salle de bal.

Elle contemplait silencieusement une statue de Rodin en regrettant d'être venue, quand une voix juste derrière elle s'éleva doucement dans la nuit tiède :

— Puis-je vous apporter quelque chose, mademoiselle ?

La voix était indéniablement celle d'un Américain, pourtant il parlait un français impeccable. Elle se retourna et vit un homme de haute taille, séduisant, avec des cheveux gris et des yeux bleus brillants fixés sur elle ; la première chose qui la frappa fut son air de bonté. Il paraissait comprendre que quelque chose n'allait pas et son regard sonda le sien avec douceur comme elle secouait la tête, des larmes luisant encore sur ses joues.

— Vous vous sentez bien ?

Elle hocha la tête en silence, puis se détourna avec embarras pour essuyer ses larmes. Elle portait une simple robe blanche dont Alix lui avait fait cadeau l'année précédente. C'était une des rares choses élégantes qu'elle avait réussi à apporter de Saint-Pétersbourg, et elle offrait une image ravissante quand elle leva les yeux vers lui.

— Excusez-moi... je...

Par où commencer pour lui dire tout ce qu'elle éprouvait ? Elle souhaitait seulement qu'il la laisse à ses souvenirs, mais il n'esquissa aucun mouvement pour partir et ses yeux restaient plongés dans les siens.

— Comme c'est beau, ici.

Elle n'avait rien trouvé d'autre à dire, mais cela évoqua dans son esprit le logement misérable proche du Palais-Royal et lui rappela combien leur vie avait changé, en contraste criant avec l'élégant jardin où elle se tenait maintenant.

— Appartenez-vous aux Ballets russes ?

— Oui.

Elle sourit, avec l'espoir qu'il oublierait ses larmes, tout en écoutant la musique assourdie d'une autre valse. Elle avait répondu avec fierté, songeant de nouveau à sa chance.

— N'est-ce pas que Nijinski était merveilleux, ce soir ?

Il eut un rire confus et se rapprocha légèrement ; elle remarqua de nouveau qu'il était grand et bel homme.

— Je ne suis pas un passionné des ballets, je l'avoue, c'était un spectacle commandé pour quelques-uns d'entre nous ce soir.

— Aha ! fit-elle en riant. Et vous avez terriblement souffert ?

— Oui.

Il lui retourna un regard pétillant de gaieté.

— Jusqu'à cet instant, ajouta-t-il. Aimeriez-vous une coupe de champagne ?

— Dans une minute, peut-être. C'est tellement joli, ici.

Le jardin était paisible, tout le monde dansant et riant à l'intérieur.

— Habitez-vous ici aussi ?

Il sourit et secoua la tête.

— On nous a logés dans une maison de la rue du Bac. Ce n'est pas aussi somptueux, mais c'est très agréable et tout proche.

Il la regardait : élégante et réservée, elle avait plus que la grâce d'une danseuse quand elle se rapprocha de lui. Elle avait un port de tête quasi royal et une expression d'incommensurable tristesse qui démentait son sourire.

— Etes-vous membre de l'état-major du général ?

— Oui.

Il était un de ses aides de camp, mais il lui épargna les détails.

— Faites-vous partie des Ballets russes depuis longtemps ?

Ce devait être récent, il avait dans l'idée qu'elle était très jeune, bien que témoignant de beaucoup d'assurance quand ils passèrent finalement du français à l'anglais. Elle parlait très bien cette langue, pour l'avoir étudiée au Smolny.

— J'y suis depuis un mois, lui répondit-elle avec un sourire. Au grand dam de ma grand-mère.

Elle rit et soudain parut encore plus jeune.

— Vos parents doivent être très fiers de vous.

Il regretta instantanément cette remarque en voyant la tristesse dans ses yeux.

— Mes parents ont été tués à Saint-Pétersbourg... en mars...

Elle chuchotait presque et soudain il comprit.

— Je vis avec ma grand-mère.

— Je suis navré... pour vos parents, je veux dire...

L'éclair de ses yeux bleus faillit la faire de nouveau fondre en larmes. C'était la première fois qu'elle en parlait à quelqu'un. Les autres danseuses ne connaissaient pas grand-chose d'elle mais, pour une raison qu'elle ignorait, elle avait l'impression de pouvoir lui dire tout et n'importe quoi. D'une certaine manière, il lui rappelait Constantin : la même élégance, une aisance dans ses mouvements, les cheveux noirs striés de gris et les yeux brillants.

— Vous êtes venue ici avec votre grand-mère ?

Il ne savait pas pourquoi, mais il était fasciné par elle. Elle était si jeune et si belle, avec ces grands yeux verts pleins de tristesse.

— Oui, nous sommes arrivées il y a deux mois... de... après...

Mais elle fut incapable de continuer, alors il s'approcha et avec douceur lui prit la main, qu'il passa sous son bras.

— Promenons-nous, voulez-vous, mademoiselle ? Et peut-être ensuite, une coupe de champagne.

Elle se sentit en sécurité ainsi appuyée à son bras. Ils allèrent jusqu'à la statue de Rodin et revinrent en parlant de Paris, de la guerre, des sujets qui étaient moins pénibles pour elle, et alors, avec un sourire, elle leva la tête vers lui.

— D'où êtes-vous ?

— De New York.

Elle n'avait jamais beaucoup pensé aux Etats-Unis. Cela semblait terriblement loin.

— C'est comment ?

Il rit en la regardant.

— Grand, agité. Pas aussi joli qu'ici, j'en ai peur. Mais j'aime bien.

Il avait envie de la questionner sur Saint-Pétersbourg, mais eut l'intuition que ce n'était ni le lieu ni le moment.

— Est-ce que vous dansez tous les jours ?

— Presque.

Puis elle le regarda en riant.

— Jusqu'à la représentation de ce soir, j'avais une semaine de congé.

— Et que faites-vous alors… à vos heures perdues ?

— Je me promène avec ma grand-mère, j'écris à des amis, je lis… je dors… je joue avec mon chien.

— Cela paraît une vie agréable. Vous avez un chien de quelle race ?

C'étaient des questions banales, mais il avait envie qu'elle reste tout près de lui, sans bien savoir pourquoi. Elle avait visiblement la moitié de son âge, mais elle était si belle que cela lui poignait le cœur.

— Un cocker, répondit-elle en souriant. C'est le cadeau d'un être très cher.

— Un monsieur ?

Il avait l'air intrigué, et elle rit.

— Non, non ! Une jeune fille ! Ma cousine, en fait.

— Avez-vous amené ce chien avec vous de Russie ?

Elle baissa la tête, sa cascade de cheveux ardents masqua ses yeux et il fut fasciné.

— Oui, effectivement. Je dois dire qu'elle s'est mieux tirée du voyage que moi. Je suis arrivée à Paris avec la rougeole.

Elle releva la tête vers lui et sourit d'une oreille à l'autre, avec de nouveau l'air d'une enfant.

— Stupide de ma part, n'est-ce pas ?

Mais elle n'évoquait rien de tel à ses yeux et il s'avisa subitement qu'il ne connaissait même pas son nom.

— Pas du tout. Vous ne pensez pas que nous devrions nous présenter ?

— Zoya Ossoupov.

Elle exécuta une révérence gracieuse.

— Clayton Andrews. Capitaine Clayton Andrews, aurais-je sans doute dû dire.

— Mon frère aussi était capitaine... dans un régiment de la Garde, le Preobrajenski. Vous n'en avez probablement jamais entendu parler.

Elle le regarda avec espoir puis, une fois encore, il vit ses yeux s'assombrir. Elle changeait d'humeur à la vitesse de l'éclair et, pour la première fois, il comprit pourquoi on disait que les yeux sont les fenêtres de l'âme. Les siens semblaient vous ouvrir un monde magique de diamants, d'émeraudes et de larmes contenues, et il voulait la rendre de nouveau heureuse, qu'elle danse, rie et sourie.

— Je regrette, je ne connais pas grand-chose de la Russie, Miss Ossoupov.

— Alors nous sommes à égalité, dit-elle avec un sourire. Je ne sais rien de New York.

Il la ramena dans la salle de bal et lui apporta une coupe de champagne pendant que les autres valsaient.

— Aimeriez-vous danser ?

Elle donna l'impression d'hésiter, puis elle hocha la tête. Il la débarrassa de sa coupe, qu'il posa sur une table voisine, et l'entraîna dans une valse lente et digne ; elle eut de nouveau la sensation de danser dans les bras de son père. Si elle fermait les yeux, elle se croirait revenue à Saint-Pétersbourg... mais la voix de son cavalier interrompit le cours de ses pensées :

— Dansez-vous toujours les yeux fermés, mademoiselle ?

Il avait parlé d'un ton taquin et elle lui sourit. C'était plaisant d'être dans ses bras, plaisant de danser avec un homme grand et fort... par une nuit magique... dans une belle maison.

— C'est tellement merveilleux ici... n'est-ce pas ?

— Maintenant, oui.

Il avait cependant pris plaisir au moment passé avec elle dans le jardin. Lui parler avait été plus facile là-bas qu'au milieu de la foule et de la musique. A la fin de la danse, le général Pershing l'appela du geste, aussi la laissat-il, et quand il revint, elle était déjà partie. Il la chercha partout, ressortit dans le jardin mais ne la vit nulle part, puis il s'informa et on lui répondit qu'un premier groupe de danseuses des Ballets russes avait quitté la réception en camion militaire. Il rentra pensivement à pied jusqu'à son propre domicile et suivit la rue du Bac en se rappelant son nom, ses grands yeux verts, et il se demanda qui elle était réellement. Il y avait en elle quelque chose qui l'intriguait fortement.

14

— La prochaine fois que je te fais accompagner par Fiodor, Zoya Constantinovna, je te prie d'avoir la bonté de ne pas le renvoyer à la maison.

Le lendemain matin, quand elles prirent ensemble le petit déjeuner, la vieille comtesse était encore hors d'elle. Fiodor était revenu la trouver d'un air penaud et lui avait expliqué que les soldats avaient invité le corps de ballet à aller quelque part et qu'il n'était pas compris dans l'invitation. Sa grand-mère l'attendait quand elle était rentrée, presque trop en colère pour lui parler, et le lendemain sa fureur était toujours chauffée à blanc, elle dardait sur Zoya des regards meurtriers.

— Je suis désolée, grand-maman. Je ne pouvais pas emmener Fiodor avec moi. Il y avait une magnifique réception au quartier général du général Pershing.

Elle se remémora aussitôt le jardin et le capitaine qu'elle avait rencontré, mais elle n'en souffla mot.

— Ah ! On en est venu là, hein ? A divertir les soldats ? Et ce sera quoi, ensuite ? Voilà précisément pourquoi les jeunes demoiselles bien élevées ne s'enfuient pas pour s'enrôler dans les troupes de ballet. Ce n'est pas convenable, absolument pas. Et je ne le tolérerai pas. Je veux que tu quittes cette compagnie tout de suite !

— Grand-maman… je vous en prie… vous savez bien que je ne peux pas.

— Tu le peux si je te l'ordonne !

— Grand-maman... je vous en prie, non...

Elle n'était pas d'humeur à se disputer avec elle. Elle avait passé une si plaisante soirée la veille... et le beau capitaine avait été si gentil, ou du moins il lui avait semblé l'être. Toutefois elle ne parla pas de lui à sa grand-mère. Cela ne semblait pas le bon moment, et elle savait que leurs chemins ne se croiseraient plus.

— Je suis désolée. Je ne recommencerai pas.

Elle n'en aurait de toute façon pas l'occasion. Il y avait peu de chances que le général Pershing organise une réception pour les Ballets russes après chaque représentation.

Elle se leva et sa grand-mère lui décocha un coup d'œil coléreux.

— Où vas-tu maintenant ?

— J'ai une répétition aujourd'hui...

— J'en ai assez !

Elle se leva et se mit à arpenter la pièce du mieux qu'elle put — elle était d'ailleurs encore très alerte.

— Le ballet, le ballet, le ballet ! Ça suffit !

— Oui, grand-maman.

Elle allait de nouveau vendre un collier, un d'émeraudes cette fois-ci. Peut-être que Zoya renoncerait alors pour un temps à ces bêtises. Elle n'était pas une danseuse, mais une enfant.

— A quelle heure rentreras-tu ?

— Je devrais être de retour à quatre heures. La répétition commence à neuf heures et je n'ai pas de représentation ce soir.

— Je veux que tu songes sérieusement à démissionner.

Mais Zoya y prenait un trop grand plaisir, toutes deux le savaient, et l'argent les tirait d'embarras, si désagréable qu'en fût la pensée pour la comtesse. Elle avait acheté pour sa grand-mère une jolie robe et un châle chaud la semaine précédente. Ses cachets aidaient aussi à payer leur nourriture, bien qu'il n'y eût pas de petits extra, à part ceux que Vladimir apportait encore dans l'espoir d'apercevoir Zoya.

— Nous irons nous promener cet après-midi quand je serai rentrée.

— Qu'est-ce qui te fait penser que j'aurai envie de me promener avec toi ? grommela sa grand-mère.

— Parce que vous m'aimez beaucoup, répondit Zoya en riant. Et que je vous aime aussi.

Elle l'embrassa sur la joue et franchit précipitamment la porte, comme une écolière en retard pour sa classe.

La vieille dame soupira et débarrassa le couvert du petit déjeuner. Comme c'était difficile de vivre ainsi. Les choses étaient tellement différentes et le plus dur, quelque peine que la vieille dame eût à en convenir, c'était que Zoya n'était plus une enfant et qu'il n'était pas commode de lui imposer son autorité.

La répétition avait de nouveau lieu à l'Opéra ce jour-là, en préparation d'une autre représentation prévue le lendemain soir. Zoya dansa, répéta, s'exerça à la barre pendant des heures, et quand elle eut fini, peu avant quatre heures, elle était lasse après la soirée tardive dans la maison du général Pershing. C'était un après-midi de la dernière semaine de juin et elle sortit au soleil avec un soupir de contentement.

— Vous semblez fatiguée, Miss Ossoupov.

Elle se retourna brusquement, étonnée, en entendant son nom, et vit Clayton Andrews debout à côté d'une des voitures de service du général Pershing.

— Bonjour... vous m'avez surprise.

— J'aimerais pouvoir en dire autant. J'attends ici depuis deux heures.

Il rit et elle ouvrit de grands yeux.

— Vous m'attendez depuis tout ce temps ?

— Effectivement. Je n'ai pu vous dire au revoir hier soir.

— Je crois que vous étiez occupé quand je suis partie.

— Je sais. Vous avez dû vous en aller par le premier camion.

Elle acquiesça d'un signe de tête, étonnée qu'il ait pris la peine de s'en enquérir. Elle n'avait pas pensé qu'elle le reverrait, mais elle était contente de le retrouver maintenant. Il était aussi bel homme qu'elle l'avait jugé la veille au soir, aussi grand, svelte et élégant qu'il avait paru l'être quand ils avaient dansé la valse.

— J'espérais que vous déjeuneriez avec moi, mais c'est un peu tard maintenant.

— De toute façon, il faut que je retourne auprès de ma grand-mère.

Elle lui sourit, s'attardant comme une écolière qui vient de sortir de classe.

— Elle est terriblement fâchée contre moi à cause d'hier soir.

Il parut déconcerté par cette remarque.

— Etes-vous rentrée très tard ? Je n'ai pas fait attention à l'heure où vous avez quitté la réception.

Alors, elle était aussi jeune qu'il l'avait pensé. Elle avait l'allure d'une très jeune fille, l'innocence... et, pourtant, il y avait tant de gravité dans ses yeux.

Mais Zoya rit au souvenir de Fiodor, qu'elle avait fait partir de l'Opéra.

— Ma grand-mère avait dépêché quelqu'un pour me chaperonner et je l'ai renvoyé à la maison. Je soupçonne qu'il en était ravi, néanmoins, et moi aussi.

Elle rougit alors légèrement et il rit.

— Dans ce cas, *mademoiselle**, me permettez-vous de vous raccompagner maintenant ? Je pourrais vous déposer chez vous.

Elle hésita, mais il était visiblement un gentleman, cela ne pouvait pas être dangereux, et qui le saurait ? Elle le quitterait une maison ou deux avant le Palais-Royal.

— Merci beaucoup.

Il lui ouvrit la portière et elle se glissa dans la voiture. Elle lui indiqua où elle habitait et il sembla tout à fait à l'aise en la reconduisant chez elle. Elle le fit s'arrêter un pâté de maisons avant et il jeta un coup d'œil à la ronde.

— C'est là que vous habitez ?

— Pas tout à fait.

Elle sourit et rougit encore.

— J'ai pensé qu'il fallait épargner à ma grand-mère l'effort de se mettre de nouveau en colère contre moi si vite après hier soir.

Il éclata de rire, un grand air de jeunesse sur son beau visage en dépit de ses cheveux argentés.

— Quelle méchante enfant vous faites ! Et si je vous demandais de dîner avec moi ce soir, mademoiselle ? Qu'en diriez-vous ?

Elle réfléchit en fronçant les sourcils, puis le regarda.

— J'hésite. Grand-maman sait qu'il n'y a pas de représentation ce soir.

Ce serait la première fois qu'elle manquerait de franchise envers elle, et elle-même ne comprenait pas très bien pourquoi elle avait l'impression d'y être obligée maintenant. Mais elle connaissait les sentiments d'Evgenia en ce qui concernait les soldats.

— Ne vous laisse-t-elle sortir avec personne ?

Il parut à la fois amusé et surpris.

— Je ne saurais le dire, confessa Zoya. L'occasion ne s'est jamais présentée.

— Oh, vraiment... Dans ce cas, m'est-il permis de vous demander votre âge ?

Peut-être était-elle encore plus jeune qu'il ne le pensait, mais il espérait que non.

— Dix-huit ans.

Elle avait répondu presque sur un ton de défi, et une fois encore il rit.

— Cela vous semble-t-il très âgé ?

— Suffisamment, répondit-elle.

Il n'osa pas demander pour quoi.

— Il n'y a pas longtemps, elle m'incitait à fréquenter un ami de la famille.

Elle rougit. C'était idiot de lui parler de Vladimir, mais il ne parut pas s'en offusquer.

— Et quel âge a-t-il ? Vingt et un ans ?

— Oh, non !

C'était au tour de Zoya de rire.

— Beaucoup, beaucoup plus vieux que ça. Il a au moins soixante ans !

Cette fois, Clayton eut l'air stupéfait autant qu'amusé.

— Tiens ? Et qu'est-ce qu'en pense votre grand-mère ?

— C'est trop compliqué à expliquer, du reste il ne me plaît pas de toute façon... C'est un vieillard.

Ils étaient assis dans la voiture et il la regarda avec gravité pendant un instant.

— Moi aussi, je suis vieux. J'ai quarante-cinq ans.

Il voulait être franc avec elle, dès le début.

— Et vous n'êtes pas marié ?

Elle était surprise, puis s'avisa qu'il l'était peut-être.

— Je suis divorcé.

Il avait épousé une des filles Vanderbilt, mais leur union s'était achevée dix ans auparavant. A New York, il passait pour un parti enviable mais, au cours des dix années qui avaient suivi son divorce et parmi la foule de femmes avec qui il était sorti, aucune n'avait capturé son cœur.

— Etes-vous choquée ?

— Non.

Elle y réfléchit, puis le regarda droit dans les yeux, plus que jamais convaincue qu'il était quelqu'un de bien.

— Pourquoi avez-vous divorcé ?

— Nous avons cessé de nous aimer, je suppose... Nous étions très différents dès le début. Elle s'est remariée et nous sommes bons amis, encore que je ne la voie plus très souvent. Elle habite Washington à présent.

— Où est-ce ?

166

Cela lui semblait bien loin et mystérieux.

— C'est près de New York, mais pas tant que ça. Comme Paris et Bordeaux, par exemple. Ou peut-être Paris et Londres.

Elle hocha la tête. Comme cela elle comprenait. Mais il jeta un coup d'œil à sa montre. Il avait passé des heures à l'attendre et maintenant il était obligé de la quitter.

— Et ce dîner de ce soir ?

— Je ne crois pas que je puisse.

Elle le regardait tristement, et il sourit.

— Demain, alors ?

— Je dois danser demain soir.

— Et après ?

Il était tenace en tout cas mais, l'ayant retrouvée, il n'avait pas l'intention de la laisser lui échapper.

— J'essaierai.

— C'est déjà ça. A demain soir, donc.

Il bondit hors de la voiture pour l'aider à descendre. Elle le remercia poliment de l'avoir raccompagnée et il agita la main en repartant vers la rue de Constantine, le cœur joyeux, toutes ses pensées occupées par Zoya.

15

Pour la première fois de sa vie, elle mentit à sa grand-mère. Cela se passa le jour suivant, quand elle partit de nouveau pour l'Opéra. Elle en avait des remords mais, une fois sortie de la maison, elle se pardonna ce qu'elle trouvait un mensonge anodin. Elle lui épargnait de se tracasser pour quelque chose qui n'en valait pas la peine, se dit-elle. Après tout, quel mal y avait-il à dîner avec un homme sympathique ? Elle lui avait raconté que Diaghilev leur offrait un souper et que c'était une obligation pour la compagnie entière.

« Ne veillez pas pour m'attendre ! avait-elle crié sans se retourner pour qu'Evgenia ne puisse pas lire dans son regard.

— Es-tu certaine de devoir y aller ?

— Absolument, grand-maman ! »

Puis elle avait franchi la porte d'un pas pressé pour se rendre à sa répétition.

Après le spectacle, Clayton l'attendait avec une autre des voitures du général Pershing.

— Tout est arrangé ?

Il lui sourit et s'installa derrière le volant en regardant ses yeux. Ils étaient éloquents, bien plus que ses paroles, et ils avaient la couleur d'émeraudes flamboyantes.

— Comment était-ce, ce soir ?

— Très bien, mais Nijinski ne dansait pas aujourd'hui. Il est remarquable, vous ne trouvez pas ?

Puis, avec un gloussement, elle se rappela qu'il n'était pas un fervent admirateur de la danse classique.

— Peu importe, j'oubliais que vous n'aimez pas les ballets.

— Peut-être que je pourrais apprendre.

Ils se rendirent directement chez Maxim's et Zoya ouvrit de grands yeux quand ils y entrèrent. Le riche décor de velours et la foule de personnes élégantes qui dînaient là lui firent retenir son souffle et elle leva la tête vers lui. L'ambiance était terriblement adulte et un peu surprenante ; elle pensa aussitôt à décrire les lieux dans sa prochaine lettre à Marie. Mais Clayton Andrews allait être difficile à expliquer, même à sa plus intime amie. Elle-même ne savait pas très bien pourquoi elle dînait avec lui, si ce n'est qu'il avait été si gentil avec elle ; il semblait si heureux et à l'aise. Elle découvrit qu'elle avait envie de lui parler, juste cette fois-ci... ou peut-être encore une fois ensuite. Il n'y avait pas de mal à ça. Il était comme il faut, et cette sortie avait quelque chose d'un peu grisant. Elle s'efforça de ne pas se conduire comme une gamine surexcitée quand ils prirent place à leur table.

— Vous avez faim ?

Il l'observait avec contentement après avoir commandé du champagne, mais elle avait seulement envie de regarder autour d'elle.

— Etes-vous déjà venue ici ?

Elle secoua la tête, en pensant à leur logement et à l'hôtel où elles avaient séjourné auparavant. Elles n'avaient pas mis les pieds dans un restaurant depuis leur arrivée. Elle et sa grand-mère cuisinaient des repas simples à la maison, et Fiodor s'asseyait à table avec elles pour dîner tous les soirs.

— Non.

Elle ne donna pas d'explications. Lui exposer la situation en détail aurait été difficile.

— C'est joli, n'est-ce pas ? Je venais souvent ici avant la guerre.

— Voyagez-vous beaucoup ? En temps ordinaire, j'entends.

— Pas mal. Connaissiez-vous Paris avant... je veux dire avant que vous veniez ici il y a trois mois ?

Il s'était rappelé cela et elle en fut touchée.

— Non, mais mes parents avaient l'habitude d'y venir. Ma mère était allemande, en fait, mais elle avait passé la majeure partie de son existence à Saint-Pétersbourg.

Il ressentit soudain le désir de lui demander comment s'était passée la révolution, mais eut le bon sens de supposer que la période avait été pénible pour elle, et s'abstint. Alors, juste pour entretenir la conversation, il posa machinalement une question qui la fit rire :

— Zoya, avez-vous jamais vu le tsar ?

Devant son expression amusée il se mit à rire aussi.

— Est-ce qu'il y a quelque chose de drôle là-dedans ?

— Peut-être.

Elle se sentait si à l'aise avec lui qu'elle décida d'être un peu plus explicite :

— Nous sommes cousins.

Mais son visage devint grave, comme elle se remémorait sa dernière matinée à Tsarskoïe Selo. Clayton lui tapota la main et lui servit du champagne.

— Allons... parlons d'autre chose.

Mais elle tourna la tête vers lui et plongea son regard dans le sien.

— Cela ne fait rien... C'est simplement que...

Elle refoula des larmes en le regardant.

— C'est simplement qu'ils me manquent tellement. Parfois, je me demande si nous les reverrons même un jour. Ils sont encore en résidence surveillée à Tsarskoïe Selo.

— Vous avez de leurs nouvelles ? demanda-t-il, l'air surpris.

— Je reçois de temps en temps des lettres de la grande-duchesse Marie... C'est ma meilleure amie. Elle était très malade quand nous sommes parties, expliqua-t-elle avec un sourire triste. Elle m'avait passé sa rougeole. Ils l'avaient tous attrapée avant notre départ.

Il l'écoutait en songeant que c'était vraiment extraordinaire. Le tsar de Russie était un personnage historique, pas simplement le cousin de cette jolie jeune fille.

— Vous avez grandi auprès d'eux ?

Elle acquiesça d'un signe de tête et il sourit. Il avait eu raison, en fin de compte. Ce n'était pas seulement une jolie petite ballerine. C'était une fille de bonne famille, au passé remarquable. Elle se mit alors à le lui raconter, elle parla de la maison où elle avait grandi, de Nikolaï... de la nuit où il avait été tué et de leur séjour à Tsarskoïe Selo avant de quitter la Russie.

— J'ai de si merveilleuses photographies d'eux. Je vous les montrerai un jour. Nous allions ensemble à Livadia tous les ans en août. Ils y retournent cette année, ou en tout cas c'est ce qu'a dit Marie la dernière fois qu'elle a écrit. Nous fêtions toujours l'anniversaire d'Alexis là-bas ou sur le yacht.

Clayton Andrews la contemplait avec fascination pendant qu'ils bavardaient. Elle parlait d'un monde magique à un moment rare de l'histoire, qui pour elle était très ordinaire : des cousins et des amis, des enfants, du tennis et des chiens. Et maintenant elle dansait avec les Ballets russes. Pas étonnant que sa grand-mère l'ait flanquée d'un chaperon. Zoya lui expliqua même Fiodor. A la fin de la soirée, il eut l'impression de les connaître tous, et son cœur saigna pour l'existence qu'elle avait perdue en Russie.

— Que ferez-vous maintenant ?

— Je ne sais pas, lui répondit-elle franchement. Quand il n'y aura plus de bijoux à vendre, je suppose que je continuerai à danser et nous vivrons de ça. Grand-maman est trop âgée pour travailler, Fiodor ne parle pas assez bien français pour obtenir un emploi, et lui aussi est très vieux.

Et quand ils mourraient ? Il n'osait même pas y songer. Elle était si ouverte, candide, fraîche, et pourtant elle avait déjà vu tant de choses.

— Votre père a l'air de quelqu'un de très bien, Zoya.

— Il l'était.

— Avoir perdu tout cela, c'est dur à imaginer. Plus dur encore d'imaginer de ne jamais retourner là-bas.

— Grand-maman pense que les choses changeront peut-être après la guerre. Oncle Nicky en disait autant avant que nous partions.

Oncle Nicky... le tsar Nicolas... Cela le stupéfiait encore tandis qu'il l'écoutait parler.

— Au moins, pour le moment, je peux danser. Quand j'étais petite, je voulais toujours m'enfuir au théâtre Mariinski, confia-t-elle en riant à ce souvenir. Ce n'est donc pas si désagréable. J'aime mieux danser qu'enseigner l'anglais, coudre ou faire des chapeaux.

Il rit à voir son expression en énumérant ces solutions de rechange.

— Je dois l'avouer, je vous imagine mal confectionnant des chapeaux.

— Je préférerais mourir de faim. Mais il n'y a pas de risque. Les Ballets russes ont été très gentils avec moi.

Elle lui raconta sa première audition, et il admira en silence sa vaillance et son ingéniosité. Même venir dîner avec lui était assez courageux. Et il n'avait aucune intention d'abuser de la situation. Elle lui plaisait, bien qu'elle fût à peine sortie de l'enfance. Mais il la voyait à présent différemment de l'autre soir. Elle n'était pas seulement un joli minois ou un membre du corps de ballet. C'était une jeune fille issue d'une famille encore plus illustre que la sienne et, même si elle était dépouillée de tout, elle avait une bonne éducation et de la dignité, qualités qu'il souhaitait respecter.

— J'aimerais que vous fassiez la connaissance de grand-maman, dit-elle comme si elle avait lu dans ses pensées.

— Un de ces jours, peut-être.

— Elle serait choquée que nous n'ayons pas été présentés selon les règles du protocole. Je ne sais pas trop comment je le lui expliquerai.

— Nous pourrions dire que je suis un ami de Diaghilev ? proposa-t-il, plein d'espoir.

Elle rit.

— Ce serait encore pire ! Elle déteste tout ce qui touche aux ballets ! Elle préférerait de beaucoup que j'épouse le prince Markovski avec son taxi plutôt que de danser avec la compagnie.

Mais il comprenait pourquoi en la regardant. C'était affolant de penser qu'elle se lançait dans la vie sans protection, sans relations, proie facile pour n'importe qui, même pour lui.

Il régla l'addition de leur souper et la reconduisit. Elle avait l'air triste.

— J'aimerais vous revoir, Zoya.

Le propos était banal, mais il se sentit soudain gêné que leurs rencontres soient clandestines. Elle était tellement jeune, il ne voulait pas lui porter préjudice.

— Si je venais prendre le thé avec votre grand-mère ?

Zoya parut terrifiée par cette idée.

— Qu'est-ce que je vais lui dire ?

— Je trouverai quelque chose. Dimanche après-midi, cela vous conviendrait ?

— D'habitude, nous allons nous promener au bois de Boulogne.

— Nous pourrions peut-être faire un tour en voiture. Disons quatre heures ?

Zoya acquiesça d'un hochement de tête, se demandant comment annoncer la chose à sa grand-mère, mais il lui conseilla quelque chose de plus simple que toutes ses inventions.

— Vous n'aurez qu'à lui expliquer que je suis un aide de camp du général Pershing et que nous nous sommes rencontrés à la réception d'avant-hier soir. C'est généralement plus facile de dire la vérité qu'un mensonge.

Il ressemblait de nouveau à Constantin, comme cela s'était produit à plusieurs reprises au cours de la soirée, et elle lui dédia un sourire heureux.

— Mon père aurait suggéré quelque chose du même genre.

Et quand ils s'arrêtèrent devant son adresse, elle lui jeta un coup d'œil. Il était élégant et digne dans son uniforme. C'était un très bel homme.

— J'ai passé une soirée charmante.

— Moi aussi, Zoya... moi aussi.

Il effleura doucement les longs cheveux roux et eut envie de la serrer contre lui, mais il n'osa pas.

Il la raccompagna jusqu'à sa porte et attendit qu'elle soit entrée, elle le salua une dernière fois de la main et s'élança dans l'escalier comme une flèche jusqu'à leur logement.

16

La présentation de Clayton à sa grand-mère se passa beaucoup plus facilement qu'aucun d'eux n'avait osé l'espérer. Zoya expliqua avec désinvolture qu'elle l'avait rencontré à la réception donnée par le général Pershing en l'honneur des Ballets russes et qu'elle l'avait invité à prendre le thé. Evgenia se montra d'abord hésitante ; c'était une chose de recevoir le prince Vladimir, dont les ressources s'avéraient aussi justes que les leurs, mais quelqu'un qu'elles connaissaient à peine... Néanmoins Zoya acheta une demi-douzaine de petits gâteaux pour eux, un pain – marchandise très recherchée –, et sa grand-mère prépara le thé. Elles n'avaient pas d'autres raffinements à lui offrir, pas de plateau en argent, pas de nappe ou de serviettes en dentelle, pas de samovar, mais Evgenia était beaucoup plus préoccupée par la raison qui l'incitait à leur rendre visite que par l'élégance de ce qu'elles pouvaient lui offrir. Toutefois, quand Fiodor lui ouvrit la porte à quatre heures sonnantes, Clayton Andrews lui-même dissipa presque toutes ses craintes. Il leur apportait des fleurs à toutes deux et une délicieuse tarte aux pommes ; il se révéla un gentleman jusqu'au bout des ongles quand il les salua l'une et l'autre, Zoya très cérémonieusement et sa grand-mère avec une cordialité appropriée. Il avait presque l'air de ne pas faire attention à Zoya tandis qu'il parlait agréablement de ses voyages, de sa connaissance réduite de l'histoire de la

Russie et de sa propre jeunesse à New York. Comme Zoya, Evgenia songea à maintes reprises qu'il lui rappelait Constantin, avec sa chaleur, son esprit, son charme. Quand enfin elle envoya Zoya hors de la pièce pour préparer une autre théière, elle resta silencieusement à l'observer, sachant parfaitement pourquoi il était venu lui rendre visite. Il était trop vieux pour flirter avec cette enfant et pourtant elle ne parvenait pas à le considérer avec réprobation. C'était un bel homme, de valeur.

— Que voulez-vous d'elle ?

La vieille dame posa à mi-voix cette question inattendue pendant que Zoya était encore absente, et il la regarda droit dans les yeux avec franchise et bonté.

— Je ne le sais pas très bien. Je n'ai encore jamais seulement parlé à une jeune fille de son âge, mais elle est vraiment remarquable de bien des manières. Peut-être puis-je être un ami pour elle... pour vous deux ?...

— Ne jouez pas avec elle, capitaine Andrews. Elle a toute la vie devant elle, et cette vie pourrait être désagréablement changée par ce que vous faites maintenant. Elle a l'air d'avoir beaucoup d'affection pour vous. Peut-être cela sera-t-il suffisant.

Mais ni l'un ni l'autre ne le pensait. La vieille dame savait encore mieux que lui que lorsqu'il se la serait attachée, l'existence de Zoya ne serait plus jamais la même.

— Elle est encore très, très jeune.

Il hocha la tête en silence, réfléchissant à la sagesse de ses remarques. Plus d'une fois au cours de la semaine précédente, il s'était dit qu'il était stupide de courtiser quelqu'un d'aussi jeune. Quand il quitterait Paris ensuite, qu'est-ce qui arriverait ? Ce ne serait pas loyal de profiter d'elle puis de passer son chemin.

— Dans un autre monde, une autre existence, ceci n'aurait même pas été possible.

— J'en suis conscient, comtesse, mais d'autre part, ajouta-t-il en plaidant discrètement sa cause, les temps ont changé, n'est-ce pas ?

— Oui, en vérité.

Sur quoi Zoya revint auprès d'eux et servit à chacun une tasse de thé. Elle lui montra alors ses photographies, de l'été précédent à Livadia, avec Joy cabriolant à ses pieds, le tsarévitch assis à côté d'elle sur le yacht, et d'autres avec Olga et Marie, Tatiana, Anastasia, tante Alix et le tsar en personne. C'était presque comme une leçon d'histoire moderne ; plus d'une fois Zoya leva la tête vers lui avec un sourire heureux, se remémorant, lui expliquant tout, et il sut la réponse aux questions d'Evgenia. Il éprouvait beaucoup plus que de l'amitié pour cette jeune fille. Encore qu'elle fût à peine sortie de l'enfance, elle avait dans l'âme quelque chose de remarquable, quelque chose qui l'attirait et le touchait au plus profond de lui-même, quelque chose suscitant une réaction qu'il n'avait jamais eue pour quelqu'un auparavant. Mais d'autre part pouvait-il vraiment lui offrir quoi que ce soit ? A quarante-cinq ans, il était divorcé, et venu en France pour faire la guerre. Pour le moment, il n'avait rien à lui offrir, si jamais il le pouvait. Elle méritait un homme plus jeune, quelqu'un avec qui devenir adulte, rire et partager tous ses souvenirs. Pourtant il avait envie de la prendre dans ses bras et de promettre que jamais plus elle ne souffrirait.

Il les emmena en voiture quand elle eut rangé ses photographies et, lorsqu'ils s'arrêtèrent pour marcher dans le bois, il la regarda jouer sur l'herbe avec Sava. Le chiot bondissait en aboyant tandis que Zoya courait en riant et elle faillit entrer en collision avec lui. Sans réfléchir, il la serra dans ses bras, et elle leva son visage vers lui, rieuse comme l'enfant qu'il avait vue sur les photos. Evgenia les observait tous les deux, appréhendant ce qui allait suivre.

Lorsqu'il les ramena à la maison, Evgenia le remercia et le regarda calmement pendant que Zoya allait confier Sava à Fiodor.

— Réfléchissez bien, capitaine. Ce qui pour vous n'est peut-être qu'un simple intermède risque de changer la vie de ma petite-fille. Soyez raisonnable, je vous en supplie... et surtout... soyez bon.

Il lui assura qu'il n'en irait pas autrement.

— Qu'est-ce que vous lui avez dit tout à l'heure, grand-maman ? demanda Zoya quand il les eut quittées.

— Je l'ai remercié pour la tarte aux pommes et l'ai invité à revenir nous voir, déclara posément Evgenia en rangeant leurs tasses.

— C'est tout ? Il avait l'air bien grave, comme si vous lui aviez dit quelque chose d'important. Et il n'a pas souri quand il a dit au revoir.

— Peut-être qu'il pensait à tout ceci, mon petit.

Puis, prudemment :

— Il est bien trop vieux pour toi.

— Cela m'est égal. Il est si gentil.

— Oui, c'est vrai.

Evgenia hocha la tête doucement, espérant du fond du cœur qu'il serait assez gentil pour ne pas revenir. Zoya était exposée à trop de risques avec lui, que se passerait-il si elle en tombait amoureuse ? Cela pouvait se révéler désastreux.

17

Les prières d'Evgenia pour que Clayton Andrews ne revienne pas n'étaient pas destinées à être exaucées. Il avait essayé pendant une semaine de s'abstenir de lui rendre visite, mais il se surprenait perpétuellement à songer à elle, obsédé par ses yeux... ses cheveux... la façon dont elle riait... dont il l'avait vue jouer avec Sava... Même les photographies du tsar et des siens qu'elle lui avait montrées le hantaient. Elle les lui avait rendus réels et, à présent, au lieu d'être un personnage tragique de l'histoire, le tsar était devenu un être humain avec une femme, des enfants et trois chiens ; Clayton se retrouvait en train de déplorer l'énormité de ce qu'avait perdu cet homme emprisonné dans sa demeure de Tsarskoïe Selo.

De même qu'il avait songé à elle toute la semaine, Zoya aussi s'était constamment surprise à penser à Clayton.

Il réapparut à leur domicile cette fois, non au théâtre et, avec l'autorisation de sa grand-mère, il emmena Zoya voir *La Veuve joyeuse*, l'opérette de Franz Lehár. A son retour, elle raconta tout avec animation à sa grand-mère, s'arrêtant à peine pour reprendre haleine, tandis que Clayton riait en versant le champagne. Il leur en avait apporté une bouteille qu'il servit dans des coupes de cristal. Sans vouloir les vexer, il éprouvait continuellement l'envie de leur rendre la vie plus facile et il leur apportait les petits raffinements qu'il savait qu'elles regrettaient, des couvertures chaudes qui lui avaient été « données », un service de verres, une nappe de dentelle et même un joli panier pour Sava.

Evgenia avait compris déjà que Clayton était très épris, tout comme Zoya. Ils faisaient de longues promenades au bois, déjeunaient dans des petits cafés, où Clayton lui donnait le nom des uniformes qui passaient : les zouaves, les Anglais et les Américains en kaki, les « poilus » dans leurs capotes bleu horizon, et même les chasseurs d'Afrique. Ils parlaient de tout, depuis le ballet jusqu'aux bébés. Zoya affirma un jour qu'elle en voulait six, une idée qui le fit rire.

— Pourquoi six ?

— Je ne sais pas, répondit-elle en haussant les épaules avec un sourire joyeux. Je préfère les nombres pairs.

Elle partagea avec lui la dernière lettre reçue de Marie, où il était question de Tatiana, retombée malade, quoique pas gravement cette fois-ci, et de Nagorny, qui se montrait si fidèle et si bon pour Alexis. Il ne le quittait jamais maintenant. *... et papa est tellement gentil envers nous tous. Grâce à lui on se sent forts, heureux et gais...* C'était difficile à imaginer et le cœur de Clayton se déchirait quand il l'écoutait. Mais bien plus que la famille du tsar, quand ils se retrouvaient, ils parlaient de tout ce qui les passionnait, les intéressait, les faisait rêver.

Ce fut un été magique et charmant pour Zoya. Chaque fois qu'elle ne dansait pas, Clayton était là à point nommé pour la distraire, la sortir et leur apporter à l'une et l'autre de menus cadeaux et des petits trésors qui étaient autant d'attentions délicates. Puis, en septembre, tous ces plaisirs innocents cessèrent bien trop vite. Le général Pershing annonça à ses aides de camp qu'il transférait le quartier général à Chaumont, sur la Marne, et Clayton allait donc devoir quitter Paris sous peu. A la même époque, Diaghilev préparait une tournée pour les Ballets russes en Espagne et au Portugal, si bien que

Zoya se trouva confrontée à une décision pénible. Elle ne pouvait pas laisser seule sa grand-mère et elle fut obligée d'abandonner la troupe, ce qui faillit la tuer.

— Vous pouvez danser avec une des autres troupes de ballets qui sont ici. Ce n'est pas la fin du monde, l'encouragea Clayton.

Mais cela l'était pour elle. Rien ne valait les Ballets russes et elle avait le cœur brisé à la pensée de les quitter. La pire nouvelle de toutes arriva deux semaines après l'anniversaire d'Alexis. Zoya reçut une lettre de Marie, qui lui était comme toujours envoyée par le docteur Botkine. Le 14 août, la famille Romanov au complet avait été transférée du palais Alexandre, à Tsarskoïe Selo, où elle était en résidence surveillée, à Tobolsk, en Sibérie. La lettre avait été écrite la veille du départ et Zoya n'avait aucune idée de l'état de santé de tous, elle savait seulement qu'ils étaient partis. C'était un coup presque trop dur à supporter. Elle s'était imaginé qu'ils iraient s'installer à Livadia, où ils seraient en sécurité. Maintenant tout était changé, et une sensation de terreur l'empoigna quand elle lut la lettre. Avant son départ, elle la montra à Clayton, qui tenta en vain de la rassurer :

— Vous aurez bientôt d'autres nouvelles. J'en suis sûr, Zoya. Il ne faut pas avoir si peur.

Mais comment pourrait-elle ne pas avoir peur ? se demanda-t-il. Elle avait tout perdu quelques mois seulement auparavant, elle n'avait que trop bien vu les terreurs de la révolution, et la vérité était que ses amis et parents étaient encore en danger. Cela l'effrayait lui-même quand il y pensait maintenant, mais on ne pouvait rien pour les aider. Le gouvernement américain avait reconnu depuis longtemps le gouvernement provisoire et personne n'osait donner asile au tsar et à sa famille. Il n'y avait pas moyen de les arracher aux mains des révolutionnaires à présent. On ne pouvait que prier et croire qu'un jour ils seraient libres. C'était le seul espoir qu'il avait à offrir à Zoya. Le pire était que lui-même s'en allait.

— Ce n'est pas très loin. Je viendrai à Paris chaque fois que je le pourrai. Je le promets.

Elle levait vers lui un regard angoissé... son amie... les Ballets russes... et maintenant il devait la quitter. Il la courtisait depuis près de trois mois et elle était pour lui une source de ravissement perpétuel et une distraction candide. Evgenia, à son grand soulagement, se doutait qu'il ne s'était rien passé entre eux d'irrémédiable. Clayton avait simplement apprécié la compagnie de Zoya, il l'avait vue chaque fois qu'il le pouvait, pour des promenades, une soirée au théâtre, un dîner chez Maxim's ou dans un petit bistrot. Elle semblait s'épanouir à la chaleur de son intérêt affectueux et de sa protection. C'était presque comme d'avoir de nouveau une famille, et voilà qu'elle le perdait aussi, en même temps qu'elle devait trouver un engagement dans une troupe moins renommée. Evgenia avait beau s'en irriter, elle savait qu'elles commençaient à être tributaires de ce que gagnait Zoya.

Le 10 septembre, elle avait trouvé un nouvel engagement, mais avec une compagnie de ballets qu'elle abhorrait. Les danseurs n'avaient pas de précision, pas de style et pas l'ombre de la discipline de fer à laquelle Zoya était habituée avec les Ballets russes. Quant aux cachets, ils étaient également bien inférieurs. Mais du moins elle, Fiodor et sa grand-mère avaient-ils encore de quoi manger. Les nouvelles de la guerre n'étaient pas bonnes, les attaques aériennes continuaient et finalement elle reçut une lettre de Marie. Ils habitaient à Tobolsk, dans la maison du gouverneur, et Gibbes, leur précepteur, continuait leurs leçons. ... *papa nous donne un cours d'histoire presque tous les jours, et il nous a construit une plateforme au-dessus de la serre pour que nous prenions un peu le soleil, mais il fera bientôt trop froid pour cela. On dit qu'ici les hivers sont interminables...* Olga avait fêté son vingt-deuxième anniversaire, et Pierre Gilliard était là-bas aussi. *... papa et lui scient du bois presque tous les jours ; en tout cas, au moins pendant qu'ils sont occupés, nous esquivons une partie de nos cours. Maman a l'air très fatiguée, mais c'est que Baby l'inquiète tellement. Il s'était senti si mal après le voyage, par contre je suis heureuse de t'annoncer que maintenant il va beaucoup mieux. Nous couchons toutes les quatre dans la même chambre ici, et la maison est très petite mais, en même temps, très confortable. Peut-être un peu comme ton logement avec tante Evgenia. Transmets-lui mon affection, très très chère, et écris-moi quand tu le pourras. Ton métier de danseuse a l'air passionnant. Quand je l'ai annoncé à maman, elle a été choquée, puis elle a ri et a dit que c'était bien de toi d'aller jusqu'à Paris pour t'enrôler dans une compagnie de ballets ! Nous t'envoyons tous notre affection, et la mienne en particulier...* Cette fois elle avait signé sa lettre comme elle ne l'avait plus fait depuis longtemps : OTMA. C'était un code qu'elles avaient imaginé étant enfants pour les lettres envoyées au nom de toutes, signifiant Olga, Tatiana, Marie, Anastasia. Le cœur de Zoya soupira après elles toutes.

Une fois Clayton parti, elle se sentit encore plus seule. Il n'y avait plus rien à faire d'autre que travailler et rentrer auprès de sa grand-mère après chaque représentation. Elle comprit alors à quel point Clayton l'avait gâtée. Quand il était là, il y avait toujours des sorties, des présents, des surprises, des projets. Et maintenant, subitement, il n'y avait plus rien. Elle lui écrivait encore plus souvent qu'à Marie à Tobolsk, mais ses réponses étaient brèves et hâtives. Il avait beaucoup de travail pour le général Pershing à Chaumont.

Octobre fut pire encore, Fiodor attrapa la grippe espagnole ; Zoya et sa grand-mère le soignèrent à tour de rôle pendant des semaines, mais finalement, incapable de manger, de boire, ou même de voir encore clair, il succomba, avec à son chevet les deux femmes qui pleuraient en silence. Il avait été si loyal et bon pour elles, mais comme un animal emmené trop loin de son habitat naturel, il avait été incapable de survivre dans un monde différent.

Il leur sourit doucement avant de mourir et dit à voix basse :

— Maintenant je peux rentrer en Russie...

Elles l'enterrèrent dans un petit cimetière aux abords de Neuilly. Vladimir les y avait conduites et Zoya pleura tout le long du trajet de retour, elle avait le sentiment d'avoir perdu l'unique ami qui lui restait. Tout semblait soudain si lugubre, même le temps. Sans Fiodor, il n'y avait jamais assez de bois à brûler et aussi bien Evgenia que Zoya ne purent se résoudre à utiliser sa chambre.

C'était comme si elles ne devaient jamais cesser de souffrir de la perte d'êtres chers. Clayton n'était pas venu à Paris depuis près de deux mois et, quand Zoya rentra de son travail un soir tard, elle eut un choc affreux en ouvrant la porte et en apercevant un homme en bras de chemise debout dans leur salle à manger. Pendant une seconde, son cœur cessa de battre parce qu'elle le prit pour un médecin.

— Qu'est-ce qui ne va pas ?

Il la contemplait avec une égale stupeur, les yeux écarquillés, momentanément rendu muet par sa beauté.

— *Excusez-moi, mademoiselle**... je... votre grand-mère...

— Est-ce qu'elle va bien ?

— Oui, bien sûr. Je pense qu'elle est dans sa chambre.

— Et qui êtes-vous ?

Zoya ne parvenait pas à comprendre ce qu'il faisait là en bras de chemise, et elle faillit s'évanouir quand elle l'entendit dire ensuite :

— Ne vous a-t-elle pas prévenue ?... J'habite ici. J'ai emménagé ce matin.

184

C'était un homme assez jeune, d'une trentaine d'années, blême, maigre, aux cheveux rares, avec une jambe estropiée. Il boitait fortement quand il rentra dans la chambre de Fiodor dont il referma la porte, tandis que Zoya, en furie, se précipitait dans la sienne.

— Qu'est-ce que vous avez fait ? Je ne peux pas le croire !

Zoya regarda avec colère sa grand-mère, assise dans l'unique fauteuil de la pièce, puis elle remarqua qu'Evgenia avait transféré dans leur chambre quelques objets supplémentaires pour assurer leur confort personnel.

— Qui est cet homme ?

Elle avait attaqué sans préambule, elle ne pouvait pas croire à ce qu'avait fait sa grand-mère. Evgenia leva calmement les yeux de son tricot.

— J'ai pris un locataire. Nous n'avions pas le choix. Le bijoutier n'a strictement rien voulu me donner pour mes perles, et il reste très peu de choses à vendre. Tôt ou tard nous aurions dû nous y décider.

Son visage était empreint de résignation tranquille.

— Est-ce que vous n'auriez pas pu me consulter ou au moins m'avertir ? Je ne suis pas une enfant et j'habite ici, moi aussi. On ne connaît strictement rien de cet homme ! Et s'il nous tue pendant que nous dormons ou qu'il vole le reste de vos bijoux ? Et s'il s'enivre... ou ramène ici des femmes de mauvaise vie ?

— Alors nous lui demanderons de partir, mais calme-toi, Zoya, il a l'air très bien, très timide. Il a été blessé à Verdun l'année dernière et il est professeur.

— Je me moque de ce qu'il est. Ce logement est trop petit pour y introduire un étranger et ma danse nous procure assez d'argent. Pourquoi faire ça ?

Elle avait l'impression d'avoir perdu son foyer au profit de cet inconnu et elle avait envie de s'asseoir et de pleurer d'humiliation. Pour elle, c'était le coup final. En revanche, Evgenia y avait vu l'unique solution pour s'en

185

sortir. Elle n'avait pas averti Zoya parce qu'elle s'était doutée de sa réaction. Et sa colère lui donnait raison.

— Je ne peux pas croire que vous ayez fait ça !

— Nous n'avions pas le choix, mon petit. Peut-être pourrons-nous plus tard trouver autre chose, mais pas pour le moment.

— Maintenant, je ne peux même pas me préparer une tasse de thé en chemise de nuit.

Ses yeux débordaient de larmes de rage et de chagrin.

— Pense à tes cousins et à ce que doit être leur vie à Tobolsk. Ne peux-tu être aussi courageuse qu'eux ?

A ces mots, Zoya se sentit instantanément confuse, sa colère retomba lentement et elle se laissa choir dans le fauteuil que sa grand-mère avait quitté pour aller à la fenêtre.

— Pardon, grand-maman... C'est que je... j'ai été si surprise...

Elle se mit alors à sourire, avec une expression qui n'était pas tout à fait espiègle mais presque.

— Je crois que je l'ai terrorisé. Il a couru s'enfermer à double tour dans sa chambre quand je lui ai crié après.

— C'est un jeune homme parfaitement bien élevé. Il faudra que tu lui présentes tes excuses demain matin.

Zoya ne répondit pas, elle réfléchissait à la situation extrême où elles étaient réduites. Tout donnait l'impression d'être à jamais morne. Même Clayton semblait l'avoir laissée tomber. Il avait promis de venir à Paris dès que possible, mais c'était apparemment sans espoir pour le moment.

Elle lui écrivit le lendemain, éprouvant toutefois trop de gêne pour lui parler de leur locataire. Son nom était Antoine Vallet et il eut l'air terrifié quand il la revit ce matin-là. Il se confondit en excuses, renversa une lampe, faillit casser un vase et trébucha en s'efforçant de s'ôter de son chemin dans la cuisine. Elle remarqua qu'il avait un regard triste et fut à deux doigts d'avoir pitié de lui mais pas plus, il avait envahi leur dernier bastion, qu'elle n'avait aucune envie de partager.

— Bonjour, mademoiselle. Aimeriez-vous du café ? proposa-t-il.

L'arôme embaumait la cuisine, mais elle secoua la tête et répondit d'une voix rogue :

— Je bois du thé, merci beaucoup.

— Excusez-moi.

Il la contemplait avec une admiration épouvantée, et quitta la cuisine le plus vite qu'il put. Peu après, il s'en alla donner ses cours. Quand elle revint de sa répétition, dans l'après-midi, il était déjà de retour, installé au bureau dans la salle à manger, en train de corriger des copies. Zoya entra dans sa chambre, dont elle claqua la porte, et se mit à marcher nerveusement comme un lion en cage en jetant un coup d'œil à sa grand-mère.

— Je suppose que cela signifie que je ne pourrai plus jamais me servir du bureau.

Elle voulait écrire une autre lettre à Clayton.

— Il ne va pas y rester toute la nuit, voyons.

Mais même sa grand-mère était visiblement confinée dans leur chambre. Zoya n'avait nulle part où aller pour s'isoler, aucun moyen de pouvoir réfléchir ou de ne pas être en compagnie de l'un ou de l'autre. C'était soudain insupportable, et elle regretta de ne pas être allée au Portugal avec les Ballets russes, mais, quand elle pivota sur ses talons et aperçut les larmes dans les yeux d'Evgenia, elle se sentit le cœur transpercé par le remords et s'agenouilla à côté d'elle en l'entourant de ses bras.

— Pardonnez-moi, je vous en prie... je ne sais pas ce qui me prend. Je suis fatiguée et j'ai les nerfs en pelote.

Mais Evgenia ne savait que trop bien ce qui la bouleversait. C'était Clayton. Exactement comme prévu, il l'avait quittée pour aller faire la guerre, et Zoya devait reprendre sa vie sans lui. Une chance qu'il n'y ait rien eu de plus et que Clayton ait été un homme d'honneur, ou les choses auraient été encore plus difficiles pour elle. Elle ne demanda pas à sa petite-fille si elle avait de ses nouvelles. Elle souhaitait presque qu'il ne lui écrive pas.

Zoya se rendit dans la cuisine et prépara le dîner pour sa grand-mère et elle. Comme le jeune professeur ne cessait de lever les yeux, en direction des bonnes odeurs, Zoya se laissa attendrir et l'invita à partager leur repas.

— Qu'est-ce que vous enseignez ? questionna-t-elle poliment sans vraiment s'y intéresser.

Elle vit que ses mains tremblaient terriblement, il semblait constamment effrayé et très nerveux, elle eut l'impression que ses blessures de guerre lui avaient laissé beaucoup plus qu'une claudication. Il avait l'air sous le coup d'une terreur perpétuelle.

— J'enseigne l'histoire, mademoiselle. Et j'ai cru comprendre que vous dansiez.

— Oui, admit-elle, mais du bout des dents.

Elle n'était pas fière de la troupe avec laquelle elle travaillait maintenant, pas comme quand elle était avec les Ballets russes, si peu de temps que cela ait duré.

— J'apprécie beaucoup la danse classique. Peut-être pourrais-je venir vous voir un jour.

Il s'attendait à ce qu'elle réponde qu'elle en serait enchantée, elle le savait, mais elle fut incapable de le dire car ce ne serait absolument pas le cas.

— J'aime beaucoup la chambre, annonça-t-il à personne en particulier.

— Nous sommes très heureuses de vous avoir, répondit Evgenia avec un sourire aimable.

— Le dîner est très bon.

— Merci, dit Zoya sans lever les yeux.

Il énonçait une série de propos décousus et Zoya le prit plus que jamais en grippe. Il boitilla ici et là dans la cuisine pour essayer de l'aider à faire la vaisselle ; ensuite il alluma du feu dans la salle à manger, l'irritant de nouveau parce qu'il gaspillait le peu de bois qu'elles avaient, mais, puisqu'il l'avait allumé, elle resta pour se réchauffer les mains. Le petit logement était glacial.

— J'ai visité Saint-Pétersbourg, un jour. C'était très beau.

Il parlait à mi-voix depuis le bureau, osant à peine lever les yeux sur elle, si belle et si ardente. Elle hocha la tête et lui tourna le dos, contemplant le feu avec des larmes dans les yeux, tandis que lui couvait ce dos svelte d'un regard plein de désir silencieux. Il avait été marié avant la guerre, mais sa femme s'en était allée avec son meilleur ami, et leur unique enfant était mort de pneumonie. Il avait lui aussi ses chagrins, mais Zoya ne demanda pas à les entendre. Pour elle, il était quelqu'un qui avait traversé un grand danger et avait tout juste survécu. Au lieu d'en sortir renforcé, il y avait perdu son courage. Elle se retourna lentement vers lui, à ce moment-là, se demandant de nouveau pourquoi sa grand-mère l'avait pris chez elles. Elle ne pouvait pas supporter l'idée que leur situation était à ce point désespérée, mais elle savait qu'elle devait l'être, sinon Evgenia ne s'y serait pas décidée.

— Ce qu'il fait froid ici.

C'était une simple constatation, mais il se leva vivement pour mettre une autre bûche sur le feu.

— J'apporterai d'autre bois demain, mademoiselle. Cela aidera. Voudriez-vous une autre tasse de thé ? Je pourrais vous en préparer...

— Non, merci.

Elle se demanda quel âge il avait, il paraissait avoir dans les trente-cinq ans. En fait, il en avait trente et un, mais il n'avait pas eu la vie facile, loin de là.

Et alors, timidement :

— Est-ce votre chambre que j'occupe ?

Cela aurait expliqué son mécontentement évident de le voir là, mais elle se contenta de secouer la tête, puis elle soupira.

— Un de nos serviteurs était venu avec nous de Russie. Il est mort en octobre.

Il l'écoutait en hochant doucement la tête.

— Je suis désolé. Ces temps ont été durs pour nous tous. Quand êtes-vous arrivées à Paris ?

— En avril dernier. Nous sommes parties juste après la révolution.

Il hocha de nouveau la tête.

— J'ai rencontré plusieurs Russes ici, dernièrement. Ce sont des gens aimables, courageux.

Il avait envie d'ajouter « et vous aussi », mais il n'osa pas. Ses yeux étaient si grands, brillants et ardents ; comme elle secouait la tête ses cheveux s'envolèrent autour d'elle comme les flammes d'un feu sacré.

— Y a-t-il quelque chose que vous aimeriez que je fasse, puisque je suis ici ? Je serais heureux d'aider autant que possible. Je peux faire des courses pour votre grand-mère, si vous voulez. J'aime aussi faire la cuisine. Peut-être pourrions-nous préparer le dîner à tour de rôle.

Elle acquiesça en silence avec résignation. Peut-être n'était-il pas si mal. Mais il était là. Et elle ne voulait pas de lui. Il rassembla ses papiers à ce moment-là et retourna dans sa chambre, refermant la porte derrière lui, tandis que Zoya restait seule à contempler le feu en songeant à Clayton.

18

A mesure que l'hiver avançait, le temps devenait plus rude, les gens plus affamés et plus pauvres, et comme les émigrés affluaient à Paris en nombre croissant, les bijoutiers payaient des sommes toujours plus faibles. Evgenia vendit le 1ᵉʳ décembre sa dernière paire de boucles d'oreilles, et elle fut horrifiée du peu qu'on lui en donna. Elles ne pouvaient plus compter que sur les cachets de Zoya, qui suffisaient tout juste à les nourrir et à payer le loyer. Le prince Markovski avait lui aussi ses ennuis. Sa voiture ne cessait de tomber en panne, et il avait l'air plus maigre et plus affamé chaque fois qu'elles le voyaient. Il parlait toujours vaillamment de temps meilleurs, et annonçait toutes les nouvelles arrivées.

Devant une telle pauvreté, le froid cruel et le manque de nourriture, Evgenia se félicitait d'autant plus de la présence de leur pensionnaire. La maigreur de son propre salaire lui permettait, sans plus, de payer le prix de la chambre ; néanmoins il s'arrangeait toujours pour rapporter à la maison des suppléments, un demi-pain, une bûche pour le feu, ou encore quelques livres à lire pour Evgenia. Il réussit même à en découvrir pour elle en russe, de pauvres émigrés avaient dû être obligés de vendre jusqu'à leurs livres pour une bouchée de pain rassis. Il pensait toujours à Zoya et à Evgenia et, assez souvent, il rentrait avec une modeste offrande pour Zoya. Il lui avait entendu dire une fois qu'elle adorait les chocolats et quelque part, miraculeusement, il s'était arrangé pour acheter une petite tablette de chocolat.

Au fil des semaines, elle se montrait plus aimable envers lui, parce qu'elle était reconnaissante de ses cadeaux, mais encore davantage de la bonté qu'il témoignait à la comtesse. Elle commençait à souffrir de rhumatismes aux genoux et rien que de monter ou descendre l'escalier était soudain un supplice. Un après-midi où elle revenait d'une répétition, Zoya le trouva qui montait en portant sa grand-mère, ce qui était une tâche pénible pour lui avec sa jambe estropiée, mais il ne se plaignait jamais. Il était toujours désireux d'en faire plus, et Evgenia s'était prise d'une grande affection pour lui. Elle n'était pas non plus sans s'être rendu compte du sérieux attrait qu'il éprouvait pour Zoya. Elle en parla plus d'une fois à la jeune fille, mais celle-ci affirmait qu'elle n'avait rien remarqué.

— Je ne comprends pas comment tu ne vois pas à quel point tu lui plais, mon petit.

Mais Zoya était beaucoup plus préoccupée par la toux affreuse qui secoua sa grand-mère quand elle lui dit cela. Elle traînait un rhume depuis des semaines et Zoya craignait la grippe espagnole qui avait tué Fiodor, ou la redoutable tuberculose qui faisait des ravages dans Paris. Même sa propre santé n'était plus aussi solide que naguère. Avec une alimentation aussi succincte et autant de dur travail, elle était devenue désespérément maigre et son visage enfantin paraissait soudain beaucoup plus âgé.

— Comment va votre grand-mère ce soir ? demandat-il à mi-voix un soir où ils préparaient le dîner ensemble dans la cuisine.

C'était un rituel quotidien entre eux à présent. Ils ne cuisinaient plus à tour de rôle les soirs où elle était libre, mais ensemble, et quand elle était obligée d'aller travailler, il faisait la cuisine pour Evgenia, fournissant assez souvent lui-même les aliments, achetés en rentrant à la maison avec les petites sommes qu'il gagnait par ses cours. Comme pour tout un chacun à Paris en ces temps-là, ses modestes ressources s'amenuisaient.

— Elle était bien pâle cet après-midi.

Antoine regardait d'un air soucieux Zoya qui coupait en rondelles deux carottes ridées pour les partager entre eux trois. Elle en avait plus qu'assez des pot-au-feu, mais c'était ce qu'ils mangeaient pratiquement tous les soirs, c'était la méthode la plus facile pour dissimuler la qualité inférieure de la viande et la quasi-absence de légumes.

— Sa toux m'inquiète, Antoine, répondit Zoya en lui jetant un coup d'œil de l'autre bout de la cuisine. Je trouve qu'elle s'aggrave, pas vous ?

Il hocha la tête tristement et ajouta deux petits cubes de viande dans la marmite où Zoya avait mis les carottes à cuire. Il n'y avait même pas de pain ce soir-là.

— Je crois que demain je vais l'emmener chez le médecin.

Même cela dépassait leurs moyens, et il ne restait plus rien à vendre, hormis le dernier étui à cigarettes de son père et trois boîtes souvenirs en argent qui avaient appartenu à son frère, mais Evgenia lui avait promis de ne pas essayer de les vendre.

— Je connais un médecin rue Godot-de-Mauroy, si vous voulez son nom. Il ne prend pas cher.

Il pratiquait des avortements pour les prostituées, mais il avait plus de valeur que beaucoup dans ce milieu. Antoine l'avait consulté pour sa jambe à plusieurs reprises et l'avait trouvé compétent et sympathique. Sa jambe le faisait terriblement souffrir dans l'humidité et le froid glacial de l'hiver. Zoya avait remarqué que sa boiterie avait empiré, mais il semblait plus heureux qu'au début où il était venu habiter avec elles. Cela lui faisait apparemment du bien d'avoir des gens convenables à retrouver en rentrant à la maison, et sa grand-mère à s'occuper. Pas un instant elle ne s'avisa que c'étaient ses sentiments pour elle qui le maintenaient en vie et que la nuit, couché dans son lit, il rêvait d'elle qui dormait blottie contre Evgenia dans la pièce voisine.

— Comment s'est passée la classe aujourd'hui ? demanda-t-elle en attendant que la marmite commence à bouillir.

Ses yeux avaient une expression plus aimable à présent quand elle le regardait. Il osait même la taquiner de temps à autre, et ses reparties lui rappelaient vaguement son frère. Il n'était pas beau, mais il était intelligent, cultivé, et il avait un solide sens de l'humour. Cela aidait pendant les raids aériens et les nuits froides. C'est ce qui les soutenait en lieu et place de nourriture, de chaleur et des petits plaisirs de la vie.

— Très bien. J'attends quand même les vacances avec impatience. Cela me permettra de lire davantage. Voulez-vous aller au théâtre ? Je connais quelqu'un qui pourrait nous faire entrer à l'Opéra-Comique, si cela vous tente d'essayer.

Entendre citer ce nom lui rappela Clayton et les jours plus cléments de l'été. Elle n'avait pas eu de nouvelles de lui depuis un certain temps et le supposait occupé auprès du général Pershing à la mise sur pied des opérations sur le front. Zoya n'ignorait pas que c'était très secret. Dieu seul savait quand elle le reverrait, si même elle le revoyait. Mais elle était habituée à cela maintenant. Il y avait tant de gens qu'elle avait aimés et qu'elle ne reverrait plus. C'était difficile d'imaginer qu'on puisse aimer des gens sans les perdre. Elle força son esprit à ne plus penser à Clayton et à se reporter sur Antoine et son offre d'aller au théâtre.

— J'aimerais aller dans un musée, un de ces jours.

C'était un compagnon agréable, en fait, et très cultivé, certes pas aussi raffiné que ses amis russes perdus, mais à sa façon discrète, bien personnelle, qui était également plaisante.

— Dès qu'il n'y aura plus de cours, nous irons. Comment se présente le pot-au-feu ? demanda-t-il.

— Aussi mal que d'habitude, répondit-elle en riant.

— J'aimerais que nous trouvions quelques bonnes épices.

— J'aimerais que nous trouvions de bons légumes et de bons fruits. Si je revois encore une seule vieille carotte, je crois que je vais piquer une crise de nerfs. Quand je pense à la nourriture que nous mangions à Saint-Pétersbourg, j'en pleurerais. Jamais je ne m'en préoccupais, à l'époque. Vous savez, j'ai même rêvé de nourriture la nuit dernière.

Lui avait rêvé de sa femme la nuit d'avant, mais il ne lui en dit rien, il se contenta de hocher la tête et de l'aider à mettre le couvert.

— Comment va votre jambe, à propos ?

Elle savait qu'il n'aimait pas en parler, mais plus d'une fois elle avait emmailloté pour lui une bouillotte brûlante qu'il avait emportée dans son lit et il avait dit en avoir été soulagé.

— Le froid n'arrange rien. Soyez contente d'être jeune. Votre grand-mère et moi, nous n'avons pas tant de chance.

Il lui sourit et la regarda verser à la louche la soupe claire dans trois affreux bols ébréchés. Elle aurait fondu en larmes si elle s'était laissée aller à penser à la belle porcelaine dans laquelle ils dînaient tous les soirs dans leur palais de la Fontanka. Il y avait tant de choses qui leur paraissaient aller de soi et qu'elles ne reverraient plus jamais. C'était horrifiant d'y penser maintenant, tandis qu'Antoine allait frapper à la porte d'Evgenia pour lui annoncer le dîner. Mais il avait l'air soucieux quand il revint seul et regarda Zoya par-dessus la petite table de la cuisine.

— Elle dit qu'elle n'a pas faim. Croyez-vous que je devrais aller chercher le médecin pour elle ce soir ?

Zoya hésita un long moment, pesant la décision. Une visite la nuit à domicile coûterait encore plus cher qu'une visite à son cabinet.

— Nous verrons comment elle est après dîner. Elle est peut-être seulement fatiguée. Je lui porterai du thé dans un petit moment. Est-elle couchée ?

Il secoua la tête avec une expression inquiète.

— Elle somnole dans le fauteuil, avec son tricot.

Elle travaillait au même minuscule carré de laine depuis des mois, promettant qu'un jour il deviendrait un chandail pour Zoya.

Ils s'assirent alors tous deux pour dîner et, par accord tacite, ne touchèrent pas au troisième bol, si affamés qu'ils fussent. Il y avait encore une chance qu'Evgenia décide qu'elle voulait son dîner.

— Comment s'est passée la répétition ?

Il s'intéressait toujours à ce qu'elle faisait. Il n'était pas beau, mais son regard conservait une certaine jeunesse. Il avait des cheveux blonds qui se raréfiaient et qu'il partageait soigneusement par une raie au milieu, et de belles mains que Zoya avait remarquées depuis longtemps. Elles ne tremblaient plus et encore qu'il souffrît constamment de sa jambe, il ne semblait plus aussi nerveux.

— Pas mal. J'aimerais que les Ballets russes reviennent. Danser avec eux me manque. Je déteste travailler avec l'autre troupe.

Mais du moins était-ce de l'argent pour manger. Un emploi était trop précieux pour qu'on le perde, en cette fin d'année 1917 à Paris.

— Je me suis trouvé dans un café aujourd'hui avec des gens qui parlaient du coup d'Etat en Russie le mois dernier. Il y avait une discussion interminable à propos de Trotski, de Lénine et des bolcheviks, avec deux pacifistes qui se sont mis dans une colère telle qu'ils ont menacé de boxer les deux autres. C'était le pacifisme dans toute sa beauté, observa-t-il avec un sourire malicieux. La discussion m'a enchanté.

— Je me demande quelles conséquences cela aura pour les Romanov, murmura Zoya. Je n'ai pas reçu de lettre de Sibérie depuis longtemps.

Cela l'inquiétait, mais peut-être que le docteur Botkine n'avait pas pu transmettre ses lettres à Machka. Il fallait envisager cette éventualité et attendre patiemment une réponse. On aurait dit qu'il fallait de la patience pour n'importe quoi à présent. Chacun attendait des temps meilleurs. Elle espérait seulement qu'ils seraient encore tous en vie pour les voir. Il était même question que Paris soit attaqué, ce qui semblait difficile à croire avec les troupes anglaises et américaines qui pullulaient dans la France entière. Néanmoins, après ce qu'elle avait vu en Russie neuf mois seulement auparavant, elle savait que tout était possible.

Elle se leva et emporta le bol de soupe dans la chambre de sa grand-mère, mais elle revint quelques secondes plus tard :

— Elle dort. Peut-être devrions-nous simplement la laisser dormir. Je lui ai mis une couverture dessus pour lui tenir chaud.

C'était une des couvertures que Clayton leur avait données l'été précédent.

— N'oubliez pas de me donner le nom de ce médecin demain avant de partir pour votre lycée.

Il hocha la tête puis la regarda d'un air interrogateur.

— Voulez-vous que je vous accompagne ?

Mais elle fit simplement un signe de dénégation, elle avait encore en elle une grande volonté d'indépendance. Elle n'était pas venue d'aussi loin, presque seule, pour se mettre à la remorque de qui que ce soit, même quelqu'un d'aussi effacé que leur pensionnaire.

Elle acheva de ranger la vaisselle puis s'assit dans la salle à manger, aussi près du feu qu'elle le put, et se réchauffa les mains, tandis qu'il l'observait en silence. Le feu allumait des reflets d'or dans ses cheveux, et ses yeux verts donnaient l'impression de scintiller. Alors, incapable de résister à l'attirance qu'elle exerçait sur lui, il se retrouva debout à côté d'elle, en partie pour avoir chaud, en partie simplement pour être près d'elle.

— Comme vous avez de beaux cheveux...

Il avait parlé sans réfléchir et il rougit comme elle levait la tête vers lui avec surprise.

— Vous aussi, le taquina-t-elle, songeant aux piques que Nikolaï et elle adoraient se lancer. Excusez-moi... je ne voulais pas être impolie... Je pensais à mon frère.

Elle contempla le feu d'un air pensif tandis qu'Antoine la regardait.

— Comment était-il ? demanda-t-il d'une voix douce.

Il avait l'impression que son cœur allait se fendre si forte était son envie d'allonger le bras pour la toucher.

— Il était formidable... attentionné, drôle, audacieux, brave et très, très beau. Il avait des cheveux noirs comme mon père, et des yeux verts.

Soudain, elle rit, d'un souvenir.

— Il avait une prédilection pour les danseuses.

C'était un trait partagé par la plupart des membres de la famille impériale, Nicolas entre autres.

— Mais il serait dans une colère noire contre moi maintenant, ajouta-t-elle avec un sourire triste. Il serait furieux que je me sois mise à danser...

Ses pensées dérivèrent de nouveau. Antoine la regardait toujours.

— Je suis sûr qu'il aurait compris. Nous sommes tous obligés de faire ce qu'il faut pour survivre. Il n'y a pas beaucoup de choix. Vous deviez être très proches.

— Effectivement.

Puis, de but en blanc :

— Ma mère est devenue folle quand on l'a tué.

Ses yeux se remplirent de larmes, comme elle songeait à lui se vidant de son sang dans le vestibule tandis qu'il balbutiait ses dernières paroles. C'était un souvenir presque insupportable. Sava s'approcha en silence de sa chaise et lui lécha la main, forçant son esprit à revenir au temps présent.

Ils restèrent assis sans rien dire pendant un long moment. Antoine avait approché l'unique autre chaise de la pièce et ils demeurèrent au coin du feu, chacun plongé dans ses pensées, jusqu'à ce qu'Antoine ose se montrer un peu plus courageux :

— Qu'avez-vous l'intention de faire de votre existence ? Y avez-vous déjà réfléchi ?

Elle leva les yeux, surprise par la question.

— Danser, je suppose.

— Et après cela ?

Il était curieux de la connaître et c'était une chance exceptionnelle de se trouver en tête à tête avec elle, sans Evgenia.

— Autrefois, je voulais me marier et avoir des enfants.

— Et maintenant ? Vous n'y pensez plus ?

— Pas très souvent. La plupart des danseuses ne se marient pas. Elles dansent jusqu'à ce qu'elles n'en puissent plus ou elles deviennent professeurs, tout dépend de ce qui vient en premier.

La majorité des grandes danseuses qu'elle connaissait ne s'étaient pas mariées, et elle n'était pas convaincue qu'elle le regretterait pour elle-même. Elle ne voyait personne d'envisageable. Clayton n'était qu'un ami, le prince Markovski était trop vieux, des danseurs qu'elle connaissait il n'y avait rien à espérer, et elle ne s'imaginait évidemment pas en épouse d'Antoine. Il n'y avait personne d'autre. D'ailleurs, elle devait prendre soin d'Evgenia.

— Vous feriez une épouse merveilleuse.

Il l'avait dit avec tant de gravité qu'elle éclata de rire.

— Mon frère aurait déclaré que vous êtes fou. Comme cuisinière je suis exécrable, et je déteste coudre. Je ne sais faire ni de l'aquarelle ni du tricot. Je ne suis pas sûre d'être capable de tenir une maison, non que cela ait de l'importance maintenant...

Il la regardait sourire à cette idée.

— Le mariage, ce n'est pas seulement la cuisine et la couture.

— Ma foi, je ne saurais dire si je suis bonne à *ça* !

Elle rit et ils rougirent tous les deux. Il était facilement choqué.

— Zoya !

— Pardon.

Mais elle avait l'air plus amusée que contrite tandis qu'elle caressait la petite chienne. Même Sava avait maigri par suite de la portion congrue que lui laissaient les reliefs de leur table.

— Peut-être qu'un jour quelqu'un vous donnera envie d'abandonner la danse.

Il avait mal compris, ce n'était pas qu'elle avait une telle passion pour la danse classique. C'était seulement qu'elle n'avait pas le choix. Elle devait travailler afin de pourvoir à son entretien et à celui d'Evgenia, et elle ne savait rien faire d'autre. Au moins était-ce quelque chose.

— Mieux vaut que j'aille coucher grand-maman, sinon demain elle va souffrir le martyre à cause de ses genoux.

Elle se leva, s'étira et Sava la suivit dans la chambre. Evgenia s'était déjà réveillée et enfilait sa chemise de nuit.

— Voulez-vous votre bouillon, grand-maman ?

Il l'attendait toujours dans la cuisine, mais elle secoua la tête avec un sourire las.

— Non, ma chérie. Je suis trop fatiguée pour manger. Pourquoi ne le gardes-tu pas pour demain ?

Alors que tout Paris criait famine, le jeter aurait été un crime.

— Que faisais-tu dans l'autre pièce ?

— Je bavardais avec Antoine.

— C'est un gentil garçon.

Elle le dit en regardant d'un air significatif Zoya, qui n'y prêta pas attention.

— Il va me donner l'adresse d'un médecin rue Godot-de-Mauroy. Je veux vous y emmener demain avant la répétition.

— Je n'ai pas besoin de médecin.

Elle nattait ses cheveux et, peu après, elle se hissa péniblement dans le lit. La pièce était froide et la douleur dans ses genoux intense.

— Je n'aime pas le son de votre toux.

— A mon âge, même une toux est une bénédiction. Au moins suis-je encore vivante.

— Ne parlez pas comme ça.

Elle ne disait ce genre de choses que depuis la mort de Fiodor. Sa disparition l'avait profondément déprimée, ajoutée au fait qu'elle savait qu'elles étaient presque à bout de ressources.

Zoya mit sa chemise de nuit et éteignit la lumière, puis elle prit sa grand-mère dans ses bras pour lui tenir chaud ; elles se blottirent l'une contre l'autre dans la nuit de décembre.

19

Le médecin chez qui Zoya conduisit sa grand-mère déclara qu'il s'agissait d'une toux banale et non pas de la tuberculose. Cela valait la peine de payer pour cette bonne nouvelle, mais Zoya avait dû lui donner presque tout l'argent qui leur restait. Même ses modestes honoraires étaient encore trop élevés pour leur bourse plate. Elle n'en dit cependant rien à Evgenia tandis que le prince Markovski les ramenait chez elles. Il jeta à Zoya plusieurs coups d'œil éloquents qu'elle feignit de ne pas voir et elle le laissa dans le logement en train de parler de choses et d'autres avec sa grand-mère quand elle partit pour sa répétition. Le soir à son retour, elle eut l'impression qu'Evgenia allait un peu mieux. Le médecin lui avait donné un remède contre la toux qui semblait la soulager.

Antoine était déjà dans la cuisine, en train de préparer le dîner. Il avait rapporté ce soir-là un poulet, ce qui était un régal rare. Cela signifiait qu'ils auraient non seulement de quoi dîner avec, mais encore du bouillon pour le lendemain. Tandis qu'elle mettait le couvert pour eux trois, elle se retrouva en train de se demander si Machka avait à présent les mêmes préoccupations. Peut-être que pour elle aussi le poulet représentait un luxe. Si elles avaient été ensemble, elles auraient pu en rire. Mais maintenant, il n'y avait personne avec qui s'en amuser.

— A table, dit Antoine.

Elle lui sourit et le remercia pour le nom du médecin.

— Tu n'aurais pas dû gaspiller cet argent, protesta Evgenia de son fauteuil au coin du feu.

Vladimir leur avait apporté du bois. C'était soudain un jour de richesses inattendues.

— Grand-maman, ne dites pas de bêtises.

Tous trois se régalèrent du poulet qu'Antoine servit nageant dans son bouillon et, ensuite, Zoya but à petites gorgées du thé avec eux devant le feu. Quand sa grand-mère partit se coucher, Antoine resta pour bavarder encore avec elle. Cela leur arrivait souvent, en fin de compte, au moins était-ce un interlocuteur. Il évoquait les Noëls de son enfance et il avait les yeux brillants pendant qu'ils causaient ensemble. Il adorait être près d'elle.

— Notre Noël est plus tardif que le vôtre. Il tombe le 6 janvier.

— Le Jour des Rois.

— Il y a de belles processions dans toute la Russie. Ou il y en avait. Je suppose que nous irons à l'église russe, ici.

En un sens, elle s'en faisait une fête et, par ailleurs, elle sentait que ce serait déprimant. Toutes ces âmes perdues, debout ensemble dans la clarté des cierges, se remémorant un monde disparu. Elle n'était pas sûre de pouvoir le supporter, mais elle savait que sa grand-mère insisterait pour qu'elles y aillent. Il n'y aurait sûrement pas de cadeaux cette année. Il n'y avait pas un sou de réserve pour les acheter.

Pourtant, quand vint Noël, Antoine la surprit. Il lui avait acheté une écharpe et une paire de gants chauds, ainsi qu'un tout petit flacon du parfum dont elle lui avait parlé une fois en passant. C'est le parfum qui lui toucha le cœur et lui fit monter les larmes aux yeux. C'était « Lilas », que Machka aimait tant et lui avait donné, des mois auparavant. Elle ôta le bouchon ; la fragrance délicate lui rappela le contact, la sensation, l'odeur de tout ce qu'elle aimait, et sa bien-aimée Machka. Des larmes roulaient sur ses joues quand elle se tourna vers Antoine et sans réfléchir, avec une grâce enfantine, lui jeta les bras autour du cou et l'embrassa. Le baiser était fraternel, mais Antoine trembla de la tête aux pieds à la sentir près de lui. Evgenia regardait avec, elle aussi, les larmes aux yeux. Il n'était pas ce qu'elle aurait naguère souhaité pour Zoya, mais c'était un garçon honorable, travailleur, et elle savait qu'il prendrait bien soin de sa petite-fille. Il lui avait parlé pas plus tard que la veille et elle lui avait donné sa bénédiction. Elle se sentait plus faible de jour en jour et elle était terrifiée à l'idée que, si elle mourait, il n'y aurait personne pour s'occuper de Zoya. Il fallait qu'elle l'épouse maintenant, pour le repos de l'esprit de sa grand-mère. La jeune fille, en revanche, ne se doutait pas de ce qu'ils avaient projeté quand elle le remercia chaleureusement pour le parfum. Il avait offert à sa grand-mère un châle brodé et un livre de poèmes russes. Zoya se sentit gênée qu'elles lui aient seulement acheté un agenda et un livre sur la Russie.

Elle l'avait trouvé chez un bouquiniste du quai d'Orsay, dans un sordide petit éventaire, mais il était en français et elle avait pensé que le livre pourrait lui plaire. Toutefois pas autant, et de loin, que le parfum lui plaisait à elle.

Sa grand-mère s'esquiva discrètement avec ses cadeaux et ferma sans bruit la porte de sa chambre, souhaitant en silence bonne chance à Antoine et priant que Zoya ait l'intelligence de l'accepter.

— Vous devez avoir dépensé jusqu'à votre dernier centime, le gronda-t-elle en attisant le feu tandis que Sava, qui la regardait, agitait la queue. C'était une folie, mais c'est gentil, Antoine. Merci beaucoup. Je mettrai le parfum aux grandes occasions.

Elle avait déjà décidé de le porter deux semaines plus tard pour la Noël russe. Elle ne voulait pas le gâcher avant.

Prenant place dans le fauteuil en face d'elle, il respira à fond, dans un effort pour rassembler son courage. Il avait treize ans de plus qu'elle, mais il n'avait jamais eu aussi peur de sa vie. Même Verdun avait été moins terrifiant qu'affronter cette jeune fille.

— Je voulais vous parler d'une grande occasion, Zoya. Maintenant que vous y faites allusion.

Elle le dévisagea d'un drôle d'air et il eut conscience que ses paumes devenaient moites.

— Qu'est-ce que cela veut dire ?

— Cela veut dire que...

Il sentait son cœur cogner dans sa poitrine.

— ... que je vous aime.

C'est tout juste si elle l'entendit, mais elle fixa sur lui des yeux stupéfaits.

— Vous *quoi* ?

— Je vous aime. Je vous ai aimée dès le premier jour où je suis arrivé ici. Je croyais que vous vous en doutiez.

— Comment aurais-je pu me douter d'une chose pareille ?

Elle était à la fois surprise et furieuse. Il avait tout gâché. Comment pourraient-ils rester amis maintenant s'il se montrait aussi stupide ?

— Vous ne me connaissez même pas !

— Nous avons vécu ensemble deux mois. C'est suffisamment long. Il n'y aurait même pas besoin de changer quoi que ce soit. Nous pourrions rester ici, sauf que vous coucheriez dans ma chambre.

— Charmant.

Elle se leva et arpenta la pièce.

— Une simple permutation de chambres et nous continuons exactement comme maintenant. Comment pouvez-vous même le suggérer ? Nous avons tous le ventre creux, aucun de nous ne possède un sou et vous voulez vous marier. Pourquoi ? *Pourquoi ?* Je ne vous aime pas, je ne vous connais même pas, ni vous ne me connaissez... Antoine, nous sommes des inconnus !

— Nous ne sommes pas des inconnus, nous sommes des amis. Et quelques-unes des meilleures unions commencent de cette façon.

— Je ne le crois pas. Je veux être amoureuse de l'homme que j'épouserai, follement, passionnément, totalement. Je veux que ce soit merveilleux et romanesque.

Il avait l'air bien triste pendant qu'elle l'apostrophait, mais elle s'en prenait plus au destin qui les avait placés là qu'à l'homme qui lui avait apporté son parfum favori.

— Votre grand-mère pense que nous pourrions être très heureux.

Il n'aurait rien pu dire de pire et elle se remit à arpenter la pièce, en proie à une colère tout juste maîtrisée.

— Alors, épousez ma grand-mère ! Je ne veux pas me marier. Pas maintenant ! Tout autour de nous est malade, glacé, mourant. Tout le monde crève de faim, n'a pas le sou et est malheureux. Quelle façon de commencer sa vie !

— Ce que vous dites en réalité, c'est que vous ne m'aimez pas.

Il resta assis en silence, résigné à accepter même cela. Soudain la retenue de son attitude la radoucit. Elle s'assit en face de lui et lui prit les mains.

— Non, je ne vous aime pas. Mais j'ai de la sympathie pour vous. Je croyais que vous étiez mon ami. Je n'ai jamais pensé qu'il y avait quoi que ce soit d'autre derrière. Pas sérieusement, en tout cas. Vous n'avez jamais dit...

Ses yeux se remplirent de larmes.

— Je n'osais pas. Voulez-vous y réfléchir, Zoya ?

Elle secoua la tête d'un air triste.

— Antoine, je ne pourrais pas. Ce ne serait juste ni pour l'un ni pour l'autre. Nous méritons tous deux plus que cela.

Elle jeta un coup d'œil autour d'eux puis plongea de nouveau son regard dans le sien.

— Si nous nous aimions, même cela n'aurait pas d'importance. Mais cela en a. Je ne vous aime pas, voilà.

— Vous pourriez essayer.

Il avait l'air si jeune, en dépit de ses blessures et de ses épreuves.

— Non, je ne pourrais pas. Je suis navrée…

Sur quoi elle quitta la pièce et referma sans bruit la porte de sa chambre, laissant parfum, écharpe et gants sur la table. Il jeta un coup d'œil autour de lui, éteignit les lumières et retourna dans sa chambre. Peut-être changerait-elle d'avis. Peut-être sa grand-mère réussirait-elle à la convaincre. Elle avait trouvé que c'était une idée très judicieuse. Toutefois, il savait que cette approbation était née d'un sentiment qui s'appelait non pas affection mais désespoir.

— Zoya ?

Sa grand-mère l'observait du fond de leur lit pendant qu'elle se déshabillait, tournée vers le jardin. Evgenia ne voyait pas son visage, mais elle devinait instinctivement qu'elle pleurait. Quand Zoya, en chemise de nuit, se retourna, ses yeux verts étincelaient.

— Pourquoi avez-vous fait cela, grand-maman ? Pourquoi l'avez-vous encouragé ? C'était cruel pour tous les deux.

Elle songea à la souffrance dans les yeux d'Antoine et se sentit très mal. Mais pas assez pour l'épouser par pitié. Elle devait songer à elle-même aussi. Et elle savait qu'elle ne l'aimait pas.

— Ce n'est pas cruel, c'est raisonnable. Il faut que tu épouses quelqu'un, et il prendra soin de toi. Il est professeur, honnête, et il t'aime.

— Je ne l'aime pas.

— Tu es une enfant. Tu ne sais pas ce que tu veux.

Elle se doutait aussi que Zoya rêvait toujours de Clayton, un homme qui avait plus du double de son âge et dont elle n'avait pas eu de nouvelles depuis novembre.

— Je veux aimer l'homme que j'épouse, grand-maman. Est-ce tellement demander ?

Des larmes roulaient sur ses joues quand elle se laissa tomber dans l'unique fauteuil de la pièce en serrant Sava contre elle.

— En temps normal, non. Mais dans les circonstances actuelles, oui. Il faut que tu sois raisonnable. Je suis vieille, je suis malade. Qu'est-ce que tu vas faire quand je mourrai ? Rester seule ici et continuer à danser ? Tu deviendras vieille, dure et amère. Cesse tes enfantillages maintenant. Accepte sa demande et arrange-toi pour apprendre à l'aimer.

— Grand-maman ! Comment pouvez-vous dire ça !

— Parce que j'ai vécu longtemps. Assez longtemps pour savoir quand lutter et quand renoncer, quand je dois faire des compromis avec mon cœur. Ne penses-tu pas que cela me plairait de te voir mariée avec un beau prince, là-bas à Saint-Pétersbourg, dans une maison comme celle de la Fontanka ? Mais il n'y a plus de princes, ils conduisent tous des taxis. Notre maison a disparu, la Russie n'est plus. Notre existence ici, Zoya, est tout ce qui reste, peut-être pour toujours. Il faut que tu t'adaptes. Je ne veux pas te laisser seule. Je tiens à savoir qu'on s'occupera bien de toi.

— Cela vous est donc indifférent que je ne l'aime pas ?

Evgenia secoua la tête avec tristesse.

— Cela n'a pas d'importance, Zoya. Pas maintenant. Epouse-le. Je ne crois pas que tu le regretteras.

Mais il est laid, avait-elle envie de crier... Il est estropié, boiteux...

N'empêche qu'au fond de son cœur elle savait que rien de tout cela ne compterait si elle l'aimait. La vie avec Antoine serait toujours triste, ce serait toujours moins que ce qu'elle avait souhaité. Et l'idée d'avoir des enfants avec Antoine redoublait son envie de pleurer. Elle ne voulait pas de ses bébés, elle ne voulait pas de lui. Elle ne le pouvait pas, simplement.

— Je ne peux pas.

Elle avait l'impression d'étouffer.

— Tu le peux. Et tu le dois. Pour moi, Zoya... Fais-le pour moi avant que je meure. Je voudrais être sûre que tu es en sécurité avec un homme qui te protégera.

— Me protégera contre quoi ? Contre les privations ? Nous crevons tous de faim ici. Il n'y peut rien changer. Et cela m'est égal. Je préfère être affamée toute seule qu'être mariée à un homme que je n'aime pas.

— Ne te bute pas, mon petit. Réfléchis. Donne-toi du temps. Je t'en prie... pour moi...

Ses yeux étaient suppliants et ceux de Zoya ruisselaient de larmes comme si elle avait le cœur brisé. Mais le lendemain, il n'y eut pas de larmes. Elle parla à Antoine dès la première heure.

— Je veux que vous sachiez, sans qu'il subsiste le moindre doute dans votre esprit, que je ne vous épouserai pas. Je veux oublier qu'il en ait même été question.

— Je ne peux pas. Je ne peux pas habiter avec vous ici comme ça, sachant combien je vous désire.

— Vous l'avez fait avant.

Elle eut soudain peur, à l'idée qu'elles allaient perdre leur pensionnaire.

— C'était différent. Vous n'étiez pas au courant, maintenant vous l'êtes.

— Je ferai comme si vous n'aviez rien dit.

Elle avait de nouveau l'air effrayée et enfantine, et il lui sourit tristement.

— Cela ne sert à rien. Vous êtes sûre, Zoya ? Ne pouvez-vous y réfléchir un peu ?

— Non. Je ne veux pas vous donner de faux espoirs. Je ne peux pas vous épouser. Je ne veux pas. Jamais.

— Y a-t-il quelqu'un d'autre ?

Il savait qu'elle avait un ami américain, mais il n'avait jamais cru à quelque chose de sérieux entre eux.

— Non, pas comme ça. Il n'y a qu'un rêve. Seulement, si je renonce à mes rêves maintenant, je n'aurai plus rien. Ils sont tout ce qui me reste.

— Peut-être les choses s'arrangeront-elles après la guerre. Peut-être même que nous pourrions avoir un appartement à nous.

Ses rêves étaient si modestes et les siens à elle avaient tellement plus d'envergure... elle secoua la tête et cette fois-ci il fut convaincu.

— Antoine, je ne peux pas. Croyez-moi.

— Alors, il faut que je déménage.

— Non... je vous en prie... Je jure que je me tiendrai à l'écart. Grand-maman aura le cœur brisé si vous partez.

— Et vous, Zoya ?

Elle resta debout à le regarder en silence.

— Est-ce que je vous manquerai ?

— Je croyais que vous étiez mon ami, Antoine, dit-elle tristement.

— Je le suis. Je le serai toujours. Mais je ne peux pas rester ici.

Il avait encore de l'amour-propre. Pendant qu'il emballait ses affaires cet après-midi-là, Zoya fut prise de panique. Elle le supplia de rester, lui promettant pratiquement tout sauf le mariage. Sans sa contribution au loyer et aux dépenses de nourriture, elles allaient être dans une situation encore plus désespérée. « Je n'y peux rien », fut sa seule réponse. Même Evgenia le chapitra, lui assurant qu'elle ramènerait Zoya à la raison, mais il ne se laissa pas ébranler. Il avait vu l'expression dans les yeux de la jeune fille et il avait entendu ce qu'elle disait. Elle avait raison. Elle ne pouvait pas épouser un homme qu'elle n'aimait pas. Elle n'était pas ce genre de femme.

— C'est mieux que je m'en aille. Je chercherai une autre chambre demain.

— C'est une sotte.

Evgenia le répéta à sa petite-fille ce soir-là. Elle ratait son unique chance de mariage.

— Cela m'est égal si je ne me marie jamais, répliqua Zoya en se remettant à pleurer.

Le lendemain matin, quand elle se leva, Antoine avait pris ses affaires et était parti en lui laissant une lettre. Il y avait trois billets de banque tout neufs sur la table, la lettre lui souhaitait une vie heureuse et, pour l'empêcher de s'envoler, il avait posé dessus le flacon de parfum qu'il lui avait offert pour Noël.

Evgenia éclata en sanglots quand elle le vit et Zoya mit sans rien dire les trois billets de banque tout craquants dans sa poche.

20

Les deux semaines qui suivirent furent mornes dans le logement voisin du Palais-Royal. Les ballets faisaient relâche pour trois semaines et, bien qu'elles aient passé le mot par Vladimir, aucun nouveau pensionnaire ne s'était présenté. Emplie de désolation par la décision de Zoya, Evgenia semblait avoir vieilli presque en une nuit et, même si sa toux s'était calmée, elle donnait l'impression de décliner. Elle reprochait presque quotidiennement à Zoya son attitude envers Antoine et leur situation financière devint si catastrophique que, peu après le Nouvel An, Evgenia descendit péniblement l'escalier et demanda à Vladimir de la conduire chez le bijoutier de la rue Cambon.

Le déplacement n'en valait guère la peine, mais elle estimait qu'elle n'avait pas le choix. Elle déballa soigneusement le paquet qu'elle avait apporté, dévoilant l'étui à cigarettes en or de Constantin, ainsi que trois boîtes souvenirs en argent de Nikolaï. Sur ces dernières figuraient la représentation en émail de ses insignes militaires, des dédicaces amusantes et les noms de ses amis. L'une d'elles était ornée d'une petite grenouille, une autre d'une file d'éléphants blancs en émail. Elles étaient tout ce à quoi il tenait ou qui avait une signification pour lui, et chacune lui avait été offerte par des amis. Elle s'était promis et avait promis à Zoya longtemps auparavant de ne jamais les vendre.

Le bijoutier reconnut instantanément des œuvres de Fabergé, mais il en avait déjà vu plus d'une dizaine du même genre.

— Je ne peux pas vous en offrir grand-chose, s'excusa-t-il.

La somme qu'il inscrivit fit monter les larmes aux yeux d'Evgenia, mais il fallait qu'elles mangent. Elle avait tant espéré pouvoir les conserver.

— Je suis désolé, madame.

Incapable de proférer un mot, elle inclina la tête en silence avec dignité et accepta la somme modique qu'il proposait. Cela leur permettrait de vivre moins d'une semaine, à condition de ne rien acheter de trop extravagant.

Le prince Vladimir remarqua que la vieille dame était pâle quand elle sortit mais, comme toujours, il s'abstint de poser des questions de mauvais goût. Il se contenta de la ramener chez elle, après un arrêt pour acheter du pain et un hareng. Zoya les attendait quand ils revinrent, l'air déprimée mais extrêmement jolie.

— Où étiez-vous donc ? demanda-t-elle en installant sa grand-mère dans un fauteuil pendant que Vladimir descendait chercher un complément de bois à brûler.

— Vladimir m'a emmenée en promenade.

Mais Zoya se douta que cela ne s'arrêtait pas là.

— Seulement ?

Evgenia s'apprêtait à dire oui quand les larmes lui montèrent aux yeux et elle se mit à pleurer, se sentant lasse et vieille, comme si finalement la vie l'avait trahie. Elle ne pouvait même pas se permettre de mourir. Elle devait encore s'occuper de Zoya.

— Qu'avez-vous fait, grand-maman ?

Elle avait peur, tout à coup, mais la vieille dame se moucha dans le seul mouchoir de dentelle qui lui restait.

— Rien, ma chérie. Vladimir a très gentiment offert de nous conduire à la cathédrale Saint-Alexandre-Nevski demain matin.

Pour elles, c'était la veille de Noël – treize jours plus tard que pour les catholiques – et Zoya savait que tous les Russes de Paris seraient là-bas, mais elle se demanda s'il était bien sage pour sa grand-mère de se rendre à l'église afin d'assister à une longue messe. Elle-même n'était d'ailleurs pas d'humeur à y aller, mais sa grand-mère se redressa de toute sa taille d'un air sévère, puis sourit à Vladimir, qui remontait avec le bois.

— Vous êtes sûre que cela ne vous fatiguera pas trop, grand-maman ?

— Naturellement.

Quelle importance maintenant, au fond ?

— Jamais de ma vie je n'ai manqué la messe de Noël.

Mais toutes deux savaient que cette année serait dure pour elles. Avec tant de disparus, le service ne pourrait que leur rappeler l'année précédente, où elles avaient fêté Noël entourées de tous ceux qui leur étaient chers. Zoya avait pensé toute la journée à Machka et aux autres, qui passeraient Noël à Tobolsk.

— Je serai là demain matin à neuf heures, promit Vladimir en partant.

Zoya projetait de porter sa plus belle robe, et sa grand-mère avait lavé et repassé son unique col de dentelle en bon état pour orner la robe noire que la jeune fille lui avait achetée.

Ce fut une veille de Noël bien solitaire dans le logement silencieux, avec la chambre d'Antoine dont le vide béait comme un reproche. Evgenia l'avait proposée à Zoya quelques jours auparavant, mais elle se rendit compte qu'elle n'avait pas le cœur à s'y installer. Après Fiodor et Antoine, elle ne voulait pas de cette chambre et préférait continuer à dormir avec sa grand-mère jusqu'à ce qu'elles trouvent un autre pensionnaire.

Elles partagèrent le bortch maigre traditionnel de la veille de Noël et le hareng, essayant de ne pas se rappeler d'autres veilles de Noël des temps heureux. La famille se réunissait toujours à la maison ce soir-là et passait le lendemain à Tsarskoïe Selo pour y célébrer la Nativité avec Nicolas et les autres. Au lieu de cela, elles émirent des commentaires sur le hareng, parlèrent de la guerre, mentionnèrent Vladimir, n'importe quoi pour éviter leurs propres pensées. Quand Zoya entendit frapper discrètement à la porte, elle se leva pour voir qui c'était, écartant de la main Sava, qui espérait un peu de leur poisson.

— Oui ?

Zoya se demandait si c'était la réponse à leurs prières et si un nouveau locataire allait apparaître, envoyé à elles par Vladimir ou un de leurs amis. Cependant le moment était curieusement choisi. Zoya fut abasourdie quand elle entendit une voix familière... Cela ne pouvait pas être... mais si, ça l'était. Elle ouvrit la porte et resta plantée là à le contempler avec des yeux écarquillés, enregistrant du regard son uniforme des grands jours, ses épaulettes, son calot avec ses barrettes de cuivre d'officier d'état-major, son visage grave et ses yeux bleus chaleureux.

— Joyeux Noël, Zoya.

C'était Clayton qui se tenait là. Elle ne l'avait pas vu depuis quatre mois, mais il savait l'importance de cette date pour elles et il avait remué ciel et terre afin de quitter Chaumont à temps pour être avec elles. Il avait quatre jours de permission, qu'il voulait passer avec Zoya.

— Puis-je entrer ?

Elle demeurait clouée sur place, incapable de proférer un son, le dévisageant avec une stupeur muette.

— Je... Mon Dieu... C'est bien vous ?

— Je le crois.

Il sourit et se pencha pour déposer gentiment un baiser sur sa joue. Leur flirt de l'été précédent n'était pas allé plus loin, mais maintenant il mourait d'envie de la prendre dans ses bras. Il avait presque oublié à quel point elle était belle, souple et gracieuse.

Elle le suivit dans le logement, regardant gaiement ses larges épaules et son dos droit comme un I ; son cœur se gonfla de joie tandis qu'il saluait sa grand-mère, puis elle remarqua qu'il portait un sac, d'où il sortit ce qui était pour elles des trésors sans pareils. Il y avait des petits gâteaux tout frais qu'il avait pris au quartier général, une boîte de bonbons en chocolat, trois grosses saucisses, une laitue, des pommes et une bouteille de vin provenant de la cave du général Pershing. C'étaient des richesses inouïes, inaccessibles pour elles depuis des mois. Mais c'est sur lui que se concentrait l'attention de Zoya, qui avait dans ses grands yeux dilatés une expression d'adoration.

— Joyeux Noël, comtesse, dit-il sobrement. Vous m'avez manqué, toutes les deux.

— Mais pas moitié autant qu'il avait manqué à Zoya. Elle s'en rendait compte plus intensément maintenant qu'il était là devant elle.

— Merci, capitaine. Quelles nouvelles de la guerre ? demanda gravement Evgenia.

Elle observait sa petite-fille, et ce qu'elle vit lui réchauffa le cœur et la dérida aussitôt. Voici l'homme que voulait Zoya, consciemment ou non. C'était bien évident. Un bel homme imposant, dont la haute silhouette virile faisait paraître tout minuscule autour de lui dans leur petite salle à manger.

— Malheureusement, elle n'est pas encore terminée, mais les choses évoluent. Nous devrions avoir la situation sous contrôle d'ici quelques mois.

Les reliefs de leur dîner étaient toujours sur la table, bien misérables, et Zoya jeta un coup d'œil gourmand aux chocolats. Elle rit en en offrant un à sa grand-mère, puis en avala deux, comme un enfant affamé, et Clayton rit à son tour. Il était follement heureux de la voir.

— Il faudra que je me rappelle combien vous les aimez, dit-il d'un ton taquin en prenant doucement sa main dans la sienne.

— Hmm ?... Formidable !... Merci beaucoup.

Evgenia rit en la regardant, elle semblait de nouveau si jeune et si heureuse. Par-dessus sa tête, les yeux du capitaine plongèrent dans ceux de la comtesse. Elle avait considérablement vieilli au cours des quatre derniers mois, et toutes deux lui donnaient l'impression d'être plus maigres maintenant, lasses et marquées par les soucis, mais Zoya lui semblait merveilleusement belle. Il mourait d'envie de la prendre dans ses bras rien que pour la sentir contre lui.

— Asseyez-vous, je vous en prie, capitaine, le convia Evgenia, élégante et aristocratique en dépit de son âge, de ses douleurs et de ses sacrifices constants pour Zoya.

— Merci. Allez-vous à l'église ce soir, mesdames ?

— Non. C'est pour Pâques qu'on célèbre un office de minuit dans l'Eglise orthodoxe. Nous irons demain matin, rue Daru. Aimeriez-vous vous joindre à nous, monsieur ? proposa Evgenia.

— J'en serais très heureux.

Il ouvrit la bouteille de vin tandis que Zoya sortait les verres qu'il leur avait donnés l'été précédent et le regardait en silence les remplir. C'était comme un rêve de le voir là dans son uniforme, comme une apparition, et elle se rappela soudain ce qu'elle avait dit à Antoine. Elle ne pouvait épouser un homme qu'elle n'aimait pas. Elle comprit que cet homme-là, elle l'aimait, que s'il lui demandait de l'épouser, elle accepterait en dépit de tout ce qui les séparait... mais c'étaient là des pensées ridicules. Elle n'avait pas eu de ses nouvelles depuis deux mois. Elle ne savait pas ce qu'il éprouvait à son égard, s'il avait la moindre affection pour elle. Tout ce dont elle était sûre, c'est qu'il se montrait généreux, aimable, et qu'il avait resurgi dans son existence la veille de Noël. Rien de plus. En revanche, Evgenia, qui les observait tous les deux, en savait davantage, plus que Clayton lui-même n'en avait présentement conscience.

217

Ce dernier s'esquiva rapidement en promettant qu'il serait là de bonne heure le lendemain.

Le matin de Noël, Vladimir arriva un peu avant neuf heures. Il eut l'air stupéfait en voyant Clayton. La comtesse les présenta l'un à l'autre, et Vladimir examina le visage de l'Américain, se demandant qui il était et ce qu'il faisait là, mais le brillant des yeux de Zoya était éloquent. C'était comme si elle avait survécu à ces derniers mois uniquement pour connaître ce moment.

Clayton la suivit dans la cuisine, laissant Evgenia et le prince dans la salle à manger. Il posa doucement la main sur son bras et l'attira lentement à lui. Il effleura de ses lèvres sa chevelure soyeuse et ferma les yeux quand il la tint contre lui.

— Vous m'avez terriblement manqué... Je voulais vous écrire, mais je ne pouvais pas. Tout est ultra-secret maintenant. C'est même miraculeux que l'on m'ait laissé venir ici.

Il travaillait avec Pershing à la mise en place des divisions américaines sur le front. Il s'écarta d'elle et la contempla de ses yeux bleus au regard chaleureux.

— Vous ai-je manqué un peu ?

Elle fut incapable de répondre et à la place ses yeux s'emplirent de larmes. Tout avait été si difficile pour elles, leur pauvreté, le manque de nourriture, la rigueur de l'hiver, la guerre. C'était un cauchemar et maintenant tout d'un coup il était là avec ses gâteaux, son vin et ses bras vigoureux noués solidement autour d'elle.

— Vous m'avez énormément manqué, répondit-elle d'une voix basse et étranglée.

Elle détourna la tête. Elle ne voulait pas le regarder, de peur qu'il lise trop de choses dans ses yeux. Pourtant elle se sentait vraiment en sécurité auprès de lui, comme si elle l'avait attendu une vie entière. Elle entendit à ce moment une toux polie sur le seuil de la cuisine et tous deux se retournèrent. C'était le prince Vladimir, qui les observait avec une secrète envie.

— Il faut que nous partions bientôt pour l'église, Zoya Constantinovna, lui dit-il en russe. Nous accompagnerez-vous, monsieur ? ajouta-t-il à l'adresse de Clayton.

— Cela me ferait grand plaisir. Votre grand-mère est d'accord ? demanda-t-il à Zoya.

— Bien sûr que oui.

La jeune fille répondit pour elles deux, surtout pour elle-même, tout en se demandant où il logeait. Elle songea à lui offrir la chambre d'Antoine, mais se douta avec justesse que sa grand-mère ne trouverait pas cela convenable. Non que ce genre de considération eût encore de l'importance. Que signifient les convenances quand on n'a ni nourriture, ni argent, ni chaleur, et que le monde où l'on a vécu n'existe plus ? Qui restait-il même pour se soucier de ce qui est convenable ? Tout cela lui semblait bien ridicule maintenant, comme Clayton la prenait doucement par la main et l'entraînait hors de la cuisine. Sava s'élança sur leurs talons, le nez levé vers eux, avec l'espoir d'obtenir quelque chose à manger. Zoya lui tendit discrètement un des précieux petits gâteaux.

Sa grand-mère alla chercher son chapeau et son manteau, elle-même prit son vieux manteau qui était accroché à une patère près de la porte, tandis que les deux hommes attendaient en bavardant poliment de la guerre, du temps qu'il faisait et des perspectives de paix dans les prochains mois. Vladimir avait l'air de l'examiner d'un œil critique, néanmoins il n'arrivait pas à le trouver antipathique. L'Américain était trop vieux pour Zoya, bien entendu, et Evgenia commettrait une sottise si elle laissait quelque chose se passer entre eux. Quand la guerre serait finie, il retournerait à New York et oublierait la jolie jeune fille avec qui il s'était amusé à Paris. Mais

Vladimir ne pouvait pas le blâmer de la désirer, évidemment. Lui-même continuait à rêver d'elle, bien que faisant la cour depuis plus d'un mois maintenant à l'une des amies de sa fille. C'était une vigoureuse jeune femme russe de bonne famille, qui était venue à Paris le printemps précédent, comme le reste d'entre eux, et qui gagnait modestement sa vie en faisant de la couture à domicile. Elena et elle le rejoindraient à l'église.

Clayton aida la vieille comtesse à descendre l'escalier, suivi des yeux par Zoya, et Vladimir les conduisit à son taxi. Ils roulèrent lentement dans les rues silencieuses. Clayton regardait tout autour de lui et surtout Zoya. Elle donnait l'impression d'avoir besoin de distractions et de quelques bons repas. Elle avait aussi besoin d'un manteau neuf, le sien paraissait presque usé jusqu'à la corde dans le vent qui sifflait quand ils s'arrêtèrent devant Saint-Alexandre-Nevski.

C'était une belle église et il y avait déjà foule à l'intérieur au moment de leur arrivée. Ils pouvaient entendre l'orgue depuis le parvis. Une fois entrés, ils furent environnés par un brouhaha feutré. Cela sentait bon l'encens, et il faisait chaud ; soudain les larmes montèrent aux yeux de Zoya lorsqu'elle se vit entourée de visages familiers et entendit tout le monde parler russe. C'était presque comme se retrouver dans leur patrie, chacun tenant une bougie, le visage animé et chaleureux. Vladimir en tendit une à Evgenia, une autre à Clayton, et Zoya en prit une à un petit garçon. Celui-ci leva les yeux vers elle avec un sourire timide et lui souhaita un « Joyeux Noël ». Son esprit fut alors envahi par le souvenir d'autres Noëls, d'autres jours... de Machka et d'Olga, de Tatiana et d'Anastasia... de tante Alix et d'oncle Nicky... et du petit Alexis... Ils allaient ensemble à la messe de Pâques chaque année... Tandis qu'elle tentait de refouler ces souvenirs, Clayton lui prit doucement la main et la garda dans la sienne, comme s'il lisait dans son esprit et sentait ce qu'elle y voyait. Il fut bouleversé par la beauté des voix du chœur qui s'élevaient puissamment en slavon, la langue liturgique russe. Des larmes roulaient lentement sur les joues des hommes, et bon nombre de femmes pleuraient en se rappelant la vie qu'elles avaient partagée dans un lieu dont elles se souviendraient à jamais. C'était presque plus que Zoya ne pouvait supporter, les odeurs, les bruits, les sensations n'étaient que trop cruellement familiers. En fermant les yeux, elle pouvait imaginer que Nikolaï était là, avec son père et sa mère. C'était comme si elle était redevenue enfant quand, debout contre Clayton, elle s'efforçait de croire qu'ils étaient toujours en Russie.

Après le service, d'innombrables personnes qu'elles connaissaient vinrent les trouver. Les hommes s'inclinaient et baisaient la main d'Evgenia ; Clayton regardait ces gens pleurer ouvertement et s'étreindre. Zoya le présenta autour d'elle. Il y avait bien des visages qui lui semblaient familiers, sans qu'elle pût mettre un nom sur tous. En revanche, eux la connaissaient, ainsi qu'Evgenia. Le grand-duc Cyrille était présent, ainsi que d'autres cousins des Romanov, dont l'expression dissimulait mal les tribulations. C'était pénible d'être là et en même temps réconfortant, comme un bref voyage dans un passé que tous voulaient retrouver et revivraient jusqu'à leur dernier jour.

Debout à côté de Vladimir, Evgenia avait l'air épuisée. Droite et fière, elle saluait tous ceux qui venaient la voir. Il y eut un moment terrible quand le grand-duc Cyrille vint la trouver et sanglota comme un enfant. Ni l'un ni l'autre ne put parler et Evgenia l'effleura dans une bénédiction muette. Alors Zoya la prit doucement par le bras puis, après un coup d'œil à Vladimir, la conduisit silencieusement à son taxi. Elle se laissa aller contre le dossier de la banquette avec un soupir las et une expression dans les yeux qui en disait long.

— C'était un office magnifique, dit Clayton à mi-voix, ému au-delà des mots.

On sentait leur amour, leur fierté, leur foi et leur chagrin. C'était presque comme si, d'un même élan silencieux, ils avaient prié pour leur tsar, sa femme et ses enfants. Clayton se demanda si Zoya avait reçu d'autres nouvelles de Marie, mais il ne voulut pas la questionner devant Evgenia. C'était bien trop pénible.

— Merci de m'avoir laissé venir, ajouta-t-il.

Clayton remonta avec elles quand ils arrivèrent au logement et Vladimir servit du vin. En voyant les yeux tristes et le visage fatigué d'Evgenia, Clayton regretta de ne pas leur avoir apporté du cognac. Il regarnit le feu et caressa machinalement Sava tandis que Zoya grignotait un autre gâteau.

— Vous devriez vous allonger, grand-maman.

— Dans une minute.

Elle voulait rester assise là un moment à se souvenir, puis elle les regarda tous avec tendresse.

— Joyeux Noël, mes enfants. Que Dieu vous bénisse tous !

Elle prit une gorgée de vin, puis se leva lentement.

— Je vais vous laisser maintenant. Je suis très lasse.

Clayton vit qu'elle pouvait à peine marcher quand Zoya l'aida à regagner leur chambre. La jeune fille revint quelques minutes plus tard. Vladimir prit congé peu de temps après, avec un dernier regard d'envie à Clayton, mais il lui sourit. Il avait de la chance que Zoya le considère avec cette expression-là. Elle était si jeune, si vivante, si jolie.

— Joyeux Noël, Zoya.

Il avait les yeux tristes, encore ému par la messe.

— Joyeux Noël à vous, prince, et merci.

Il l'embrassa sur les deux joues et descendit en hâte retrouver son taxi. Sa fille et son amie l'attendaient chez lui. Quand la porte fut refermée, Zoya se tourna gravement vers Clayton. Comme tout cela était doux et amer à la fois, l'ancien et le nouveau, l'heureux et le triste. Les souvenirs et le réel... Constantin, Nikolaï... Vladimir... Fiodor... Antoine... et maintenant Clayton... Elle le regarda, se les rappelant tous, et ses cheveux brillaient comme de l'or à la clarté du feu. Il s'approcha d'elle doucement et prit ses mains dans les siennes, puis sans un mot il l'enlaça et l'embrassa.

— Joyeux Noël.

Il le dit en russe, comme il l'avait entendu à Saint-Alexandre-Nevski.

Elle le lui souhaita à son tour et, pendant un long moment, il la garda dans ses bras en silence. Il lui caressait doucement les cheveux et écoutait crépiter le feu tandis que Sava dormait à côté d'eux.

— Je vous aime... Zoya...

Il n'avait pas voulu le lui dire déjà, il avait voulu en être sûr, tout en l'étant. Il le savait depuis septembre, quand il l'avait quittée.

— Je vous aime aussi.

Elle chuchota les mots qui étaient si faciles à dire.

— Oh, Clayton... je vous aime...

Mais bien sûr il y avait la guerre, et un de ces jours il serait obligé de quitter Paris et de retourner à New York. Elle se refusait à y songer à présent. Elle ne le pouvait pas.

Il l'entraîna doucement vers le divan, où ils s'assirent main dans la main comme deux enfants heureux.

— Je me suis fait un souci monstre pour vous. J'aurais voulu pouvoir rester ici pendant tous ces mois.

Et voilà qu'ils n'avaient que quatre jours, un minuscule îlot d'instants dans une mer agitée qui risquait de les submerger n'importe quand.

— Je savais que vous alliez revenir, dit-elle en souriant. Tout au moins je l'espérais.

Plus que jamais elle se félicita de n'avoir pas laissé sa grand-mère la forcer à épouser Antoine. Si elle l'avait écoutée, elle aurait peut-être été mariée avec lui, ou même avec Vladimir, avant que Clayton revienne la voir.

— J'ai essayé de lutter.

Il soupira et étendit ses longues jambes sur l'affreux tapis aux dessins pourpres. Au cours des derniers mois, il était devenu encore plus élimé. Tout dans le logement avait l'air défraîchi, vieux et minable, excepté la belle jeune fille à côté de lui, aux yeux verts et aux cheveux roux, au visage aux traits nettement dessinés avec une perfection de camée, le visage dont il avait rêvé pendant des mois en dépit de toutes les raisons qu'il se donnait de l'oublier.

— Je suis trop âgé pour vous, Zoya. Il vous faut quelqu'un de jeune pour découvrir la vie avec vous et vous rendre heureuse.

Mais qui cela pouvait-il être ? Le fils de quelque prince russe, un garçon aussi démuni qu'elle ? La vérité, c'était qu'elle avait besoin de quelqu'un qui prenne soin d'elle, et il avait envie d'être ce quelqu'un-là.

— Vous me rendez heureuse, Clayton. Plus heureuse que je ne l'ai jamais été... confia-t-elle avec un sourire sincère. En tout cas depuis bien bien longtemps.

Elle tourna vers lui un regard grave.

— Je ne veux pas de quelqu'un de plus jeune. Qu'on soit jeune ou vieux n'a pas d'importance. C'est ce qu'on éprouve qui compte. Je me moque que vous soyez riche ou pauvre, âgé de dix ou de cent ans. Quand on aime quelqu'un, rien de cela ne devrait compter.

— Mais quelquefois cela compte, mon petit.

Il était plus âgé et plus expérimenté qu'elle.

— La période est trouble, vous avez tout perdu et vous êtes coincée ici dans une guerre, en terre étrangère. Nous sommes l'un et l'autre des étrangers ici... mais plus tard, quand la situation sera plus calme, vous me regarderez peut-être en vous demandant : Qu'est-ce que je fais avec lui ?

Il lui sourit, saisi de la crainte que cela arrive exactement comme il le prédisait.

— La guerre entraîne de drôles de situations, conclut-il.

Il en avait été le témoin pour d'autres.

— Pour moi, cette guerre est éternelle. Je ne peux plus revenir dans mon pays. Oh... il y en a qui pensent que nous y retournerons un jour... mais il y a eu une autre révolution. Tout sera toujours différent. Et nous sommes ici maintenant. C'est là qu'est notre vie, c'est la réalité...

Elle le considéra avec gravité, cessant soudain d'appartenir au monde de l'enfance, si jeune qu'elle fût par le compte des années.

— Tout ce que je sais, c'est combien je vous aime.

— Vous me rajeunissez, petite Zoya.

Il la serra de nouveau contre lui et elle eut conscience de sa chaleur, de sa force, toutes ces bonnes choses qu'elle avait appréciées voilà longtemps quand elle était dans les bras de son père.

— Vous me rendez si heureux.

Cette fois-ci, elle l'embrassa ; il resserra subitement son étreinte et dut lutter contre son désir. Il avait trop longtemps rêvé d'elle, brûlé pour elle, eu besoin d'elle et, à présent, il maîtrisait tout juste ses sentiments et son ardeur. Il se leva et alla à la fenêtre regarder le jardin, puis se tourna lentement vers elle, se demandant quel chemin leurs vies allaient suivre maintenant. Il était venu à Paris pour la voir et pourtant, soudain, il avait peur de ce qui pourrait arriver. Seule Zoya avait l'air tranquille et calme, certaine qu'elle agissait bien en étant là avec lui. Elle avait les yeux emplis de paix en le regardant.

— Je ne veux rien faire que vous regretteriez, petite.

Puis :

— Est-ce que vous dansez, cette semaine ?

225

Elle secoua la tête et il sourit.

— Tant mieux, alors nous aurons du temps à nous avant que je sois obligé de retourner à Chaumont.

Il se dirigea vers la porte.

— Je dois vous quitter, maintenant.

Il était trois heures du matin mais elle n'était pas fatiguée quand elle le raccompagna, Sava sur les talons.

— Où logez-vous ?

— Le général a eu la grande amabilité de me laisser disposer de la maison d'Ogden Mills, cette fois-ci.

C'était là qu'ils avaient fait connaissance, le bel hôtel particulier proche de la rue de Varenne, sur la rive gauche, où ils s'étaient promenés dans le jardin le soir de la réception en l'honneur des Ballets russes.

— Puis-je venir vous chercher demain matin ?

Elle acquiesça d'un signe de tête joyeux.

— J'en serais ravie.

— Je serai là à dix heures.

Il l'embrassa de nouveau sur le seuil, ne sachant pas où cela les mènerait mais intimement conscient que tout retour en arrière était à présent impossible.

— Bonne nuit, capitaine, dit-elle d'une voix taquine, ses yeux scintillant comme jamais auparavant. Bonne nuit, mon amour, lança-t-elle à mi-voix comme il descendait vivement l'escalier d'un pas qui avait envie de danser.

Il ne pouvait s'empêcher de sourire pour lui-même, songeant que de sa vie il n'avait jamais été aussi heureux.

21

— Tu as dû te coucher très tard hier soir ? lança d'une voix unie sa grand-mère, au petit déjeuner.

Zoya lui avait coupé en tranches quelques-unes des pommes et fait griller de précieuses tartines du pain apporté par Clayton.

— Pas vraiment.

Elle détourna les yeux en buvant son thé à petites gorgées, puis avala subrepticement un chocolat.

— Tu es encore une enfant, mon petit.

Sa grand-mère le dit presque avec tristesse en la regardant. Elle savait ce qui se préparait et elle avait peur pour elle. C'était un homme bien, mais la situation n'était pas souhaitable. C'était ce que Vladimir lui avait dit la veille au soir et elle ne pouvait pas lui donner tort, même si elle savait aussi qu'elle ne pouvait pas retenir Zoya. Peut-être le capitaine serait-il plus sage que la fillette, mais étant venu de Chaumont pour la voir, c'était peu probable, à son avis. Rien qu'à le regarder, on se rendait bien compte qu'il était éperdument amoureux de Zoya.

— J'ai dix-huit ans, grand-maman.

— Qu'est-ce que cela veut dire ?

La vieille dame eut un sourire mélancolique.

— Cela signifie que je ne suis pas aussi bête que vous le croyez.

— Tu es assez sotte pour être tombée amoureuse d'un homme assez âgé pour être ton père. Un homme qui est en pays étranger, dans une armée en guerre, un homme qui rentrera chez lui un jour et te laissera ici. Penses-y avant de faire une bêtise.

— Je ne vais pas faire de bêtise.

— Veilles-y.

Mais elle était déjà amoureuse de lui et cela suffisait pour qu'elle souffre quand il partirait. Et il partirait, une fois la guerre finie, sinon même avant.

— Il ne t'épousera pas. Il faut que tu le saches.

— Je n'ai pas envie de l'épouser.

C'était un mensonge et toutes deux le savaient.

Quand Clayton arriva au logement peu après le petit déjeuner, il remarqua l'expression réservée de la vieille dame. Il lui avait apporté des fleurs, cette fois-ci, avec trois œufs frais et un autre pain.

— Je vais engraisser pendant vos visites, capitaine.

Elle lui sourit aimablement. C'était un homme charmant. Mais elle avait toujours très peur pour Zoya.

— Aucun danger, madame. Aimeriez-vous faire un tour à pied avec nous aux Tuileries ?

— Cela me plairait beaucoup.

Elle sourit, se sentant presque jeune elle-même de nouveau. Il donnait l'impression d'apporter partout avec lui du soleil et du bonheur, avec ses cadeaux pleins d'attention et ses manières aimables, si semblable à son propre fils, dont il avait le regard chaleureux et la gaieté.

— Mais je crains que mes genoux ne soient pas d'accord. J'ai comme un peu de rhumatismes, cet hiver.

Ce « comme un peu de rhumatismes » dont elle parlait aurait paralysé une femme au caractère moins fort qu'elle. Seule Zoya se doutait de ce qu'elle endurait.

— Me permettez-vous d'emmener Zoya se promener, alors ?

Il avait une excellente éducation, le respect des convenances, et il lui inspirait une immense sympathie.

— C'est très aimable à vous de me le demander, jeune homme. Je ne pense pas pouvoir en empêcher Zoya.

Tous deux rirent pendant que cette dernière allait chercher ses affaires, l'éclat de ses joues rosies de joie éclipsant l'usure de ses vêtements, l'air fané de ses robes, et pour la première fois depuis des mois, elle éprouva une folle envie d'avoir de nouveau quelque chose de joli à se mettre. Elle avait eu tant de toilettes ravissantes à Saint-Pétersbourg, toutes brûlées et anéanties maintenant, mais pas encore oubliées.

Elle dit au revoir à sa grand-mère en l'embrassant, et la vieille dame les regarda partir, heureuse pour eux, comme Clayton prenait Zoya par la main. Ils donnaient l'impression d'illuminer la pièce avec leur joie. La jeune fille bavardait gaiement, en dévalant l'escalier. La voiture de Clayton était garée au pied de l'immeuble.

— Eh bien, où aimeriez-vous aller ? lui demanda-t-il avec un sourire, une fois installé au volant. Je suis entièrement à votre service.

Elle était libre, elle aussi. Il n'y avait pas à se soucier de répétitions ou de représentations. Elle pouvait passer tous ses instants avec Clayton.

— Allons au faubourg Saint-Honoré. Je veux regarder toutes les boutiques. Je n'ai jamais le temps de faire des choses comme ça, et d'ailleurs cela ne rimerait pas à grand-chose finalement.

Pendant qu'ils roulaient, elle lui expliqua que Machka et elle adoraient les belles toilettes et que les robes de tante Alix étaient des merveilles.

— Ma mère était toujours habillée magnifiquement. Mais elle n'était jamais heureuse.

C'était un curieux aveu à lui faire, mais elle trouvait naturel de tout lui dire, elle voulait partager chaque pensée, chaque souhait, chaque rêve, chaque souvenir, afin qu'il la connaisse mieux.

— Maman était très nerveuse. Grand-maman dit que papa la gâtait, ajouta Zoya en pouffant, redevenue gamine.

— Vous devriez aussi être gâtée. Peut-être le serez-vous un jour, exactement comme votre mère.

Elle lui rit au nez comme ils garaient la voiture et descendaient pour se promener à pied.

— Je ne pense pas que cela me rendrait nerveuse.

Il rit à son tour et passa la main de Zoya dans le creux de son bras, puis ils s'en allèrent à l'aventure, et les heures donnèrent l'impression de filer comme des minutes.

Ils déjeunèrent au café de Flore, et il songea qu'elle paraissait plus gaie que l'été précédent. A l'époque, elle était encore en état de choc, mais maintenant une partie au moins de son chagrin s'était atténuée. Neuf mois s'étaient écoulés depuis son arrivée à Paris. C'était difficile de croire qu'un an seulement auparavant elle se trouvait à Saint-Pétersbourg, menant une vie normale.

— Avez-vous eu des nouvelles de Marie, ces temps derniers ?

— Oui, finalement. Elle paraît se plaire à Tobolsk, mais elle a si bon caractère que ce n'est pas étonnant. Elle dit que la maison où elle habite est minuscule, ses sœurs et elle partagent la même chambre, et oncle Nicky leur donne tout le temps des cours d'histoire. Elle dit que, même en Sibérie, elles continuent à avoir des leçons. Ils pensent qu'ils pourront peut-être partir bientôt de Russie. Oncle Nicky dit que les révolutionnaires ne leur feront pas de mal, ils veulent simplement les garder là pour le moment. Mais cela semble tellement cruel de leur part, et tellement stupide.

Zoya était toujours irritée contre les Anglais, qui ne leur avaient pas donné asile au mois de mars précédent. Si ces derniers avaient accepté de les recevoir, ils seraient tous réunis à présent, à Londres ou à Paris.

— Je suis sûre que grand-maman serait allée à Londres s'ils y étaient.

— Alors je ne vous aurais pas rencontrée, n'est-ce pas ? Ç'aurait été terrible. Peut-être est-ce aussi bien que vous ayez été obligées de venir à Paris, en attendant qu'ils quittent la Russie.

Il ne tenait pas à l'inquiéter, mais il n'avait jamais fermement partagé la conviction de certains que le tsar et sa famille seraient finalement en sécurité en Russie. Toutefois ce n'était qu'un sentiment personnel et il ne voulait rien dire qui la soucie. Ils terminèrent leur déjeuner puis descendirent le boulevard Saint-Germain sous le soleil d'hiver. Le déjeuner avait été agréable, et elle se sentait libre comme l'air, sans représentations ni répétitions.

En flânant, ils aboutirent rue de Varenne, s'apercevant tous deux qu'ils étaient à proximité de l'endroit où Clayton logeait.

— Voulez-vous venir un moment à la maison ?

Elle en avait gardé un bon souvenir depuis la soirée où ils avaient fait connaissance et elle hocha joyeusement la tête pendant qu'ils poursuivaient leur chemin. Il lui parla de New York, de son enfance et de ses années d'études à Princeton. Il dit qu'il habitait une maison de la Cinquième Avenue, elle pensa que ce devait être très bien.

— Pourquoi n'avez-vous pas eu d'enfants quand vous étiez marié ? N'en vouliez-vous pas ?

Elle avait la candeur de la jeunesse, l'audace d'aborder les questions délicates que l'on évite quand on est plus âgé. L'idée ne lui vint même pas que peut-être il ne pouvait pas avoir d'enfants.

— Je l'aurais souhaité, mais ma femme n'en voulait pas. C'était quelqu'un d'une grande beauté et d'un grand égoïsme, qui s'intéressait beaucoup plus à ses chevaux. Elle a un magnifique haras en Virginie à présent, où elle entretient un équipage de chasse. Montiez-vous beaucoup à cheval quand vous étiez en Russie ?

— Oui, répliqua-t-elle en souriant, l'été à Livadia et quelquefois à Tsarskoïe Selo. Mon frère m'a appris à monter quand j'avais quatre ans. Il était infernal et, chaque fois que je tombais, il disait que j'étais stupide.

Mais rien qu'à sa façon d'en parler, Clayton comprit qu'elle avait adoré son frère.

Ils étaient parvenus devant l'hôtel particulier d'Ogden Mills, et Clayton ouvrit la porte avec sa clef. Personne d'autre que lui n'y résidait à l'époque. Tous les membres de l'état-major du général se trouvaient à Chaumont.

— Aimeriez-vous une tasse de thé ? questionna-t-il comme leurs pas éveillaient des échos dans le hall de marbre.

— Cela me plairait bien.

Il faisait froid dehors et elle avait oublié ses gants chez elle. Soudain, sans raison, elle se remémora la toque de zibeline qu'elle avait laissée en Russie. Elles portaient des châles épais sur la tête pendant leur fuite. Sa grand-mère avait jugé avec sagesse que d'élégants chapeaux en fourrure attireraient trop l'attention.

Elle le suivit dans la cuisine et, quelques minutes plus tard, la bouilloire fumait. Il versa deux tasses de thé, ils s'assirent et bavardèrent tandis que le soleil se couchait silencieusement au-dessus du jardin. Elle avait l'impression qu'elle pourrait rester à lui parler des heures durant mais, tout à coup, leurs voix se turent et elle eut conscience que Clayton la regardait bizarrement.

— Je devrais vous ramener chez vous. Votre grand-mère va s'inquiéter.

Il était quatre heures passées et ils étaient partis depuis le matin, mais Zoya avait eu la prudence d'avertir sa grand-mère qu'elle ne rentrerait peut-être pas dîner. Avec seulement quatre jours de permission à partager, ils voulaient passer le plus de temps possible ensemble.

— Je lui ai dit que nous ne serions peut-être pas de retour avant ce soir, tard.

Puis elle eut une inspiration.

— Voulez-vous que je vous fasse à dîner ici ? Est-ce qu'il y a de quoi préparer un repas ?

L'idée de ne pas avoir à sortir semblait sympathique, ils pourraient rester à bavarder plusieurs heures encore, comme ils l'avaient fait toute la journée.

— Je ne sais pas, répliqua-t-il en souriant.

Elle était si jeune et si belle, assise là.

— Je devrais vous emmener quelque part. Peut-être chez Maxim's. Vous n'aimeriez pas cela ?

— Peu m'importe, dit-elle avec franchise.

Elle tenait seulement à être avec lui.

— Oh, Zoya...

Il contourna la table de la cuisine pour la prendre dans ses bras. Il voulait l'emmener hors de la maison avant qu'arrive quelque chose qu'elle regretterait. Elle exerçait sur lui un attrait si fort que c'en était presque douloureux.

— Je ne crois pas que nous devrions rester ici, dit-il gravement.

— Le général serait furieux que je sois là ?

Sa candeur lui toucha le cœur, il la regarda en riant tout bas.

— Non, mon amour, le général ne serait pas furieux. Mais je ne suis pas sûr de pouvoir me maîtriser encore bien longtemps. Vous êtes beaucoup trop belle pour me laisser seul avec vous sans risque. Vous ne savez pas quelle chance vous avez que je n'aie pas tout bonnement sauté par-dessus la table pour vous empoigner.

Elle rit au tableau qu'il évoquait et appuya gaiement la tête contre lui.

— C'est cela que vous avez eu l'intention de faire, capitaine ?

— Non, mais cela me plairait.

Ils étaient tous les deux parfaitement détendus tandis qu'il caressait ses longs cheveux roux.

— J'aimerais faire des quantités de choses avec vous...
aller dans le sud de la France après la guerre... et en Italie... Etes-vous déjà allée là-bas ?

Elle secoua la tête et ferma les paupières. Rien que
d'être avec lui ressemblait à un rêve.

— Je pense que nous devrions partir, répéta-t-il à mi-
voix, la pièce paraissant soudain très silencieuse. Je vais
aller me changer. Je n'en ai que pour une minute.

Mais elle eut l'impression qu'il mettait une éternité
tandis qu'elle déambulait silencieusement dans les pièces
élégantes du rez-de-chaussée, puis subitement, saisie
d'une humeur espiègle, elle décida de monter l'escalier
de marbre pour voir si elle le trouverait.

Il y avait plusieurs salons au premier étage, une belle
bibliothèque remplie de livres français et anglais, plusieurs portes closes, et c'est alors qu'elle l'entendit à une
certaine distance. Il chantonnait et elle sourit, incapable
de rester éloignée de lui, même pour quelques minutes.

— Hou-hou... appela-t-elle.

Mais il ne l'entendit pas : il y avait de l'eau qui coulait
dans la salle de bains, et quand il rentra dans la chambre
elle s'y trouvait, comme une biche aux aguets dans la
forêt. Il était en pantalon, torse nu. Il avait décidé de se
raser rapidement avant de l'emmener dîner au restaurant.
Il avait une serviette dans les mains et sa figure était
encore humide. Il la regarda avec stupéfaction.

— Qu'est-ce que vous faites ici ?

Il avait presque l'air d'avoir peur – de lui-même bien
sûr, pas de la belle Zoya.

— Je me sentais toute seule en bas sans vous.

Elle s'avança lentement vers lui, attirée par une force
magnétique qu'elle n'avait jamais ressentie auparavant.
C'était comme si, indépendamment de sa volonté, elle
était irrésistiblement entraînée vers lui. Il laissa tomber à
terre la serviette et la serra contre lui, couvrant de baisers

son visage, ses yeux, ses lèvres, goûtant la douceur de sa peau à en avoir le vertige.

— Descendez, Zoya. Je vous en prie...

Sa voix était enrouée. Il voulait l'écarter de lui mais il était incapable de le faire. Elle le regarda d'un air triste, presque peiné, mais pas effrayé.

— Je n'en ai pas envie...

— Zoya, s'il vous plaît...

Mais il ne fit que l'embrasser éperdument, sentant le cœur de Zoya battre follement contre sa poitrine.

— Clayton, je vous aime...

— Je vous aime aussi.

Il se détacha finalement d'elle, péniblement.

— Vous n'auriez pas dû monter ici, petite folle.

Il s'éloigna pour aller prendre une chemise dans l'armoire mais, quand il se retourna, elle se tenait toujours là et la chemise s'échappa de ses mains comme il revenait vers elle. Elle le rendait fou, avec sa jeunesse et sa beauté sensuelle.

— C'est impossible... Zoya, je ne me pardonnerais jamais si...

— Si quoi ?

La jeune fille avait disparu, c'était une femme qui se tenait devant lui.

— Si vous m'aimiez ? Quelle différence cela fait-il, Clayton ? Il n'y a plus de futur... Il n'y a que le moment présent. Demain n'existe pas.

C'était la très dure leçon qu'elle avait apprise au cours de l'année passée.

— Je vous aime.

Elle était si petite, si digne, si forte qu'il eut le cœur serré en voyant l'expression dans ses yeux qui lui disait qu'elle n'avait pas peur de lui, elle l'aimait, tout simplement. Il l'enserra de nouveau dans ses bras comme une enfant.

— Vous ne savez pas ce que vous faites. Je ne veux pas vous faire de mal.

— Vous ne pourriez pas... Je vous aime trop... Vous ne me ferez jamais de mal.

Alors il devint incapable de trouver d'autres mots pour la convaincre de s'en aller. Il la désirait trop, il avait trop longtemps brûlé d'amour pour elle. Sa bouche s'empara de la sienne puis, sans y penser, il laissa ses mains la déshabiller et il l'emporta jusqu'au lit, la prit dans ses bras, la caressa, l'embrassa, tandis qu'elle lui rendait ses baisers en pleurant doucement. Ses propres vêtements semblèrent se détacher de lui et tous deux se glissèrent dans l'énorme lit au baldaquin suspendu au-dessus d'eux comme une bénédiction. La chambre était sombre, mais dans la clarté provenant de la salle de bains il voyait son visage pendant qu'il l'embrassait, l'étreignait, l'aimait comme jamais encore il n'avait aimé aucune femme.

Les heures s'égrenèrent et ils se retrouvèrent étendus côte à côte en silence, Zoya blottie contre Clayton avec un soupir heureux comme un petit animal cherchant sa mère. Il avait le regard grave à ce moment-là, il réfléchissait à ce qu'ils avaient fait et priait pour qu'elle ne tombe pas enceinte. Il roula sur le côté, s'appuya sur un coude et la regarda.

— Je ne sais pas si je dois être furieux contre moi-même ou simplement me laisser aller au bonheur que je ressens maintenant. Zoya... chérie, regrettes-tu ?

Il était terrifié à cette idée, mais elle lui sourit d'un sourire de femme en lui tendant les bras et il se sentit de nouveau envahi par le désir. Ils restèrent étendus dans le lit à bavarder et à faire l'amour jusqu'à près de minuit. Un coup d'œil à la pendulette sur la table de nuit fit sauter du lit Clayton, horrifié.

— Oh, mon Dieu, Zoya ! Ta grand-mère va me tuer !

Elle lui rit au nez comme il sautait à bas du lit et l'entraînait avec lui.

— Habille-toi... et je ne t'ai même pas fait manger !

— Je ne m'en suis pas aperçue.

Elle pouffait de rire comme une écolière ; soudain il se retourna et passa de nouveau les bras autour d'elle.

— Je t'aime, espèce de folle. Le sais-tu ? Vieux comme je suis, il se trouve que je t'adore.

— Parfait. Parce que je t'aime aussi et tu n'es pas vieux, tu es à moi !

Elle tira doucement sur ses mèches argentées pour rapprocher son visage du sien.

— Rappelle-toi cela, peu importe ce qui arrive à l'un et l'autre de nous deux, rappelle-toi combien je t'aime !

C'était une leçon qui lui avait été enseignée de bonne heure dans la vie, qu'on ne sait jamais quel chagrin surviendra le lendemain. Cette pensée le toucha profondément et il l'étreignit étroitement.

— Rien n'arrivera, mon petit, tu es en sécurité maintenant.

Il lui fit couler un bain dans l'immense baignoire et ce luxe la bouleversa. Pendant un instant, elle put se croire de nouveau dans le palais de la Fontanka, mais quand elle remit sa vilaine robe de laine grise et enfila ses chaussures noires éculées, elle reprit conscience de la réalité. Elle portait des bas de laine noire pour avoir chaud aux jambes et l'image que lui renvoyait le miroir était celle d'une orpheline.

— Mon Dieu, je suis affreuse, Clayton. Comment peux-tu m'aimer avec une allure pareille ?

— Tu es belle, petite idiote. De la tête aux pieds, jusqu'au moindre cheveu roux... tout en toi, chuchota-t-il dans sa chevelure, et c'était comme respirer des fleurs des champs. Je t'adore.

Ils se résignaient difficilement à s'en aller, mais il savait qu'il devait la ramener chez elle. Elle ne pouvait en aucune façon rester toute la nuit avec lui. Il monta à sa suite l'escalier jusqu'au troisième étage, il l'embrassa une dernière fois dans la pénombre du couloir vétuste et elle ouvrit la porte avec sa clef. Ils virent Evgenia, qui s'était endormie dans un fauteuil en les attendant. Leurs regards se rencontrèrent une dernière fois avant que Zoya se penche pour déposer un doux baiser sur la joue de sa grand-mère.

— Grand-maman ?... Excusez-moi de rentrer si tard, vous n'auriez pas dû rester debout...

La vieille dame s'ébroua et leur sourit à tous deux. Même encore mal réveillée elle voyait combien l'un et l'autre étaient heureux. C'était comme un souffle de printemps dans la pièce sans grâce, et elle s'aperçut qu'elle ne pouvait pas leur en vouloir.

— Je désirais être sûre qu'il ne vous était rien arrivé. Avez-vous passé une bonne journée ?

Elle les examina tous les deux, scrutant le regard de Clayton et ne voyant dans ses yeux que de la bonté et son amour pour Zoya.

— Nous avons eu une journée parfaite, répondit Zoya sans la moindre confusion.

Elle appartenait maintenant à Clayton et rien ne pouvait changer ce fait.

— Avez-vous dîné ?

— J'ai mangé un peu de saucisse et des gâteaux que le capitaine a apportés. Merci, c'était délicieux, dit-elle en se tournant vers lui et en s'efforçant péniblement de se lever.

Il était gêné de ne pas en avoir acheté davantage, mais il avait été pressé par le temps ce matin-là. Il s'avisa brusquement que, finalement, Zoya et lui n'avaient pas dîné ce soir, et il se demanda si elle était aussi affamée que lui. Ils avaient pensé à bien autre chose pendant de longues heures de plénitude, mais à présent il mourait de faim. Comme si elle lisait dans son esprit, elle le regarda avec un sourire mal réprimé et lui tendit les chocolats. Il en avala un d'un air penaud et en mit un autre dans la bouche de Zoya, qui sourit puis alla aider sa grand-mère à regagner leur chambre.

Elle revint peu après et ils s'embrassèrent encore. Il était navré de la quitter pour rentrer chez lui, pourtant il s'y savait obligé.

— Je t'aime, chuchota-t-elle gaiement avant qu'il parte.

— Moitié moins que moi, répliqua-t-il tout bas.

— Comment peux-tu dire ça ?

— Parce que je suis plus vieux et plus expérimenté, riposta-t-il, taquin.

Puis il referma doucement la porte derrière lui et Zoya, redevenue jeune, heureuse et libre, éteignit sans bruit les lumières dans le logement.

22

Clayton revint le lendemain matin en tenue impeccable, portant un énorme panier de nourriture. Cette fois, il avait pris le temps de faire des emplettes.

— Bonjour, mesdames !

Il donnait l'impression d'être d'une exceptionnelle bonne humeur, Evgenia le remarqua d'un coup d'œil soucieux, mais elle savait qu'elle était totalement impuissante à changer le cours des choses. Il avait apporté de la viande, des fruits, deux variétés de fromage, des gâteaux et d'autres chocolats pour Zoya. Il l'embrassa légèrement sur la joue et pressa sa main, puis insista pour que la comtesse vienne se promener en voiture avec eux. Ils roulèrent gaiement à travers le bois de Boulogne, bavardant et riant ; même Evgenia se sentit de nouveau jeune rien que d'être en leur compagnie.

Clayton l'emmena déjeuner avec eux, à la Closerie des Lilas, en haut du boulevard Montparnasse, puis ils la ramenèrent au logis. Elle était si fatiguée qu'elle pouvait à peine monter l'escalier, alors Clayton la porta à moitié et elle lui sourit avec reconnaissance. Elle s'était merveilleusement divertie, et pendant un peu de temps leur pauvreté, la guerre et leurs chagrins avaient été oubliés.

Ils restèrent longtemps à boire du thé dans la salle à manger, puis Zoya ressortit avec Clayton. Ils retournèrent rue de Varenne et firent passionnément l'amour pendant des heures. En revanche, cette fois-ci, il tint à l'emmener dîner dehors. Il la conduisit chez Maxim's, puis la raccompagna chez elle à regret. Evgenia était couchée et dormait quand ils arrivèrent. Les deux amants avancèrent sur la pointe des pieds dans la salle à manger, chuchotant et grignotant des chocolats, s'embrassèrent à la clarté du feu et partagèrent leurs rêves. Elle aurait voulu rester avec lui la nuit entière, mais elle n'imaginait pas comment elle aurait pu le faire, et quand il partit, se sentant comme un jeune homme, il promit de revenir le lendemain matin.

Le lendemain, il arriva plus tard que la veille. A onze heures, Zoya commençait à s'inquiéter. Elles n'avaient pas le téléphone, elle ne pouvait donc pas l'appeler, mais à onze heures et demie il apparut, un énorme paquet enveloppé de papier brun dans les bras. Il le déposa péniblement sur la table de cuisine avec un air de ravissement mystérieux et annonça à Zoya que c'était pour sa grand-mère. La vieille comtesse vint les rejoindre à ce moment-là, il s'effaça et la regarda ôter le papier, découvrant un samovar en argent de toute beauté, gravé aux armoiries d'une famille russe qui l'avait apporté à Paris et avait été contrainte de le vendre. Quand il l'avait vu ce matin-là dans une boutique de la rive gauche, il avait eu instantanément la conviction qu'il devait l'acheter pour Evgenia.

Elle recula en retenant son souffle et contempla le samovar avec stupeur. Elle eut un pincement au cœur causé par la tristesse, elle savait combien ses propres trésors lui avaient été chers et quelle peine elle avait ressentie quand elle avait dû s'en séparer. Elle pleurait encore les étuis à cigarettes qu'elle avait été forcée de vendre juste avant Noël. A présent, elle était incapable d'autre chose que de regarder le samovar et l'aimable donateur qui le leur avait offert.

— Capitaine... vous êtes bien trop bon pour nous... Vous êtes trop gentil.

Les larmes lui étaient montées aux yeux et elle l'embrassa avec douceur, le satin fané de ses joues touchant sa chair d'homme qui lui rappela son fils et son mari.

— J'aimerais seulement pouvoir faire davantage.

Il avait apporté à Zoya une robe de soie blanche et elle eut une expression de surprise enchantée quand elle eut enlevé l'emballage. La robe avait été dessinée par une jeune couturière nommée Gabrielle Chanel. Elle avait une boutique de taille modeste et semblait merveilleusement douée. Quand elle lui avait présenté elle-même la robe, elle avait paru amusante et pleine d'entrain, ce qui était inhabituel ces temps-ci pour les habitants de Paris fatigués par la guerre.

— Elle te plaît ?

Elle courut à sa chambre pour l'essayer. Quand elle en ressortit, elle était absolument éblouissante. La robe était coupée selon une ligne simple et pure, le blanc crème mettait en valeur de merveilleuse façon la couleur de flamme de ses cheveux. Elle regrettait seulement de ne pas avoir de jolies chaussures assorties, et le collier de perles offert par son père, qui avait disparu dans l'incendie de la Fontanka.

— Je l'adore, Clayton !

Elle la portait quand elle déjeuna avec lui ce jour-là et, plus tard dans l'après-midi, la robe se retrouva abandonnée sur le parquet de la chambre de Clayton.

Le lendemain, dernier jour de permission, il devait partir à quatre heures de l'après-midi, et tandis qu'ils faisaient une dernière fois l'amour, oppressée par cette pensée, elle se cramponna à lui, comme un enfant qui se noie, pendant qu'il l'embrassait. Lorsqu'il la raccompagna à leur logement, même Evgenia parut triste de le voir partir. Les adieux dans leur vie avaient déjà été bien trop pénibles.

— Soyez prudent, capitaine… Nous prierons pour vous tous les jours.

Comme elles le faisaient pour tant d'autres. Elle le remercia de sa grande gentillesse envers elles deux et il s'attarda, il n'avait pas envie de s'en aller, incapable de se séparer de Zoya pendant une minute, moins encore des mois. Il ne savait pas du tout quand il pourrait revenir à Paris.

Evgenia, avec discrétion, les laissa seuls. Zoya le regardait avec des yeux pleins de larmes dans la minuscule salle à manger où le samovar d'argent écrasait de sa masse tout le reste, mais elle ne voyait que Clayton. Elle se jeta dans ses bras avec un sanglot et il l'étreignit.

— Je t'aime tant, mon petit... Je t'en prie, sois très, très prudente.

Il savait qu'habiter Paris n'était pas sans danger. Il y avait toujours une possibilité que la ville soit attaquée et il murmura une prière pour la sécurité de Zoya en la serrant contre lui.

— Je reviendrai dès que je pourrai.

— Jure-moi que tu ne prendras pas de risques. Jure ! ordonna-t-elle à travers ses larmes.

L'idée de perdre encore quelqu'un qu'elle aimait lui était insupportable, et surtout quelqu'un d'aussi cher.

— Promets-moi que tu ne regretteras pas ce que nous avons fait.

Il était toujours inquiet à ce sujet et redoutait encore terriblement qu'elle puisse être enceinte. Il avait été plus attentif ensuite, mais pas assez la première fois qu'ils s'étaient aimés. Elle l'avait vraiment surpris et son propre désir pour elle avait été irrésistible.

— Je ne regretterai jamais rien. Je t'aime trop pour cela.

Elle descendit l'escalier avec lui jusqu'à sa voiture et agita la main tant qu'il fut en vue ; les larmes ruisselèrent sur ses joues pendant qu'elle le regardait disparaître, peut-être à jamais.

23

Contrairement à ce qu'il avait promis, elle n'eut plus de nouvelles de lui. Son poste d'état-major requérait maintenant le secret le plus absolu et les liaisons avec l'arrière étaient considérablement réduites.

En mars, les Allemands déclenchèrent une grande offensive et se rapprochèrent dangereusement de la capitale, qui fut pilonnée. Evgenia avait maintenant peur de sortir.

A la Madeleine la statue de saint Luc fut décapitée par un obus. Partout les gens avaient faim, froid, peur. Diaghilev donna à Zoya une occasion de s'évader. Il partit le 3 mars pour une nouvelle tournée en Espagne avec ses Ballets, mais Zoya affirma qu'elle ne pouvait pas laisser sa grand-mère seule à Paris. Elle demeura donc dans la capitale, mais la plupart des représentations furent annulées. Se déplacer dans les rues à présent était presque trop dangereux. Et c'est par miracle qu'elle survécut au bombardement de l'église Saint-Gervais-Saint-Protais, proche de l'Hôtel de Ville, le vendredi saint, près de laquelle elle se trouvait quelques minutes seulement avant que des obus tombent sur le toit, qui s'effondra, laissant quatre-vingt-onze morts et près de cent blessés.

Les trains pour Lyon et le Midi étaient bondés de gens qui, pris de panique, fuyaient Paris. Quand Zoya suggéra à sa grand-mère de partir, la vieille dame se mit en colère.

— Combien de fois crois-tu que je vais faire ça ? Non ! Non, Zoya ! Qu'ils me tuent ici ! Qu'ils osent ! J'ai fui jusqu'ici depuis la Russie et je n'irai pas plus loin !

C'était la première fois que Zoya la voyait pleurer de rage impuissante. Il y avait un an qu'elles s'étaient enfuies de Russie en laissant tout derrière elles. Cette fois-ci, il n'y avait plus Fiodor, plus rien à vendre, ni nulle part où aller. C'était sans issue.

Le gouvernement français lui-même se préparait à fuir si nécessaire. Le projet était de gagner Bordeaux, mais Foch en personne avait juré de défendre Paris jusqu'au bout, dans les rues et sur les toits. En mai, toutes les représentations et répétitions de Zoya furent annulées. A ce moment-là, les Alliés reculaient sur la Marne. Pershing était là-bas et Zoya ne pensait qu'à Clayton. Elle était terrifiée à l'idée qu'il soit tué, elle n'avait reçu aucune nouvelle de lui depuis son départ de Paris.

Les seules nouvelles provenaient d'une lettre de Marie que le docteur Botkine s'était débrouillé pour lui envoyer, et elle apprit ainsi avec surprise que la famille impériale avait quitté le mois précédent Tobolsk pour Ekaterinbourg, dans l'Oural. D'après ce que disait Marie, elle comprit que la situation était devenue beaucoup plus pénible. Ils n'étaient plus autorisés à fermer leur porte à clef, et les soldats les suivaient même quand ils allaient aux cabinets. Zoya frissonna en lisant cela. Elle souffrait pour son amie d'enfance, et surtout pour Tatiana, qui était si timide et si pudibonde. La pensée qu'elles se trouvaient dans des conditions aussi sinistres était presque insupportable.

Nous ne pouvons que prendre les choses en patience. Maman nous fait chanter des hymnes chaque fois que les soldats entonnent leurs horribles chansons juste à l'étage au-dessous. Ils nous traitent très durement maintenant. Papa dit que nous devons éviter tout ce qui les mettrait en colère. Ils nous laissent sortir un petit moment l'après-midi, et le reste de

la journée nous lisons ou exécutons des travaux à l'aiguille...
Les larmes débordèrent des yeux de Zoya aux mots suivants : ... *et tu sais combien je déteste coudre, Zoya chérie.*
J'ai écrit de la poésie pour passer le temps. Je te montrerai tout
cela quand nous serons enfin réunies. C'est difficile d'imaginer
que nous avons maintenant toutes les deux dix-neuf ans. Je
pensais toujours que dix-neuf ans c'était très vieux, mais
maintenant cela semble trop jeune pour mourir. Il n'y a qu'à
toi, bien-aimée cousine et amie, à qui je peux dire des choses
comme ça. Je prie pour que tu sois heureuse et en sécurité à
Paris. Il faut que j'aille à notre exercice à présent. Nous vous
envoyons toute notre affection ainsi qu'à tante Evgenia. Elle
avait signé non pas OTMA, leur code habituel, mais simplement « *ton affectionnée Machka* ». Zoya resta longtemps
assise dans sa chambre à pleurer en lisant et relisant la
lettre, en la portant à sa joue comme si toucher son
papier lui ramènerait le contact de son amie. Elle eut
soudain terriblement peur pour eux. Tout semblait empi-
rer partout mais, du moins, le ballet dans lequel elle dansait fut de nouveau mis au programme en juin. Evgenia
et elle avaient follement besoin de cette rentrée d'argent,
elles n'avaient pas trouvé d'autre pensionnaire. Les gens
quittaient Paris, ils n'y venaient plus. Même quelques
émigrés russes étaient partis pour le Midi, mais Evgenia
refusait toujours de s'en aller. Elle avait déjà parcouru
tout le chemin qu'elle ferait jamais.

Vers le milieu de juillet, la ville était envahie par la
chaleur mais toujours affamée. Zoya fut horrifiée
d'apprendre de Vladimir qu'Elena et lui avaient attrapé
des pigeons dans les jardins pour les manger. Il les
déclara étonnamment savoureux et proposa de leur en
apporter un, mais Zoya déclina l'offre, dont la seule idée
lui donnait mal au cœur. Deux jours plus tard, alors
qu'elle commençait à désespérer que la guerre se termine
jamais, Clayton réapparut comme une vision dans un
rêve. Zoya faillit s'évanouir en le voyant. C'était la veille

246

du 14 Juillet. Ils allèrent regarder ensemble le défilé de l'Arc de Triomphe à la place de la Concorde ; les uniformes étaient d'une beauté incroyable sous le brillant soleil, les chasseurs alpins en tunique noire et coiffés de leur béret, les Life Guards britanniques, les Bersaglieri italiens au calot en forme de panache, et même une unité antibolchevique de cosaques en bonnet de fourrure, mais tout ce qu'elle vit en réalité ce jour-là, c'était Clayton. Ils regagnèrent l'hôtel particulier de la rue de Varenne, plus amoureux que jamais, mais, à minuit, on tambourina violemment à leur porte. La police militaire convoquait tout le monde, toutes les permissions étaient annulées, l'offensive allemande s'était déclenchée pour de bon. Les troupes ennemies se trouvaient à cent kilomètres et les Alliés devaient les arrêter.

— Mais tu ne peux pas partir maintenant... ! s'écria Zoya. Tu viens d'arriver !

Elle avait les larmes aux yeux en dépit de ses efforts pour se montrer courageuse. Il était rentré ce matin seulement et, après six mois sans lui, elle ne pouvait supporter de le voir repartir si vite. Il n'avait pourtant pas le choix. Il avait une demi-heure pour se présenter au quartier général de la police militaire de la rue Sainte-Anne. Il eut tout juste le temps de la raccompagner chez elle avant d'être ramené auprès du général Pershing. Mais pour Zoya cela parut indiciblement cruel d'avoir passé si peu de temps avec lui avant qu'il retourne au front risquer de nouveau sa vie. Comme un petit enfant abandonné, elle resta assise à pleurer jusqu'à une heure tardive dans la salle à manger, où sa grand-mère lui avait apporté une tasse de thé pour la réconforter.

Toutefois, les larmes versées pour Clayton n'étaient rien en regard de celles qu'elle répandit quelques jours plus tard. Le 20 juillet, Vladimir se présenta à leur logement l'air grave, un journal à la main. Dès qu'elle eut ouvert la porte, Zoya eut l'intuition que quelque chose de terrible s'était produit, et c'est avec le cœur un peu serré qu'elle l'escorta jusqu'à la salle à manger et alla aider sa grand-mère à sortir de sa chambre.

Il se mit à pleurer en lui tendant le journal. On aurait dit un enfant désespéré, son visage était presque aussi blanc que ses cheveux, et il répétait sans arrêt les mêmes mots : « Ils l'ont tué... Oh, mon Dieu... Ils l'ont tué... » Il était venu tout de suite les trouver, elles avaient le droit de savoir, en somme elles étaient des cousines des Romanov.

— Que voulez-vous dire ?

Evgenia le regarda avec horreur et se souleva à demi de son fauteuil quand il lui montra l'avis dans le journal. Dans la nuit du 16 au 17 juillet 1918, le tsar Nicolas avait été exécuté. Il avait été fusillé. On disait aussi que sa famille avait été transférée en lieu sûr. Transférée où ? Zoya avait envie de hurler... Où est ma bien-aimée Machka... *Où sont-ils ?*... Presque comme si elle comprenait, Sava commença à gémir tout bas, tandis que les trois Russes assis ensemble pleuraient l'homme qui avait été leur père, leur tsar... et le cousin très aimé des deux femmes.

L'écho du chagrin résonna longtemps dans la pièce ; finalement Vladimir se leva et se dirigea vers la fenêtre, la tête baissée, le cœur lourd presque au-delà du supportable. Partout dans le monde, les Russes qui l'avaient aimé pleuraient, même les paysans au nom de qui la révolution redoutée avait été fomentée.

— Quelle terrible, terrible journée, dit-il à mi-voix. Dieu ait son âme, ajouta-t-il dans un souffle en se tournant vers les femmes.

Evgenia paraissait avoir cent ans et Zoya était mortellement pâle, la seule couleur dans son visage était le vert de son regard farouche, sous les paupières rougies par les larmes qui tombaient silencieusement sur ses joues. Elle ne pouvait plus penser qu'à cette dernière matinée à

Tsarskoïe Selo, où il lui avait dit adieu en l'embrassant et en lui recommandant d'être sage... « Je vous aime, oncle Nicky », ses propres paroles résonnaient dans sa tête... Il avait alors répondu qu'il l'aimait aussi. Maintenant il était mort. Disparu à jamais. Et les autres ? Elle relut les mots dans le journal... *La famille a été transférée en lieu sûr.*

24

Juillet s'éternisait comme un cauchemar. Le fait que l'empereur avait été tué pesait sur eux comme un insupportable fardeau. La tristesse qui les enveloppait semblait ne devoir jamais se dissiper. D'un bout à l'autre de Paris, des Russes le pleuraient, tandis que la guerre continuait à faire rage autour d'eux.

Zoya fut invitée à la réception organisée pour le mariage d'une ballerine qu'elle connaissait, Olga Khokhlova. Celle-ci avait épousé Pablo Picasso à Saint-Alexandre-Nevski quelques semaines auparavant, mais Zoya n'avait aucun désir d'aller nulle part à présent. Elle portait les quelques robes noires qu'elle possédait, en grand deuil de son cousin.

Au mois d'août, Diaghilev lui expédia de nouveau un télégramme, cette fois avec une offre de rejoindre sa troupe pour une tournée à Londres, mais elle ne pouvait toujours pas laisser sa grand-mère et elle ne voulait voir personne. Elle parvenait tout juste à aller travailler, ce à quoi elle ne manquait jamais, simplement pour qu'elles puissent mettre de quoi manger sur leur table.

En septembre les Alliés lancèrent une puissante et victorieuse contre-offensive, qui obligea au bout de quelques semaines les Allemands à négocier la paix avec eux. Mais il n'y avait toujours pas de nouvelles de Clayton. Zoya osait à peine penser à lui à présent. Si quelque chose lui arrivait aussi, elle savait qu'elle ne pourrait pas continuer à vivre. C'était trop dur à supporter, trop dur d'y penser, impossible à admettre. Oncle Nicky était mort. Ces mots résonnaient sans arrêt dans sa tête. Depuis qu'elle avait appris la nouvelle, elle avait écrit trois lettres à Marie, mais aucune réponse n'était encore venue. Elle ne savait plus exactement où se trouvait le docteur Botkine, et si la famille avait été emmenée ailleurs, comme l'avait indiqué le journal, qui sait combien de temps il fallait pour que les lettres lui parviennent.

Finalement, après un interminable octobre de silence de la part de ceux qu'elle aimait, novembre vint et avec lui enfin la paix.

Elles étaient assises dans leur salle à manger, le 11 novembre, quand elles apprirent la nouvelle, en écoutant ce qui se criait dans les rues, les acclamations, la jubilation, les carillons des églises, les coups de canon. Le monde entier avait tremblé, mais la Grande Guerre était finie.

Elle versa gravement une tasse de thé pour sa grand-mère et, sans un mot, observa de la fenêtre les festivités dans la rue. Il y avait des soldats alliés partout, des Américains, des Anglais, des Italiens, des Français, mais elle ne savait même pas si Clayton était encore en vie, et elle osait à peine espérer. Elle se retourna pour regarder Evgenia, si vieille maintenant, si fragile ; la toux qui l'avait martyrisée l'hiver précédent se manifestait de nouveau et ses genoux la faisaient tellement souffrir qu'elle ne pouvait plus quitter l'appartement.

— Les choses vont aller mieux maintenant, petite Zoya, murmura-t-elle.

Mais elle était secouée par la toux en le disant. Elle savait ce qui préoccupait la jeune fille. Elle n'avait eu aucun signe de vie de Clayton depuis qu'il avait quitté Paris, à minuit, le jour du 14 Juillet.

— Il te reviendra, mon petit. Aie un peu confiance. Il faut que tu aies la foi.

Elle lui sourit gentiment, mais il n'y avait plus de joie dans les yeux de Zoya. Elle avait trop perdu. Et elle s'inquiétait pour trop de gens.

— Comment pouvez-vous encore dire ça ? Alors qu'il y a tant de disparus... Comment pouvez-vous encore croire que quelqu'un va revenir chez lui ?

— Le monde continue de tourner. Les gens naissent et meurent, et d'autres naissent après eux. Ce n'est que notre propre tristesse qui est si pénible. Nicolas ne souffre plus désormais. Il est en paix.

— Et les autres ?

Elle avait à présent écrit cinq fois à Marie et ses lettres restaient toujours sans réponse.

— Nous ne pouvons que prier pour leur sécurité.

Zoya hocha la tête. Elle connaissait le refrain. Elle en voulait maintenant au destin, qui leur avait tant pris.

Pendant les premiers jours qui suivirent l'armistice, se déplacer dans les rues bondées était quasi impossible et elle ne sortait que pour aller chercher leurs provisions. Une fois de plus, leurs ressources s'étaient réduites à presque rien. Il n'y avait pas de représentations et elles devaient subsister avec la petite somme qu'elle avait économisée. C'était devenu soudain vraiment épuisant.

— Puis-je vous aider à porter cela, mademoiselle ?

Elle sentit quelqu'un donner une secousse à la baguette qui était coincée sous son bras et elle se retourna avec des mots acides sur le bout de la langue, prête à tuer pour la nourriture qu'elle avait ou à se défendre contre les ardeurs d'un soldat. Ce n'est pas tout le monde à Paris qui a envie de se faire embrasser par un garçon surexcité en uniforme, songea-t-elle en pivotant sur ses talons, les poings serrés... Le souffle coupé, elle laissa tomber la précieuse baguette comme il l'enlaçait.

— Oh... oh...

Les larmes lui montèrent d'un seul coup aux yeux et elle s'abandonna avec soulagement dans ses bras. Il était vivant... Oh, mon Dieu... il était *vivant*... On aurait dit qu'ils étaient les deux seules personnes qui restaient... les uniques survivants d'un monde perdu, tandis qu'elle se serrait passionnément contre Clayton.

— Voilà qui va mieux !

Il la contemplait du haut de sa grande taille, en uniforme de combat froissé et sali, le visage tout rêche de barbe, qu'il n'avait pas pu raser depuis des jours. Il venait d'arriver à Paris et était allé tout droit la trouver. Il avait déjà vu Evgenia, qui lui avait dit que Zoya était sortie acheter des provisions, et il avait redescendu l'escalier quatre à quatre pour la chercher dans la rue.

— Tu n'as rien ?

Elle riait et pleurait à la fois, et il l'embrassait sans arrêt, aussi soulagé qu'elle que tous deux aient survécu.

Cela semblait miraculeux, étant donné tout ce qui s'était passé. Il ne lui raconta pas qu'il avait manqué plus d'une fois d'être tué sur la Marne. Cela n'avait plus d'importance à présent. Il vivait et elle était en sécurité, il remercia silencieusement leurs anges gardiens s'ils en avaient tandis qu'ils se frayaient un chemin à travers la foule en revenant chez Zoya.

Cette fois-ci, il était cantonné dans un petit hôtel de la rive gauche, avec des dizaines d'autres officiers. Pershing occupait de nouveau l'hôtel particulier d'Ogden Mills et ils avaient du mal à se retrouver en tête à tête, mais ils profitaient du moindre instant de solitude. Un soir ils osèrent même faire l'amour sans bruit dans l'ancienne chambre d'Antoine, longtemps après qu'Evgenia se fut endormie. Elle était bien lasse maintenant et dormait une grande partie du temps. Zoya s'était inquiétée pour elle pendant des mois, mais même ces craintes donnaient l'impression de s'être affaiblies dans la joie que Clayton et elle soient réunis.

Un soir, tard dans la nuit, ils parlèrent de Nicolas et il lui avoua avoir toujours eu peur que les choses se terminent de cette façon. Elle lui confia ses craintes pour les autres.

— Le journal disait qu'ils avaient été placés en lieu sûr... mais où ? J'ai écrit cinq fois à Machka, et je n'ai toujours pas de réponse.

— Botkine n'est peut-être plus en mesure d'emporter les lettres. Cela ne veut rien dire, mon petit. Il faut que tu gardes la foi, dit-il gravement, lui dissimulant ce que lui-même redoutait.

— Tu parles comme grand-maman, murmura-t-elle dans la pièce obscure où ils étaient couchés dans les bras l'un de l'autre.

— Parfois, je me sens aussi vieux.

Il avait remarqué à quel point la vieille dame s'était affaiblie depuis juillet. Elle n'avait pas bonne mine et il avait l'intuition que Zoya s'en rendait compte aussi. Elle avait près de quatre-vingt-quatre ans à présent et les deux dernières années avaient été dures pour eux tous. C'était même étonnant qu'elle ait survécu. Mais l'un et l'autre oublièrent leurs inquiétudes à son sujet comme leurs corps se mêlaient de nouveau pour ne plus faire qu'un, et ils s'aimèrent jusqu'à l'aube, où il descendit l'escalier sur la pointe des pieds.

Ils passèrent ensemble le plus de temps possible au cours des quelques semaines qui suivirent mais, le 10 décembre, presque exactement un mois après la fin de la guerre, il vint la rejoindre le cœur lourd. On le renvoyait aux Etats-Unis à la fin de la semaine mais, ce qui était plus important, il avait pris une décision pénible au sujet de Zoya.

Elle l'entendit comme dans un rêve annoncer qu'il partait. Cela semblait impossible à croire. Il ne pouvait pas s'en aller. Le moment qu'elle n'avait jamais envisagé, le jour qu'elle avait cru ne jamais voir venir étaient arrivés.

— Quand ? demanda-t-elle, le cœur comme une pierre dans sa poitrine.

— Dans deux jours.

Il ne détacha pas ses yeux des siens, il avait encore autre chose à dire. Et il se demandait toujours s'il en aurait le courage.

— On ne nous donne pas grand temps pour faire nos adieux, hein ? commenta Zoya tristement.

Ils se tenaient dans sa minuscule salle à manger sinistre, la journée était grise, et Evgenia dormait paisiblement dans leur chambre. Zoya avait recommencé à travailler, mais sa grand-mère n'avait pas l'air de s'en être aperçue.

— Reviendras-tu à Paris ? questionna Zoya comme s'il était un étranger.

Elle se sentait séparée de lui maintenant, elle se préparait à ce qui allait suivre. Il y avait déjà eu trop de séparations dans son existence, et elle n'était pas sûre de survivre à celle-ci.

— Je ne sais pas.

— Il y a quelque chose que tu ne me dis pas.

Peut-être qu'il était marié et avait dix enfants à New York. Tout était possible maintenant. La vie l'avait déjà trahie trop souvent, non pas que Clayton l'ait jamais fait, mais elle était en colère même contre lui à présent.

— Zoya... je pense que tu ne vas pas comprendre, mais j'ai bien réfléchi... à nous deux.

Elle attendit, aveuglée par le chagrin. C'était stupéfiant : juste au moment où l'on croyait qu'il ne pouvait plus y avoir de souffrance, il en arrivait encore. Cela n'en finissait jamais.

— Je veux te rendre ta liberté, pour que tu mènes ta propre vie ici. J'avais pensé t'emmener à New York avec moi... J'en avais terriblement envie. Mais je ne crois pas que la comtesse puisse supporter le voyage et... Zoya...

255

Les mots s'étranglaient dans sa gorge, il ruminait cela depuis des jours.

— ... Zoya, je suis trop âgé pour toi. Je te l'ai déjà dit. Ce n'est pas juste. Quand tu auras trente ans, j'en aurai presque soixante.

— Qu'est-ce que cela change ?

Elle n'avait jamais partagé ses craintes au sujet de leurs âges, elle le regardait à présent avec colère, la blessure de son départ la remplissant de ressentiment envers lui, surtout maintenant.

— Ce que tu dis, c'est que tu ne m'aimes pas.

— Je dis que je t'aime trop pour t'accabler du fardeau d'un vieil homme. J'ai quarante-six ans et toi dix-neuf. Ce n'est pas juste envers toi. Tu mérites quelqu'un de jeune, de joyeux, et après que les choses auront repris leur cours tu trouveras quelqu'un d'autre à aimer. Tu n'en as jamais eu la possibilité. Tu étais une enfant quand tu as quitté la Russie il y a deux ans, tu y avais été protégée, et tu es arrivée ici pendant la guerre, avec à peine plus que les vêtements que tu avais sur le dos. Un jour, la vie redeviendra normale et tu rencontreras quelqu'un de mieux assorti à toi sur le plan de l'âge.

Sa voix se fit soudain ferme et on aurait presque cru entendre Constantin :

— Zoya, ce serait mal de t'emmener à New York. Ce serait égoïste de ma part. Je pense à toi en ce moment, pas à moi.

Mais cela, elle ne le comprit pas, elle lui lança un regard furieux et les larmes emplirent ses yeux.

— C'était un jeu pour toi, n'est-ce pas ? Rien d'autre. Une idylle du temps de guerre. Une petite ballerine avec qui se distraire pendant que tu étais à Paris.

Elle se montrait sciemment cruelle. Elle voulait lui faire autant de mal qu'il lui en causait. Il eut envie de la gifler mais se retint.

— Ecoute-moi. Jamais il ne s'est agi de ça. Ne sois pas stupide, Zoya. J'ai plus de deux fois ton âge. Tu mérites mieux que cela.

— Ahh… je comprends, répliqua-t-elle, ses yeux verts lançant des éclairs, dans le genre de la joyeuse existence que je mène ici. Je t'ai attendu pendant la moitié de cette guerre, osant à peine respirer de crainte que tu ne sois tué, et maintenant tu rentres à New York. C'est facile pour toi, hein ?

— Non, ce n'est pas facile.

Il se détourna pour qu'elle ne voie pas les larmes dans ses yeux. Peut-être cela valait-il mieux ainsi. Peut-être valait-il mieux qu'elle soit fâchée contre lui. Elle ne se consumerait pas de chagrin pour lui quand il serait parti, comme il le ferait pour elle.

— Je t'aime infiniment.

Il lui fit face à nouveau gravement, mais elle se dirigea avec décision vers la porte et l'ouvrit d'un geste brusque.

— Fiche le camp.

Il eut l'air d'avoir reçu un coup de massue.

— Pourquoi attendre deux jours de plus ? Pourquoi ne pas en finir tout de suite ?

— Je voudrais prendre congé de ta grand-mère…

— Elle dort et je doute qu'elle ait envie de te dire au revoir. Tu ne lui as jamais plu, de toute façon.

Elle désirait simplement qu'il s'en aille pour pouvoir pleurer tout son saoul.

— Zoya, je t'en prie…

Il était tenté de la prendre de nouveau dans ses bras, mais il savait qu'il ne le devait pas. Mieux valait lui donner le sentiment que la rupture venait d'elle, lui laisser intact un peu d'amour-propre. Mieux valait que ce soit son cœur à lui qui soit brisé.

Il descendit lentement l'escalier, furieux contre lui-même, le bruit de la porte claquée sur ses talons résonnant dans ses oreilles. Il se détestait de s'être lié avec elle.

257

Il avait toujours su qu'elle finirait par souffrir, il ne s'était pas avisé qu'il souffrirait tout autant. Mais il était persuadé d'avoir agi comme il le fallait. Pas de remords à avoir. Il était trop âgé pour elle ; même si elle souffrait maintenant, elle serait bien mieux, dégagée de tout lien avec lui, libre de trouver un homme de son âge et de recommencer une nouvelle vie. Il eut le cœur lourd pendant les deux jours suivants et, la veille de son départ, il joignit un chèque de cinq mille dollars à une lettre à la grand-mère de Zoya, où il la priait de l'accepter et de lui faire savoir si par la suite il pouvait les aider en quoi que ce soit. Il lui assura qu'il serait toujours leur ami et qu'il aimerait sa petite-fille pendant le reste de sa vie.

J'ai fait ceci pour son bien, je vous l'affirme. Et aussi parce que je me doute que c'est également ce que vous souhaitez. Elle est plus jeune que moi. Elle aimera de nouveau. J'en suis certain. Maintenant je vous dis à toutes deux adieu avec un cœur attristé mais aimant.

Il avait signé la lettre et l'avait fait porter le matin de son départ par un caporal appartenant à l'état-major du général Pershing.

Il s'en alla le matin où arrivèrent le président Wilson et son épouse. Il y eut en leur honneur un défilé sur les Champs-Elysées pendant que sur un vapeur l'emportant lentement hors du port du Havre il songeait à Zoya.

25

Pendant des semaines après que Clayton l'eut quittée, Zoya s'assit pour pleurer dans l'ancienne chambre d'Antoine et crut qu'elle allait mourir, le cœur brisé. Rien ne l'intéressait plus. Peu lui importait d'être réduite à la famine. Elle préparait de la soupe pour sa grand-mère et s'étonnait qu'il leur reste même encore assez d'argent pour acheter de quoi la faire. Evgenia avait envoyé le prince Markovski à la banque pour elle juste après le départ de Clayton, ensuite elle avait fourré quelques billets dans la main de Zoya.

« Tiens, voilà ce que j'ai économisé. Utilise-le pour acheter ce dont tu as besoin. »

Mais il n'y avait plus rien dont elle eût besoin ou envie. Il était parti. Elle avait l'impression que sa vie était finie. Cependant l'argent que sa grand-mère avait apparemment mis de côté et qu'elle lui avait donné pour acheter des provisions lui permit de ne pas aller travailler. Elle dit à ses employeurs qu'elle était malade, sans se soucier du risque d'être licenciée. Les Ballets russes étaient de retour et, si elle l'avait voulu, elle aurait pu danser avec eux, mais à présent cela ne la tentait même pas. Elle ne voulait rien, ni nourriture, ni amis, ni emploi, et certainement pas un petit ami. Il était stupide de lui avoir dit qu'elle avait besoin d'un homme plus jeune. Elle n'avait besoin de personne. A part un médecin pour Evgenia. Sa grand-mère avait été sévèrement atteinte par la grippe la veille de Noël. Elle avait affirmé avec insistance qu'elle voulait néanmoins se rendre à l'église. Pourtant elle était trop faible même pour s'asseoir dans son lit. Zoya l'obligea à se recoucher tranquillement et, quand le prince Vladimir arriva, elle le pria de ramener tout de suite un médecin, mais des heures s'écoulèrent avant qu'il revienne avec quelqu'un pour la voir.

Le médecin était un homme âgé aimable qui avait appris le russe étant jeune, et il s'adressa dans sa langue maternelle à Evgenia, dont le français impeccable semblait s'être effacé de son esprit.

— Elle est gravement malade, mademoiselle, annonça-t-il tout bas à Zoya dans la salle à manger. Elle ne passera peut-être pas la nuit.

— Mais c'est ridicule ! Elle allait bien cet après-midi...

Aussi bien qu'elle pouvait aller maintenant. Il devait se tromper. Impossible autrement. Zoya savait qu'elle ne survivrait pas à une autre perte. Elle était tout bonnement incapable de l'affronter.

— Je ferai de mon mieux. Appelez-moi tout de suite si son état empire. Monsieur peut venir me chercher chez moi.

Lui-même était rentré du front depuis peu et exerçait la médecine à domicile. Il jeta un coup d'œil au prince Vladimir, qui hocha la tête d'un air peiné puis tourna vers Zoya un regard chargé de chagrin.

— Je vais rester avec vous.

Elle acquiesça d'un signe. Elle savait n'avoir rien à craindre de lui. Il vivait avec une femme depuis près d'un an et sa fille en avait été ulcérée au point de déménager pour habiter dans un couvent de la rive gauche.

— Merci, Vladimir.

Elle s'en fut préparer une tasse de thé pour sa grand-mère et, quand elle retourna tout doucement dans sa chambre, elle la trouva presque délirante. Son visage était brûlant et son corps entier semblait s'être ratatiné en quelques heures. Zoya se rendit subitement compte à quel point elle avait maigri ces derniers temps. Cela ne se voyait pas tellement quand elle était habillée, mais maintenant elle avait l'air terriblement frêle et, lorsqu'elle ouvrit les yeux, elle dut se concentrer avec effort pour voir qui était devant elle.

— C'est moi, grand-maman... Chut... Ne parlez pas.

Elle voulut l'aider à boire le thé, mais Evgenia le repoussa, marmonna quelque chose puis se rendormit. L'aube pointa avant qu'elle bouge et parle. Zoya la veillait, assise dans le fauteuil, et elle se précipita à son chevet pour entendre ce qu'elle disait. Sa grand-mère avait agité la main et la jeune fille s'approcha silencieusement, lui donna une gorgée d'eau pour humecter ses lèvres desséchées et une dose du médicament laissé par le médecin, mais elle voyait bien que son état avait empiré.

— Il faut que tu...

— Grand-maman, ne parlez pas... Vous allez vous fatiguer.

La vieille femme secoua la tête. Elle savait bien ce qu'il en était. Cela n'avait plus d'importance désormais.

— Il faut que tu remercies l'Américain pour moi... Dis-lui que je lui suis profondément reconnaissante... J'avais l'intention de lui rembourser...

— Pour quoi ?

Zoya était interloquée. Pourquoi exprimerait-elle de la reconnaissance à Clayton ? Pour les avoir quittées ? Pour l'avoir abandonnée en rentrant à New York ? Mais Evgenia agitait faiblement la main en direction du petit bureau dans le coin de la pièce.

— Regarde... dans mon écharpe rouge...

Zoya ouvrit le tiroir et l'y trouva. Elle la sortit, la posa sur le bureau, la défit et retint son souffle. Il y avait là une fortune.

— Mon Dieu... Grand-maman, quand vous a-t-il donné cela ?

Elle était abasourdie et ne comprenait pas. Pourquoi avait-il fait une chose pareille ?

— Il l'a envoyé quand il est parti... J'avais l'intention de lui retourner cet argent... mais j'ai eu peur... si tu en avais besoin... Je savais que ses intentions étaient bonnes. Nous le lui rendrons quand nous pourrons...

Elle tâtonnait derrière son lit en parlant, à la recherche de quelque chose qu'elle pensait être dissimulé là, et Zoya vit qu'elle commençait à s'agiter et elle eut peur que cela aggrave son état.

— Grand-maman, étendez-vous... je vous en prie.

Elle était encore stupéfaite de la véritable fortune qu'avait envoyée Clayton. C'était un beau geste, mais cela raviva sa colère contre lui. Elles n'avaient pas besoin de sa charité. C'était trop commode de se débarrasser d'elles en leur donnant de l'argent... mais à quel prix. Soudain elle fronça les sourcils en voyant la vieille écharpe de laine que sa grand-mère avait retirée de derrière le traversin et tenait dans ses mains tremblantes. C'était l'écharpe qu'elle portait le jour où elles avaient quitté Saint-Pétersbourg, elle s'en souvenait bien, et voici que sa grand-mère la lui tendait avec un petit sourire sur ses lèvres exsangues.

Nicolas...

Elle pouvait à peine parler, les larmes lui montaient aux yeux.

— Il faut que tu le gardes, Zoya... Prends-en bien soin... Quand il ne restera plus rien, vends-le... mais seulement quand tu seras à bout de ressources... pas avant... Il ne reste rien d'autre.

— L'étui à cigarettes de papa, et les boîtes de Nikolaï ? dit-elle d'un ton interrogateur.

Mais la vieille femme secoua la tête.

— Je les ai vendus il y a un an... Nous n'avions pas le choix.

Pour Zoya, ces mots firent l'effet d'un coup de couteau au cœur. Il ne restait rien d'eux maintenant, pas de babiole, pas d'objet qui évoque leur mémoire, rien que des souvenirs, et ce que sa grand-mère tenait maintenant entre ses mains. Zoya le lui prit avec précaution et déroula l'écharpe sur le lit ; alors, ce faisant, elle eut une exclamation étouffée... Elle se le rappelait bien... C'était l'œuf de Pâques que Nicky avait donné à Alix quand Zoya avait sept ans... un objet merveilleux dû à Fabergé, une véritable œuvre d'art. L'œuf proprement dit était en émail mauve pâle, gracieusement cerclé de rubans de diamants, et un ressort minuscule permettait de l'ouvrir, révélant un cygne d'or miniature sur un lac d'aigue-marine. Pleurant tout bas, elle effleura le levier qu'elle se rappelait niché sous l'aile. Le cygne étendit ses petites ailes d'or et avança lentement sur sa paume.

— Garde-le soigneusement, ma chérie... murmura sa grand-mère, qui referma les yeux tandis que Zoya enveloppait l'œuf dans l'écharpe, puis lui prenait doucement la main.

— Grand-maman...

Evgenia releva les paupières, avec un sourire paisible.

— Restez avec moi... Je vous en prie, ne partez pas...

Elle sentit que la vieille femme était mieux, elle paraissait respirer plus aisément.

— Sois sage, mon petit... J'ai toujours été si fière de toi...

Elle sourit de nouveau et Zoya commença à sangloter. Ces paroles étaient un adieu, mais elle ne voulait pas qu'elle meure.

— Non, grand-maman... Ne me laissez pas seule, grand-maman... je vous en prie...

La vieille femme sourit seulement et referma les paupières pour la dernière fois. Elle avait donné son ultime cadeau à l'enfant qu'elle avait tant aimée, elle l'avait amenée saine et sauve vers une nouvelle vie, avait veillé sur elle, mais maintenant c'était fini.

— Grand-maman... dit tout bas Zoya dans la pièce silencieuse.

Mais les yeux d'Evgenia étaient clos. Elle reposait en paix. Disparue avec les autres. Evgenia Petrovna Ossoupov avait rejoint les siens.

26

Elle fut enterrée dans la banlieue de Paris, dans le cimetière russe de Sainte-Geneviève-des-Bois ; Zoya assista à la cérémonie en silence au côté du prince Vladimir et d'une poignée de gens qui avaient connu Evgenia. Elle n'avait eu de relations étroites avec aucun d'eux. Ses années à Paris, elle les avait vécues principalement avec Zoya, les lamentations et les souvenirs déprimants des autres émigrés l'impatientaient. Elle se préoccupait du présent, le passé ne l'obsédait pas.

Elle était morte le 6 janvier 1919 dans leur minuscule logement, le jour de la Noël orthodoxe. Et Zoya restait assise à regarder par la fenêtre en caressant Sava.

C'était impossible d'assimiler les événements des quelques derniers jours, plus incroyable encore d'imaginer une existence sans sa grand-mère. Elle était encore sous le coup de la stupeur devant l'œuf impérial, que cette dernière avait dissimulé pendant près de deux ans, et devant l'argent que Clayton lui avait donné avant de partir. La somme était suffisante pour subsister raisonnablement pendant un an et, pour la première fois depuis des années, elle n'avait pas envie de danser. Elle ne voulait plus jamais revoir les Ballets, plus jamais rien faire. Elle ne voulait que rester assise là avec son chien et mourir, sans plus. Puis elle se dit avec confusion que sa grand-mère serait furieuse contre elle pour ces pensées. La vieille dame s'était vouée non pas à la mort mais à la vie.

Elle passa une semaine sans voir personne ; elle était amaigrie et très pâle quand Vladimir frappa à sa porte. Lui-même avait l'air grave, tendu, et visiblement inquiet à son sujet. Elle fut surprise d'apercevoir quelqu'un derrière lui dans le couloir sombre quand elle ouvrit. Peut-être avait-il amené le médecin pour s'assurer qu'elle n'était pas malade, mais elle ne voulait voir personne et le médecin moins que quiconque. Elle portait une robe noire et des bas de laine noire, ses cheveux roux strictement tirés en arrière offraient un contraste frappant avec l'ivoire de son visage.

— Oui ?

Vladimir hésita à parler. Il avait eu presque peur d'amener ici son compagnon, peur que le choc soit trop fort pour elle, mais il savait qu'ils devaient venir.

— Bonjour, Vladimir.

Sans un mot, il s'écarta et Zoya eut le souffle coupé en découvrant Pierre Gilliard derrière lui.

Gilliard eut les larmes aux yeux en la regardant, mille ans semblaient s'être écoulés depuis qu'ils s'étaient vus pour la dernière fois, le jour où elle avait quitté Tsarskoïe Selo. Il avança d'un pas et elle tomba dans ses bras. Puis elle leva vers lui des yeux suppliants, tout juste capable de parler entre deux sanglots :

— Sont-ils enfin venus ?

Gilliard était le précepteur avec qui les filles de l'empereur avaient étudié toute leur vie, et Zoya savait qu'il les avait accompagnées en Sibérie. Rendu muet par l'émotion, il secoua négativement la tête.

— Non... finit-il par répondre. Non... ils ne sont pas venus...

Elle attendait qu'il lui donne d'autres nouvelles et, se sentant comme changée en pierre, elle rentra dans la vilaine salle à manger. Il la suivit. Il était maigre, épuisé, d'une pâleur extrême. Vladimir les quitta à ce moment-là. Il referma silencieusement la porte derrière lui et, tête baissée, descendit lentement l'escalier pour retourner à son taxi.

— Vont-ils bien ?

Elle avait le cœur qui battait à se rompre en attendant que Pierre Gilliard parle. Ils s'installèrent face à face dans des fauteuils, puis il tendit les bras et emprisonna ses mains dans les siennes. Les mains de Zoya étaient comme de minuscules icebergs quand Gilliard prit la parole :

— Je rentre à l'instant de Sibérie... Il me fallait une certitude avant de venir... Nous les avions quittés à Ekaterinbourg en juin. On nous avait ordonné de partir.

On aurait dit qu'il cherchait à s'excuser, mais tout ce qu'elle voulait savoir, c'était que Machka et les autres étaient sains et saufs. Abasourdie rien que par sa présence, elle restait plongée dans un silence stupéfait en s'agrippant à lui de ses mains tremblantes et glacées.

— Vous n'étiez pas là-bas quand... quand Nicolas...

Elle ne réussit pas à prononcer les mots, mais il comprit et secoua la tête d'un air malheureux.

— Gibbes et moi, nous avions été obligés de partir... mais nous y sommes retournés en août. On nous a laissés entrer dans la maison, il n'y avait personne dedans, mademoiselle.

Il ne put se résoudre à lui raconter ce qu'ils avaient découvert, les trous laissés par les balles et les traces décolorées de sang lavé.

— On nous a dit qu'on les avait emmenés ailleurs, mais Gibbes et moi avons craint le pire.

Elle attendit la suite, le cœur battant, sûre qu'il y aurait une fin heureuse. Après tout ce temps, impossible qu'il en soit autrement. Voyons, la vie ne pouvait pas être assez cruelle pour laisser les bolcheviks tuer les gens qu'elle aimait tant... un frêle petit garçon, quatre filles qui étaient ses cousines et amies, et leur mère qui les aimait. C'était déjà assez dur que leur père soit mort.

Cela ne pouvait vraiment pas être pire. Elle ne le quittait pas des yeux tandis qu'il poursuivait son récit. Il ferma les paupières et lutta pour contenir ses larmes. Il était encore épuisé par le voyage, il n'était arrivé à Paris que la veille au soir, résolu à lui rendre visite.

— Nous sommes retournés à Ekaterinbourg le jour de l'anniversaire d'Alexis, mais il n'y avait plus personne à ce moment-là, dit-il en soupirant. Nous y sommes restés ensuite. Même après avoir vu les traces des balles dans la maison, j'étais convaincu qu'ils étaient encore vivants.

Zoya sentit son cœur s'arrêter et ses pupilles se dilatèrent.

— Des traces de balles ? Ont-ils abattu l'empereur devant les enfants ?

— Ils avaient tué Nagorny trois jours auparavant... Il avait voulu empêcher un soldat de voler les médailles d'Alexis. Le tsarévitch a dû avoir le cœur brisé, il avait été avec lui toute sa vie.

Le fidèle Nagorny, qui avait refusé de les abandonner. Cela n'avait-il donc pas de fin ?

A la mi-juillet, les bolcheviks les informèrent que, devant la tentative de certains de leurs proches pour les sauver, on devait les déplacer avant que soit découvert le lieu de leur détention.

Zoya songea aux lettres de Machka avant cela, qui lui disait où ils étaient. Qui donc avait essayé de les sauver ?

— Cette satanée révolution faisait rage, c'était presque impossible d'aller où que ce soit. Mais ils les ont fait se lever à minuit et leur ont dit de s'habiller.

Sa voix s'étrangla et Zoya serra ses mains dans les siennes à avoir mal tandis que leurs regards se rencontraient, deux personnes isolées sur une île déserte, les autres partis... mais où ? Elle attendit la suite sans proférer un son. Bientôt, très bientôt il allait lui annoncer qu'ils étaient en route pour Paris.

— Ils sont descendus, l'impératrice, Nicolas et les enfants... Anastasia avait encore Jimmy avec elle, le petit épagneul d'Alexis... ajouta Pierre Gilliard en recommençant à pleurer à ce souvenir. Et Joy...

Sava gémit comme si elle reconnaissait le nom de sa mère. Il poursuivit :

— A ce moment-là, le tsarévitch ne pouvait plus marcher, il avait été très malade... On leur a dit de s'habiller et on les a conduits au sous-sol pour attendre qu'on vienne les chercher... Nicolas a fait apporter des chaises pour Alexandra et Alexis et il... il le tenait sur ses genoux, Zoya, quand ils ont ouvert le feu.

Elle sentit son cœur se figer, ce devait être à ce moment-là qu'ils avaient tué Nicolas, mais Gilliard reprit en sanglotant :

— Ils les ont tous abattus, Zoya Constantinovna... Ils ont ouvert le feu sur eux tous, seul Alexis a survécu un peu plus longtemps que les autres, il se cramponnait à son père et ils l'ont assommé à coups de crosse... puis ils ont tué le petit Jimmy. Anastasia s'était évanouie et, quand elle a hurlé, ils l'ont tuée à la baïonnette. Après, poursuivit-il tandis que Zoya pleurait en silence, incapable de croire ce qu'il lui racontait, ils les ont tous mis dans un puits de mine et ont versé de l'acide sur eux... Ils ne sont plus, petite Zoya... plus... aucun d'eux... même le pauvre gentil Baby.

Zoya passa ses bras autour de lui et le serra contre elle cependant qu'il pleurait. Même maintenant, des mois plus tard, lui-même ne parvenait pas à y croire.

— Nous avons trouvé Joy, un des soldats l'avait recueillie, elle était presque morte de faim quand ils l'ont trouvée près de la mine... pleurant les enfants qu'elle aimait. Oh, Zoya, personne ne saura jamais combien ils étaient gentils ou combien nous les aimions...

— Oh, mon Dieu... Oh, mon Dieu... Ma pauvre petite Machka... assassinée à coups de fusil et de baïonnette... Comme elle a dû avoir peur...

— Nicolas s'était levé pour les arrêter... mais ils étaient déchaînés. Si seulement on nous avait laissés rester... Enfin, cela n'aurait rien changé.

Il ne lui dit pas que les Russes blancs, partisans du tsar, étaient venus libérer Ekaterinbourg huit jours plus tard. Seulement huit jours. Ç'aurait pu aussi bien être huit éternités.

Zoya le regardait avec des yeux vides. Plus rien ne comptait maintenant. Rien ne compterait plus jamais... ni pour elle... ni pour eux... Elle enfouit sa figure dans ses mains et pleura. Il l'entoura de ses bras.

— Il fallait que je vous prévienne moi-même... Je suis navré... tellement navré...

Des mots si faibles pour la perte de gens si extraordinaires. Comme ils avaient été aveugles ce dernier jour à Tsarskoïe Selo, elle comprenait maintenant qu'elle aurait dû rester avec eux, les bolcheviks auraient pu la tuer aussi... auraient dû... la tuer à coups de baïonnette et de fusil comme ils avaient tué Machka et les autres... et Baby...

Pierre Gilliard la quitta, promettant de revenir le lendemain après s'être reposé. Quand il partit, son cœur se fendit à la voir les yeux meurtris, le visage dépourvu d'expression. De nouveau seule, elle saisit Sava et la berça dans ses bras en pleurant, criant dans le vide :

— Oh, grand-maman... ils ne sont plus... On les a tous tués...

A la fin, ce ne fut plus qu'un chuchotement dans la pièce silencieuse quand elle prononça son nom pour la dernière fois... Elle n'aurait plus jamais le courage de le redire... Elle murmura dans un souffle :

— Ma Machka...

27

Zoya resta en état de choc pendant plusieurs jours
après avoir appris la nouvelle par Pierre Gilliard. Au chagrin du décès de sa grand-mère s'ajoutait la souffrance
due à leur exécution. Le docteur Botkine était mort avec
les autres, lui avait dit Pierre Gilliard le lendemain quand
il était revenu, ce qui expliquait pourquoi aucune de ses
lettres n'avait été transmise, mais de toute façon il n'y
avait plus personne pour y répondre. Elle savait que le
grand-duc Michel avait été fusillé aussi, une semaine
avant le massacre de Nicolas, d'Alexandra et de leurs
enfants. Quatre autres grands-ducs avaient été assassinés
après cela. La liste était apparemment interminable. On
aurait dit qu'ils voulaient détruire une race entière, un
chapitre entier d'histoire. Et les détails étaient d'une
cruauté indicible.

Plongée dans la douleur, de façon bien compréhensible, elle ne s'intéressa guère à la Conférence de Paix de
Paris et au traité de Versailles. Pour elle, la guerre, ou
même sa fin, n'avait plus de signification. Elle avait
perdu ses parents, son frère, sa grand-mère, ses cousins,
ses amis, sa terre natale, et même l'homme qu'elle aimait
l'avait abandonnée. Elle restait assise jour après jour dans
le minuscule logement, près de la fenêtre, le regard perdu
dans le vide, et sa vie donnait l'impression de n'être plus
que solitude et désolation. Pierre Gilliard était revenu la
voir à plusieurs reprises avant son départ. Il se rendait

chez lui en Suisse pour se reposer, avant de retourner en Sibérie, où il devait aider à poursuivre l'enquête. Même cela, cependant, n'avait plus d'importance pour elle. Plus rien n'en avait. Pour Zoya, tout était fini.

A la fin de janvier, de nouveau Paris débordait de gaieté, et ses rues semblaient pleines de soldats américains. Il y avait des réceptions, des représentations de gala, des défilés, tout cela en l'honneur des dignitaires arrivant des Etats-Unis pour se réunir à Versailles, célébrer la fin de la Grande Guerre, et inaugurer l'ère de paix qui s'annonçait.

Mais pour Zoya il n'y avait pas de fêtes. Vladimir lui avait rendu visite plusieurs fois, après que Pierre Gilliard fut parti pour Berne rejoindre sa femme, et Zoya avait à peine ouvert la bouche. Vladimir, qui l'observait, était maintenant inquiet pour sa santé mentale autant que pour son bien-être physique. La nouvelle s'était propagée peu à peu chez tous les émigrés, provoquant des larmes intarissables et un deuil silencieux. Les Romanov étaient profondément regrettés et inoubliables pour tous ceux qui les avaient connus.

— Laissez-moi vous emmener en promenade, ma petite. Cela vous fera du bien de changer d'air.

— J'ai tout ce qu'il me faut ici, Vladimir.

Elle lui adressa un regard triste et caressa sans plus rien dire la petite Sava. Il lui apportait à manger, comme il l'avait fait quand elles étaient arrivées, elle et sa grand-mère. En désespoir de cause, il lui apporta même de la vodka. A défaut d'autre chose, peut-être pourrait-elle au moins noyer son chagrin. Cependant la bouteille demeura cachetée, la vodka intacte, comme la majeure partie des aliments qu'il lui apportait. Elle donnait l'impression de dépérir, on aurait presque cru qu'elle concentrait sa volonté pour mourir, dans un désir ardent de rejoindre les autres.

Un certain nombre de dames que connaissait Vladimir étaient aussi allées la voir mais, la plupart du temps, Zoya n'avait pas répondu quand elles frappaient à sa porte. Elle était restée assise sans faire de bruit en attendant qu'elles partent, seule dans le logement plongé dans le noir.

A la fin de janvier, il prit peur et consulta même un médecin. On n'y pouvait rien, sinon attendre que la nature reprenne ses droits. Vladimir craignait toutefois qu'elle ne se livre avant à quelque acte désespéré.

Un jour, tard dans l'après-midi, il songeait de nouveau à elle en conduisant son taxi jusqu'à l'hôtel Crillon, où il comptait qu'un des Américains importants le hélerait. C'est alors qu'il jeta un coup d'œil de l'autre côté de la rue et, comme en réponse à une prière, le vit. Il klaxonna frénétiquement en agitant le bras, mais la silhouette de haute taille en uniforme disparut dans l'immeuble. Vladimir bondit hors de sa voiture, en souhaitant ne pas avoir été victime d'une illusion. Il traversa la rue précipitamment et s'engouffra dans l'hôtel. Il rattrapa Clayton Andrews à l'instant où celui-ci entrait dans l'ascenseur. En s'entendant appeler par Vladimir, il se retourna avec stupeur. Alors il sortit lentement de la cabine, saisi de peur que quelque chose de terrible se soit produit.

— Dieu merci, c'est bien vous.

Vladimir soupira de soulagement, tout en espérant qu'il veuille bien encore voir la jeune fille. Il ne savait pas exactement ce qui s'était passé entre eux, mais il était conscient qu'il y avait eu une sorte de brouille avant que Clayton ait quitté Paris.

— Lui est-il arrivé quelque chose ?

C'est la seule pensée qui vint à l'esprit de Clayton devant l'expression de Vladimir. Il avait débarqué en France la veille et avait dû se faire violence pour ne pas aller lui rendre visite. Mais il se rendait compte que se torturer ou torturer Zoya était inutile. Ils étaient mieux ainsi. Il voulait qu'elle se forge une nouvelle vie et s'accrocher à ses basques ne l'aiderait pas à y parvenir, quand bien même il souffrait d'être éloigné d'elle. A peine avait-il atteint New York qu'on lui avait demandé de retourner à Paris pour participer aux nombreuses réunions préparatoires du traité de Versailles, avant de quitter l'armée pour toujours. Il était revenu avec une très forte appréhension. Il n'était pas sûr d'être assez fort pour ne pas chercher à reprendre contact avec elle.

— Est-ce Zoya ? demanda-t-il, effrayé par ce qu'il lisait dans le regard du prince.

Son expression était éloquente.

— Pouvons-nous aller parler quelque part ?

Vladimir jeta un coup d'œil au hall d'entrée bondé et replongea son regard dans celui de Clayton. Il avait beaucoup à lui raconter. Clayton consulta sa montre. Il disposait de deux heures. Il acquiesça d'un signe de tête et suivit Vladimir au-dehors jusqu'au taxi garé fort opportunément à proximité.

— Allez-vous parler, enfin ! Est-ce qu'elle va bien ?

Le prince avait l'air affligé en mettant sa voiture en marche, ses manchettes élimées et sa veste usée ne pouvaient pas être en plus piteux état, mais sa moustache était toujours impeccablement taillée et sa chevelure d'un blanc de neige soignée. Tout en lui annonçait noblesse et distinction. Il y en avait bien d'autres comme lui à Paris maintenant. Des comtes, des princes, des ducs, ou simplement des hommes de bonne famille qui conduisaient des taxis, balayaient les rues ou servaient à table.

— Rien ne lui est arrivé, capitaine, répliqua-t-il.

Clayton soupira de soulagement.

— Tout au moins pas à elle-même, ajouta Vladimir.

Ils se rendirent au Deux Magots, où ils s'installèrent au fond de la salle. Clayton commanda deux cafés.

— Sa grand-mère est morte il y a trois semaines.

— Je le redoutais.

Elle lui avait paru bien malade et bien frêle quand il avait quitté Paris, plus d'un mois auparavant.

— Mais le pire est que Pierre Gilliard est venu de Sibérie pour la voir. La nouvelle était terrible. Elle n'a pas bougé de chez elle depuis qu'il l'a mise au courant. J'ai peur qu'elle perde la raison, à rester assise là, à se lamenter sur eux. C'est trop pour elle.

Il avait les larmes aux yeux et regrettait qu'Andrews n'ait pas commandé quelque chose de plus réconfortant. Une vodka n'aurait pas été de trop. Rien que de penser à Zoya lui fendait le cœur. Trop de choses leur étaient arrivées à tous, et maintenant en particulier à elle.

— Gilliard était-il présent quand on a tué le tsar ?

Clayton aussi avait le cœur lourd à cette idée. Les anecdotes de Zoya sur Livadia, le yacht et Tsarskoïe Selo lui avaient fait partager l'intimité de la famille impériale et il réagissait pratiquement comme s'il l'avait connue.

— Apparemment, les soldats des soviets les avaient éloignés, lui et le précepteur anglais, peu de temps auparavant, mais ils sont revenus deux mois plus tard, et ils ont interrogé des soldats, des gardes et des paysans de la région d'Ekaterinbourg pendant des semaines, pour contribuer aux enquêtes de l'Armée blanche. Ils sont au courant de presque tout et Gilliard veut retourner s'entretenir encore avec eux. Mais cela n'a plus d'importance, ajouta-t-il en regardant Clayton avec des yeux tristes et fatigués. Ils sont tous morts... tous... assassinés en même temps que le tsar... même les enfants.

Il n'avait pas honte des larmes qui roulaient sur ses joues. Il pleurait chaque fois qu'il y songeait. Il avait perdu tant de bons amis. Tous en avaient perdu. Clayton était atterré, horrifié, et il se doutait de l'effet produit sur Zoya.

— Marie aussi ?

C'était un dernier espoir... pour le bien de Zoya... mais Vladimir secoua la tête.

— Tous. Disparus.

Il donna à Andrews des détails que Gilliard n'avait même pas osé dire à Zoya, l'acide, les mutilations, les corps brûlés. Ce qu'elle savait suffisait comme ça. On avait voulu les faire disparaître de la surface de la terre, sans laisser une seule trace. Mais c'est impossible d'annihiler la beauté, la dignité et la grâce, l'amabilité et la compassion, de supprimer des gens qui étaient si foncièrement bons et affectueux. En fait, on n'avait pas réussi à détruire ce qu'ils représentaient. Leurs corps avaient disparu, mais leur esprit vivrait à jamais.

— Comment Zoya a-t-elle pris la nouvelle ?

— Je ne suis pas sûr qu'elle y survivra. Elle maigrit de jour en jour. Elle ne mange pas, ne parle pas, ne sourit pas. Je suis navré rien que de la voir. Irez-vous la trouver ?

Il était prêt à le supplier. Il fallait qu'elle vive. Sa grand-mère, du moins, était chargée d'années quand elle était morte. Zoya était jeune. A dix-neuf ans, son existence n'en était qu'à son début. Il ne pouvait pas supporter de la voir s'achever maintenant. Elle devait continuer à vivre, elle devait faire passer la beauté qu'elle avait connue dans une vie nouvelle et non l'enterrer avec elle, comme elle le faisait.

Clayton soupira, en remuant pensivement son café. Ce que Vladimir lui avait révélé était d'une horreur indicible et le bouleversait... Même le petit garçon... C'est ce que Pierre Gilliard avait dit aussi, quand il avait appris la nouvelle : « Les enfants !... Pas les enfants... » Sa pensée se reporta vers Zoya et il regarda tristement le prince Vladimir.

— Je ne suis pas sûr qu'elle voudra me recevoir.

— Vous devez essayer. Pour son bien.

Il n'osa pas lui demander s'il l'aimait encore. Il avait toujours pensé que, de toute façon, Clayton était trop âgé pour elle, et il l'avait dit à Evgenia. Mais c'était le dernier espoir qui restait, et il avait vu l'ardeur qui brillait dans les yeux de Clayton quand il les avait accompagnés à la messe de Noël, l'autre année. A cette époque du moins, il avait profondément aimé Zoya.

— La plupart du temps, elle n'ouvre pas la porte. Parfois, je laisse simplement un peu de nourriture pour elle sur le paillasson et elle finit par la rentrer, quoique je ne sois pas certain qu'elle la mange.

Mais il continuait pour l'amour de sa grand-mère. Il aurait aimé que quelqu'un agisse de même pour Elena. Et maintenant il suppliait Clayton Andrews d'aller la voir. Il était prêt à n'importe quoi pour l'aider. Il regrettait presque que Pierre Gilliard soit venu, mais ils avaient besoin de savoir, ils ne pouvaient pas continuer éternellement à espérer.

— Je ferai mon possible.

Il jeta un coup d'œil à sa montre. Il devait retourner à l'hôtel pour une de ses interminables réunions. Il se leva, paya le café, et pendant le trajet de retour à l'hôtel il remercia le prince Vladimir, tout en se demandant si Zoya lui ouvrirait. Elle estimait qu'il l'avait abandonnée, elle n'avait pas compris les raisons qui le motivaient. Il pensait que maintenant elle le haïssait et peut-être était-ce ce qu'il y avait de mieux pour elle. Mais il ne pouvait pas la laisser rester là-bas, à attendre la mort. Le tableau qu'avait peint le prince Vladimir était un cauchemar.

Ce soir-là, il se rongea d'impatience pendant sa réunion, puis à dix heures il sortit et héla un taxi, donnant au chauffeur l'adresse de Zoya. C'était un soulagement de découvrir que, pour une fois, le chauffeur était français et non un aristocrate russe.

L'immeuble avait un aspect cruellement familier quand il arriva, et pendant une minute il hésita avant de monter lentement l'escalier. Il ne savait que dire, peut-être n'y avait-il rien à dire. Peut-être que la seule chose qu'il pouvait faire était d'être là. La montée jusqu'au logement du troisième étage lui parut interminable, les couloirs étaient encore plus froids, plus sombres et plus malodorants que dans son souvenir. Il l'avait quittée six semaines auparavant mais dans ce court laps de temps tant de choses avaient changé, tant de choses étaient survenues. Il resta longtemps devant sa porte, l'oreille tendue, se demandant si elle dormait, puis il sursauta en percevant des pas.

Il frappa une fois doucement et les pas s'arrêtèrent. Ils restèrent longtemps arrêtés. Il les entendit de nouveau quand elle se fut convaincue qu'il était parti et, cette fois, il entendit aussi Sava qui aboyait. Son cœur battit plus vite rien que de la savoir si proche, mais ce n'était pas le moment de penser à lui-même, il devait songer à elle. Il était venu l'aider, non pour son propre compte ; se forçant à se le rappeler, il frappa de nouveau et parla à travers la porte. Un mot, répété : « Télégramme, télégramme ! » C'était un affreux stratagème, toutefois il savait que, sans cela, elle ne répondrait pas. Les pas s'approchèrent, le battant s'écarta légèrement, mais à la place où il se tenait elle ne pouvait pas le voir. Alors d'une seule enjambée et d'une simple poussée, il ouvrit le battant plus largement, la forçant à reculer, et dit avec douceur :

— Vous devriez être plus prudente, mademoiselle.

Elle fut suffoquée et son visage prit une pâleur de mort. Il fut frappé par sa maigreur. Le prince Vladimir avait raison. Elle se tenait en face de lui, une expression apeurée dans ses grands yeux, la mine épouvantable.

— Que fais-tu ici ?

— Je suis venu de New York voir comment tu allais.

Il avait voulu adopter un ton désinvolte, mais la figure de Zoya traduisait son état d'esprit. Elle avait dépassé le stade où elle pouvait rire, aimer, s'intéresser.

— Pourquoi es-tu venu ?

Elle était là, toute petite, l'air fâchée, et le cœur de Clayton se serra. Il avait envie de la prendre dans ses bras, mais il n'osa pas. Il avait l'impression qu'il risquait de la casser.

— Je voulais te voir. Je suis ici pour les négociations du traité de paix à Versailles.

Ils étaient toujours plantés sur le seuil et il la regarda d'un air interrogateur, tandis que Sava s'approchait et lui léchait la main. Elle n'avait pas oublié, même si Zoya ne tenait plus à se souvenir.

— Puis-je entrer quelques minutes ?

— Pourquoi ?

Ses pupilles étaient dilatées et son regard triste, mais ses yeux étaient plus beaux que jamais. Et il ne pouvait plus lui mentir.

— Parce que je t'aime toujours, Zoya, voilà pourquoi.

Ce n'était pas ce qu'il avait projeté de dire, mais il ne put s'empêcher d'énoncer les mots devant elle.

— Cela n'a plus d'importance.

— Pour moi, si.

— Cela n'en avait pas il y a six semaines, quand tu es parti.

— C'était aussi très important pour moi à ce moment-là. Je croyais agir comme je le devais envers toi. Je pensais que tu avais droit à davantage que ce que j'avais à offrir.

Il pouvait tout lui offrir sur le plan matériel, mais il ne pouvait pas lui donner sa jeunesse ou les années qu'il avait perdues avant de la rencontrer. Cela lui avait paru important sur le moment, mais à présent il en était moins sûr, en regard de tout ce que Vladimir lui avait appris.

— Je t'ai laissée ici parce que je t'aime, et non parce que je ne t'aimais pas.

Mais il savait, comme il l'avait su alors, qu'elle n'avait pas compris.

— Je n'avais pas l'intention de t'abandonner. Je ne me doutais pas qu'il arriverait tant de choses après mon départ.

— Qu'entends-tu par là ?

279

Elle l'examina d'un regard triste et devina qu'il était au courant, mais elle se demandait jusqu'à quel point.

— J'ai vu Vladimir cet après-midi.

— Et que t'a-t-il raconté ?

Elle gardait ses distances avec raideur, ne le quittant pas des yeux, et il vibra de pitié pour elle. Elle avait tant souffert. Ce n'était pas juste. Cela aurait dû arriver à quelqu'un d'autre. Pas à elle, ni à Evgenia ni aux Romanov... ni même à Vladimir. Il avait le cœur navré pour eux tous. Mais, plus encore, il l'aimait.

— Il m'a tout expliqué, mon petit.

Il fit un pas en avant pour l'attirer avec douceur dans ses bras, et à sa grande surprise elle ne résista pas.

— Il m'a dit, pour ta grand-mère...

Il hésita, mais seulement un instant :

— ... et pour tes cousins... La pauvre petite Machka...

Elle ravala un sanglot, détourna la tête sans se dégager de son étreinte, puis, comme si subitement le barrage s'était rompu, elle se mit à sangloter dans ses bras. Il referma doucement la porte du bout du pied, emporta Zoya comme un très petit enfant dans le logement et s'assit sur le divan en la tenant toujours contre lui. Elle pleura très longtemps, elle tremblait horriblement de la tête aux pieds en racontant tout ce qu'elle avait appris par Gilliard, secouée de sanglots comme lors de la visite de ce dernier, et pendant très longtemps Clayton la serra contre lui. Puis enfin la pièce redevint silencieuse et n'y résonna plus que de temps à autre le bruit d'un reniflement. Zoya leva vers lui des yeux verts ravagés et il l'embrassa tendrement, comme il mourait d'envie de le faire depuis qu'il l'avait quittée.

— Je regrette de ne pas avoir été là quand il est venu.

— Moi aussi, avoua-t-elle en se remettant à pleurer silencieusement. Tout a été si terrible depuis ton départ... C'était tellement horrible... et Machka... Oh, mon Dieu, la pauvre Machka... Du moins les balles l'ont-elles tuée vite, à ce qu'a dit Pierre. Mais les autres...

— N'y pense plus. Il faut que tu rejettes ce souvenir.

— Comment le puis-je ?

Elle était toujours assise sur ses genoux, et cela lui rappela ses conversations d'autrefois avec son père.

— Tu le dois, Zoya. Songe à ta grand-mère, songe combien elle a été courageuse. Elle t'a sortie de Russie en troïka, elle t'a emmenée vers la liberté, vers la sécurité. Elle ne t'a pas amenée ici pour que tu renonces à l'espoir, pour que tu abandonnes tout et restes dans ce logement à mourir de faim. Elle t'a conduite ici pour que tu mènes une vie meilleure, pour *sauver* ta vie. Maintenant, tu ne dois jamais, au grand jamais, y renoncer. Ce serait lui faire affront, faire affront à sa mémoire et à tout ce qu'elle a tenté pour toi. Tu dois l'honorer et travailler de toutes tes forces pour avoir une bonne vie.

— Je suppose que tu as raison, mais c'est si difficile à présent.

Puis un souvenir lui revint et elle lui adressa un regard timide.

— Elle m'a parlé de l'argent, avant sa mort. J'avais eu l'intention de te le renvoyer, mais je m'en suis servie.

Elle rougit et retrouva un peu de son air habituel.

— J'y comptais bien.

Son contentement se peignit sur son visage, au moins avait-il fait quelque chose pour elle.

— Vladimir dit que tu n'as pas dansé depuis des mois.

— Pas depuis que grand-maman était tombée malade, puis elle est morte et Pierre était ici… je n'ai pas eu le courage de recommencer à danser.

— C'est aussi bien.

Il regarda par-dessus l'épaule de Zoya et, apercevant le samovar, eut un sourire nostalgique.

— Comment ça, aussi bien ? Tu sais, Diaghilev m'a de nouveau demandé de partir en tournée avec ses ballets. Je pourrais, maintenant, si je voulais.

Elle renifla derechef, mais cette fois-ci il lui sourit.

— Non, tu ne pourrais pas.

— Et pourquoi, je te prie ?

— Parce que tu vas à New York.

— Moi ? demanda-t-elle, visiblement abasourdie. Pourquoi ?

On aurait dit plus que jamais une enfant, à qui il sourit.

— Parce que tu vas m'épouser, voilà pourquoi. Tu as exactement deux semaines pour préparer tes affaires, puis nous partirons. Qu'est-ce que tu en penses ?

Elle leva vers lui des yeux tout ronds.

— Tu parles sérieusement ?

— Oui, bien sûr, si tu veux de moi.

Il s'avisa avec un sursaut qu'elle était une comtesse, mais plus pour longtemps. Il allait l'épouser avant de quitter Paris avec elle. Elle serait alors Mrs Clayton Andrews pour le reste de ses jours.

— Si tu es assez bête pour t'encombrer d'un vieil homme, c'est ton affaire, Miss Ossoupov. Je ne te mettrai pas en garde plus longtemps.

— Parfait.

Elle s'accrocha à lui comme une enfant perdue, pleurant de nouveau, mais cette fois-ci c'étaient des larmes de joie, non de chagrin.

— En fait, dit-il en la remettant doucement debout et en se levant, emporte ce qu'il te faut pour le moment. Je vais prendre une chambre pour toi à l'hôtel. J'ai l'intention de te garder à l'œil jusqu'à ce que nous partions. Je ne tiens pas à être obligé de tambouriner sur cette porte en criant « Télégramme ! » pendant quinze jours.

Elle lui adressa alors un rire moqueur et se sécha les yeux.

— C'était très mal élevé de ta part !

— Pas plus mal élevé que de la tienne, toi qui faisais semblant de ne pas être là. Peu importe, va chercher tes affaires. Nous reviendrons ici dans quelques jours prendre ce que tu veux emporter.

— Je n'ai pas grand-chose.

Elle jeta un coup d'œil circulaire dans la pièce, il n'y avait presque rien qu'elle souhaitât emporter avec elle, à l'exception peut-être du samovar et de quelques affaires appartenant à sa grand-mère. Elle voulait laisser le passé derrière elle et commencer avec lui une nouvelle vie. Une terreur soudaine la saisit et elle se tourna vers lui.

— Tu parles sérieusement ?

Qu'est-ce qui se passerait s'il changeait d'avis ? Et s'il la quittait de nouveau ou l'abandonnait à New York ? Il vit la peur dans ses yeux et son cœur s'emplit de compassion pour elle.

— Bien sûr que je parle sérieusement, mon petit. J'aurais dû t'emmener avec moi quand je suis parti.

Mais ils savaient l'un et l'autre qu'elle n'aurait pas pu quitter sa grand-mère, et Evgenia n'était pas en assez bonne santé pour voyager à ce moment-là.

— Je vais t'aider à emballer tes affaires.

Elle rassembla un bagage pitoyablement mince, puis se rappela la chienne. Elle ne pouvait pas la laisser, c'était la seule amie qui lui restait à part, bien sûr, Clayton.

— Puis-je emmener Sava à l'hôtel ?

— De toute évidence.

Il ramassa la chienne, qui s'efforça frénétiquement de lui lécher le menton, puis il se chargea du petit sac de Zoya, tandis qu'elle éteignait silencieusement les lumières. Le moment de partir était venu. Elle ferma la porte et, sans un regard en arrière, elle descendit l'escalier à la suite de Clayton, vers une nouvelle existence.

28

Emballer ses affaires prit moins d'une journée. Elle emportait le samovar, ses livres, les travaux à l'aiguille de sa grand-mère et ses châles, ses propres vêtements et leur nappe de dentelle, mais il n'y avait pas grand-chose d'autre. Elle donna le reste à Vladimir, à quelques amis et au prêtre de Saint-Alexandre-Nevski.

Ils dirent au revoir à Vladimir et elle promit d'écrire. Puis, quelques jours plus tard, elle se retrouva à l'église au côté de Clayton et devint son épouse. Elle le regarda, des larmes coulant lentement sur ses joues, avec l'impression de vivre un rêve. Elle avait tout perdu et maintenant, même son propre nom n'existait plus. Quand ils retournèrent à l'hôtel, elle le tint bien serré. On aurait dit qu'elle mourait de peur qu'il change de nouveau d'avis.

Ils demeurèrent encore deux jours à Paris, puis montèrent dans un train pour la Suisse. Ils avaient décidé d'y passer leur lune de miel, et elle avait avoué à Clayton qu'elle avait envie de revoir Pierre Gilliard avant de partir.

Il fallut deux jours pour atteindre Berne, car le train s'arrêtait interminablement partout, mais quand elle se réveilla le dernier jour elle eut un coup au cœur. Elle était accueillie par les montagnes couvertes de neige et, pendant un instant, elle eut l'impression d'être de retour en Russie.

Gilliard les attendait à la gare ; ils se rendirent chez lui pour déjeuner avec sa femme, qui avait été la nourrice des enfants Romanov. Elle serra Zoya dans ses bras en pleurant et Clayton les écouta évoquer leurs souvenirs pendant le déjeuner. C'était douloureux, mais en même temps ils partageaient tant de tendresse, tant d'heureux moments d'autrefois.

— Quand y retournerez-vous ? questionna à mi-voix Clayton pendant que Zoya allait regarder des photographies avec la femme de Gilliard.

— Dès que nous aurons repris des forces. La vie en Sibérie a beaucoup éprouvé mon épouse. Je ne veux pas l'emmener avec moi. Gibbes et moi, nous sommes convenus de nous retrouver pour voir si nous pouvons découvrir quoi que ce soit de plus.

— Quelle importance, maintenant ?

Clayton lui parlait avec franchise. Tout semblait terminé à présent, et s'attarder sur ce passé pénible était inutile. C'était ce qu'il avait dit à Zoya, mais Gilliard en paraissait obsédé. Le passé n'était toujours pour lui qu'une trop présente réalité, c'était compréhensible car il avait été auprès des enfants du tsar pendant vingt ans, et ils étaient toute sa vie.

— Pour moi, c'est important. Je ne serai pas en repos tant que je ne connaîtrai pas tout, tant que je n'aurai pas retrouvé celui d'entre eux qui a survécu.

L'idée était neuve.

— Y a-t-il une chance ?

— Je ne le crois pas. Mais il faut que j'en aie la certitude, sinon je n'aurai jamais l'esprit tranquille.

— Vous les aimiez beaucoup.

— Tous, nous les aimions. C'était une famille extraordinaire, même quelques-uns des gardiens en Sibérie s'étaient radoucis quand ils en étaient venus à la connaître. Les bolcheviks étaient obligés de les changer sans cesse pour maintenir une atmosphère désagréable.

Cela irritait incroyablement les bolcheviks. Nicolas était aimable envers tous, même envers ceux qui avaient détruit son empire. Je ne crois pas qu'il se soit jamais pardonné d'avoir abdiqué en leur faveur. Il était toujours en train de lire des ouvrages historiques et il m'a confié que le monde dirait de lui, un jour, qu'il avait failli à sa tâche... qu'il avait lâché pied... Cela lui brisait le cœur, je pense.

C'était un aperçu de cet homme que les autres ne connaîtraient jamais. Un coup d'œil en arrière dans le temps sur une période exceptionnelle qui ne se reproduirait jamais pour aucun d'eux. La grandeur de ce que tous avaient connu faisait paraître peu de chose ce qu'il avait à offrir à Zoya aux Etats-Unis. Par contre, il savait qu'elle serait heureuse à New York. Elle n'aurait plus jamais ni faim ni froid. Au moins avait-il cela à donner. Il avait déjà songé à acheter une maison pour elle. Sa propre résidence, un hôtel particulier de brique dans le bas de la Cinquième Avenue, semblait soudain beaucoup trop petite.

Ils séjournèrent trois jours à Berne, puis il l'emmena à Genève et à Lausanne.

Ils rentrèrent à Paris à la fin de février, et ils s'embarquèrent sur le *Paris* à destination de New York. Le paquebot partit du Havre par une journée magnifique, ses quatre cheminées fièrement dressées. C'était un beau navire, l'orgueil de la compagnie française. Il était resté à quai pendant trois ans, puisqu'il avait été terminé au milieu de la guerre.

Pendant la majeure partie de la traversée, Zoya fut comme une enfant grisée de joie. Elle avait repris un peu de poids et ses yeux étaient redevenus pétillants de vie. Ils avaient dîné à plusieurs reprises à la table du capitaine et ils dansaient tard dans la nuit. Elle avait presque des remords de tant s'amuser. Elle avait laissé tellement de gens dans ce monde qu'elle avait perdu, mais Clayton se refusait à ce qu'elle y pense à présent. Il voulait qu'elle regarde uniquement l'avenir, la vie nouvelle qu'ils allaient partager. Il parlait de la maison qu'ils allaient construire, des personnes dont elle allait faire la connaissance, des enfants qu'ils auraient. Elle avait son existence entière devant elle. Elle n'avait pas encore vingt ans et sa vie en était tout juste à son commencement.

La veille du jour où ils arrivèrent à New York, le soir, elle lui donna le cadeau de mariage qu'elle lui avait réservé. Il était encore enveloppé dans l'écharpe de sa grand-mère. Et Clayton eut la respiration coupée en voyant l'œuf de Fabergé. Quand il l'eut ouvert, elle posa le minuscule cygne d'or sur la table et lui montra comment déclencher son mécanisme.

— C'est ce que j'ai vu de plus beau... Non, cela ne vient qu'au second rang, déclara-t-il en lui souriant.

Elle le regarda avec une expression déçue dans les yeux, elle avait tellement souhaité qu'il l'apprécie autant qu'elle. Cet œuf lui tenait si fort à cœur. C'était le seul vestige qu'elle avait conservé de son passé.

— Qu'est-ce qui est au premier rang ?

— Toi, mon amour. Tu es ce qu'il y a de plus beau et de meilleur.

— Idiot.

Elle lui rit au nez et ils firent l'amour pendant toute cette nuit. Ils étaient l'un et l'autre encore éveillés quand la statue de la Liberté surgit et que le paquebot accosta à New York, le lendemain matin.

NEW YORK

29

Debout sur le pont, Zoya regardait avec un émerveillement intimidé le *Paris* accoster le quai construit au bord de l'Hudson par la Compagnie maritime française, qui tirait orgueil d'avoir le plus grand débarcadère du monde. Elle portait un tailleur noir de chez Chanel que Clayton lui avait acheté avant qu'ils partent de Paris. Chanel venait de s'installer rue Cambon, et ses modèles étaient bien plus séduisants que ceux du célèbre Paul Poiret, même si elle n'était pas aussi connue. Zoya était coiffée d'un chapeau cloche assorti, ses cheveux rassemblés en chignon serré ; elle s'était sentie très chic quand elle l'avait acheté mais maintenant, après un coup d'œil autour d'elle, elle avait l'impression d'être fagotée. Les autres passagères étaient vêtues de robes et de fourrures coûteuses, et elle n'avait pas vu autant de bijoux depuis qu'elle avait quitté la Russie. Tout ce qu'elle possédait, c'était son alliance, l'étroit anneau d'or que Clayton lui avait glissé au doigt quand ils s'étaient mariés.

On ne servait plus de champagne, à bord. Les navires français devaient respecter la loi de prohibition et toute trace de boisson alcoolisée disparaissait une fois qu'ils avaient pénétré dans les eaux territoriales américaines, à l'intérieur de la limite des trois milles nautiques. Dans les eaux internationales, en revanche, il n'y avait pas d'interdit sur les navires français et anglais. C'était ce qui faisait leur grand succès, car sur les bateaux américains on ne vendait pas du tout d'alcool.

La silhouette que New York découpait sur le ciel ne ressemblait à rien de ce qu'elle avait jamais vu. Plus question d'églises, de bulbes, de flèches et de l'antique élégance de la Russie, ou de la gracieuse splendeur de Paris. C'était moderne, vivant, enthousiasmant, et elle se sentit bouillonner de jeunesse quand il la conduisit vers son Hispano-Suiza, pendant que son chauffeur passait la douane avec leurs malles.

— Eh bien, mon cœur, qu'est-ce que tu en penses ?

Il la contemplait avec un regard heureux tandis qu'ils prenaient la direction de la Cinquième Avenue pour se rendre à l'hôtel particulier qu'il avait naguère partagé avec sa première épouse. De dimensions modestes, élégant, cet hôtel avait été décoré par Elsie de Wolfe. Les deux femmes étaient très liées, et Elsie avait décoré les résidences des Astor et des Vanderbilt à New York, ainsi que celles de bon nombre de leurs amis à Boston.

— Clayton, c'est merveilleux !

On était loin des routes couvertes de neige qu'elle avait parcourues en troïka pour aller à Tsarskoïe Selo. Il y avait dans les rues des chevaux et des voitures, des femmes en manteaux aux couleurs vives bordés de fourrure et des hommes qui marchaient d'un pas pressé à côté d'elles. Tous semblaient heureux et animés ; les yeux de Zoya étincelaient quand elle descendit de voiture et regarda l'immeuble de brique. Il était plus petit que son palais natal, c'est certain, mais d'après les critères américains il était imposant. Dans le hall de marbre où elle entra, deux femmes de chambre en uniforme gris avec bonnet et tablier traditionnels se chargèrent de son manteau et elle leur sourit timidement.

— Voici Mrs Andrews, annonça Clayton avec simplicité en la présentant à toutes deux, ainsi qu'à la cuisinière assez âgée qui survenait de la cuisine en compagnie de deux autres servantes.

Le majordome était anglais et avait une mine pleine de gravité. La maison présentait les marques distinctives dont Mrs de Wolfe était si férue, des meubles d'époque français mêlés à du moderne. Clayton avait déjà dit à Zoya qu'elle pouvait changer tout ce qu'elle voulait, il désirait qu'elle se sente chez elle, mais ce qu'elle voyait la séduisit ; il y avait aussi de vastes portes-fenêtres donnant sur un jardin couvert de neige. Elle battit des mains comme un enfant, ce qui le fit rire, et il l'emmena à l'étage dans leur chambre. Le dessus-de-lit et les rideaux étaient en satin rose, le lustre superbe, et il y avait une salle de bains aux murs tendus de satin rose rien que pour elle, avec des placards qui lui rappelèrent ceux de sa mère. Elle rit à la vue de ses quelques robes pendues là quand la femme de chambre eut défait sa malle pour elle dans l'après-midi.

— J'ai bien peur que les domestiques ne soient très déçus, dit-elle en riant.

Elle était nue dans sa salle de bains avant le dîner. Elle venait de prendre un bain dans la somptueuse baignoire de marbre... finies les horreurs du petit tub de zinc dans le minuscule appartement près du Palais-Royal. Elle avait l'impression de vivre un rêve quand elle regarda autour d'elle, puis se tourna vers l'homme qui l'avait sauvée des misères de son séjour à Paris. Elle n'avait pas imaginé un instant qu'il était à ce point fortuné et important dans la société new-yorkaise. En uniforme, avec sa simplicité de manières, il ne le laissait pas supposer.

— Pourquoi ne m'as-tu rien dit de tout cela ?

— Cela n'aurait rien changé.

Il savait que ce n'était pas pour cela qu'elle l'aimait et c'était réconfortant aussi. Il était soulagé de ne plus être traqué par des débutantes qui prenaient de l'âge ou par les filles des amis de sa défunte mère, veuves ou divorcées depuis peu, en quête d'un riche mari de bonne famille. Il correspondait exactement à la description, mais ce qui importait plus pour Zoya, c'est qu'il était affectueux, bon, et qu'il l'avait sauvée.

— J'étais toujours si gênée quand je te parlais de la vie à Saint-Pétersbourg... J'avais peur que tu trouves cela vraiment excessif.

— C'est bien ce que je pensais, répliqua-t-il en riant, mais aussi extrêmement charmant... comme ma jolie épouse.

Il la regarda enfiler prestement ses sous-vêtements neufs en satin, puis décida tout aussi prestement de l'en dépouiller.

— Clayton !

Mais elle n'éleva pas d'objection quand il l'emporta vers leur lit. Ils étaient en retard pour le dîner tous les soirs, et Zoya éprouvait de la confusion devant la désapprobation évidente du majordome.

Les domestiques ne lui manifestaient aucune cordialité et elle avait conscience qu'on chuchotait derrière son dos quand elle se déplaçait dans la maison. Ils la servaient, mais de mauvaise grâce, et à la moindre occasion ils citaient la première épouse de Clayton. L'ex-Mrs Andrews avait été apparemment la perfection incarnée. La femme de chambre alla même jusqu'à laisser dans sa salle de bains un numéro de *Vogue* ouvert aux pages où Cecil Beaton s'extasiait sur sa dernière robe et une réception organisée par elle pour ses amis en Virginie.

— Elle était ravissante, n'est-ce pas ? questionna posément Zoya, un soir où ils étaient assis devant le feu dans leur chambre.

Ici la cheminée servait seulement à animer le décor, ce n'était pas une nécessité. Elle avait plus d'une fois évoqué avec tristesse Vladimir dans son logement glacial et leurs autres amis qui crevaient littéralement de faim à

Paris. Elle avait des remords de conscience pour tout ce que lui donnait Clayton.

— Qui était ravissante ?

Il la regardait sans comprendre.

— Ta femme.

Elle s'appelait Margaret.

— Elle était très élégante quand l'envie l'en prenait. Mais toi aussi, petite Zoya. Nous n'avons même pas encore commencé à prospecter les magasins.

— Tu me gâtes beaucoup trop.

Elle lui sourit timidement, rougissant de cette façon qui lui allait droit au cœur, et il l'attira contre lui.

— Tu mérites bien davantage que tout ce que je pourrai te donner.

Il voulait compenser ce qu'elle avait perdu, ce qu'elle avait enduré à Paris après avoir quitté la Russie. L'œuf de Pâques impérial était installé à la place d'honneur sur le manteau de la cheminée dans leur chambre, auprès de photographies des parents de Clayton dans d'élégants cadres d'argent, et de trois minuscules sculptures en or d'une facture parfaite qui avaient appartenu à sa mère.

— Es-tu heureuse, mon petit ?

En réponse, elle leva vers lui un visage rayonnant dans la pièce silencieuse.

— Comment pourrais-je ne pas l'être ?

Il la présenta à ses amis et l'emmena partout avec lui, mais l'un et l'autre étaient conscients de l'hostilité muette des autres femmes. Elle était jolie, jeune, et avait une allure ravissante dans les toilettes coûteuses qu'il lui achetait.

— Pourquoi me trouvent-elles tellement antipathique ?

Elle avait souffert à maintes reprises de ce que les femmes cessaient de parler à son approche et lui battaient froid.

— Elles ne te trouvent pas antipathique, elles sont jalouses, simplement.

Il avait raison mais, à la fin de mai, il enragea des rumeurs qu'elles faisaient courir. Quelqu'un avait commencé à dire que Clayton Andrews avait épousé à Paris une petite danseuse de bas étage... Il était vaguement question des Folies-Bergère, un malappris qui avait trop bu lui avait même demandé à son club si elle dansait le cancan, et Clayton dut se retenir pour ne pas le boxer.

A une réception, une femme demanda à une autre, comme elles regardaient Zoya danser, s'il était vrai qu'elle avait été prostituée à Paris.

— Elle a dû l'être. Il n'y a qu'à voir comment elle danse !

Elle assimila à la perfection les pas nouveaux du foxtrot sous la direction attentive de Clayton. Lui était là, beau et fier, qui la faisait virevolter, si visiblement amoureux de sa jolie jeune femme que tout le monde la haïssait. Elle avait vingt ans, une taille qu'il pouvait encercler de ses dix doigts, des jambes gracieuses et un visage d'ange. Quand la valse commençait, elle sentait des larmes lui picoter les yeux tandis qu'ils évoluaient lentement et elle levait la tête vers lui en se rappelant le soir où ils s'étaient rencontrés, puis d'autres souvenirs douloureux bien antérieurs. Si elle fermait les paupières, elle se retrouvait à Saint-Pétersbourg... dansant avec Constantin, ou le jeune et beau Nikolaï en uniforme de la Garde... ou même Nicolas au palais d'Hiver. Elle se venait de ce bal qui devait être organisé pour ses débuts dans le monde et qu'elle n'avait jamais eu, mais maintenant aucun de ces souvenirs ne lui causait plus autant de souffrance. Clayton avait tout compensé et elle était même capable à présent de regarder ses photos de Machka, avec un sourire triste mais sans larmes. Elle porterait à jamais dans son cœur ses amis et ses proches.

— Je t'aime tant, ma toute belle... chuchota-t-il comme ils dansaient au bal des Astor en juin.

Soudain, elle s'arrêta, le regard figé comme si elle avait vu un fantôme. Ses pieds étaient cloués sur place et son visage avait blêmi.

Clayton demanda tout bas :

— Il y a quelque chose qui ne va pas ?

— Ce n'est pas possible...

Elle avait l'air malade et il sentit sa main se glacer dans la sienne. Un homme de haute taille, un homme d'une beauté surprenante, venait d'entrer en compagnie d'une jolie femme vêtue d'une robe bleue chatoyante.

— Tu les connais ?

Mais elle était incapable de parler. C'était le prince Obolenski, ou quelqu'un qui lui ressemblait comme deux gouttes d'eau, et la femme à son bras paraissait être la grande-duchesse Olga, la tante des jeunes grandes-duchesses qui les emmenait en ville tous les dimanches déjeuner avec leur grand-mère avant de s'arrêter chez les Ossoupov pour prendre le thé avec Zoya.

— Zoya... !

Clayton crut qu'elle allait s'évanouir quand l'arrivante posa les yeux sur elle, eut un sursaut de surprise et se dirigea vivement vers eux. Zoya poussa un petit cri d'enfant et se jeta dans ses bras.

— Chérie... c'est bien toi ?... Oh, ma petite Zoya...

Clayton et le prince Obolenski regardèrent la belle Olga l'embrasser et toutes deux, vibrantes d'émotion au souvenir des êtres chers qu'elles avaient perdus, verser des larmes de joie.

— Que fais-tu donc ici ?

Zoya plongea dans une profonde révérence et se tourna vers son beau mari.

— Olga Alexandrovna, puis-je vous présenter mon mari, Clayton Andrews ?

Il s'inclina et baisa la main de la grande-duchesse, ensuite Zoya expliqua qu'Olga était la sœur cadette du tsar.

— Où as-tu été depuis que... ?

Elle eut du mal à prononcer les mots quand leurs regards se rencontrèrent. Elles ne s'étaient pas revues depuis que toutes deux avaient quitté Tsarskoïe Selo.

— J'étais à Paris avec grand-maman... Elle est morte après Noël.

La grande-duchesse serra encore une fois Zoya dans ses bras. Elles étaient le point de mire de l'assistance et en quelques heures tout le monde fut au courant. La nouvelle épouse de Clayton Andrews était une comtesse russe. Les histoires de Folies-Bergère s'évanouirent en fumée, et le prince Obolenski se répandit en récits de bals splendides et spectaculaires organisés dans le palais de la Fontanka.

— Sa mère était la plus belle femme que j'aie jamais connue. Froide, bien sûr, comme le sont les Allemandes, et d'un tempérament assez nerveux, mais incroyablement jolie. Et son père était un homme charmant. Cela a été une perte terrible quand il a été tué. Tant d'hommes de valeur disparus.

Il le dit avec regret au-dessus d'un verre de champagne, toutefois avec moins d'émotion que les deux femmes. Zoya ne quitta pas Olga pendant le reste de la soirée. Cette dernière vivait à Londres mais elle était venue à New York rendre visite à des amis. Elle séjournait chez le prince Obolenski et sa femme, née Alice Astor.

Les renseignements concernant les origines de Zoya, sa famille aristocratique, ses liens de parenté avec le tsar, se répandirent dans New York à la vitesse de l'éclair, et en un rien de temps elle se retrouva l'idole de la haute société. Cecil Beaton relatait ses moindres faits et gestes, et leur couple était invité partout. Les gens qui lui avaient tourné le dos tout d'un coup l'adoraient.

Elsie de Wolfe eut envie de redécorer la maison, puis à la place fit une suggestion intéressante. Elle avait acheté avec des amis le long de l'East River un groupe d'anciennes fermes. Ils transformaient les vieilles maisons situées dans une rue appelée Sutton Place. Le quartier n'était pas encore recherché, mais elle était sûre qu'une fois les transformations terminées il le serait.

— Pourquoi ne m'en laisseriez-vous pas installer une pour Clayton et vous ?

Elle travaillait déjà pour William May Wright, l'agent de change, et son épouse, Cobina. Cependant Zoya jugea qu'ils étaient bien où ils étaient, dans le confortable hôtel particulier de Clayton.

Elle donna son premier grand dîner en l'honneur de la grande-duchesse Olga avant que celle-ci retourne à Londres, après quoi son sort fut réglé. Elle était destinée à devenir la coqueluche de New York, au grand plaisir de son mari. Il se prêtait à ses moindres fantaisies et chargea secrètement Elsie de Wolfe de transformer pour eux une des maisons de Sutton Place. Cette maison devint une merveille de bon goût et, quand Zoya la vit, elle ouvrit de grands yeux admiratifs. Elle n'avait rien d'excessif, comme la nouvelle résidence des Wright, où ils avaient dîné la veille au soir, avec Fred Astaire et Tallulah Bankhead. Ce qui l'avait choquée le plus, c'était la salle de bains tapissée de vison, mais on ne trouvait pas ce genre d'excès dans la demeure des Andrews. Elle était d'une élégance discrète, avec des sols dallés de marbre, une vue ravissante sur l'extérieur, de grandes pièces spacieuses, et des trésors la remplissaient, dont Elsie de Wolfe était sûre qu'ils plairaient à la jeune comtesse russe. Les gens avaient commencé à l'appeler ainsi, mais elle répliquait toujours qu'elle était maintenant « Mrs Andrews ». L'idée d'utiliser le titre lui semblait ridicule, en revanche les Américains paraissaient adorer ça.

Il y avait à cette époque-là une foule d'autres émigrés dans New York, frais débarqués de Paris et de Londres, ou, pour certains, venus directement de Russie, avec de poignants récits de leur fuite en plein déchaînement de la guerre civile, au milieu des armées rouge et blanche qui s'arrachaient la nation déchirée. A vrai dire, les Russes blancs de New York l'amusaient souvent. Il y avait, bien sûr, les vrais aristocrates, dont elle connaissait un certain nombre, mais des dizaines d'autres se vantaient à présent de titres qu'ils n'avaient jamais eus en Russie. Il y avait des princes, des princesses et des comtesses partout. Un soir, elle eut même la stupéfaction de se voir présentée à une princesse impériale, en qui elle reconnut instantanément la modiste qui confectionnait les chapeaux de sa mère, mais elle ne dit rien qui puisse la gêner quand elles furent présentées l'une à l'autre. Par la suite, cette femme la supplia de ne pas la démasquer devant les Russes, pour qui le deuil n'avait jamais cessé.

Elle-même recevait beaucoup des nobles qui avaient été les amis de ses parents. Mais le passé n'était plus et rien ne le ferait revivre quoi qu'on dise ou feigne de croire, ou quelque souvenir navrant que l'on entretienne. Elle voulait se tourner vers l'avenir, devenir partie intégrante de la vie qu'elle menait. Et c'est seulement à Noël qu'elle s'autorisa le luxe de replonger dans ses souvenirs avec de nouvelles larmes, debout côte à côte avec Clayton, en chantant la liturgie familière et en tenant le cierge qui brûlait d'une flamme si éclatante en mémoire de ceux qu'elle avait aimés et perdus. Noël était une période critique, mais elle se trouvait à New York depuis neuf mois maintenant et elle avait une nouvelle sensationnelle à apprendre à Clayton.

Le soir, quand ils furent couchés dans leur immense lit à baldaquin, à Sutton Place, elle attendit qu'ils aient fait l'amour, et alors seulement elle le lui dit.

— Tu es *quoi* ?

Il fut abasourdi et aussitôt terrifié à l'idée qu'il risquait de lui avoir nui.

— Pourquoi ne m'as-tu pas prévenu ?

Ses yeux rayonnaient, ceux de Zoya étaient emplis de larmes de bonheur.

— Je ne le sais que depuis deux jours.

Elle eut un petit rire heureux, elle se sentait comme la gardienne du secret le plus important du monde. Cela ne se voyait pas encore, mais elle savait, et depuis que le médecin lui avait confirmé la nouvelle elle avait l'impression de connaître le vrai sens de la vie. Elle avait désiré par-dessus tout un enfant de Clayton. Elle l'embrassa avec joie tandis que lui la contemplait avec adoration. Elle n'était pas encore âgée de vingt et un ans et ils allaient avoir un enfant.

— C'est pour quand ?

— En août.

Il proposa d'émigrer dans une autre chambre, afin de ne pas troubler son sommeil, mais elle rit de cette sollicitude.

— Que je t'y prenne ! Si tu déménages, je te suivrai !

— Ça serait peut-être drôle.

Il eut l'air amusé. Elsie de Wolfe leur avait certes installé suffisamment de chambres pour qu'ils aient le choix. Au printemps, Zoya fit préparer une nursery. Elle était bleu pâle, avec de charmantes peintures murales et de délicats rideaux de dentelle. Elle dénotait l'élégance et le bon goût qui étaient naturels à Zoya et dont la trace se retrouvait dans toute la résidence de Sutton Place. De cette maison émanait une atmosphère de paix discrète et d'exquise beauté dont tout le monde parlait. L'hôtel particulier de la Cinquième Avenue était vendu depuis longtemps et presque tous les domestiques avaient été remplacés.

Le jour où Alexis Romanov, le tsarévitch, le cher Baby, aurait eu dix-sept ans, leur premier enfant vit le jour, un fils. L'accouchement se déroula facilement et dans de bonnes conditions. C'était un robuste garçon de huit livres qui jeta son premier cri comme un coup de trompette, tandis que son père arpentait nerveusement le couloir devant leur chambre.

Zoya était presque endormie, le tout petit chérubin dans le creux de ses bras, quand Clayton la vit enfin. Le bébé avait les cheveux roux de sa mère et un visage rond dans les dentelles qui l'enveloppaient. Des larmes de joie coulèrent lentement sur les joues de Clayton quand il l'aperçut.

— Oh, comme il est beau... Il te ressemble...

— Seulement par les cheveux, murmura-t-elle d'une voix somnolente.

Le médecin lui avait administré un léger anesthésique et elle regarda rêveusement son mari.

— Il a ton nez.

Ce nez ressemblait à un minuscule bouton de rose sur le visage angélique et Clayton rit en caressant les cheveux roux soyeux, puis Zoya leva vers lui des yeux qui contenaient une supplication muette.

— Pourrions-nous l'appeler Nicolas ?

— Si cela te plaît.

Il aimait ce nom et il savait combien il lui tenait à cœur. C'était le nom à la fois du tsar et de son frère mort.

— Nicolas Constantin... murmura-t-elle en abaissant sur le nouveau-né un regard heureux.

Puis elle s'endormit et son mari, après l'avoir couvée d'un œil adorateur, quitta la pièce sur la pointe des pieds, reconnaissant pour tous les dons de l'existence. Après tant d'années, il avait un fils... un fils ! Nicolas Constantin Andrews. Cela sonne joliment, se dit-il en riant tout seul et il descendit vivement se verser un verre de champagne.

Seul dans la pièce, il porta un toast :

— A la santé de Nicolas !

Et avec un sourire :

— Et à la santé de Zoya !

30

Les années suivantes passèrent à la vitesse de l'éclair, remplies de rencontres, d'occupations plaisantes et de réceptions. Zoya se coupa les cheveux à la garçonne, ce qui horrifia Clayton, elle découvrit les cigarettes, puis conclut qu'elles donnaient l'air bête. Cecil Beaton parlait constamment d'elle dans sa chronique, ainsi que des réceptions fameuses qu'organisaient Zoya et Clayton dans leur résidence d'été de Long Island.

A Londres ils virent Nijinski danser pour la dernière fois, et Zoya eut le cœur serré en apprenant qu'il était devenu fou et avait été interné dans une maison de santé à Vienne. Toutefois la danse ne faisait plus partie de sa vie, sauf quand ils assistaient de temps à autre à des spectacles de ballets avec les Vanderbilt ou les Astor. Ils couraient les matchs de polo, les réceptions, les bals, et en offraient beaucoup de leur côté ; Zoya ne ralentit le rythme de cette vie mondaine qu'une seule fois, en 1924, quand elle découvrit qu'elle était de nouveau enceinte. Le prince de Galles venait de leur rendre visite à Long Island, après avoir assisté à un match de polo. Elle se sentit fort mal pendant cette grossesse et Clayton espéra que cela annonçait une fille. A cinquante-deux ans, il souhaitait follement en avoir une.

Elle naquit au printemps de 1925, cette année où Joséphine Baker, qui avait quitté l'Amérique pour la France, devint la coqueluche de Paris. Le cœur de Clayton bondit de joie quand il vit le bébé pour la première fois. Elle avait les mêmes cheveux couleur de flamme que sa mère et son frère Nicolas, et elle fit connaître aussitôt sa présence à ses admirateurs. Si ses exigences n'étaient pas immédiatement satisfaites, elle hurlait, et elle fut pour Clayton plus précieuse que la prunelle de ses yeux dès le moment où elle vint au monde. Alexandra Marie Andrews fut baptisée dans la robe de baptême qui était dans la famille de Clayton depuis quatre générations.

Ses cheveux avaient la couleur de ceux de sa mère, mais ses yeux étaient ceux de Clayton, et sa personnalité bien à elle. A deux ans, elle régentait même son frère. Nicky, comme on l'appelait, avait la douceur de son père et l'humour joyeux qui avait été l'apanage du frère de Zoya. C'était un enfant que tout le monde admirait et aimait, à commencer par sa mère.

Mais quand elle atteignit ses quatre ans, Alexandra, qu'on appelait le plus souvent par son diminutif Sacha, menait son père par le bout du nez. Même la très vieille Sava fuyait avec terreur quand Sacha était en colère. La chienne avait douze ans et vivait toujours avec eux, trottant sur les talons de Zoya quand elle se trouvait à la maison, ou bien suivant le petit Nicky, qu'elle avait adopté.

— Sacha ! s'exclamait sa mère, consternée, en la trouvant à son retour à la maison parée de son plus beau collier de perles ou ointe d'un flacon entier du parfum « Lilas », auquel elle était restée fidèle et dont Clayton ne la laissait jamais manquer. Tu ne dois pas faire des choses pareilles !

Même la nurse – une jeune Française qu'ils avaient ramenée avec eux de Paris – avait du mal à obtenir qu'elle lui obéisse. Aucune réprimande ni aucun reproche affectueux n'impressionnait la petite comtesse.

— Elle n'y peut rien, maman, l'excusait Nicolas, planté sur le seuil de la pièce. C'est une fille. Les filles aiment porter de jolies choses.

Il avait huit ans déjà et était aussi beau que son père. Son regard croisa celui de Zoya, qui sourit. Il était si gentil, si indulgent, si semblable à Clayton. Elle les aimait tous, mais Alexandra mettait sa patience à rude épreuve.

Le soir, Clayton et Zoya allaient au Cotton Club à Harlem danser toute la nuit. Quelques mois à peine auparavant, ils avaient été conviés à une réception fabuleuse dans l'extraordinaire appartement des Condé Nast sur Park Avenue. Cole Porter était là, évidemment, et Elsie de Wolfe aussi, qui voulait installer une maison pour Zoya à Palm Beach mais, avec sa peau claire, celle-ci craignait le soleil et se satisfaisait fort bien de n'y séjourner que brièvement chaque année, quand ils étaient invités chez les Whitney.

Cette année-là, Zoya achetait ses vêtements chez le couturier Lucien Lelong. Elle avait beaucoup de sympathie pour sa charmante épouse, la princesse Natalie, qui était la fille du grand-duc Paul, une Russe comme elle. L'actrice Tallulah Bankhead avait plus d'une fois morigéné Zoya, car elle estimait que cette dernière n'utilisait pas assez le rouge à lèvres.

Les bals costumés faisaient fureur et Clayton en particulier les adorait. Il avait cinquante-sept ans et il était follement amoureux de sa femme, qu'il taquinait pourtant sans merci, lui disant qu'elle était enfin assez vieille pour être mariée avec lui maintenant qu'elle avait fêté son trentième anniversaire.

Hoover avait été élu président, battant Al Smith, gouverneur de l'Etat de New York. Calvin Coolidge avait décidé de ne pas se représenter. L'actuel gouverneur de l'Etat de New York était Franklin Roosevelt, un homme intéressant, avec une épouse intelligente, mais pas très jolie. Zoya se plaisait en sa compagnie, elle aimait leurs conversations et elle était toujours contente quand les Roosevelt les invitaient à dîner. Ils virent avec eux la pièce *Caprice*, et bien que Clayton s'y soit ennuyé, Zoya et Eleanor en furent enchantées. Ils virent après cela *Street Scene*, qui obtint le prix Pulitzer, mais Clayton avoua qu'il préférait de beaucoup le cinéma. Il était fou de Colleen Moore et de Clara Bow. Zoya aimait aussi beaucoup Greta Garbo.

— C'est que tu as des affinités avec ces étrangers, disait-il pour la taquiner.

Mais Zoya ne paraissait plus elle-même une étrangère pour personne. Elle s'était totalement intégrée à la vie de New York pendant ces dix années. Elle adorait le théâtre, les ballets et l'opéra. Elle avait emmené le petit Nicky avec eux assister en janvier à la représentation du *Chevalier à la rose*, de Richard Strauss, mais il fut choqué de voir une femme jouer un rôle d'homme.

— Mais c'est une *fille* ! s'était-il exclamé à mi-voix, faisant sourire les gens assis dans la loge voisine.

Zoya avait pris doucement sa petite main dans la sienne et lui avait chuchoté l'explication adéquate, que cela était dû à la qualité de leurs voix.

— C'est dégoûtant, proclama-t-il en se rencognant dans son fauteuil.

Clayton rit sous cape, car il n'était pas loin d'avoir la même opinion. Nicolas s'intéressait bien davantage aux vols de Lindbergh. Clayton et Zoya assistèrent au mariage de Lindbergh avec Anne, la fille de l'ambassadeur Morrow, en juin, peu avant de se rendre à Long Island pour y passer l'été.

Les enfants étaient heureux là-bas et Zoya elle-même aimait faire de longues promenades sur la plage en parlant avec Clayton ou leurs amis, ou simplement parfois y rester seule, à songer aux étés de sa jeunesse à Livadia, en Crimée.

Elle pensait encore à eux de temps à autre. Le contraire eût été impossible. Ces figures du passé vivaient toujours dans son cœur, mais les souvenirs étaient plus flous maintenant, et quelquefois elle était obligée de faire

306

un effort de mémoire pour revoir leurs visages. Il y avait des photographies de Marie et des autres filles dans des cadres de Fabergé sur le manteau de la cheminée dans leur chambre. La photo où elles étaient toutes suspendues la tête en bas restait sa préférée, et le petit Nicolas connaissait leurs noms et leurs visages. Il adorait entendre raconter comment elles étaient, ce qu'elles avaient dit et fait, les espiègleries qu'elles avaient commises étant enfants, et cela l'amusait d'avoir le même jour anniversaire que le tsarévitch. Il aimait aussi qu'on lui parle des « moments tristes », comme il les appelait... les moments qui concernaient grand-père, qui avait dû être si bon et le gai Nikolaï. Elle lui parlait de leurs disputes, de leurs plaisanteries et de leurs déceptions, et elle lui assurait qu'elle se disputait autant avec Nikolaï que lui avec Sacha. Celle-ci avait quatre ans et il estimait qu'elle devenait un vrai poison. Il y en avait d'autres dans la maison qui partageaient cet avis. Elle était gâtée par son père, au-delà même de ce qui plaisait à Zoya, mais gronder l'enfant en sa présence était impossible.

— C'est un bébé, chérie. Laisse-la tranquille.

— Clayton, ce sera un monstre quand elle aura douze ans si nous ne lui imposons pas une discipline maintenant.

— La discipline, c'est pour les garçons, déclarait-il à sa femme.

Mais jamais non plus il n'avait le cœur à réprimander Nicolas. Il se montrait bienveillant envers tous les deux et, cet été-là, il joua sans se lasser avec eux sur la plage.

En Angleterre, le roi George V avait de nouveau recouvré la santé et voir ses photographies déprimait toujours Zoya. Il ressemblait tellement à son cousin germain, le tsar, que c'était toujours un choc de se trouver face à un cliché de ce visage. Sa petite-fille Elizabeth avait seulement un an de moins que Sacha.

Ce qui impressionna le plus le petit Nicolas cet été-là, ce fut un concert donné à New York par Yehudi Menuhin. L'enfant était un prodige du violon et âgé de trois ans de plus seulement que Nicolas, qui fut fasciné par son jeu. Il en parla pendant des semaines, ce dont Zoya se réjouit.

Clayton lisait *A l'Ouest rien de nouveau*, le roman d'Erich Maria Remarque, sur la plage, et ce même été il s'amusa à jouer en Bourse. Les actions montaient et descendaient depuis le mois de mars, les gens amassaient de véritables fortunes. Clayton avait acheté à Zoya deux colliers de diamants au cours des deux derniers mois, avec une fraction seulement de ses bénéfices. En revanche, elle eut le chagrin d'apprendre que Diaghilev était mort en août, à Venise. Elle avait l'impression que cette mort mettait fin pour elle à un autre chapitre d'histoire. Elle en parla à Clayton pendant qu'ils se promenaient sur la grève.

— S'il ne m'avait pas permis de danser, nous serions littéralement mortes de faim. Je ne savais rien faire d'autre.

Clayton lui prit la main et elle le regarda tristement, se rappelant combien sa vie avait été pénible à cette époque, l'horrible logement près du Palais-Royal, les repas qui étaient presque des simulacres pendant la guerre. Durs avaient été ces moments mais ils appartenaient à un lointain passé et elle sourit à Clayton.

— Puis tu es venu, mon bien-aimé…

Elle n'oubliait jamais qu'il l'avait sauvée.

— Quelqu'un d'autre se serait présenté.

— Pas quelqu'un que j'aurais pu aimer comme je t'aime, répliqua-t-elle à mi-voix.

Il se pencha pour l'embrasser et ils demeurèrent longtemps immobiles dans les derniers flamboiements du soleil estival. Ils rentraient le lendemain à New York. Nicolas devait aller en classe et Sacha pour la première fois au jardin d'enfants. Zoya pensait que cela serait bon pour elle d'être en contact avec d'autres enfants, ce dont Clayton était beaucoup moins persuadé, mais il s'inclinait toujours devant les décisions de Zoya pour ces questions-là.

Presque aussitôt après leur retour, ils dînèrent de nouveau avec les Roosevelt. Ces derniers revenaient de leur résidence d'été à Campobello. Une semaine plus tard, les Andrews donnaient une réception pour célébrer le début d'une nouvelle saison mondaine. Le prince Obolenski y assista, naturellement, comme il le faisait toujours, ainsi qu'une brillante cohorte de centaines d'autres personnalités.

Entre les réceptions, les soirées au théâtre et les bals, le mois s'écoula à la vitesse de l'éclair et ils atteignirent octobre sans s'en être rendu compte. Clayton s'inquiétait pour ses actions en Bourse ; il téléphona à John Rockefeller dans l'intention de déjeuner avec lui, mais ce dernier était parti passer quelques jours à Chicago, et il fut donc obligé d'attendre son retour. Deux semaines plus tard, Clayton était trop bouleversé pour déjeuner avec quiconque. Le cours s'effondrait et il ne voulait pas tourmenter Zoya en le lui disant, mais il avait placé toutes leurs réserves en Bourse des mois auparavant. Il avait si bien réussi jusqu'à présent qu'il imaginait pouvoir tripler la fortune familiale.

Le jeudi 24, tout le monde vendait ses actions à perte et tous les gens que connaissait Clayton étaient saisis de panique. Mais aucun plus que lui, quand il se rendit à la Bourse. Il rentra terrifié dans l'après-midi et la situation avait empiré le lendemain. Le lundi fut une nouvelle journée désastreuse. Plus de seize millions d'actions furent écoulées à vil prix et, à la tombée de la nuit, Clayton comprit qu'il était ruiné. La Bourse avait fermé à une heure dans un vain effort pour arrêter la folle mise en vente des actions, cependant pour Clayton c'était trop tard. La Bourse devait suspendre ses opérations pour le reste de la semaine, mais il avait déjà perdu tout ce qu'ils possédaient. Il ne leur restait plus que leurs maisons et ce qu'elles contenaient. Le reste était parti en fumée. Clayton fit à pied le trajet de retour chez lui, il avait l'impression qu'une pierre lui écrasait la poitrine. Il se sentait à peine le courage d'affronter Zoya quand il arriva dans leur chambre.

— Chéri ?... Que se passe-t-il ?...

Quand elle se retourna vers lui, il avait le teint gris. Elle était en train de se brosser les cheveux, qu'elle portait de nouveau longs parce qu'il détestait les coiffures courtes à la mode, mais c'est à peine s'il avait eu l'air de l'apercevoir quand il était entré dans la pièce et, s'approchant de la cheminée, avait regardé le foyer avec des yeux mornes. Il pivota lentement dans sa direction.

— Qu'est-ce qui ne va pas ?

Sa brosse tomba bruyamment par terre comme elle s'élançait vers lui.

— Clayton... Clayton, qu'y a-t-il ?

Il plongea son regard dans le sien et elle se rappela soudain l'expression de son père quand Nikolaï avait été tué.

— Nous avons tout perdu, Zoya... tout... J'ai été stupide...

Il essaya de lui expliquer. Elle l'écouta avec de grands yeux dilatés, puis elle l'entoura de ses bras et le serra contre elle tandis qu'il pleurait.

— Mon Dieu... comment ai-je pu être aussi stupide... Qu'allons-nous faire maintenant ?

Le cœur de Zoya défaillit, c'était de nouveau comme lors de la révolution. Mais elle y avait survécu et cette fois-ci ils étaient ensemble.

— Nous vendrons tout... Nous travaillerons... Nous nous en tirerons, Clayton. Cela n'a pas d'importance.

Pourtant il s'arracha de ses bras et arpenta la pièce de long en large, enfiévré par la pleine conscience qu'ils étaient ruinés et que son univers s'était écroulé autour de lui.

— As-tu perdu la tête ? J'ai cinquante-sept ans... Que crois-tu que je puisse faire ? Conduire un taxi comme le prince Vladimir ? Et tu réintégreras les ballets ? Ne sois pas sotte, Zoya... Nous sommes ruinés ! *Ruinés !* Les enfants mourront de faim...

Il pleurait quand elle lui prit les mains ; elles étaient glacées.

— Ils n'auront pas faim. Je peux travailler, toi aussi. Si nous vendons ce que nous avons, nous aurons de quoi vivre pendant des années.

Les colliers de diamants à eux seuls fourniraient de quoi se loger et manger pendant longtemps, mais il secoua la tête d'un air malheureux, il comprenait la situation beaucoup mieux qu'elle. Il avait déjà vu un homme sauter dans le vide par la fenêtre de son bureau. Et elle ignorait l'énormité des dettes qu'il avait laissées s'accroître, sachant qu'il avait l'argent pour les rembourser quand il le voudrait.

— Et à qui le vendras-tu ? A tous ceux qui ont perdu jusqu'à leur chemise ? C'est sans espoir, Zoya...

— Non, ce n'est pas sans espoir, répliqua-t-elle avec douceur. Nous sommes ensemble et nous avons les enfants. Quand j'ai quitté la Russie, nous sommes partis en troïka avec trois fois rien, des hardes sur le dos, deux chevaux appartenant à l'oncle Nicky et ce que nous avions pu coudre de bijoux dans la doublure de nos vêtements. Et nous avons survécu...

Tous deux songèrent en même temps à la misère de son appartement parisien, mais sa grand-mère et elle avaient vécu tout de même, et à présent elle l'avait, lui, ainsi que les enfants.

— Songe à ce que les autres ont perdu... Songe à Nicky et à tante Alix... Ne pleure pas, Clayton... S'ils ont su être aussi courageux, il n'y a rien que nous ne puissions affronter... n'est-ce pas, mon bien-aimé...

Mais il ne fit que pleurer dans ses bras, incapable d'affronter la situation.

Lorsqu'ils descendirent dîner ce soir-là, il prononça à peine une parole. Elle essayait de réfléchir, d'échafauder des plans, de récapituler ce qu'il y avait à vendre et à qui le vendre. Ils possédaient deux maisons, tous les objets anciens qu'Elsie de Wolfe, à présent lady Mendl, les avait aidés à dénicher, ses bijoux, les tableaux, des objets... La liste était interminable. Elle avait l'impression de préparer une évasion en faisant ses suggestions et en essayant de le rassurer, mais il monta à leur chambre d'un pas lourd et, quand elle lui parla de sa salle de bains en se déshabillant, elle ne parvint pas à lui tirer de réponse. Elle était follement inquiète à son sujet. Ce coup était terrible mais, après avoir survécu à tout ce qui lui était arrivé jusque-là, elle refusait de s'avouer vaincue maintenant. Elle l'aiderait à lutter, à survivre, elle nettoierait des planchers s'il le fallait. Cela lui était égal. Tendant l'oreille, elle se demanda s'il avait quitté la pièce voisine. Il ne lui avait pas répondu depuis plusieurs minutes.

— Clayton ?

Elle entra dans la chambre, vêtue d'une des chemises de nuit en dentelle qu'il lui avait achetées l'année précédente à Paris. Elle eut un haut-le-corps en le voyant affalé sur le sol comme s'il était tombé, elle courut à lui et le remit doucement sur le dos. Il la fixait avec des yeux qui ne voyaient rien. « Clayton ! Clayton !... » Elle commença à sangloter en criant son nom, le gifla, essaya de le traîner par terre, comme si tout ce qu'elle faisait avait une chance de le ranimer. Mais il ne bougeait pas, ne voyait pas, ne pouvait plus l'entendre. Clayton Andrews était mort d'une crise cardiaque, le choc du krach boursier avait été trop fort, la perspective de tout perdre, plus qu'il ne pouvait supporter, et se laissant choir à genoux, pleurant en tenant sa tête dans son giron, elle le regardait avec incrédulité. L'homme qu'elle aimait était mort. Il l'avait quittée. Elle était de nouveau plongée dans l'affliction, seule et pauvre, le rêve qu'était devenue sa vie s'était soudain transformé en cauchemar.

31

— Maman, pourquoi papa est-il mort ?

Sacha leva vers Zoya ses immenses yeux bleus quand ils rentrèrent du cimetière dans l'Hispano-Suiza. Le Tout-New York était venu au complet, mais Zoya n'avait pratiquement vu personne. Elle se sentait dans un état second en regardant la fillette, son visage dissimulé par son lourd voile noir, ses mains gantées de noir, avec ses enfants assis près d'elle, étreints par une douleur muette.

Nicolas était resté debout à côté d'elle pendant l'enterrement, petit homme qui lui tenait la main, lui aussi les yeux pleins de larmes quand le chœur avait chanté le poignant *Ave Maria*.

D'autres que Clayton étaient morts au cours de la semaine passée, la plupart de leur propre main, et quelques-uns comme lui terrassés par le coup qu'ils n'avaient pas pu supporter. Ce n'était pas une réaction de peur, mais de chagrin ; toutefois, quelle qu'en fût la nature, Zoya avait perdu Clayton.

— Je ne sais pas, ma chérie… Je ne sais pas pourquoi… Il a eu un choc terrible et… il est allé au ciel auprès de Dieu.

Nicolas ne la quittait pas des yeux et les mots s'étranglèrent dans sa gorge.

— Sera-t-il avec oncle Nicky et tante Alix ? questionna Nicolas à mi-voix.

Elle se tourna vers lui. Elle avait maintenu vivant leur souvenir pour lui, mais à quoi bon ? Quelle importance désormais ? Tous ceux qu'elle avait aimés avaient disparu... excepté ses enfants. Elle descendit de voiture et les attira contre elle en se hâtant d'entrer dans la maison, suivie du chauffeur. Elle n'avait invité personne, elle ne voulait voir personne, ne voulait pas avoir à expliquer, à dire quoi que ce soit. Ce serait déjà assez dur à annoncer aux enfants. Elle avait décidé d'attendre quelques jours, elle avait déjà prévenu la plupart des domestiques qu'ils étaient libres de partir. Elle ne conservait qu'une femme de chambre et la nurse, elle pouvait faire elle-même la cuisine. Le chauffeur partirait dès qu'elle aurait vendu les voitures. Il avait promis de faire son possible pour l'aider. Il connaissait plusieurs personnes qui avaient aimé l'Alfa Romeo de Clayton et la Mercedes dont elle se servait, et tous avaient convoité l'Hispano-Suiza. Elle se demandait seulement s'il restait encore quelqu'un pour les acheter.

La vieille Sava vint lui lécher la main comme si elle comprenait quand Zoya fut assise près du feu dans leur chambre, les yeux fixés sur l'endroit où il était mort si peu de jours auparavant. Cela semblait incroyable qu'il ait disparu... que Clayton ne fût plus... Maintenant elle avait tant à faire. Elle avait téléphoné à leurs hommes de loi le lendemain de son décès, et ils avaient promis de tout lui expliquer.

Quand ils le firent, ce fut sinistre. La situation était aussi grave que l'avait craint Clayton, peut-être même pire. Ses dettes étaient absolument énormes et plus un sou ne restait en espèces. Ses avoués lui conseillèrent de tenter de liquider à n'importe quel prix la maison de Long Island, avec tout ce qu'elle contenait. Zoya se rangea à leur avis et ils mirent la maison en vente. Elle n'y retourna même pas chercher ses effets personnels. Elle savait qu'elle n'en aurait pas la force. Tous agissaient à peu près de façon identique, tous ceux qui ne s'étaient pas suicidés ou qui n'avaient pas abandonné leur foyer en pleine nuit pour ne pas payer factures et remboursement d'hypothèques.

Le samedi arriva avant qu'elle se résolve à affronter les enfants. Elle avait pris ses repas avec eux, mais elle se mouvait comme un automate, allant de pièce en pièce et parlant seulement quand elle y était obligée. Elle était pratiquement incapable de réfléchir. Il y avait tant à faire, tant à emballer, tant à vendre, et nulle part où se réfugier une fois que ce serait vendu. Elle savait qu'elle devrait trouver un emploi mais elle n'était pas encore prête ne serait-ce qu'à y songer. Toute idée la quittait quand elle les regardait avec angoisse. Elle savait que Sacha était trop petite pour comprendre, mais elle devait avertir Nicolas et la douleur qu'elle lut dans ses yeux quand elle essaya lui fut presque intolérable. Finalement, elle ne put que le serrer bien fort contre elle tandis que l'un et l'autre pleuraient le mari et le père qu'ils avaient aimé. Elle savait néanmoins qu'elle devait être forte, aussi forte que sa grand-mère l'avait été pour elle, leur situation alors était encore pire. Elle songea même à retourner à Paris avec eux, la vie y aurait peut-être été meilleur marché, mais les gens là-bas avaient aussi leurs ennuis, et Serge Obolenski lui avait dit qu'il y avait maintenant quatre mille Russes qui conduisaient des taxis dans Paris. Et là-bas tout leur serait trop étranger. Ils devaient demeurer à New York, conclut Zoya.

— Nicolas... mon chéri... nous allons être obligés de déménager.

Les mots avaient quelque chose d'incompréhensible et d'étrange pour lui, et il leva vers elle un regard désorienté.

— Parce que papa est mort ?

— Oui... non... eh bien, en fait, parce que... Parce que maintenant nous sommes pauvres... Nous n'avons plus les moyens d'habiter ici... parce que... parce que nous allons vivre une période difficile. Nous ne pouvons plus rester ici.

Il la regardait gravement en s'efforçant d'être courageux, tandis que Sacha jouait avec la chienne ; la nurse sortit silencieusement de la pièce, les larmes aux yeux. Elle savait qu'elle aussi devrait les quitter et cela lui brisait le cœur d'abandonner les enfants dont elle s'était occupée depuis leur naissance. Zoya l'avait prévenue la veille. Il n'y avait plus à se dissimuler la situation à présent.

— Maman, est-ce que nous allons être pauvres ?

— Oui.

Elle était toujours franche avec lui.

— Dans le sens où je crois que tu l'entends. Nous n'aurons pas une grande maison ou beaucoup de voitures. Par contre, nous aurons ce qui est important... sauf papa...

Elle sentit une boule se former dans sa gorge.

— ... mais nous sommes ensemble, mon cœur. Pour toujours. Te rappelles-tu ce que je t'ai dit à propos d'oncle Nicolas, de tante Alix et des enfants quand on les a emmenés en Sibérie ? Ils étaient très courageux et en ont fait une sorte de jeu. Ils savaient que l'important est d'être unis, forts, et de s'aimer les uns les autres... Voilà ce qu'il faut que nous fassions désormais.

Les larmes ruisselaient sur ses joues pendant qu'elle parlait, mais Nicolas la dévisageait d'un air solennel en essayant désespérément de comprendre.

— Est-ce que nous allons en Sibérie ?

Pour la première fois, il avait l'air séduit et elle sourit.

— Non, chéri. Nous resterons ici à New York.

— Où allons-nous habiter ?

Comme tous les enfants, il s'intéressait aux réalités les plus simples.

— Dans un appartement. Il faut que je nous trouve un endroit où vivre.

— Est-ce qu'il sera agréable ?

Elle songea aussitôt aux lettres que Machka avait écrites à Tobolsk et à Ekaterinbourg.

— Nous le rendrons agréable, je te le promets.

Il se tourna de nouveau vers elle avec des yeux tristes.

— Est-ce que nous pouvons emmener Sava ?

Elle sentit monter les larmes en regardant la chienne qui jouait avec Sacha.

— Bien sûr que nous pouvons. Elle a fait tout le chemin avec moi depuis Saint-Pétersbourg.

Sa voix s'étrangla mais elle plongea dans les yeux de Nicolas un regard rassurant.

— Nous n'allons pas l'abandonner maintenant.

— Puis-je emporter mes jouets ?

— Quelques-uns... autant que nous arriverons à en caser dans l'appartement. Je te le promets.

Il sourit, un peu apaisé. Puis son expression s'attrista de nouveau comme il songeait à son père et au fait qu'il ne le reverrait plus jamais.

— Est-ce que nous partirons bientôt ?

— Je le pense, Nicolas.

Il hocha la tête puis, après avoir serrée sa mère dans ses bras une dernière fois, il quitta la pièce avec Sacha et la petite chienne. Zoya, assise par terre, les regarda partir en priant pour être aussi forte qu'Evgenia l'avait été avec elle et, comme elle songeait à sa grand-mère, Nicolas rentra sur la pointe des pieds et vint à côté d'elle.

— Je t'aime, maman.

Elle referma ses bras autour de lui et s'efforça de ne pas pleurer.

— Je t'aime aussi, Nicolas... Je t'aime très, très fort...

Il se pencha sur elle et fourra quelque chose dans sa main sans un mot.

— Qu'est-ce que c'est que ça ?

C'était une pièce d'or, dont elle savait combien il était fier. Clayton la lui avait donnée quelques mois seulement auparavant, et il l'avait montrée à tout le monde pendant des semaines.

— Tu peux la vendre si tu veux. Comme ça, nous ne serons peut-être pas tout à fait aussi pauvres.

— Non... non, mon petit cœur... C'est à toi... Papa te l'a donnée.

Il se redressa de toute sa taille, luttant lui aussi pour refouler ses larmes.

— Papa voudrait que je prenne soin de toi.

Zoya se contenta de secouer la tête, incapable de parler, tout en lui remettant la pièce dans la main, et, le serrant contre elle, elle le ramena dans sa chambre.

32

Les Wright aussi avaient perdu leur fortune. Cobina avait monté un numéro de cabaret avec sa fille, chantant en costume de pionnier avec un chapeau comique. Bill et elle divorçaient et leur maison de Sutton Place avait été complètement bradée. D'autres femmes vendaient leurs manteaux de fourrure dans le hall des hôtels, on échangeait des poneys de polo contre de l'argent liquide. Partout, Zoya voyait la même panique qu'à Petrograd douze ans auparavant, mais sans la menace physique de la révolution.

Une offre d'achat de leur résidence de Long Island avait été faite pour à peine davantage que le prix des voitures qui y étaient garées, et les avoués de Clayton lui avaient dit de sauter dessus. Les journaux relataient presque quotidiennement de nouvelles horreurs. Les faits dépassaient l'imagination, des dames de la haute société se métamorphosaient en serveuses ou en vendeuses. Certains n'étaient pas touchés par le krach mais, quand Zoya jetait un coup d'œil autour de chez elle, Sutton Place semblait presque un désert. Ses propres domestiques étaient tous partis, excepté la nurse. Sacha n'avait toujours pas l'air de comprendre pourquoi Clayton avait disparu, mais Nicolas était devenu pensif et silencieux. Il demandait constamment à Zoya où ils habiteraient et quand ils vendraient la maison. Elle en aurait été exaspérée si elle n'avait pas éprouvé tant de compassion pour lui. Elle se rappelait ses propres angoisses. Les yeux de Nicolas étaient d'insondables lacs verts débordant de chagrin et d'inquiétude. Planté à côté d'elle dans sa chambre, triste petit bonhomme, il la regardait mettre dans une valise ses robes les plus pratiques. Emporter ses somptueuses robes du soir, tous ses Poiret, Chanel et Lanvin, semblait vraiment inutile. Elle en fit des ballots qu'elle donna à la nurse pour qu'elle les vende dans le hall du Plaza. Ils avaient besoin de récupérer le moindre centime.

Finalement, elle vendit la maison avec le mobilier qu'Elsie de Wolfe avait acheté pour eux, les tableaux, les tapis persans, même la vaisselle de porcelaine et les verres de cristal. Cela suffit tout juste à rembourser les dettes de Clayton et à leur donner de quoi vivre quelques mois seulement.

— N'allons-nous rien garder, maman ?

Nicolas regardait autour de lui avec une expression de profonde désolation.

— Seulement ce dont nous aurons besoin dans le nouvel appartement.

Elle avait arpenté les rues pendant des jours, dans des quartiers qu'elle n'avait encore jamais vus, et elle avait fini par dénicher un deux-pièces minuscule dans la 17e Rue Ouest. C'était un petit logement dans un immeuble sans ascenseur, avec deux fenêtres donnant sur l'arrière d'un autre bâtiment. Il était exigu et sombre, une odeur d'ordures presque accablante y régnait. Pendant trois jours, elle y emménagea elle-même des choses, avec l'aide de la nurse et d'un vieux Noir qu'elle avait engagé pour un dollar. Ils apportèrent deux lits, un bureau, le canapé de son boudoir, un petit tapis et quelques lampes. Elle accrocha le tableau de Nattier qu'Elsie de Wolfe leur avait récemment rapporté de Paris. Elle appréhendait d'y amener les enfants mais, à la fin de novembre, la maison de Sutton Place fut vendue et, deux jours plus tard, ils dirent adieu à la nurse en l'embrassant, les larmes aux yeux. Debout dans le hall de marbre, Zoya la regarda serrer Sacha dans ses bras. Ils pleuraient tous.

— Est-ce que nous reviendrons un jour ici, maman ? demanda Nicolas, qui s'efforçait d'être courageux.

Il avait le menton tremblant, les yeux humides en jetant un dernier regard autour de lui. Elle aurait volontiers fait n'importe quoi pour lui épargner ce chagrin, mais elle prit la petite main dans la sienne, serra étroitement son chaud manteau autour d'elle et répondit :

— Non, chéri, nous ne reviendrons pas.

Elle avait emporté presque tous leurs jouets et, pour elle-même, un carton de livres, non pas qu'elle fût capable de se concentrer sur quoi que ce soit pour le moment. Quelqu'un lui avait donné *L'Adieu aux armes* de Hemingway, mais le volume était demeuré sur sa table de chevet sans être ouvert. Elle pouvait tout juste réfléchir, alors lire... Et elle allait être occupée à chercher un emploi. L'argent qu'elle avait obtenu en vendant la maison subviendrait à leurs besoins seulement pour quelques mois, s'ils avaient de la chance. Rien n'avait plus de valeur à présent, tout le monde vendait maisons, fourrures, meubles d'époque et trésors. Cela n'avait comme prix que ce que quelqu'un d'autre était capable de payer et le marché était encombré d'objets jadis coûteux qui ne trouvaient désormais plus preneur. L'étonnant était que d'autres avaient été virtuellement épargnés par le krach. Les rubriques mondaines des journaux continuaient à relater leurs mariages, réceptions et bals. Il y avait encore des gens qui dansaient tous les soirs à l'Embassy Club ou au Casino de Central Park, au son de la musique d'Eddy Duchin. En revanche, Zoya avait le sentiment que plus jamais elle ne danserait quand elle et ses enfants descendirent les marches de leur perron pour la dernière fois avec leurs valises et la plus belle poupée de Sacha coincée sous son bras. Comme si cela s'était produit tout juste la veille, elle ne pouvait penser à rien d'autre qu'à l'incendie du palais sur la Fontanka... à sa mère, qui sautait par une fenêtre dans son peignoir en feu... et à Evgenia, qui l'entraînait précipitamment par la porte de derrière du pavillon pour rejoindre Fiodor et la troïka qui les attendait.

— Maman ?...

Sacha était en train de lui dire quelque chose quand ils s'étaient installés dans le taxi, tandis que Nicolas agitait la main à l'adresse de la nurse, qui pleurait, debout sur le trottoir. Elle irait loger chez des amis et avait déjà reçu une offre d'emploi des Van Alen, à Newport.

— Maman... réponds-moi...

Sacha la tirait par la manche avec insistance pendant que Zoya, le regard morne, le visage figé, donnait leur nouvelle adresse au chauffeur. Elle avait l'impression de perdre une seconde fois Clayton... la maison qu'ils avaient habitée ensemble... la vie qui avait toujours été si facile. Dix ans passés comme un clin d'œil, un œil rempli maintenant de larmes tandis qu'elle éprouvait de nouveau un fol élan d'amour nostalgique pour lui. Elle s'adossa à la banquette et ferma les paupières sous le coup de la souffrance, essayant de ne penser qu'à ses enfants.

— Excuse-moi, Sacha... que disais-tu ?

Sa voix était un murmure comme ils quittaient Sutton Place définitivement. Finies la beauté et la vie facile qui s'était terminée si abruptement en ce jour fatal d'octobre.

— Je demandais qui allait s'occuper de nous maintenant.

Sacha était moins chagrinée de perdre sa nurse qu'elle n'était curieuse de savoir qui prendrait soin d'elle. Tout cela était très bizarre et déroutant, même pour Nicolas, qui était de quatre ans son aîné.

— C'est moi, mon petit cœur.

— Toi ?

Sacha eut l'air stupéfaite, et Nicolas sourit à sa mère de ce doux sourire qui lui rappelait toujours Clayton. C'était presque pénible à voir maintenant. Tout était un rappel constant de ce qu'ils avaient perdu, exactement comme dans les jours qui avaient suivi le départ de Russie.

— Je t'aiderai, maman, déclara fièrement Nicolas en tenant la main de sa mère et en s'efforçant de ne pas pleurer. Je prendrai soin de toi et de Sacha.

Il savait que c'était ce que son père aurait attendu de lui et il était bien décidé à ne pas démériter maintenant. Il se retrouvait subitement l'homme de la famille. En moins d'un mois, tout son heureux et tranquille univers avait été bouleversé, mais il était décidé à se montrer à la hauteur de la situation, comme l'était Zoya. Elle refusait de s'avouer de nouveau vaincue. Elle lutterait pour eux... elle travaillerait... et un jour... un jour... ils seraient de nouveau dans un nid chaud et sûr. Elle ne laisserait pas sa vie s'achever en défaite, comme tant d'autres.

— Tu feras la cuisine pour nous, maman ? demanda Sacha.

Elle reprit la poupée à sa mère et la recoiffa. Celle-ci s'appelait Annabelle et avait l'air très aimée. Ses autres poupées attendaient dans le nouveau logement. Zoya s'était efforcée de rendre leur logis confortable et familier, mais rien ne pouvait leur être familier, dans ce cadre laid, quand le taxi s'arrêta dans la 17ᵉ Rue Ouest. Zoya frémit en jetant un coup d'œil autour d'elle une fois encore, plus que jamais frappée par l'ambiance lugubre, et le visage de Nicolas traduisait le choc éprouvé quand il monta l'escalier à la suite de sa mère, réprimant de son mieux les haut-le-cœur provoqués par les horribles odeurs.

— Pouah... ça sent mauvais, dit Sacha en gravissant les marches.

Le chauffeur apporta leurs bagages et Zoya le paya sur leurs maigres fonds. Elle se jura de ne plus prendre de taxis. Désormais, ils se déplaceraient en autobus ou ils marcheraient. Il n'y aurait plus de taxis, plus de voitures. Elle avait vendu l'Hispano-Suiza aux Astor.

Zoya les conduisit dans l'unique chambre du logement. Leurs deux lits étaient là, écrasant de leur masse tout le reste. Leurs jouets étaient rangés soigneusement à côté et les images de la nursery de Sacha avaient été accrochées au-dessus de son lit. A côté de celui de Nicolas, elle avait placé une photo de Clayton, beau dans son uniforme pendant la guerre. Elle avait apporté une valise pleine de photos d'elle, de Clayton, des enfants, ainsi que d'autres, jaunies et éraflées, de Nicky, d'Alix et des enfants à Livadia et à Tsarskoïe Selo. Elle avait aussi rapporté le précieux œuf de l'empereur, précautionneusement enveloppé dans une paire de chaussettes de Clayton, et une boîte de ses boutons de manchette ; en revanche, ses bijoux à elle allaient être vendus aux enchères. Pour ceux qui avaient encore de l'argent, les occasions fantastiques ne manquaient pas, des colliers et des diadèmes de diamants, des bagues d'émeraude sensationnelles, à acquérir pour quelques sous à des ventes privées ou aux enchères. Le désespoir d'une famille devenait soudain la bonne fortune d'une autre.

— Où vas-tu dormir, maman ?

Nicolas eut de nouveau l'air soucieux après avoir fait le tour du logement et compris qu'il n'y avait qu'une chambre. Il n'avait jamais vu de pièces si petites, même leurs domestiques à Sutton Place avaient des chambres plus belles que celles-ci. Tout le logis avait l'air affreux et minuscule.

— Je coucherai ici sur le canapé, mon chéri. Il est très confortable.

Elle lui sourit et se pencha pour déposer un baiser sur sa joue en voyant qu'il avait les larmes aux yeux. Ce n'était pas juste, de faire ça à ces enfants, et elle dut refouler une vague de la colère qu'elle avait commencé à ressentir depuis peu envers Clayton. D'autres s'étaient montrés plus sages, moins audacieux et moins inconscients qu'il ne l'avait été en risquant la totalité de ce qu'ils possédaient. Si seulement il avait vécu, ils auraient pu survivre autrement... ensemble... Ils auraient pu au moins tempêter contre le destin côte à côte, alors qu'à présent elle était seule comme elle ne l'avait jamais été auparavant. Tout reposait sur ses épaules désormais, comme tout avait dû reposer sur celles d'Evgenia, elle en prenait conscience maintenant. De quelle bravoure avait fait preuve sa grand-mère, de quelle force... Cela servait à présent d'exemple à Zoya, tandis qu'elle regardait son fils avec un doux sourire quand il lui offrit son lit dans la pièce qu'il allait partager avec sa sœur.

— Prends mon lit, maman. Je dormirai ici.

— Non, chéri... je serai très bien.

Puis, avec un sourire courageux :

— Nous serons tous très bien. Bon, surveille Sacha pour moi pendant que je prépare le dîner.

Elle accrocha leurs manteaux et le sien, contente d'avoir apporté des vêtements chauds pour eux. Le logement était glacial et il n'y avait même pas de cheminée comme dans celui de Paris.

— Pourquoi n'emmènes-tu pas promener Sava ?

La vieille chienne était assise discrètement près de la porte, avec l'air d'attendre qu'on la ramène à la maison, comme eux tous.

Nicolas lui attacha sa laisse et recommanda à Sacha d'être sage pendant qu'il descendait et que leur mère faisait cuire le poulet rapporté de la maison de Sutton Place. Elle ne savait que trop, cependant, que les provisions qu'ils avaient apportées ne dureraient pas longtemps, non plus que leur argent.

Noël fut un jour pareil aux autres, à part la poupée qu'elle avait achetée pour Sacha et la montre de gousset qui avait appartenu à Clayton et qu'elle avait gardée pour la donner à Nicolas. Ils se blottirent les uns contre les autres en s'efforçant courageusement de ne pas pleurer... et de ne pas penser à l'énormité de ce qu'ils avaient perdu. Le logement était glacial, le buffet était vide et les bijoux de Zoya s'étaient vendus aux enchères pour une bouchée de pain. Elle était résolue à conserver l'œuf du tsar mais, à part lui, il ne restait pratiquement plus rien et elle savait qu'il lui fallait trouver un emploi bientôt, seulement où ? La question la hantait jour et nuit. Elle avait pensé à travailler dans un magasin, mais elle ne voulait pas que les enfants soient livrés à eux-mêmes la journée entière. Sacha n'était pas encore scolarisée et elle ne pouvait pas la laisser seule pendant que Nicolas allait à l'école primaire d'à côté avec les enfants du voisinage, la plupart vêtus de loques et quelques-uns vivant dans des abris de fortune le long de l'Hudson. Des bidonvilles se créaient partout, peuplés de gens qui avaient été naguère agents de change, hommes d'affaires et hommes de loi. Ils faisaient cuire leurs repas dans des marmites sur des feux en plein air et ils rôdaient la nuit dans le quartier en quête d'aliments et d'objets mis au rebut dont ils auraient l'usage. Cela fendait le cœur de Zoya quand elle voyait les enfants là-bas, avec leurs visages maigres et leurs grands yeux affamés, leurs joues rouges de froid, blottis près du feu devant leur baraque pour avoir chaud. En comparaison, le logement paraissait un havre de grâce et, presque quotidiennement, elle rappelait aux enfants qu'ils avaient de quoi être reconnaissants. Elle-même pourtant avait parfois du mal à s'en souvenir quand elle voyait fondre leur argent et elle se mit à chercher sérieusement un emploi. Il faudrait que ce soit quelque chose à faire le soir, quand les enfants seraient endormis ou du moins en sécurité à la maison. Elle savait pouvoir se fier à Nicolas pour prendre soin de Sacha à son retour de l'école. Il avait le sens des responsabilités et se montrait toujours gentil envers sa petite sœur, partageant ses jeux avec elle, l'aidant à réparer ses jouets et parlant sans cesse de leur père. Le sujet était encore trop douloureux pour elle, elle les regardait puis retournait dans la salle de séjour pleurer silencieusement en caressant la très vieille Sava. La petite chienne était maintenant presque aveugle et Nicolas devait la porter pour descendre l'escalier quand il l'emmenait faire ses besoins dans le froid mordant.

C'est au mois de janvier que Zoya parcourut à pied tout le chemin depuis la 17ᵉ Rue Ouest jusqu'à l'angle de la Sixième Avenue et de la 49ᵉ Rue, avec un projet invraisemblable. Elle savait que c'était fou, mais elle n'avait rien trouvé d'autre. Elle s'était présentée dans plusieurs restaurants, mais les propriétaires avaient trop vu de femmes comme elle. « Que savez-vous du métier de serveuse ? » demandaient-ils. Elle laisserait tomber leurs plateaux, casserait leurs assiettes et serait trop délicate pour assurer les longues heures de travail en échange d'une rémunération modeste. Elle avait protesté qu'elle le pouvait, mais ils l'avaient éconduite, et il n'y avait rien d'autre qui soit de sa compétence en dehors de la danse, mais pas de la danse classique comme à Paris.

Plus d'une fois dans son désespoir, elle avait même envisagé la prostitution, d'autres y avaient eu recours aussi, mais elle se sentait incapable de s'y livrer. Le souvenir de Clayton était trop puissant et pur, c'était le seul homme qu'elle avait jamais aimé et elle ne supportait pas la pensée qu'un autre homme la touche, même pour nourrir ses enfants.

Danser était la seule chose qu'elle savait faire, mais elle n'ignorait pas qu'à trente ans elle ne pouvait pas réintégrer une compagnie de ballets après une inactivité de plus de onze années. Bien que toujours souple et agile, elle était trop âgée et elle se sentait vieille de mille ans quand elle entra dans le théâtre dont elle avait entendu parler. Elle était déjà allée au Ziegfeld Theater, où on lui avait dit qu'elle n'était pas assez grande. Alors il n'y avait plus qu'à tenter sa chance dans les théâtres de variétés. Celui-ci était situé à cinq rues au sud du Ziegfeld Theater. Quand elle franchit l'entrée des artistes, elle le trouva plein de femmes à demi vêtues, ce qui n'avait rien de surprenant, et elle s'efforça de ne pas les regarder avec de grands yeux en cherchant quelqu'un à qui s'adresser.

— Tiens, interrogea la régisseuse, amusée, vous êtes danseuse ?

— Je l'étais.

— Où ça ?

Zoya ravala sa salive, se rendant compte qu'elle paraissait trop collet monté dans sa petite robe noire de chez Chanel. Elle aurait dû porter quelque chose de plus vif, de plus audacieux, mais elle avait vendu toutes ses toilettes de soirée depuis longtemps et n'avait plus que les chaudes robes sombres récupérées dans ses penderies de Sutton Place, celles dont elle savait avoir l'usage dans le logement glacial.

— J'ai dansé avec les Ballets russes à Paris. J'avais été formée en Russie, avant cela.

— Une ballerine, hein ?

L'idée sembla amuser la régisseuse indiciblement ; Zoya attendit en silence, ses cheveux roux étaient tirés en arrière, son visage n'était pas fardé.

— Ecoutez, ma petite dame, ici, ce n'est pas une maison de retraite pour vieilles ballerines. C'est le Fitzhugh's Dance Hall !

Elle le dit sur un ton de fierté véhémente qui déchaîna un élan de colère chez Zoya.

— J'ai vingt-cinq ans, répliqua-t-elle, mentant sur son âge, et j'étais une très bonne danseuse.

— Oui ? Pour faire quoi ? Pas quelque chose comme ça, je parie.

Ce qui était vrai, mais elle était prête à faire n'importe quoi pour sauver ses enfants. Elle se rappela soudain son audition pour les Ballets russes, treize ans plus tôt à Paris.

— Laissez-moi essayer... juste une fois... Je peux apprendre... Je vous en prie...

Ses yeux se remplirent de larmes malgré elle. A ce moment-là, un petit homme rond avec un cigare vint à passer. Il ne lui jeta qu'un coup d'œil et s'emporta contre deux hommes qui transportaient un fragment de décor :

— Espèce d'imbéciles ! Vous allez casser ce machin !

Puis, avec une contrariété visible, il agita le cigare à l'adresse de la femme qui s'entretenait avec Zoya.

— Ces satanées bonnes femmes ont attrapé la rougeole... Non mais, tu te rends compte ? Je me mets sur les bras une bande de vieilles girls et elles tombent malades comme une bande de satanées gamines... trois la semaine dernière... sept de plus maintenant... Merde, qu'est-ce que je suis censé raconter aux gens qui donnent leur argent pour voir le spectacle ? Qu'ils peuvent voir une bande de filles à taches qui se trémoussent du popotin sous leur nez ? Et encore, si elles venaient bosser...

Il pointa son cigare vers Zoya puis au-delà, comme si elle n'existait pas, ce qui était effectivement le cas pour lui.

Sans attendre qu'il s'adresse nommément à elle, elle plaida sa cause :

— J'aimerais passer une audition pour un emploi de danseuse.

Son accent s'était estompé à présent mais restait toujours perceptible, néanmoins aucun d'eux ne l'identifia comme étant russe. La régisseuse avait pensé qu'elle était française, avec ses airs distingués et sa robe noire de grand couturier. Voilà bien une chose dont ils n'avaient pas besoin au Fitzhugh's Dance Hall.

— Danseuse, vous ?

Il se tourna pour l'évaluer du regard mais ne parut pas impressionné.

— Oui.

Elle décida de lui épargner l'explication.

— Une ballerine, précisa l'autre femme avec un dédain manifeste.

— Vous avez eu la rougeole ?

C'était infiniment plus important pour lui avec dix danseuses malades et Dieu seul savait combien qui avaient subi la contagion et tomberaient malades à leur tour dans les semaines suivantes.

— Oui, murmura-t-elle en priant le ciel qu'elle sache encore danser.

Peut-être qu'elle avait tout oublié. Peut-être que... Il haussa les épaules et replanta le cigare éteint dans sa bouche.

— Qu'elle te montre comment elle se débrouille, Maggie. Si elle peut se tenir debout et faire quoi que ce soit, qu'elle reste jusqu'au retour des autres.

Il les quitta et la dénommée Maggie eut l'air agacée. La dernière chose dont ils avaient besoin, c'était d'une poseuse au visage blafard qui se croyait trop bien pour un spectacle de variétés. Mais il avait raison, avec les autres qui étaient tombées malades, ils se trouvaient dans le pétrin.

— OK, dit-elle à regret, avant de crier en direction des coulisses : Jimmy, amène-toi par ici et joue !

Un Noir au large sourire apparut et regarda Zoya.

— Salut, bébé, qu'est-ce que vous voulez que je joue ? lui demanda-t-il en s'asseyant au piano.

Elle faillit éclater d'un rire nerveux. Que pouvait-elle lui dire ? Chopin ? Debussy ? Stravinski ?

— Qu'est-ce que vous jouez d'habitude pour une audition ? s'enquit-elle.

Il la regarda en souriant. C'était facile de voir qu'elle était de ces Blancs de la haute qui avaient subi des revers de fortune, et il eut pitié d'elle avec ses grands yeux verts et son sourire nostalgique. A la voir on aurait dit une gamine et il se demanda si elle avait jamais dansé. Il avait entendu parler d'autres comme elle qui étaient allées travailler dans des night-clubs, présentant des numéros qu'elles avaient montés elles-mêmes, comme Cobina Wright et Cobina Junior.

— Vous êtes d'où ?

Maggie s'était mise pour l'instant à parler à quelqu'un d'autre pendant qu'ils bavardaient. Jimmy décida qu'elle lui était sympathique.

Elle lui sourit franchement, priant toujours pour ne pas se rendre ridicule, mais même ce risque en valait la peine.

— De Russie. C'était il y a bien longtemps. Je suis venue ici après la guerre.

Il baissa la voix après avoir jeté un coup d'œil nerveux par-dessus son épaule.

— Est-ce que vous avez déjà dansé, bébé ? Dites-moi la vérité, pendant que Maggie n'écoute pas. Vous pouvez vous confier à Jimmy. Je ne serai pas en mesure de vous aider si je ne sais pas ce dont vous êtes capable.

— J'ai fait de la danse classique quand j'étais jeune, mais n'ai pas dansé depuis onze ans, chuchota-t-elle en réponse, reconnaissante de son assistance.

— Aïe, aïe, aïe... fit-il en secouant la tête d'un air désolé. Le Fitzhugh n'est pas une compagnie de ballets...

Ce qui était sûrement la litote de l'année, comme le démontra le passage de deux girls à demi nues.

— Ecoutez, reprit-il d'un ton de conspirateur, je vais jouer très lentement, vous n'aurez qu'à ribouler des yeux en souriant, sauter un petit peu de-ci de-là, secouer vot' popotin, montrer vos jambes, et ça ira très bien. Vous avez un costume avec vous ?

Mais il comprit à son expression qu'elle n'en avait pas.

— Je regrette, je...

— Ça ne fait rien.

Sur quoi Maggie reporta de nouveau son attention sur eux.

— Tu vas rester assis sur tes grosses fesses noires toute la journée, Jimmy, ou allons-nous faire passer une audition ? Personnellement, je m'en fiche, mais Charlie veut que je la voie travailler.

Elle regarda d'un air malveillant Zoya, qui pria pour ne pas échouer lamentablement. Mais elle suivit les conseils de Jimmy quand il se mit à jouer et Charlie, le metteur en scène, repassa par là et l'observa en marmonnant entre ses dents. Il avait envie qu'elle se dépêche parce qu'il voulait auditionner deux nouveaux comiques et une strip-teaseuse.

— Merde. Exactement ce dont je n'ai pas besoin... une dame.

Il dit cela comme si c'était la dernière des insultes.

— Secouez vos fesses... Là, c'est ça... Montrez ces jambes... plus que ça...

Elle releva sa jupe en rougissant et continua à danser sous les encouragements de Jimmy. Elle avait de belles jambes, et la grâce acquise par des années de pratique de la danse classique ne l'avait jamais abandonnée.

— Qu'est-ce que vous êtes, pour l'amour du ciel ? beugla le petit homme replet en la voyant rougir. Une vierge ? Les gens ne viennent pas ici pour prier. Ils viennent regarder des filles danser. Vous croyez que vous pouvez le faire sans avoir l'air d'avoir été violée cinq minutes avant ?

— J'essaierai, monsieur... Je ferai de mon mieux.

— Parfait. Alors, revenez ici ce soir à huit heures.

Maggie manifesta son écœurement en s'éloignant à grands pas quand il partit ; Jimmy poussa un hourra, se leva d'un bond et serra Zoya dans ses bras.

— Hé, mama ! On a réussi !

— Je ne sais comment vous remercier.

Elle lui serra la main, toute la chaleur de ses remerciements dans le regard. Elle luttait soudain pour refouler ses larmes devant le vieux Noir qui l'observait.

— J'ai deux enfants, je... Nous... J'ai terriblement besoin de cet emploi...

Les larmes ruisselèrent sur ses joues et elle les essuya avec un soulagement embarrassé, incapable de parler pendant un instant.

— Ne vous tracassez pas. Vous vous en tirerez très bien. A ce soir.

Il sourit et s'en retourna à la partie de cartes qu'il était en train de perdre quand Maggie l'avait appelé.

Zoya rentra à pied et, tout le long du chemin jusqu'au logement, réfléchit à ce qu'elle avait fait. Au contraire de son audition pour les Ballets russes, des années auparavant, elle n'éprouvait pas de sentiment de victoire ni de réussite. Simplement du soulagement d'avoir un travail et une impression accablante de gêne et de dégradation, mais c'était la seule chose qu'elle savait faire et c'était le soir, elle ne serait pas obligée de laisser Sacha avec des gens qu'elle ne connaissait pas. Pour le moment, cela paraissait l'emploi idéal, même si c'était affreux.

Ce soir-là, elle expliqua à Nicolas qu'elle devait sortir. Elle ne dit pas pourquoi ni où elle allait. Elle ne tenait pas à être obligée d'expliquer qu'elle avait pris une place de girl de music-hall. L'écho des paroles de Charlie résonnait encore à ses oreilles... *Secouez vos fesses... Montrez ces jambes... Qu'est-ce que vous êtes ? Une vierge ?* Dans leur optique, elle en était une. A presque trente et un ans, en dépit des tribulations de son existence, elle avait toujours été protégée de gens comme lui et comme ceux pour qui elle allait danser.

— Où vas-tu, maman ?

— Dehors un petit moment. Ne reste pas debout trop tard, recommanda-t-elle.

Elle avait déjà mis Sacha au lit. Elle l'embrassa en le serrant contre elle un instant comme si elle s'apprêtait à aller à sa propre exécution.

— Couche-toi dans une demi-heure.

— Quand reviendras-tu ?

Il l'examinait avec suspicion depuis le seuil de sa chambre.

— Plus tard.

— Il est arrivé quelque chose, maman ?

C'était un enfant sensible et il apprenait de bonne heure les cruels revirements du destin qui peuvent changer en un seul instant le cours d'une vie.

— Non, il n'est rien arrivé, mon petit cœur, répondit-elle en lui souriant. Je te l'assure.

Au moins auraient-ils un peu d'argent.

Elle n'était cependant pas préparée du tout à ce qu'elle découvrit : les plaisanteries grossières, les femmes vulgaires, les costumes sordides et les comiques qui lui pinçaient les fesses quand elle passait précipitamment à côté d'eux. Mais quand la musique commença et que le rideau se leva, elle donna le meilleur d'elle-même pour le public excité, rigolard et railleur, et personne n'éleva de protestation lorsqu'elle sortit plus d'une fois de la cadence. Au contraire des Ballets russes de naguère, ici personne ne sentait la différence. Tout ce qu'on voulait, c'était voir un bel étalage de jambes et une troupe de jolies filles dépouillées de la plupart de leurs vêtements. Il y avait des sequins et des perles, des petites culottes courtes en satin avec des chapeaux assortis, d'innombrables boas de plumes et d'énormes coiffures. C'était l'imitation au rabais de ce que portaient les girls de Ziegfeld, et plus d'une fois elle se lamenta intérieurement sur son sort qui l'avait faite trop petite pour être engagée par l'aimable Florenz Ziegfeld. Zoya rendit ses costumes à la jeune femme qui les lui avait prêtés et elle retourna lentement chez elle, la figure encore couverte de maquillage de scène. Elle fut encore plus choquée quand un homme qui la dépassait d'un pas rapide lui offrit une pièce, « pour le mieux que tu pourras faire pour moi », dans l'encoignure d'une porte voisine. Elle courut pendant tout le reste du chemin, le visage ruisselant de larmes, songeant à la vie atroce qui l'attendait au Fitzhugh's Dance Hall.

Nicolas dormait à poings fermés quand elle rentra, elle l'embrassa doucement, lui tachant la joue de son rouge à lèvres, et elle pleura à le voir si charmant dans son sommeil et si semblable à son père. Ce n'était pas possible qu'il l'ait laissée à ça... Si seulement il avait su... si seulement... mais c'était trop tard pour cela. Elle retourna sur la pointe des pieds dans la salle de séjour où elle couchait, se démaquilla et enfila sa chemise de nuit. Fini, les soies, satins et dentelles. Elle était obligée de mettre d'épaisses chemises de nuit en flanelle contre le froid mordant de l'appartement à peine chauffé.

Au matin, elle donna à Nicolas son petit déjeuner. Il y avait un verre de lait, une tranche de pain et une seule orange qu'elle avait achetée la veille, mais il ne se plaignait jamais. Il se contenta de lui sourire, lui tapota la main et se hâta de partir pour l'école après avoir embrassé Sacha.

Le soir, elle retourna au théâtre, comme elle le fit pendant les semaines suivantes jusqu'à ce que reviennent les danseuses guéries de leur rougeole. Cependant, à leur retour, Charlie lui annonça d'un ton bourru qu'ils allaient la garder, elle avait de bonnes jambes et elle ne lui causait pas d'ennui. Jimmy lui acheta une bière pour fêter la chose, une bière sortie en contrebande de son *speakeasy* favori dans le voisinage. Elle le remercia et y trempa ses lèvres pour ne pas le vexer. Elle ne lui dit pas que c'était son anniversaire ce jour-là. Elle avait trente et un ans.

Il se montrait toujours gentil avec elle, le seul ami qu'elle avait là-bas. Les autres avaient immédiatement senti qu'elle était « différente ». Elles ne partageaient jamais leurs plaisanteries avec elle, en fait elles lui adressaient à peine la parole quand elles racontaient leurs histoires de petits amis et d'hommes qui les rejoignaient dans les coulisses. Plus d'une était partie avec un homme qui lui offrait un peu d'argent. C'est ce que Charlie aimait en Zoya. Elle n'était pas très rigolote mais du moins on pouvait compter sur elle. Ils lui avaient accordé une augmentation au bout de la première année. Elle-même avait du mal à croire qu'elle était restée aussi longtemps, mais il n'y avait pas d'autre issue, nulle part ailleurs où aller et personne qui voulait la payer. Elle avait dit à Nicolas qu'elle dansait dans une petite compagnie de ballets et elle lui avait laissé le numéro de téléphone du théâtre au cas où quelque chose se produirait. N'empêche que grâce à Dieu il ne l'avait jamais appelée. Devinant qu'elle avait honte de ce qu'elle faisait, il n'avait jamais demandé à assister à une représentation. De cela et de toutes ses petites gentillesses envers elle, elle était toujours reconnaissante. Un soir, Sacha s'était réveillée en toussant, avec de la fièvre. Nicolas était resté debout à l'attendre, mais il n'avait pas voulu l'inquiéter en lui téléphonant au théâtre. En toute chose, il lui était une aide et un immense réconfort.

— Reverrons-nous jamais nos vieux amis ? demanda-t-il gravement, un après-midi où elle lui coupait les cheveux tandis que Sacha jouait avec Sava.

— Je ne sais pas, mon petit cœur.

Elle avait reçu une lettre de leur nurse des mois auparavant. Elle était heureuse chez les Van Alen et ne tarissait pas d'anecdotes sur les débuts dans le monde de Barbara Hutton l'été précédent, et sur ceux de Doris Duke à Newport. Quelle ironie du sort qu'elle fasse toujours partie de ce monde, et pas Zoya. Mais de même qu'ils l'avaient évitée quand elle était arrivée, convaincus qu'elle avait été danseuse aux Folies-Bergère, de même maintenant elle les évitait, sachant qu'elle était enfin ce qu'ils avaient cru d'abord, une girl de music-hall. Elle savait aussi qu'ayant tout perdu, comme tant d'autres de leur milieu, elle n'offrait plus d'intérêt pour eux. La comtesse qu'elle avait été, qui les avait naguère tant impressionnés, n'était plus. Elle n'était personne à présent. Rien qu'une vulgaire danseuse. Les eaux s'étaient refermées sur elle. Elle avait disparu. Exactement comme Clayton et bien d'autres. Le seul qu'elle regrettait de temps à autre était Serge Obolenski, avec sa coterie d'aristocrates russes. Mais ils auraient été absolument incapables de comprendre pourquoi elle faisait ce qu'elle faisait. Serge Obolenski était toujours marié à Alice Astor.

Elsa Maxwell tenait une chronique mondaine dans les journaux, où Zoya trouvait les potins sur les gens qu'elle avait connus quand elle était mariée à Clayton. Ils lui semblaient tous bien irréels désormais, presque comme si elle ne les avait jamais vus. Il y avait des récits de ruines financières, de suicides, de mariages, de divorces. Elle se félicitait seulement de ne pas figurer dans cette liste. Elle apprit aussi par les journaux que la ballerine russe Anna Pavlova était morte d'une pleurésie à La Haye. Le 1er mai 1931, elle emmena les enfants voir l'inauguration de l'Empire State Building. C'était par un splendide après-midi de printemps. Nicolas contempla avec une admiration respectueuse l'imposant édifice. Ils montèrent en ascenseur jusqu'à la plateforme d'observation au cent deuxième étage et même Zoya eut l'impression qu'elle volait. C'était la journée la plus agréable qu'ils avaient passée depuis longtemps et ils rentrèrent à pied chez eux, Sacha courant devant eux en riant et en jouant. Elle avait alors six ans, une magnifique crinière de boucles cuivrées et un visage tout pareil à celui de Clayton.

Ils croisèrent des gens qui vendaient des pommes dans la rue et plus d'une femme admira les deux beaux enfants. Nicolas aurait dix ans en août, mais bien avant cela la ville fut écrasée sous une chaleur oppressante. Le 2 juillet fut le jour le plus chaud jamais recensé. Les enfants étaient l'un et l'autre encore éveillés quand elle sortit, en robe de coton blanc brodée de petites fleurs bleues. Nicolas savait qu'elle travaillait, mais il n'avait pas encore compris où et cela n'avait finalement pas d'importance.

Elle leur laissa un broc de citronnade et rappela à Nicolas de surveiller Sacha. Les fenêtres étaient grandes ouvertes dans l'espoir d'apporter un peu d'air dans le logement pareil à une fournaise.

— Ne la laisse pas s'asseoir trop près des fenêtres, recommanda Zoya.

Elle regarda Nicolas tirer en arrière dans leur chambre la fillette aux cheveux d'or. Pieds nus et vêtue uniquement d'une combinaison, elle avait l'air d'un petit ange quand elle agita la main à l'adresse de sa mère pour lui dire au revoir.

— Tout ira bien ? demanda-t-elle, comme toujours quand elle les quittait, peinée d'avoir à les laisser.

Elle avait le cœur lourd en se rendant au théâtre. Elle avançait péniblement dans la chaleur torride, même le soir la rue semblait fumer sous ses pieds et les trous dans ses souliers rendaient la marche encore plus pénible. Elle se demanda si cela finirait un jour, comment ils survivraient, combien de temps elle pourrait continuer à caracoler sur scène avec ses plumes et ses costumes ridicules.

La représentation n'eut qu'un maigre public ce soir-là, il faisait trop chaud pour sortir. Les gens qui en avaient toujours les moyens avaient battu en retraite à Newport et à Long Island, les autres languissaient chez eux dans la chaleur ou s'asseyaient sur les perrons, avec l'espoir que le temps changerait bientôt. Elle était épuisée quand elle reprit enfin le chemin de son logis et ne se posa pas de question quand elle entendit les sirènes dans le lointain. C'est seulement en approchant de chez elle qu'elle sentit la fumée âcre et, quand elle tourna le coin de sa rue, elle trembla de tout son corps en apercevant les pompes à incendie et ce qui semblait être tout le pâté de maisons en feu. Avec un hoquet horrifié, elle se mit à courir et eut l'impression qu'une main de glace lui empoignait la gorge lorsqu'elle se rendit compte que les pompes stationnaient devant leur immeuble.

— Non !... Non !...

Elle pleurait en essayant de se frayer un chemin à travers la foule qui s'était rassemblée dans la rue pour regarder les trois bâtiments en flammes. Il y avait de la fumée partout et elle suffoquait en se forçant un passage. Elle fut arrêtée par les pompiers à la porte de son immeuble.

— Vous ne pouvez pas entrer là-dedans, ma petite dame !...

Ils s'interpellaient dans un tonnerre de crépitements déchaînés que ponctuaient de terrifiants fracas d'écroulement. Du verre explosait partout, elle avait été coupée au bras et le sang se mit à couler sur sa robe blanche comme un des pompiers la repoussait vigoureusement.

— Je vous dis que vous ne pouvez pas aller là !

— Mes enfants, dit-elle d'une voix entrecoupée... Mes petits...

Elle se battait avec lui avec une force qu'elle ne se connaissait pas. Pendant un instant, elle lui échappa et il la rattrapa comme elle essayait de passer à côté de lui. Elle lui donna un coup de poing et il la saisit par les bras de ses mains puissantes, sous les yeux des voisins qui regardaient dans un silence horrifié.

— Mes enfants sont là-bas... Oh, mon Dieu... Je vous en prie...

Elle sanglotait sans pouvoir se retenir, presque asphyxiée par la fumée qui lui brûlait les yeux et la gorge.

Le pompier héla deux de ses collègues qui s'apprêtaient à rentrer en courant dans l'immeuble. Ils avaient déjà sorti plusieurs vieilles femmes, et un jeune homme gisait inconscient sur le trottoir, soigné par deux autres pompiers qui tentaient de le ranimer.

— Hé, Joe ! cria le pompier à l'un de ses collègues, avant de se tourner vivement vers Zoya. Où sont-ils, madame ? Dans quel appartement ?

— Au dernier étage... Un garçon et une fille...

Elle suffoqua dans l'air empli de fumée, elle avait déjà constaté que leurs échelles ne dépassaient pas le deuxième étage.

— Lâchez-moi... S'il vous plaît... S'il vous plaît...

Elle s'effondra contre lui tandis qu'il repassait le renseignement aux autres, qui s'engouffrèrent dans le bâtiment pour ce qui sembla durer des heures... Zoya regardait, sachant que si ses enfants mouraient ce serait la fin irrémédiable de son existence. Ils étaient tout ce qui lui restait au monde, tout ce dont elle se souciait, toute sa raison de vivre. Mais les soldats du feu ne réapparaissaient pas et trois autres entrèrent, armés de haches, l'expression anxieuse. Il y eut un craquement terrifiant et une explosion de flammes et d'étincelles, comme une partie du toit s'affaissait. Zoya faillit s'évanouir en le voyant. Ses yeux étaient emplis de frayeur et brusquement elle s'élança comme une flèche, décidée à trouver ses enfants ou à mourir avec eux. Elle se faufila au milieu des pompiers trop vite pour qu'ils l'arrêtent et fit irruption dans le vestibule mais là, en réponse à ses prières, elle aperçut les sauveteurs qui accouraient vers elle à travers la fumée épaisse, deux d'entre eux avec un fardeau dans les bras, et elle entendit un cri d'enfant dans le rugissement des flammes. Elle vit que c'était Nicolas qui agitait les bras et l'appelait au moment même où le troisième sauveteur la soulevait et l'emportait comme un enfant. Les trois hommes se précipitèrent hors du bâtiment avec leurs précieuses charges à l'instant précis où l'incendie allait les engloutir. Ils atteignirent le trottoir juste avant que l'immeuble entier donne l'impression de s'écrouler. Ils couraient devant une muraille de feu. Nicolas se cramponna à Zoya en toussant et en répétant son nom quand elle couvrit son visage de baisers, puis elle vit que Sacha était inconsciente. Elle s'agenouilla sur le trottoir à côté de sa fille, se lamentant et l'appelant par son nom, tandis que les pompiers s'affairaient avec l'énergie du désespoir pour la sauver, puis lentement, avec un léger cri, elle remua. Zoya se coucha près d'elle pour la prendre dans ses bras et pleura en lui caressant les cheveux.

— Mon bébé... mon bébé...

Elle avait l'impression que c'était une punition pour les avoir laissés seuls tous les soirs. Elle était obsédée par ce qui se serait passé si elle était rentrée et... c'était presque inimaginable. Elle demeura accroupie dans la rue, serrant ses enfants contre elle, à regarder le bâtiment brûler, et ils pleuraient en voyant tout ce qu'ils possédaient disparaître avec lui.

« Ce qui compte, c'est que vous soyez en vie », répétait-elle sans arrêt, se rappelant le jour où sa mère était morte dans l'incendie du palais de la Fontanka.

Les pompiers, restés jusqu'à l'aube, dirent qu'il serait impossible d'entrer dans le bâtiment avant des jours. Les habitants devaient trouver à se loger ailleurs, avant même de songer à retourner chercher dans les cendres ce qui subsistait de leurs affaires. Zoya songea aux photographies de Clayton qui étaient perdues... les petits souvenirs qu'elle avait conservés... les photos de ses parents, de ses grands-parents, du tsar... Elle songea à l'œuf impérial qu'elle avait gardé au cas où elle aurait besoin de le vendre, mais elle ne s'en souciait pas pour le moment. L'important était que Nicolas et Sacha aient la vie sauve. Et soudain, avec un pincement de chagrin au cœur, elle se rappela Sava. La petite chienne qu'elle avait

342

amenée si longtemps auparavant de Saint-Pétersbourg était morte dans l'incendie.

— Je n'ai pas réussi à la tirer de sa cachette, maman... Elle était sous le divan quand les pompiers sont entrés, dit Nicky en sanglotant. Je voulais la prendre, maman... mais ils n'ont pas voulu me laisser faire...

— Chut... chéri, ne pleure pas...

Ses longs cheveux roux, qui s'étaient échappés de son chignon quand elle s'était battue contre les pompiers pour entrer chercher ses enfants, retombaient sur sa robe déchirée, sa robe blanche brodée de fleurs bleues. Il y avait des traînées de cendre sur sa figure, la chemise de nuit de Nicolas puait la fumée. Cette puanteur était omniprésente, mais jamais son fils n'avait senti si bon ni tant compté à ses yeux.

— Je t'aime tellement... Elle était très vieille, Nicky... Chut... Mon tout petit, ne pleure pas...

Sava avait près de quinze ans et elle était venue de bien loin avec eux, mais Zoya ne pouvait penser qu'à ses enfants.

Un voisin les recueillit et tous trois dormirent par terre dans la salle de séjour, sur des couvertures. Elle eut beau les baigner ou leur laver les cheveux, ils sentaient toujours la fumée, mais chaque fois qu'elle regardait dehors et apercevait de l'autre côté de la rue les vestiges carbonisés, elle comprenait leur chance. Cette vue lui donnait des frissons.

Elle téléphona au théâtre le lendemain et annonça qu'elle ne reviendrait plus travailler. Ce soir-là, elle s'y rendit à pied pour recevoir sa dernière paie. Tant pis s'ils mouraient de faim, elle ne les laisserait plus seuls... plus jamais.

Le chèque suffirait tout juste pour acheter quelques vêtements et un peu de nourriture, mais ils n'avaient nulle part où loger, nulle part où aller, et c'est l'air complètement à bout de forces qu'elle se mit en quête de Jimmy pour lui dire adieu.

— Vous nous quittez ?

Il sembla triste de la voir partir, mais il comprit quand elle lui expliqua ce qui s'était passé.

— Je ne peux plus venir ici. Si quelque chose était arrivé...

Et cela pouvait se reproduire. C'était criminel de les laisser seuls. Elle devait trouver autre chose à faire. Il se contenta de hocher la tête. Il n'était pas surpris et il pensait que c'était aussi bien.

— Vous n'êtes pas d'ici, de toute manière, mama. Vous n'avez jamais appartenu à ce milieu-là.

Il sourit. Toute son éducation se voyait rien qu'à son allure, bien qu'elle ne lui eût jamais rien dit de son passé, et il avait toujours eu mal au cœur de la voir lever la jambe en cadence avec les autres.

— Dégotez-vous autre chose. Un bon emploi avec les gens de votre sorte. Ici, ce n'est pas pour vous.

Mais elle était restée là un an et demi et cela avait payé le loyer.

— Vous avez un endroit où retourner ? Comme la Russie ou quelque part du même genre ?

Cette méconnaissance de la dévastation qu'elle et sa grand-mère avaient fuie l'amusa.

— Je me débrouillerai, répliqua-t-elle, sans savoir vraiment ce qu'elle ferait.

— Où habitez-vous maintenant ?

— Chez des voisins.

Il l'aurait bien invitée à venir chez lui à Harlem, mais il avait conscience que ce n'était pas ce qu'il lui fallait. Son genre de monde à elle allait au Cotton Club danser et chahuter, il n'emménageait pas à Harlem avec un vieux pianiste de music-hall.

— Eh bien, tenez-moi au courant de ce qui vous arrive un de ces jours. Vous entendez ?

Elle se pencha et l'embrassa sur la joue. Il avait l'air radieux quand elle alla chercher son chèque et il lui serra chaleureusement la main quand elle partit, soulagée par sa décision. C'est seulement tard dans la soirée qu'elle les découvrit dans son sac à main. Cinq billets craquants de vingt dollars qu'il y avait glissés quand elle était allée chercher son chèque. Il les avait gagnés dans une partie de cartes d'enfer justement cet après-midi-là et il était ravi de les avoir pour les lui donner. Elle était sûre que cela ne pouvait venir que de lui. Elle songea à retourner précipitamment au théâtre pour les lui rendre, mais elle seule savait à quel point elle en avait besoin. A la place, elle lui écrivit une lettre pour le remercier et promit de rendre l'argent dès qu'elle en aurait la possibilité. Mais pour cela il fallait qu'elle se secoue. Elle devait obtenir un emploi et trouver à se loger.

A la fin de la semaine, leur immeuble fut déclaré accessible. Il n'y avait pas grand-chose à récupérer et deux logements avaient été entièrement détruits. Aussi, quand elle gravit avec prudence l'escalier branlant, Zoya retint-elle son souffle en se demandant ce qu'elle trouverait là-haut. Elle ouvrit la porte avec précaution et se déplaça en éprouvant la solidité du sol avec une pelle. L'odeur de fumée pesait encore dans l'air, toute la salle de séjour avait été dévastée. Les jouets des enfants avaient disparu, ainsi que la plupart de leurs vêtements et les siens, mais elle savait qu'ils auraient probablement toujours senti la fumée. Elle mit leur vaisselle dans un carton, noircie par la cendre, et elle découvrit avec stupeur que la valise de photographies était encore là, intacte. C'était déjà quelque chose. La respiration suspendue, elle se mit à fouiller le contenu de ce qui avait été une commode, soudain il fut là... L'émail était craquelé, mais il n'avait pas subi d'autre dommage. L'œuf impérial avait survécu. Elle le regarda avec un émerveillement muet et commença à pleurer... C'était un vestige d'une existence perdue, plusieurs vies auparavant. Il n'y avait rien d'autre à récupérer. Elle emballa ce qui restait des affaires des enfants dans une seule boîte, avec sa robe noire de Chanel, deux tailleurs et une robe de lin rose, ainsi que sa seule autre paire de chaussures. Il lui fallut seulement dix minutes pour emporter le tout au rez-de-chaussée. Elle jeta ensuite un dernier coup d'œil à la ronde et aperçut Sava sous le divan, couchée là... figée dans une attitude de repos, comme si elle dormait. Zoya la contempla en silence puis, avec douceur, referma la porte et descendit hâtivement l'escalier pour apporter leurs cartons aux enfants, qui l'attendaient sur le trottoir d'en face.

33

Après s'être confondue en remerciements auprès de ses voisins qui l'avaient accueillie, Zoya loua une petite chambre d'hôtel avec une partie de l'argent que Jimmy lui avait donné. Il lui en restait un peu moins de la moitié quand elle eut acheté des vêtements neufs aux enfants et pour elle une robe convenable qui ne sentait pas la fumée. Ils devaient manger tous les soirs au restaurant. Ils parlaient de ce qu'ils allaient faire et Nicolas la regardait d'un air d'espoir. Un soir où elle parcourait le journal à la recherche d'offres d'emploi, elle eut soudain une idée. Ce n'était pas quelque chose qu'elle aurait fait si elle avait eu le choix, mais ce choix elle ne l'avait plus. Elle devait se servir du peu d'atouts dont elle disposait, même si elle en était gênée. Le lendemain, elle enfila sa nouvelle robe, se coiffa avec soin et regretta de ne pas avoir quelques-uns de ses bijoux, mais tout ce qu'elle avait était son alliance, ainsi qu'une indiscutable allure royale, comme elle le constata gravement en s'examinant dans le miroir.

— Où vas-tu, maman ? questionna Nicolas, qui la regardait s'habiller.

— Je sors chercher du travail.

Elle ne se sentait pas embarrassée cette fois-ci devant les enfants, qui la considéraient l'un et l'autre avec surprise.

— Est-ce que tu sais faire quoi que ce soit ? demanda innocemment Sacha.

Zoya rit.

— Pas grand-chose.

Mais elle s'y connaissait en vêtements, elle avait porté ce qu'il y avait de mieux au cours des dix dernières années et, déjà quand elles étaient enfants, Marie et elle avaient disséqué tout ce que leurs mères et autres parentes mettaient comme toilettes. Elle savait s'habiller avec élégance et peut-être pouvait-elle l'enseigner aussi à d'autres. Il y avait des quantités de femmes qui avaient les moyens de se payer cela. Elle prit l'autobus pour aller au centre-ville, après avoir confié Sacha à son frère et, le cœur serré de les laisser seuls, elle descendit à l'arrêt le plus proche de l'adresse de l'annonce. C'était dans la 51ᵉ Rue, juste à côté de la Cinquième Avenue. Quand elle arriva à la porte, elle vit que c'était aussi huppé qu'elle l'avait espéré. Un portier en livrée attendait pour aider les dames à sortir de voiture et, une fois à l'intérieur, elle vit des femmes élégantes et quelques hommes en contemplation devant les coûteuses marchandises du magasin. Il y avait des robes et des chapeaux, des sacs à main et des manteaux, ainsi qu'une collection de chaussures de bottier incroyablement belles. Les vendeuses étaient bien habillées et beaucoup avaient une mine aristocratique. Voilà ce qu'elle aurait dû faire dès le début, se reprocha-t-elle en s'efforçant de chasser l'incendie de son esprit et en priant que tout aille bien pour les enfants. C'était la première fois qu'elle les laissait seuls depuis le soir de l'incendie et jamais plus elle ne serait sûre qu'ils étaient en sécurité si elle ne les avait pas sous les yeux, mais elle savait qu'elle y était obligée. Elle n'avait pas le choix maintenant.

— Puis-je vous aider, mademoiselle ? demanda discrètement une femme aux cheveux gris en robe noire comme Zoya regardait autour d'elle. Y a-t-il quelque chose que vous voulez voir ?

Son accent était nettement français et Zoya se tourna vers elle avec un sourire plein de dignité. Elle tremblait intérieurement mais elle espérait que cela ne se voyait pas tout en répondant dans son propre français impeccable, qu'elle parlait depuis l'enfance.

— Puis-je voir la directrice, s'il vous plaît ?

— Aha... comme c'est agréable d'entendre quelqu'un parler français.

La dame aux cheveux gris sourit. Elle avait la tournure d'un professeur très élégant dans une école ultrachic pour jeunes demoiselles.

— C'est moi. Y a-t-il quelque chose que vous désirez ?

— Oui, dit Zoya à mi-voix pour que personne ne l'entende, je suis la comtesse Ossoupov et je cherche un emploi.

Il y eut un long silence pendant que les deux femmes se regardaient dans les yeux et, après une attente interminable, la Française hocha la tête.

— Je comprends.

Elle se demandait si cette jeune femme était un imposteur, mais son air de dignité grave suggérait qu'elle était bien ce qu'elle prétendait, et la Française eut un geste discret vers une porte fermée juste derrière elle.

— Voulez-vous prendre la peine d'entrer dans mon bureau, madame ?

Les titres n'avaient pas d'importance à ses yeux, mais elle savait qu'ils en auraient peut-être pour ses clientes, Barbara Hutton, Eleanor Carson, Doris Duke et leurs amies. Elle avait une clientèle d'élite, pour qui ils avaient une immense valeur. Bon nombre de ses clientes épousaient des princes et des comtes, rien que pour acquérir un titre.

Zoya la suivit dans un salon noir et blanc magnifiquement installé. C'était là qu'elle présentait ses robes les plus chères et sa seule concurrente était Chanel, qui avait importé depuis peu ses créations aux Etats-

Unis, toutefois il y avait place pour elles deux à New York. La Française s'appelait Axelle Dupuis, elle était venue de Paris des années auparavant et avait monté l'élégante boutique connue sous le seul nom « Axelle », mais c'était déjà la coqueluche de New York depuis plusieurs années. Zoya elle-même y avait acheté une robe, un jour, mais elle n'avait pas donné son nom russe, bien entendu, et heureusement Mme Dupuis n'avait pas l'air de la reconnaître.

— Avez-vous une certaine expérience dans ce domaine ?

Elle examina Zoya avec soin. La robe qu'elle portait était bon marché, ses chaussures étaient usées, mais les mains gracieuses, la façon de bouger, de se coiffer, tout dénotait quelqu'un qui avait vécu de meilleurs jours. Elle savait s'exprimer, parlait français, non pas que cela eût beaucoup d'importance ici, et même dans cette robe modeste, on décelait chez elle un sens inné de l'élégance. Axelle fut intriguée.

— Avez-vous déjà travaillé dans la haute couture ?

Zoya fut franche avec elle et secoua la tête.

— Non. J'ai quitté Saint-Pétersbourg pour Paris après la révolution.

Elle n'avait aucune difficulté à le dire à présent. Elle avait la charge de Nicky et de Sacha. Pour eux, elle était prête à se traîner à genoux pour obtenir cette place. Elle ne parvenait pas à lire quoi que ce soit sur le visage de l'autre femme, qui leur versait en silence du thé. Le service en argenterie qu'elle utilisait était de toute beauté, en porcelaine française. Axelle avait un air distingué et elle regardait attentivement Zoya boire une gorgée de thé. Des choses comme cela comptaient pour elle. Ses clientes étaient les femmes les plus haut placées, les plus élégantes, les plus exigeantes du monde, elle ne pouvait pas se permettre de les faire servir par des personnes frustes, mal élevées, et observant Zoya de ses yeux gris auxquels rien n'échappait, elle fut satisfaite.

— Quand vous étiez à Paris, vous travailliez ?

La curiosité d'Axelle était éveillée par cette jeune femme. Elle avait quelque chose d'indéniablement aristocratique dans ses moindres gestes. Elle la regardait bien en face.

— J'ai dansé dans les Ballets russes. C'est la seule chose que je savais faire et nous étions très pauvres.

Elle avait décidé d'être franche, jusqu'à un certain point en tout cas.

— Et ensuite ?

Zoya, qui se tenait très droite dans son fauteuil, eut un sourire triste.

— J'ai épousé un Américain et je suis venue ici en 1919.

Douze ans plus tôt, c'était difficile à croire maintenant. Douze ans...

— Mon mari est mort il y a deux ans.

Elle ne parla pas à la Française de tout ce qu'ils avaient perdu. C'était sans importance à présent et elle tenait à sauvegarder la dignité de Clayton même après sa mort.

— J'ai deux enfants à élever, et nous venons de tout perdre dans un incendie... non qu'il y ait eu grand-chose à sauver...

Sa voix s'assourdit, comme elle songeait au logement minuscule où Sava était morte. Son regard se reporta vers les yeux d'Axelle.

— J'ai besoin d'un emploi. Je suis trop âgée pour danser... expliqua-t-elle en chassant de son esprit les images du music-hall. Je m'y connais un peu en matière de vêtements. Avant la guerre...

Elle hésita, puis se força à continuer. Si elle voulait exploiter son titre, il lui fallait bien dire un mot là-dessus.

— A Saint-Pétersbourg, les femmes étaient élégantes et belles...

Axelle la vit sourire.

— Etes-vous apparentée à la famille impériale ?

Bien des Russes s'en étaient targués, mais quelque chose chez cette jeune femme lui donnait l'impression que c'était possible. Elle était prête à tout croire quand les yeux verts de Zoya se plantèrent dans les siens et que, tenant sa tasse avec délicatesse, elle répondit de sa voix douce :

— Je suis une cousine du défunt tsar, madame.

Elle n'ajouta rien et, pendant un long moment, Axelle réfléchit. Elle valait la peine d'être prise à l'essai. Elle était peut-être exactement ce que ses clientes souhaitaient, et elles aimaient tant les titres ! L'idée d'être servies par une comtesse les plongerait dans l'euphorie, Axelle le savait.

— Je pourrais vous prendre à l'essai, madame... comtesse, devrais-je dire, je suppose. Il faut que vous portiez votre titre ici.

Naturellement.

Zoya s'efforça de garder l'air calme, mais elle avait envie de hurler de joie comme un enfant... Elle allait avoir un emploi ! Chez Axelle ! C'était parfait. Les enfants iraient tous les deux en classe à l'automne, et elle serait de retour à la maison à six heures tous les soirs. C'était respectable... parfait... Elle ne put réprimer un sourire de soulagement en réponse à celui que lui adressait Axelle.

— Merci, madame. Merci infiniment.

— Nous verrons comment vous vous en tirez.

Elle se leva pour indiquer que l'entretien était terminé, et Zoya l'imita aussitôt, posant avec précaution sa tasse sur le plateau, sous l'œil approbateur d'Axelle.

— Quand aimeriez-vous commencer ?

— Est-ce que la semaine prochaine conviendrait ?

— Très bien. A neuf heures. Précises. Et, comtesse, ajouta-t-elle en prononçant ce mot avec l'aisance d'une longue pratique, peut-être aimeriez-vous choisir une robe avant de partir... quelque chose de noir ou de bleu marine...

Zoya songea à sa Chanel noire bien-aimée qui ne s'était pas remise de l'incendie. Elle était toujours imprégnée d'une affreuse odeur de fumée, à quelque traitement qu'elle la soumette.

— Merci beaucoup, madame.

— Je vous en prie.

Après une inclination de tête impériale, Axelle franchit d'une allure tout aussi majestueuse la porte de son bureau pour rentrer dans la boutique, où une femme en énorme chapeau blanc s'extasiait sur les chaussures. Cela rappela à Zoya qu'il lui faudrait s'en acheter des neuves avec le peu d'argent qui leur restait, et soudain elle s'avisa qu'elle avait oublié de s'enquérir du salaire, mais cela n'avait pas d'importance maintenant. Elle avait un emploi, quelle qu'en soit la paye. C'était beaucoup mieux que de vendre des pommes dans la rue.

Elle annonça la nouvelle aux enfants dès son retour et ils allèrent se promener dans le parc, puis rentrèrent à leur hôtel pour échapper à la chaleur. Nicolas était aussi fou de joie qu'elle. Quant à Sacha, une supplication dans ses grands yeux bleus, elle demanda si on avait aussi là-bas des robes pour les petites filles.

— Non, ma chérie, mais je t'en achèterai une neuve dès que je pourrai.

Elle leur avait acheté le strict minimum après l'incendie, comme pour elle-même. Cependant une aube nouvelle s'annonçait. Elle avait un emploi respectable, avec bon espoir d'être rétribuée correctement. Elle n'aurait plus jamais à danser. La vie changeait pour le mieux. Soudain elle sourit en se demandant si elle retrouverait de ses anciennes amies chez Axelle. De même qu'elles lui avaient battu froid à son arrivée de France, puis s'étaient mises à raffoler d'elle, elles l'avaient entièrement oubliée à la mort de Clayton et l'avaient rayée de leurs tablettes quand ils avaient tout perdu. Comme les gens étaient versatiles ! Non qu'elle en éprouvât de l'humeur : elle avait ses enfants, c'est tout ce qui comptait pour elle. Le reste était venu et parti, revenu et disparu de nouveau. Cela ne lui faisait plus ni chaud ni froid. Du moment qu'ils survivaient... La vie lui reparut soudain infiniment précieuse.

34

Les journées à la boutique étaient longues et fatigantes, les femmes qu'elle servait très exigeantes. Elles se montraient impétueuses et gâtées, certaines étaient incapables de se décider, pourtant elle était toujours patiente et elle découvrit qu'elle avait l'œil pour dénicher ce qui leur allait. Elle avait le chic pour sélectionner une robe, la tirer par ci, la rentrer par là, et soudain la cliente donnait l'impression de s'épanouir en se regardant dans la glace... Elle avait un don pour choisir le chapeau qui accompagnait parfaitement l'ensemble adéquat... un bouquet de fleurs... une petite fourrure... les souliers d'une ligne exceptionnelle. Son employeuse était plus que satisfaite d'elle. A Noël, Zoya avait fait son nid chez Axelle, elle surclassait l'ensemble des autres vendeuses, toutes les clientes réclamaient la comtesse quand elles arrivaient. C'était comtesse par-ci, comtesse par-là, et « ne croyez-vous pas, comtesse... » et « oh, comtesse, je vous en prie... ». Axelle la regardait jouer son rôle, toujours avec discrétion et d'un air digne ; sa tenue témoignait d'une sûre et sobre élégance, ses gants immaculés, ses cheveux impeccablement coiffés, son léger accent qui ajoutait à son mystère... Axelle fit très vite savoir qu'elle était cousine du tsar. C'était exactement ce dont elle avait besoin pour sa boutique et, quand Serge Obolenski vint voir cette « comtesse » dont tout le monde parlait, il la dévisagea avec stupeur, cependant que les larmes montaient aux yeux de la jeune femme.

— Zoya ! Qu'est-ce que vous faites ici ?

— Je me distrais.

Elle ne souffla pas mot des deux années terriblement difficiles auxquelles elle venait de survivre.

— Quelle drôle d'idée ! Mais assez amusant peut-être aussi, je suppose. Il faut que vous dîniez un jour avec nous.

Mais elle refusait toujours. Elle n'avait plus les toilettes appropriées, ni le temps ni même l'énergie pour fréquenter ses amis. C'était fini pour elle, ce genre de choses. Elle rentrait tous les soirs auprès de ses enfants, qui l'attendaient dans le logement de la 39e Rue, près de l'East River, où elle avait pu emménager à temps pour Noël. Ils fréquentaient l'un et l'autre de bonnes écoles et, si les commissions et les augmentations régulières accordées par Axelle ne permettaient pas de vivre dans le luxe, du moins était-ce suffisant pour assurer une existence confortable, ce qui était une grande amélioration par rapport aux deux années précédentes, où elle avait dansé au Fitzhugh's Dance Hall.

Elle travaillait pour Axelle quand on découvrit le cadavre du bébé Lindbergh en mai 1932, et elle lut dans le journal avec surprise que Florenz Ziegfeld était mort en juillet, la même année. Elle se demanda comment cela se serait passé si elle avait travaillé pour lui plutôt que pour le Fitzhugh. Elle se demanda aussi ce qu'il était advenu à présent de Jimmy. Elle lui avait remboursé depuis longtemps les cent dollars qu'il avait glissés dans son sac quand elle était dans une situation si désespérée, mais elle n'avait plus jamais eu de ses nouvelles. Il faisait partie d'une autre existence, d'un autre chapitre clos, maintenant qu'elle était la comtesse employée chez Axelle. Elle fut très touchée quand Eleanor Roosevelt vint la voir pour acheter quelques toilettes pendant la campagne électorale. Elle se souvenait des vieux amis de Clayton avec affection et elle leur envoya un télégramme quand Franklin fut élu, ainsi qu'une ravissante toque de fourrure à l'intention d'Eleanor, qui répondit qu'elle la porterait le jour de la cérémonie d'investiture en mars. Axelle était enchantée de sa collaboratrice.

— Vous avez la manière, c'est certain, *ma chère*.

L'élégante Française la regardait avec un sourire épanoui. Elle avait de l'affection pour la jeune femme, et le petit Nicolas l'enchantait. Il avait des façons de jeune prince et les histoires qu'Obolenski lui avait racontées un après-midi sur Zoya et les filles du tsar étaient maintenant faciles à croire. C'était une femme exceptionnelle, née au mauvais moment. Si les choses avaient tourné autrement, elle aurait pu être mariée à un prince et vivre dans un des palais qu'elle avait fréquentés étant enfant. Cela semblait tellement injuste, mais pas plus que l'accablante dépression qui sévissait. Tout le monde, excepté les clientes d'Axelle, se serrait la ceinture, cette année-là.

A Noël, Zoya emmena Nicolas voir le film *Tarzan*, qui l'enthousiasma, et ils allèrent ensuite au restaurant. Il était inscrit à l'Ecole de la Trinité et réussissait bien. C'était un bon élève et un enfant intelligent. A onze ans, il déclarait qu'un jour il serait homme d'affaires comme son papa. Sacha voulait être actrice de cinéma. Zoya lui avait acheté une poupée « Shirley Temple » qu'elle transportait partout avec elle, comme Annabelle, qui avait survécu à l'incendie. C'étaient des enfants heureux, en dépit des temps difficiles. Au printemps, Zoya devint sous-directrice de la boutique de haute couture. Cela impliquait davantage d'argent et davantage de prestige, et déchargeait Axelle d'une partie de ses tâches. Zoya convainquit Axelle de laisser Elsie de Wolfe redécorer le magasin, ce qui donna comme un coup de fouet aux affaires.

— Dieu bénisse le jour où vous avez franchi le seuil de ma boutique ! dit Axelle avec un grand sourire par-dessus les têtes de leur clientèle en effervescence quand elles rouvrirent le magasin remis à neuf.

Même le maire, Fiorello LaGuardia, était venu, et leur commerce prospéra de plus belle. Axelle fit cadeau d'un manteau de vison à Zoya, qui fut sidérée en le voyant. C'était du vison d'élevage travaillé de façon artistique, qui rehaussait sa remarquable élégance quand elle prenait le bus chaque jour pour rejoindre ses enfants. L'année suivante, elle fut en mesure d'emménager dans un autre appartement. Il se trouvait à trois rues seulement de chez Axelle, ce qui était pratique pour elle. Les enfants avaient maintenant chacun leur chambre et Nicolas, qui avait douze ans, presque treize, était soulagé de ne plus avoir Sacha constamment dans les jambes.

Deux ans plus tard, le jour des onze ans de Sacha, Axelle invita Zoya à l'accompagner à Paris pour son premier voyage d'achats. Nicolas alla chez un camarade et elle engagea une baby-sitter pour garder Sacha pendant trois semaines. Axelle et elle embarquèrent sur le *Queen Mary* dans l'effervescence de la joie et du champagne. Quand le paquebot s'éloigna lentement de New York, Zoya regarda la statue de la Liberté en songeant au long chemin parcouru depuis que Clayton était mort. Il y avait de cela sept ans. A trente-sept ans, elle avait l'impression d'avoir déjà vécu plusieurs existences.

— A quoi pensez-vous, Zoya ?

Axelle l'observait qui se tenait en silence près de la rambarde quand elles arrivèrent au large. Elle était merveilleusement habillée d'un tailleur vert émeraude, de la couleur de ses yeux, avec une petite toque de fourrure posée crânement sur sa tête. Lorsqu'elle se retourna face à sa patronne, ses yeux avaient presque la même couleur que la mer.

— Je me remémorais le passé.

— Vous y pensez trop souvent, j'ai l'impression, commenta gravement Axelle.

Elle éprouvait une grande considération pour Zoya et se demandait souvent pourquoi elle ne sortait pas davantage. Elle ne manquait certes pas d'occasions. Ses clientes raffolaient d'elle et il y avait toujours une pile d'invitations sur son bureau, adressées simplement à la *comtesse Zoya*, mais elle s'y rendait rarement et déclarait toujours qu'elle avait « déjà fait tout ça avant ».

— Peut-être que Paris mettra un peu d'animation dans votre vie.

Zoya se contenta de rire en secouant la tête.

— J'ai eu une vie suffisamment animée, merci beaucoup.

Une révolution, une guerre et un mariage avec un homme qu'elle avait adoré. Elle aimait encore Clayton après toutes ces années et elle savait que revoir Paris sans lui serait douloureux. C'était le seul homme qu'elle avait jamais aimé, et il n'y en aurait jamais d'autre comme lui, elle en était sûre... sauf peut-être son fils... Elle sourit à cette idée et aspira longuement l'air marin.

— Je vais à Paris pour travailler, déclara-t-elle rondement.

Ce que lui répliqua Axelle la fit rire :

— N'en soyez pas si certaine, ma chère.

Elles retournèrent dans leurs cabines. Zoya défit ses bagages et installa près de sa couchette les photos de ses enfants. Elle n'avait et n'aurait jamais besoin de rien de plus. Elle alla se coucher ce soir-là avec un nouveau livre et établit une liste des vêtements qu'elles allaient commander à Paris.

35

Axelle avait réservé des chambres au Ritz, situé fort commodément place Vendôme, et déployant un luxe que Zoya avait presque oublié. Il y avait des années qu'elle n'avait pas pris de bain dans une grande baignoire de marbre, pleine d'eau chaude, pareille à celle dont elle disposait dans la maison de Sutton Place. Elle ferma les yeux et s'y étendit avec délice.

Elles devaient commencer leurs achats le lendemain matin mais, en ce premier après-midi, Zoya quitta discrètement l'hôtel seule pour se promener, et elle fut assaillie par les souvenirs en retrouvant les rues, les boulevards et les jardins où elle était allée naguère avec Clayton. Elle prit une consommation au café de Flore, puis, incapable de s'en empêcher, elle se rendit en taxi au Palais-Royal et contempla en silence l'immeuble où elle avait vécu avec Evgenia. Dix-sept ans avaient passé depuis sa mort, dix-sept ans de bons et de mauvais moments, de travail pénible, et ses enfants bien-aimés. Les larmes coulèrent lentement sur ses joues tandis que les souvenirs de sa grand-mère et de son mari lui remontaient en mémoire. Elle s'attendait presque à sentir son bras autour de ses épaules. Elle entendait encore sa voix aussi nettement que s'il venait de lui parler. Elle resta là, accablée par les images du passé, puis se détournant lentement elle marcha jusqu'aux Tuileries, s'assit sur un banc et se perdit dans ses pensées, les yeux fixés sur des enfants qui jouaient à quelque distance. Elle se demanda comment cela se serait passé si elle était venue s'installer à Paris avec Nicolas et Sacha, peut-être plus aisément qu'à New York par certains côtés, mais, là-bas, sa vie se déroulait à un rythme rapide et son poste chez Axelle avait donné un nouvel élan à son existence. Elle travaillait pour Axelle depuis maintenant cinq ans et c'était passionnant de s'occuper des achats, au lieu de se borner à servir des hordes innombrables de femmes exigeantes et capricieuses. Elle connaissait bien ces clientes. C'étaient des femmes qu'elle savait manier, des femmes qu'elle comprenait et connaissait depuis toujours. Plus d'une fois, elles lui avaient rappelé sa mère. Les hommes aussi l'appréciaient, elle était capable d'habiller leurs épouses comme de monter discrètement la garde-robe des maîtresses qu'ils amenaient là. Pas un mot de commérage ne franchissait jamais ses lèvres, pas une critique désagréable, simplement du bon goût et des suggestions intéressantes. Axelle savait que sans elle le succès de sa boutique n'aurait jamais été aussi grand. « La comtesse », comme tout le monde l'appelait, ajoutait une indéniable note de chic aristocratique à la vie des New-Yorkais fortunés. Soudain, elle se sentit vraiment très loin de tout cela : jeune et en même temps triste en songeant à la vie nouvelle qui avait commencé pour elle quand elle était naguère à Paris.

Elle prit un taxi pour rentrer à l'hôtel et, avec un léger serrement de cœur, elle se remémora Vladimir Markovski. Une fois dans sa chambre, elle chercha son nom dans l'annuaire, en vain. Il devait avoir près de quatre-vingts ans. Peut-être était-il mort.

Axelle l'invita à dîner chez Maxim's ce soir-là, mais, avec une expression nostalgique dans le regard, elle déclina l'offre en arguant qu'elle était fatiguée et désirait se reposer sérieusement avant de commencer la tournée des collections. Elle n'expliqua pas à Axelle que le souvenir des dîners avec Clayton dans ce restaurant aurait été trop pénible. Ici, elle était constamment obligée de fermer des portes sur le passé. Elle n'était pour ainsi dire qu'à un pas de Saint-Pétersbourg. C'était tout proche maintenant. Elle n'était plus à l'autre bout de la terre. Elle était là, dans les lieux qu'elle avait découverts avec Evgenia et Vladimir, les lieux où Clayton l'avait conduite. C'était presque trop douloureux de s'y trouver et elle brûlait de se mettre au travail pour pouvoir oublier le passé et s'attaquer au présent.

Elle téléphona à Nicolas chez son ami, ce soir-là, et lui raconta Paris. Elle promit de l'y emmener un jour. C'était une si belle ville, qui avait joué un rôle important dans sa vie. Il lui dit de prendre soin d'elle et qu'il l'aimait. Même à quatorze ans, presque quinze maintenant, il n'avait pas peur de laisser voir ses émotions. « C'est le Russe en toi », disait parfois Zoya pour le taquiner et, ces derniers temps, elle songeait qu'il ressemblait parfois énormément à Nikolaï, en particulier quand il taquinait Sacha. Sa conversation téléphonique avec sa fille fut également typique. Sacha lui avait donné une liste de tout ce qu'elle voulait que sa mère lui achète à Paris, y compris une robe rouge et plusieurs paires de chaussures françaises. A sa façon, elle était aussi gâtée que Natalia, et presque aussi exigeante. Elle se demanda ce que Machka aurait pensé d'eux, ou à quoi auraient ressemblé ses enfants si elle avait vécu assez longtemps pour en avoir.

Ce fut un soulagement de plonger dans le sommeil et d'échapper aux souvenirs. Le voyage à Paris était beaucoup plus difficile qu'elle ne l'avait prévu et elle rêva d'Alexis, de Marie, de Tatiana et des autres cette nuit-là, s'éveillant à quatre heures du matin et ne parvenant à se rendormir que peu avant six heures. Au matin, elle était lasse quand elle commanda des croissants et du café noir bouillant.

— *Alors**, sommes-nous prêtes ? demanda Axelle quand elle apparut sur le seuil de la chambre dans un superbe tailleur Chanel rouge, ses cheveux blancs coiffés à la perfection, son sac Hermès en bandoulière.

Soudain, elle avait de nouveau l'air très française. Zoya portait une robe de soie bleue sous un manteau assorti, de chez Lanvin. Un bleu couleur du ciel, et ses cheveux roux étaient relevés dans un chignon élégant. Elles avaient une allure très parisienne quand elles montèrent en taxi, aidées par le portier, et Zoya sourit en reconnaissant l'accent du chauffeur. C'était un des innombrables Russes d'un certain âge qui conduisaient encore des taxis dans Paris mais, quand elle lui demanda s'il connaissait Vladimir, il secoua la tête. Il ne se rappelait pas avoir entendu son nom, ni même l'avoir rencontré. C'était la première fois depuis des années que Zoya parlait russe. Même avec Serge Obolenski, elle parlait français. Axelle écoutait le rythme musical de leur conversation quand la voiture s'arrêta devant les ateliers de Schiaparelli, rue de la Paix. Elles avaient décidé de commencer par là et toutes deux lâchèrent la bride à leur enthousiasme. Elles commandèrent des dizaines de pulls différents pour leur boutique et eurent une longue conversation avec la créatrice en personne, expliquant les besoins et les préférences de leur clientèle. C'était une femme intéressante et elles furent amusées de découvrir qu'elle avait seulement trois ans de plus que Zoya. Elle remportait un succès remarquable à l'époque, presque aussi grand que celui de Gabrielle Chanel, qui était toujours installée rue Cambon. C'est là qu'elles se rendirent ensuite, puis plus tard dans la journée chez Balenciaga, où Zoya choisit plusieurs robes du soir et les essaya pour voir comment elles tombaient, leur structure, comment on se sentait quand on les portait. Axelle, qui la regardait, dit en souriant :

— Vous auriez dû être dessinatrice de mode vous-même. Vous avez une sensibilité étonnante en matière de vêtements.

— J'ai toujours aimé les jolies toilettes, avoua-t-elle en tournoyant dans les créations savantes du génie espagnol. Même quand nous étions petites, Marie et moi avions l'habitude d'éplucher les vêtements que portaient nos mères et leurs amies, et nous étions très rosses pour celles dont nous estimions qu'elles avaient un goût détestable, conclut-elle avec un éclat de rire à ce souvenir.

Axelle, qui avait vu son regard se perdre soudain dans le vague, questionna doucement :

— Etait-ce votre sœur ?

— Non.

Zoya se détourna vivement, c'était rare qu'elle ouvre les portes du passé à quiconque, encore moins à Axelle, avec qui elle maintenait presque uniquement des relations d'affaires, mais elle se sentait ici tellement près de sa patrie, presque trop.

— C'était ma cousine.

— Une des grandes-duchesses ?

Comme Zoya acquiesçait d'un signe de tête, Axelle parut aussitôt impressionnée.

— C'est terrible, ce qui est arrivé.

Elles se remirent ensuite aux occupations de leur métier et, le lendemain matin, elles allèrent voir des croquis de Dior, un jeune créateur. La veille au soir, elles avaient dîné dans leurs chambres en étudiant les listes de ce qu'elles avaient commandé, ce qu'elles avaient aimé et ce dont elles pensaient avoir encore besoin. Axelle n'avait pas l'intention de tout acheter, elle voulait simplement voir pour être en mesure de crayonner des esquisses à l'intention de l'habile couturière qu'elle employait de temps en temps, pour copier ou s'inspirer des modèles parisiens.

Elles rencontrèrent Christian Dior en personne, un homme charmant, à qui Axelle présenta Zoya en lui donnant son titre en entier. Lady Mendl, Elsie de Wolfe avant son mariage, se trouvait là ce jour-là et, après leur départ, elle raconta à Dior les détails de la vie de Zoya auprès de Clayton.

— C'est tragique, ils ont tout perdu en 29, expliquait-elle quand entra Wallis Simpson, que Dior admirait énormément, avec ses deux carlins.

Dans l'après-midi, Zoya et Axelle repassèrent chez Elsa Schiaparelli, cette fois-ci dans son luxueux salon d'exposition, installé deux ans auparavant place Vendôme, et Zoya s'amusa du divan dessiné par Salvador Dalí, en forme de lèvres. Elles parlèrent de nouveau des pulls et de plusieurs manteaux qu'Axelle désirait commander. Toutefois, elles atteignaient rapidement les limites de leur budget. « Cela file trop vite, se plaignit Axelle, et tout est tellement joli ! » C'était exaltant de s'occuper de haute couture à Paris.

Schiaparelli les quitta à ce moment-là, car elle avait rendez-vous avec un fabricant de manteaux américain. Comme Axelle, c'était un de ses meilleurs clients étrangers, expliqua-t-elle quand une de ses collaboratrices se fut approchée pour lui chuchoter quelque chose en italien.

— Voulez-vous m'excuser, mesdames ? Mon assistante va vous montrer les tissus dans lesquels le manteau peut être commandé. Mr Hirsch m'attend dans mon bureau.

Après qu'elle eut pris congé, Zoya et Axelle conférèrent longuement avec l'assistante et commandèrent le manteau en rouge, en noir et dans un gris tourterelle que Zoya affectionnait particulièrement. Elle avait une préférence pour les couleurs plus sourdes, qu'elle choisissait d'ailleurs pour ses propres vêtements. Elle portait une robe d'un mauve délicat dessinée par Mme Grès, qu'Axelle l'avait laissée acheter avec une énorme remise.

Quand elles quittèrent la boutique, une heure plus tard, sur leurs talons sortit un homme de haute taille, vigoureux, avec d'épais cheveux noirs et un visage qui semblait avoir été sculpté dans le marbre par un artiste. Elles le retrouvèrent dans l'ascenseur de leur hôtel.

— Je ne vous suis pas. J'habite ici aussi, ajouta-t-il en souriant à Zoya avec une expression juvénile, avant de tendre la main à Axelle. Je crois que vous avez acheté quelques pièces de ma collection. Je suis Simon Hirsch.

— En effet, répliqua-t-elle en souriant elle aussi. Je suis Axelle Dupuis.

Elle semblait de nouveau très française depuis qu'elle était à Paris. Son accent donnait même l'impression de s'être renforcé. Elle se tourna aussitôt vers Zoya.

— Permettez-moi de vous présenter la comtesse Ossoupov, mon assistante.

C'était la première fois depuis longtemps que Zoya était gênée à cause de son titre. Simon Hirsch avait l'air aimable, sans détour, et elle se sentit vaguement ridicule avec ses airs de grande dame, en lui tendant la main. Il avait la poignée de main énergique d'un homme qui dirige un empire et il plongea bien droit dans les yeux verts de Zoya un regard bienveillant de ses yeux noisette.

— Etes-vous russe ? demanda-t-il comme l'ascenseur s'arrêtait à leur étage.

Elle hocha la tête en rougissant légèrement, un défaut dont elle avait conclu qu'il la mettrait au supplice jusqu'à la fin de ses jours.

— Oui.

Elle avait répondu d'une voix basse en admirant sa démarche. Sa chambre se trouvait apparemment juste à côté des leurs et il arpentait les vastes couloirs d'un pas assuré, les faisant paraître trop étroits. Il avait la carrure d'un joueur de football et une énergie de gamin en avançant à côté d'elles.

— Moi aussi. Tout au moins ma famille. Je suis né à New York.

Il sourit, et les deux femmes s'arrêtèrent devant la porte de la chambre de Zoya.

— Amusez-vous bien avec vos achats. *Bonne chance* !*

Son français avait un fort accent américain, et il s'engouffra dans sa propre chambre. Elles entrèrent dans celle de Zoya et ôtèrent leurs souliers.

— Seigneur, que j'ai mal aux pieds... Je suis contente que nous ayons fait sa connaissance, commenta Axelle. Il a une bonne collection. J'y jetterai de nouveau un coup d'œil quand nous reviendrons. Nous avons besoin de davantage de manteaux pour l'automne prochain et si nous ne prenons pas tout ici, nous pourrons lui acheter quelques modèles, s'il nous consent un prix convenable.

Elle sourit. Zoya commanda du thé et, une fois encore, elles passèrent en revue leurs achats. Dans quatre jours elles embarqueraient à destination de New York sur le *Queen Mary*.

— Nous devrions vraiment nous intéresser un peu plus aux chapeaux et aux chaussures, dit pensivement Zoya, qui ferma les yeux pour réfléchir un instant. Il faut offrir à nos clientes davantage que des robes, des tenues de soirée et des tailleurs... ce qui a d'ailleurs toujours été notre force. Ce qu'elles aiment, c'est qu'on les aide à trouver leur propre style, en les habillant des pieds à la tête.

— C'est ce que vous réussissez si bien.

Puis soudain, sautant du coq à l'âne en regardant la jolie jeune femme en robe mauve dont les cheveux libérés de leur chignon cascadaient sur son dos comme ceux d'une enfant :

— Bel homme, n'est-ce pas ?

— Qui ?

Zoya rouvrit les paupières, visiblement désorientée. Elle était en train de se demander si elles devaient commander leurs chapeaux chez Chanel pour les assortir avec les ensembles, et si elles devaient acheter quelques-uns de ses fameux bijoux fantaisie. Ses clientes possédaient déjà tellement de bijoux, elle n'était pas certaine qu'elles seraient sensibles à cet aspect du chic Chanel.

— L'homme aux manteaux de New York, évidemment. Si j'avais vingt ans de moins, je lui aurais sauté dessus.

Zoya rit à l'idée de la très digne Axelle sautant sur un homme. Elle se le représenta surgissant dans la pièce, pris à bras-le-corps par Axelle, et elle rit de nouveau à cette image.

— J'aimerais voir cela !

— Il est bien bâti, il a un visage agréable. J'aime ce genre d'hommes.

Il était presque aussi grand que Clayton mais beaucoup plus large d'épaules, toutefois Zoya ne lui avait pas accordé une seule pensée depuis qu'elles l'avaient quitté.

— Je vous emmènerai voir sa collection. Peut-être qu'il vous invitera à dîner, en somme vous êtes russes tous les deux.

Elle plaisantait, mais seulement à demi. Elle avait remarqué la façon dont il regardait Zoya et son expression intéressée quand il avait entendu le titre.

— Ne dites pas de bêtises, Axelle. Le pauvre homme se montrait seulement poli.

— A d'autres ! répliqua-t-elle en agitant un doigt à l'adresse de Zoya. Vous êtes trop jeune pour jouer les nonnes. Ne sortez-vous jamais avec quelqu'un ?

C'était la première fois qu'elle se risquait à aborder le sujet, mais elles étaient loin de leur pays et c'était plus facile de poser des questions personnelles ici, à bonne distance de la boutique et des clientes.

— Jamais, dit Zoya avec une expression extraordinairement paisible et souriante. Pas depuis que mon mari est mort.

— Mais c'est affreux ! Quel âge avez-vous, maintenant ?

Elle avait oublié.

— Trente-sept ans. C'est un peu trop vieux pour me conduire comme une débutante. Nous en voyons assez à la boutique.

Elle eut un rire gai et Axelle plissa les paupières dans une grimace de désapprobation amicale tandis que Zoya lui versait une tasse de thé sur l'habituel plateau d'argent. Les raffinements luxueux du Ritz avaient des charmes dont on avait plaisir à jouir, au risque d'avoir ensuite du mal à s'en passer.

— Ne soyez pas ridicule. A votre âge, j'avais deux amants, confia Axelle en regardant sa jeune amie d'un air malicieux. Malheureusement, ils étaient mariés l'un et l'autre.

L'un d'eux l'avait, paraît-il, installée dans le magasin : c'était une rumeur que Zoya avait entendue mais à laquelle elle n'avait guère ajouté foi. Peut-être était-ce vrai, finalement.

— En fait, continua Axelle, je fréquente quelqu'un de très bien à New York en ce moment. Vous ne pouvez pas passer le reste de votre existence entre la boutique et vos enfants. Ils grandiront un jour et alors que ferez-vous ?

Zoya rit, tout en appréciant la sollicitude d'Axelle.

— Je travaillerai encore plus. Il n'y a pas de place dans ma vie pour un homme, Axelle. Je reste au magasin jusqu'à six heures tous les soirs, puis je suis occupée avec Sacha et Nicky jusqu'à neuf ou dix heures. Le temps que je prenne un bain, lise les journaux et de temps en temps un livre, c'est fini. Je tomberais endormie dans mon assiette si on m'emmenait quelque part.

Axelle savait qu'elle travaillait énormément, mais était navrée pour elle. Il y avait un vide douloureux dans l'existence de la jeune femme, et elle n'était même pas sûre que Zoya en fût consciente.

— Peut-être devrais-je vous congédier, pour votre bien, dit-elle, histoire de la taquiner.

Toutes deux savaient que cela ne risquait guère de se produire. Zoya jouait auprès d'elle un rôle trop important à présent. Mais le lendemain matin, quand elles retournèrent voir Dior, cette fois-ci pour discuter de chaussures, elles se trouvèrent nez à nez avec Simon Hirsch qui descendait d'un taxi au même moment qu'elles.

— Nous nous rencontrons encore, je vois. Je ferais bien d'être prudent ou vous vendrez les mêmes manteaux que moi !

Toutefois cela ne semblait pas le tourmenter. Il jeta de nouveau un coup d'œil appréciateur sur Zoya, vêtue cette fois d'un tailleur de lin rose vif qui lui donnait presque l'air d'une toute jeune fille.

— Pas de danger, Mr Hirsch, lui assura Axelle, nous sommes ici pour parler souliers.

— Dieu merci !

Il entra à leur suite et ils se rencontrèrent encore en sortant. Ils rirent tous les trois.

— Peut-être devrions-nous accorder nos emplois du temps, cela serait une économie de minutes précieuses et d'argent pour les taxis.

Il sourit à Zoya puis consulta sa montre. Il était habillé avec élégance, chaussures sur mesure de bottier anglais et très beau costume, quant à son bracelet-montre il venait de chez Cartier.

— Avez-vous le temps de déjeuner, mesdames, ou êtes-vous trop occupées ?

Zoya s'apprêtait à refuser quand Axelle la surprit en acceptant. Alors, sans plus tarder, Simon Hirsch héla un taxi à qui il donna l'adresse du nouvel hôtel George-V.

— On y sert de très bons déjeuners. J'y ai séjourné la dernière fois que je suis venu à Paris.

Son air devint grave, comme ils approchaient de l'hôtel situé tout près des Champs-Elysées.

— Je m'étais rendu en Allemagne à l'époque, il y a juste un an, mais je n'y retournerai pas cette fois-ci. C'était extrêmement déplaisant.

Ils descendirent de taxi à ce moment-là et il n'en dit pas davantage. Quand ils arrivèrent à la salle de restaurant, le maître d'hôtel les conduisit à une table très bien placée. Ils commandèrent leur déjeuner, puis il demanda à Axelle si elles allaient ailleurs, mais elle dit qu'elles n'avaient de temps que pour Paris.

— J'ai acheté des tissus magnifiques en Angleterre et en Ecosse avant de venir ici, pour ma clientèle masculine. De la belle marchandise, reprit-il en choisissant le vin tandis que Zoya, carrée dans son fauteuil, l'observait gravement. Je ne remettrai plus les pieds en Allemagne, commenta-t-il de nouveau, étant donné tout ce qui se passe avec Hitler.

— Vous croyez qu'il fait réellement tout ce qu'on raconte ?

Zoya avait entendu parler de son hostilité envers les Juifs, mais avait du mal à s'en convaincre.

— J'estime que ce n'est pas douteux. Les nazis ont répandu une atmosphère d'antisémitisme qui imprègne le pays tout entier. Les gens ont presque peur de vous parler. Je pense que cela ne peut conduire qu'à une catastrophe.

Il y avait de la colère dans ses yeux tranquilles et Zoya hocha lentement la tête.

— Cela paraît difficile à croire.

Mais il en avait été de même de la révolution.

— Ce genre de démence l'est toujours. Mes parents ont quitté la Russie à cause des pogroms. Et maintenant cela recommence ici, d'une façon plus subtile, bien sûr, mais à peine. Il n'y a rien de très subtil à faire la chasse aux Juifs.

Les deux femmes écoutaient en silence. Une flamme brûlait dans ses yeux. Puis, comme désireux de changer de sujet, il se tourna vers Zoya avec un aimable sourire d'intérêt.

— Quand avez-vous quitté la Russie, comtesse ?

— Je vous en prie, dit-elle en rougissant d'embarras, appelez-moi Zoya. Dans la vie courante, mon nom est Zoya Andrews.

Leurs regards plongèrent l'un dans l'autre, elle détourna un instant le sien avant de répondre à sa question :

— Je suis partie de Russie en 1917. Au tout début de la révolution.

— Cela a dû être une période pénible. Votre famille est-elle partie en même temps que vous ?

— Seulement ma grand-mère.

Elle était capable d'en parler à présent. Il lui avait fallu près de vingt ans pour y parvenir.

— Les autres ont été tués avant notre départ, pour la plupart. Et quelques-uns un an après.

Il ne se rendit pas compte qu'elle parlait du tsar, il ne s'avisa pas une minute qu'elle avait des liens de famille aussi prestigieux.

— Vous êtes allées à New York, alors ?

— Non, répliqua-t-elle avec un sourire gracieux, tandis que le serveur remplissait leurs verres d'un millésime 1926 commandé par Simon. Nous sommes venues à Paris. J'y ai vécu deux ans avant de me marier et de me rendre à New York avec mon époux.

Il chercha des yeux l'alliance et vit avec désappointement qu'elle était toujours à son doigt, mais Axelle avait remarqué le coup d'œil et elle connaissait assez bien Zoya pour prévoir qu'elle n'en dirait pas plus.

— La comtesse est veuve, précisa-t-elle obligeamment, s'attirant de la part de Zoya un regard agacé.

— Je suis navré, dit-il courtoisement, mais à l'évidence le renseignement avait de l'intérêt pour lui. Avez-vous des enfants ?

— Deux, un fils et une fille.

Elle avait répondu avec un air de fierté et il sourit.

— Et vous, Mr Hirsch ? Avez-vous aussi des enfants ?

Elle entretenait la conversation par simple politesse pendant qu'ils attendaient leur déjeuner, mais Axelle en semblait ravie. Elle avait de la sympathie pour lui et il était visiblement séduit par Zoya.

Il sourit et secoua la tête avec regret.

— Non. Je ne suis pas marié et je n'ai pas d'enfants. Je n'en ai pas eu le temps. Au cours de ces vingt dernières années, j'ai développé mon entreprise. Une bonne partie de ma famille travaille pour moi. Mon père vient de prendre sa retraite l'an dernier. Ma mère a fini par se résigner, je crois. Elle imagine que si je ne suis pas marié à quarante ans, il n'y a plus grand espoir. Elle me rendait enragé. Je suis son fils unique, son seul enfant, et elle voulait dix petits-enfants ou quelque chose comme ça.

Zoya eut un sourire mélancolique, au souvenir de ses conversations de jadis avec Machka, où elles parlaient du nombre d'enfants qu'elles souhaitaient. Elle en avait désiré six et Machka quatre ou cinq, mais leurs vies n'avaient pas pris le cours qu'elles attendaient.

— Vous vous marierez probablement dans quelques années et lui ferez la surprise d'avoir des quintuplés.

Simon Hirsch feignit de s'étrangler avec son vin, puis eut l'air amusé.

— Il faudra que je lui dise ça, à moins que cela ne risque de l'inciter à me harceler de plus belle.

Sur quoi leur déjeuner arriva, des quenelles au goût délicat pour Axelle, une caille pour Zoya. Quant à Simon Hirsch, il avait commandé un steak et s'excusa pour son palais américain.

— Puis-je vous demander comment se passe votre campagne d'achats, mesdames, ou le secret doit-il être sévèrement gardé ?

Zoya sourit et jeta un coup d'œil à Axelle, qui avait l'air très détendue, et répondit à sa place :

— Je ne crois pas que nous ayons besoin de garder trop de secrets vis-à-vis de vous, Mr Hirsch, sauf peut-être en ce qui concerne nos manteaux.

Tous les trois rirent et Zoya lui parla un peu de ce qu'elles avaient acheté, en particulier des articles de Schiaparelli.

— Ce nouveau pull-over qu'elle fait est sensationnel, déclara Zoya avec satisfaction. Et les chaussures que nous avons commandées aujourd'hui sont vraiment ravissantes.

— Il faudra que je vienne les voir quand elles arriveront. Avez-vous acheté quelque chose dans la nouvelle teinte « rose shocking » d'Elsa ?

Enchanté par cette couleur, il projetait de l'introduire dans sa collection et il était curieux de connaître l'impression de Zoya.

— Je ne sais pas encore trop qu'en penser. C'est un peu violent pour certaines de nos clientes.

— Je le trouve sensationnel.

Zoya sourit, tant c'était cocasse de voir cet homme bâti en force, dont l'apparence évoquait plutôt celle d'un joueur de football, discuter du « rose shocking » de Schiaparelli. Mais indubitablement, ses manteaux étaient les mieux confectionnés des Etats-Unis et il était évident qu'il avait l'œil en matière de mode et de couleur. Il connaissait bien son métier.

— Mon père était tailleur, expliqua-t-il, comme son père avant lui. Il a monté la société Hirsch and Co avec ses deux frères dans le Lower East Side. Ils fabriquaient des vêtements pour les gens qu'ils connaissaient, puis quelqu'un de la Septième Avenue a entendu parler d'eux et a commencé à leur passer des commandes, alors mon père s'est dit : Au diable ces foutues commandes !

374

Il jeta un coup d'œil d'excuse à Zoya, qui était trop intéressée par l'histoire pour s'offusquer de son vocabulaire.

— Il a emménagé dans la Septième Avenue, où il a ouvert un atelier et, quand je suis entré dans l'affaire, j'ai tout mis sens dessus dessous en introduisant quelque chose appelé la mode. Nous avons eu des bagarres terribles à ce sujet, et quand mes oncles ont pris leur retraite j'ai pu y aller franc jeu, avec des draps anglais et des couleurs qui ont presque fait pleurer mon père. Nous nous sommes mis aussi à faire des manteaux pour dames, et ma foi, ces dix dernières années, nous avons réalisé pratiquement ce que je pensais que nous devrions faire depuis le début. Le style est superbe, surtout depuis que papa est parti à la retraite et que j'apporte de nouveaux modèles de Paris.

C'était le genre d'histoires qui avait fait le succès de leur patrie d'adoption.

— Quel parcours intéressant, Mr Hirsch, commenta Axelle. Vos manteaux sont magnifiques. Nous les avons très bien vendus.

— Je suis heureux de l'apprendre.

Il sourit, c'était un homme à l'aise dans sa peau. Il avait à son actif une superbe réussite, qu'il devait presque uniquement à lui-même.

— Mon père jurait que je ruinerais l'affaire. C'est un véritable vote de confiance qu'il ait pris sa retraite l'an dernier, et maintenant il prétend qu'il ne s'y intéresse plus, mais, chaque fois que je sors, il surgit en douce pour inspecter les ateliers, c'est du moins ce que me disent mes tailleurs et mes coupeurs.

Zoya rit de l'image qu'il évoquait et il se tourna de nouveau vers elle.

— Et vous, comtesse... pardon, Zoya... comment êtes-vous arrivée chez Axelle ?

— Oh, dit-elle en riant, par une longue route pénible.

375

Elle se sentait curieusement à l'aise avec lui et plus proche d'Axelle qu'elle ne l'avait été jusque-là. Son expression devint alors grave.

— Nous avons tout perdu dans le krach, avoua-t-elle avec franchise (de toute façon, Axelle le savait déjà). Du jour au lendemain, nous nous sommes retrouvés sans un sou, nos deux maisons ont dû être vendues, nos meubles, mes vêtements et mes fourrures, même notre vaisselle.

C'était la première fois qu'elle en parlait explicitement devant Axelle, et elle le faisait visiblement avec aisance.

— J'avais deux enfants à élever et quasiment pas de métier. J'avais dansé ici, à Paris, avec les Ballets russes, ainsi qu'avec une autre compagnie, mais en 1929 j'avais trente ans, j'étais un peu trop âgée pour recommencer la danse classique.

Elle les regarda tous les deux avec un sourire amusé, et Axelle n'était nullement préparée à ce qu'elle entendit ensuite.

— J'ai posé ma candidature aux Ziegfeld Follies, mais je n'étais pas assez grande, alors j'ai été engagée comme girl dans un music-hall.

Axelle faillit en rester bouche bée et Simon Hirsch la regarda avec un intense respect. Peu de femmes seraient passées de la richesse à la pauvreté avec autant de courage, ou auraient admis qu'elles avaient travaillé dans un music-hall.

— Cela doit vous surprendre, Axelle. Personne ne le sait, pas même mes enfants. C'était affreux. J'ai dansé là-bas un an et demi, exécrant chaque minute, et un soir, poursuivit-elle, les yeux encore emplis de larmes à ce souvenir, il y a eu un terrible incendie pendant que j'étais en représentation et j'ai failli perdre mes enfants. Ils sont tout ce qui compte pour moi, je savais que je ne pouvais plus les laisser seuls le soir, alors j'ai emballé dans deux cartons ce qui restait, je me suis installée à l'hôtel, j'ai emprunté cent dollars à un ami et j'ai frappé à la porte d'Axelle. Je ne pense pas qu'elle ait jamais su à quel point j'étais désespérée.

Elle regarda avec reconnaissance son amie, qui s'efforçait de dominer son émotion devant ce qu'elle venait d'apprendre.

— J'ai eu beaucoup de chance car elle m'a engagée. Je suis là depuis ce jour et y resterai toujours, j'espère.

Elle sourit aux deux personnes qui l'écoutaient, sans s'apercevoir à quel point elle les avait émues l'une et l'autre, en particulier Simon.

— Et tous vécurent heureux ensuite, conclut-elle.

— C'est une histoire extraordinaire.

Il la considérait avec une stupeur visible et Axelle se tamponna délicatement les yeux avec un mouchoir de dentelle.

— Pourquoi ne m'avoir rien dit à l'époque ?

— Je craignais que vous ne m'engagiez pas. J'étais prête à n'importe quoi pour obtenir cet emploi. Je suis même venue vous trouver en me targuant de mon titre, ce qui ne m'était jamais arrivé avant, avoua-t-elle en riant avec bonne humeur. Si je l'avais fait pour entrer dans la troupe de music-hall, je suis sûre qu'on m'aurait obligée à exécuter la danse du ventre pendant que quelqu'un aurait crié depuis les coulisses : « Et voici notre comtesse ! »

Tous trois rirent, mais Zoya plus franchement que les autres. Ils étaient trop impressionnés par son récit, et seule Axelle se doutait combien les gens se seraient montrés odieux s'ils avaient su que la comtesse Ossoupov était passée sur les planches d'un music-hall.

— Dans la vie, on fait ce qu'on est obligé de faire. Pendant la guerre, certains de nos amis attrapaient des pigeons dans les squares pour se nourrir.

Simon se demanda ce par quoi d'autre elle était passée. La révolution avait dû être un coup terrible, avec

377

toute sa famille anéantie avant qu'elle s'enfuie. Il y avait bien des choses cachées derrière le visage de cette jeune femme en élégant ensemble de toile rose. Et il voulait les découvrir. Il fut désolé de voir se terminer le déjeuner ; il déposa ses invitées avant de se rendre à son rendez-vous avec le représentant d'une usine de textiles française, à qui il commandait d'autres étoffes.

Il serra la main de Zoya quand elle fut sortie du taxi et il la suivit longtemps des yeux, se disant que c'était vraiment une femme étonnante. Il voulait tout connaître d'elle maintenant, comment elle s'était évadée de Russie, comment elle avait survécu, quelle était sa couleur favorite, le nom de son chien, ce qu'elle avait le plus redouté quand elle était enfant. Cela lui semblait fou mais, il le comprit, en l'espace d'un court après-midi il était tombé amoureux de la femme de ses rêves. Cela lui avait demandé quarante ans, mais en quelques heures à Paris, à près de cinq mille kilomètres de chez lui, il l'avait trouvée.

36

Zoya vit avec regret s'achever leur voyage. Le séjour avait été agréable et, le dernier soir, elles dînèrent au Cordon Bleu, puis rentrèrent lentement à pied à l'hôtel, où Axelle lui recommanda de bien dormir et la remercia de toute l'aide qu'elle lui avait apportée dans le choix de la collection d'automne. Elle n'était pas encore revenue de la stupeur causée par l'histoire que Zoya avait racontée pendant le déjeuner au George-V. Cela avait renforcé son estime pour le courage de la jeune femme.

Elles n'avaient plus rencontré Simon Hirsch et Zoya se demandait s'il était encore à Paris. Elle lui avait adressé un mot, le remerciant pour le déjeuner et lui souhaitant bonne chance pour le reste de sa tournée d'achats, après quoi elles s'étaient affairées à terminer la leur. Elles avaient acheté le reste des chapeaux et finalement quelques bijoux fantaisie de Chanel puis, le dernier jour, Zoya avait couru les magasins pour ses enfants. Elle avait trouvé la robe rouge que voulait Sacha, et elle acheta pour Nicolas une belle veste et un manteau, quelques livres en français – qu'il parlait à merveille – et une petite montre en or de chez Cartier, qui lui rappelait celle de Clayton. Elle prit pour Sacha une ravissante poupée française et un joli petit bracelet en or. Ses valises étaient bourrées d'emplettes qui leur étaient destinées et déjà fermées. Mais il y avait quelque chose qu'elle projetait de faire ce soir-là et dont elle n'avait pas parlé à Axelle. Le lendemain était le jour de la Pâque russe et elle avait décidé, après mûre réflexion, d'assister à la messe de minuit à la cathédrale orthodoxe Saint-Alexandre-Nevski. La décision avait été pénible à prendre. Elle s'y était rendue dans le passé avec Clayton, Vladimir et Evgenia. Mais elle savait qu'elle ne pouvait pas quitter Paris sans y retourner encore une fois. C'était comme si une partie d'elle-même était restée là-bas, et qu'elle ne serait pas libre à moins d'y revenir l'affronter. Elle n'irait plus jamais dans sa patrie, Saint-Pétersbourg ne comptait plus depuis longtemps pour elle, mais ce dernier fragment de ce qu'avait été sa vie, il fallait qu'elle le palpe, le tienne dans sa main, le soupèse une dernière fois avant de pouvoir rentrer à New York auprès de ses enfants.

Elle souhaita une bonne nuit à Axelle et, à onze heures et demie, elle hélait un taxi. Elle donna au chauffeur l'adresse de la rue Daru et, quand elle s'y arrêta, elle retint son souffle... La cathédrale était toujours la même... Rien n'avait changé depuis ce jour de Noël, jadis, où elle était venue avec sa grand-mère et Clayton.

L'office était aussi beau que dans son souvenir. Elle se tint debout gravement au milieu des autres Russes, chantant et participant à la messe, tenant haut sa bougie, les larmes roulant silencieusement sur ses joues car elle ressentait de nouveau la perte des siens et avait en même temps l'impression qu'ils étaient tout proches d'elle. Elle éprouvait de la tristesse mais aussi une curieuse paix lorsque, soudain, elle distingua un visage familier, bien vieilli et marqué, mais elle était sûre que c'était la fille de Vladimir, Elena. Elle ne lui parla pas quand elle sortit, elle descendit discrètement les marches et leva les yeux vers le ciel nocturne, un sourire aux lèvres et un souhait de bonheur au cœur pour ces âmes qui avaient autrefois fait partie de son existence... Elle rentra à l'hôtel, plus sensible au poids des années qu'elle ne l'avait été depuis longtemps. Quand elle fut couchée, elle pleura, mais les larmes qu'elle versait étaient celles, sans complication, du chagrin guéri par le temps et parfois remémoré.

Le lendemain matin, elle ne dit rien à Axelle. Elles prirent le train pour embarquer ensuite sur le *Queen Mary*. Elles avaient les mêmes cabines que lors de la traversée vers la France, et Zoya resta sur le pont pendant l'appareillage, se rappelant son départ pour les Etats-Unis sur le *Paris*, avec Clayton.

— Vous avez l'air bien triste...

La voix qui résonna juste derrière elle la fit sursauter. Se retournant, elle vit Simon Hirsch qui l'observait d'un air amical. Axelle était en bas pour défaire ses valises et elle-même était montée sur le pont, seule avec ses pensées. Elle lui adressa un sourire timide. Ses cheveux flottaient au vent et il paraissait plus solide que jamais.

— Triste, non. Je songeais simplement au passé.

— Vous avez eu une vie intéressante. J'ai l'impression qu'il y a davantage que ce que vous nous avez dit au déjeuner.

— Le reste n'importe plus.

Elle se tourna vers le large sans regarder Simon, qui mourait d'envie de lui toucher la main, de la faire sourire, de la rendre heureuse et jeune. Elle était si sérieuse et, l'instant précédent, presque solennelle.

— Le passé ne vaut que par l'effet qu'il a sur nous, Mr Hirsch. Revenir ici ne m'a pas été facile, mais je suis contente de l'avoir fait. Paris regorge de souvenirs pour moi.

Il acquiesça d'un signe de tête, regrettant de ne pas en savoir plus sur son existence que le peu qu'elle lui en avait raconté.

— Cela a dû être pénible ici pendant la guerre. Je voulais m'engager, mais mon père s'y opposait. J'ai fini par le faire, mais trop tard. Je n'ai jamais quitté les Etats-Unis. Je me suis retrouvé dans une usine de Géorgie. Une usine textile naturellement, ajouta-t-il avec un sourire mi-figue mi-raisin, je parais destiné à ne jamais échapper au commerce des tissus.

Son regard redevint grave.

— Mais cela a dû être dur pour vous, ici.

— Effectivement. Toutefois, notre sort était plus enviable que celui de ceux restés en Russie.

Elle parlait de Machka et des autres, mais il n'osa pas poser de questions. Il craignait de l'effaroucher, elle était si belle, perdue dans ses pensées. Puis elle leva la tête vers lui avec un sourire.

— Rien de tout cela n'a plus d'importance à présent. Votre tournée d'achats a-t-elle été fructueuse ?

— Oui. Et la vôtre ?

— Excellente. Je crois qu'Axelle est contente de tout ce que nous avons commandé.

Elle semblait vouloir le quitter et il eut envie de la saisir à bras-le-corps pour la retenir avant qu'elle ne lui échappe.

— Voulez-vous dîner avec moi ce soir ?

— Il faut que je demande à Axelle ce qu'elle aimerait faire. Mais, merci beaucoup, je lui transmettrai votre invitation.

Elle tenait à ce qu'il comprenne bien qu'elle n'était pas disponible. Il lui plaisait beaucoup mais il la mettait vaguement mal à l'aise. Il y avait quelque chose de tellement intense dans ses yeux, sa poignée de main était si énergique, même le bras avec lequel il la soutenait maintenant que le bateau commençait à rouler paraissait trop robuste pour qu'on lui résiste, et elle avait la ferme intention de résister à Simon. Elle était presque désolée qu'ils soient sur le même paquebot. Elle n'était pas sûre d'avoir envie de le voir autant. Toutefois, quand elle mentionna son invitation à Axelle, celle-ci fut enchantée.

— Je vous en prie, acceptez. Je vais lui écrire un mot.

Elle l'écrivit, puis horrifia Zoya en annonçant à la dernière minute que le roulis la rendait malade et elle laissa la jeune femme seule avec lui dans la salle à manger, ce qui n'était pas ce qu'elle souhaitait. Néanmoins, au bout de quelques minutes, elle avait oublié son hésitation et se régalait de sa compagnie. Il décrivait l'année qu'il avait passée en Géorgie, dans l'usine textile, il affirmait ne rien comprendre à ce que lui disaient les gens de là-bas avec leur accent du Sud à couper au couteau qui étirait les mots à n'en plus finir, alors, pour se venger, il leur répondait en yiddish. Elle rit à cette idée, puis l'écouta parler de sa famille. Sa mère donnait l'impression d'être presque aussi tyrannique que la sienne, bien que venant d'un milieu bien différent.

— Peut-être toutes les Russes sont-elles pareilles, dit-elle d'un ton taquin, mais en fait ma mère était allemande. Dieu merci, ma grand-mère n'était pas comme ça. Elle était incroyablement bonne, tolérante et forte. Je lui dois ma vie de bien des façons. Je crois qu'elle vous aurait beaucoup plu, conclut-elle comme ils en étaient au dessert.

— J'en suis sûr.

Puis, incapable de se retenir :

— Vous êtes une femme étonnante. J'aurais voulu vous connaître depuis longtemps.

Elle rit.

— Peut-être ne m'auriez-vous pas trouvée tellement à votre goût. L'adversité forme le caractère, j'étais trop gâtée à l'époque, avoua-t-elle en songeant aux jours heureux de Sutton Place. Les sept dernières années m'ont beaucoup appris. Pendant la guerre, je me disais toujours que si jamais ma vie redevenait plus agréable, je ne prendrais plus jamais rien comme un dû, mais je l'ai fait quand même. Maintenant, j'apprécie chaque chose... la boutique... mon emploi... mes enfants... Tout.

Il sourit, de minute en minute plus amoureux d'elle.

— J'aimerais connaître votre existence avant cela, en Russie.

Ils se promenaient sur le pont. Le léger tangage du paquebot ne la troublait pas le moins du monde, l'air de la nuit était frais et elle resserra sa veste plus étroitement contre elle. Elle portait une robe du soir en satin gris, copie d'un modèle de Mme Grès, exécutée par la petite couturière d'Axelle, et une veste en renard argenté qu'elle avait empruntée à la boutique, mais beaux vêtement ou non, il la trouvait extrêmement belle.

— Pourquoi voulez-vous savoir cela ?

Zoya était intriguée. Quelle importance cela pouvait-il avoir pour lui ? Etait-ce pure curiosité ou davantage ? Elle ne savait pas très bien ce qu'il attendait d'elle, pourtant, assez curieusement, elle se sentait en confiance avec lui.

— J'aimerais tout connaître de vous, il y a en vous tant de beauté, tant de force, tant de mystère.

Il la contemplait avec un air si convaincu qu'elle sourit. Personne ne lui avait jamais rien dit de pareil, même pas Clayton, mais elle était beaucoup plus jeune à l'époque, à peine plus qu'une enfant. Elle était tellement plus âgée maintenant, tellement plus avisée que la jeune fille d'alors.

— Vous en connaissez déjà beaucoup plus que quiconque, répliqua-t-elle gaiement. Jusque-là, je n'avais raconté à personne que j'avais été girl dans un music-hall, dit-elle en riant, saisie d'un regain d'espiègle jeunesse. La pauvre Axelle a failli en choir de son fauteuil, n'est-ce pas ?

Il rit en écho.

— Moi aussi, avoua-t-il. Je n'avais encore jamais rencontré de danseuse de variétés.

Elle partit d'un fou rire.

— Songez comme votre mère serait contente !

Il gloussa à cette idée, cependant que Zoya reprenait son sérieux.

— Je ne pense pas qu'elle aurait beaucoup d'affection pour moi, de toute façon. Si vos parents ont quitté la Russie pour échapper aux pogroms, je doute qu'ils aiment beaucoup les Russes.

— Avez-vous connu la famille impériale quand vous étiez enfant ?

Il ne voulait pas la gêner en acquiesçant à ce qu'elle disait, mais elle avait raison, bien sûr. Sa mère parlait de temps en temps du tsar comme d'un personnage détesté, responsable de tous leurs maux ; son père était plus modéré, mais guère plus. Il remarqua à ce moment-là qu'elle le dévisageait en soupesant quelque chose dans son esprit, puis elle hocha la tête d'un mouvement presque imperceptible.

— Oui, effectivement.

Elle n'hésita qu'une seconde.

— Le tsar et mon père étaient cousins. J'ai grandi avec ses enfants une bonne partie du temps.

Elle lui parla alors de Machka, des étés à Livadia et des hivers avec eux au palais Alexandre.

— Elle était comme une sœur pour moi. Cela m'a presque tuée quand j'ai appris la nouvelle, puis... Clayton est venu... Nous nous sommes mariés tout de suite après...

Ses yeux se remplirent de larmes et il lui prit la main, s'émerveillant de sa force, du courage dont elle avait témoigné. C'était comme de rencontrer quelqu'un appartenant à un autre monde, un monde qui l'avait toujours fasciné et déconcerté. Dans sa jeunesse, il avait lu des livres sur le tsar, au grand dam de sa mère, mais il avait toujours voulu en savoir plus sur l'homme. Zoya exauçait maintenant son vœu, en évoquant le charme et la gentillesse de Nicolas II. Simon découvrait ainsi un aspect du tsar différent de celui qui lui était familier.

— Pensez-vous qu'il y aura une nouvelle guerre ?

Cela semblait incroyable que dans le cours de son existence éclatent deux grandes guerres, mais quelque chose lui disait que ce n'était pas impossible. Simon acquiesça.

— Cela se pourrait, je crois. J'espère que non, ajouta-t-il d'un air grave.

— Moi aussi. La guerre a été terrible, tant d'hommes jeunes ont été tués. Paris a été vidé de ses hommes il y a vingt ans, tous étaient partis se battre. Cela me fend le cœur quand j'y repense.

Surtout maintenant qu'elle avait un fils, et c'est ce qu'elle dit à Simon.

— J'aimerais faire la connaissance de vos enfants un de ces jours.

Elle sourit.

— Ce sont de drôles de petits personnages... Nicolas est très sérieux et Sacha un petit peu trop gâtée. C'était la chérie de son papa.

— Vous ressemble-t-elle ?

Tout intéressait Simon. Elle secoua la tête.

— Pas vraiment. Elle ressemble davantage à son père.

Mais elle ne l'invita pas à venir les voir à New York. Elle voulait garder ses distances. Il était sympathique et agréable, mais elle se sentait trop à l'aise avec lui pour ne pas s'en effrayer, elle ne voulait rien commencer avec lui.

Il la raccompagna à sa cabine, qui était voisine de celle d'Axelle, et la quitta à la porte avec un air nostalgique qu'elle feignit de ne pas voir. Le lendemain, il l'attendait sur le pont-promenade. Il invita Zoya à faire une partie de palets, puis il la convia à déjeuner ainsi qu'Axelle qui, remise de son malaise, accepta sans hésiter. L'après-midi s'écoula comme un rêve. Elles dînèrent encore avec lui et, ce soir-là, Simon l'emmena danser, mais il la sentit sur la réserve ; lorsqu'ils se promenèrent ensuite sur le pont, il lui en demanda la raison.

Elle leva la tête vers son beau visage et décida d'être franche avec lui.

— Peut-être parce que j'ai peur.

— De quoi ?

Il était peiné. Il ne lui voulait pas de mal. Au contraire.

— De vous, lui répondit-elle en souriant. J'espère que vous n'y voyez pas d'impolitesse.

— D'impolitesse non, mais cela me déconcerte. Est-ce que je vous effraie ?

Personne ne l'avait jamais accusé d'une chose pareille.

— Un petit peu. Peut-être ai-je peur plus encore de moi-même que de vous. Il y a longtemps que je ne suis pas sortie avec un homme, pour ne rien dire de déjeuner, dîner et danser sur un paquebot.

Cela lui rappelait de nouveau sa traversée sur le *Paris* avec Clayton, mais à l'époque, c'était leur lune de miel.

— Il n'y a eu personne après mon mari. Et je n'ai pas envie de changer cela maintenant.

Il eut l'air abasourdi.

— Pourquoi ?

— Oh...

Elle y réfléchissait visiblement pour la première fois.

— Parce que je suis trop âgée, que je dois à présent m'occuper de mes enfants... parce que j'aimais tellement mon mari... Tout cela à la fois, je suppose.

— Je ne discuterai pas votre amour pour votre mari, mais c'est ridicule de penser que vous êtes trop vieille. Qu'est-ce que cela fait de moi ? J'ai trois ans de plus que vous !

Elle rit.

— Oh, mon Dieu... eh bien, pour vous, c'est différent. Vous n'avez jamais été marié. Moi si. J'ai dépassé ce stade, à présent.

Elle en semblait convaincue, ce qui irrita Simon.

— C'est ridicule ! Comment pouvez-vous dire une chose pareille à votre âge ? Il y a tous les jours des gens qui tombent amoureux et se marient, des veufs et des

387

divorcés... Certains même sont encore mariés... et d'autres ont deux fois votre âge !

— Peut-être ne suis-je pas aussi intéressante qu'eux, répliqua-t-elle gentiment.

Il secoua la tête d'un air désabusé.

— Je vous en avertis, je ne vais pas rester les bras croisés et accepter ça. J'ai beaucoup de sympathie pour vous.

Il l'enveloppa du chaud regard de ses yeux bruns et elle sentit remuer en elle quelque chose qui était demeuré en sommeil depuis des années.

— Je n'ai pas l'intention de renoncer. Avez-vous une idée de ce qui attend un homme comme moi ? Des gamines de vingt-deux ans qui ne peuvent pas prononcer un mot sans ricaner sottement, des filles de vingt-cinq ans prêtes à piquer une crise parce qu'elles ne sont pas encore mariées, des divorcées de trente ans qui cherchent quelqu'un pour payer le loyer et des femmes de quarante ans qui sont tellement prêtes à faire n'importe quoi que j'en suis terrifié. Je n'ai rencontré personne dont j'ai été aussi fou au cours de ces vingt dernières années et je ne songe pas une seconde à vous écouter sans réagir me dire que vous êtes trop vieille, est-ce clair, comtesse Ossoupov ?

Elle sourit à ce discours, puis rit malgré elle comme il continuait :

— Je vous préviens que je suis très obstiné. Je veux vous faire la cour quand bien même je devrais planter une tente devant la boutique d'Axelle. Cela vous semble-t-il raisonnable ?

— Pas du tout, Mr Hirsch. Cela me semble totalement absurde.

Mais elle souriait en le disant.

— Bien. Je vais commander la tente dès mon retour à New York. A moins, bien sûr, que vous n'acceptiez de dîner avec moi le soir où nous arriverons.

— Je n'ai pas vu mes enfants depuis trois semaines.

Elle lui rit au nez de nouveau, mais elle était obligée de le reconnaître, elle avait une grande sympathie pour lui. Peut-être finirait-il par accepter qu'ils soient amis.

— Très bien, transigea-t-il, alors le jour d'après. Amenez donc aussi vos enfants. Peut-être sont-ils plus raisonnables que vous.

Il lui releva le menton et plongea son regard dans les yeux verts qui lui avaient pris le cœur à la minute où il l'avait aperçue chez Schiaparelli.

— N'y comptez pas trop, répliqua-t-elle en songeant à ses enfants, ils sont très attachés au souvenir de leur père.

— C'est une bonne chose, répliqua-t-il gravement, mais vous avez le droit à davantage que cela dans votre vie, et eux aussi. Vous ne pouvez pas tout faire pour eux. Votre fils a besoin d'une présence masculine auprès de lui, et votre petite fille aussi probablement.

— Peut-être.

Elle ne voulait faire aucune concession quand il la raccompagna à sa cabine, mais il la prit par surprise en déposant un baiser léger sur ses lèvres.

— Je vous en prie, ne recommencez pas, murmura-t-elle sans la moindre conviction.

— Je n'aurai garde, répliqua-t-il en le faisant de nouveau.

— Merci.

Elle lui sourit d'un air rêveur et, un instant après, lui referma la porte au nez. Il remonta à sa propre cabine avec un sourire épanoui, comme un écolier.

37

L'idylle crût et embellit, quoi qu'en eût Zoya, pendant la traversée vers New York. Ils dînèrent ensemble et dansèrent, s'embrassèrent et bavardèrent. Elle avait l'impression de le connaître depuis toujours. Ils partageaient les mêmes intérêts, les mêmes goûts et jusqu'à un certain point les mêmes craintes. Axelle les laissait seuls et se réjouissait en son for intérieur en les observant de loin. Puis, le dernier soir, alors qu'ils étaient sur le pont, Simon la regarda d'un air attristé.

— Vous allez me manquer terriblement, Zoya.

— Vous allez me manquer aussi, avoua-t-elle, mais c'est aussi bien.

Elle était beaucoup trop heureuse en sa compagnie et elle savait que cela devait cesser, sans se rappeler exactement pourquoi. Cela paraissait évident quelques jours plus tôt, mais plus maintenant. Elle voulait être avec lui autant que Simon la voulait, elle, et voilà qu'ils rentraient à New York mener de nouveau chacun leur propre vie.

— Nous n'aurions pas dû commencer cela, Simon, dit-elle.

Il la contempla et sourit.

— Je suis amoureux de vous, Zoya Ossoupov.

Il aimait la sonorité de son nom russe et la taquinait de temps à autre à propos de ce titre qu'elle avait horreur de porter mais qu'elle affichait pour son travail.

— Ne dites pas des choses comme ça, Simon. Cela ne fait que rendre la situation plus difficile.

— Je veux vous épouser.

Il l'avait déclaré d'un ton grave, sans le moindre doute dans la voix. Elle le regarda d'un air malheureux.

— C'est impossible.

— Non, ce n'est pas impossible. Rentrons chez vous annoncer aux enfants que nous nous aimons.

— C'est fou. Nous venons tout juste de nous rencontrer.

Elle ne l'avait même pas encore laissé lui faire l'amour. Elle était toujours effrayée, et trop retenue par sa fidélité envers son défunt mari.

— D'accord. Alors, attendons une semaine.

Cela la fit rire et il l'embrassa de nouveau.

— M'épouserez-vous ?

— Non.

— Pourquoi ?

— Parce que vous êtes fou, dit-elle gaiement entre deux baisers sur le pont. Peut-être même êtes-vous dangereux, pour ce que j'en sais.

— Je serai très dangereux si vous ne m'épousez pas. Avez-vous jamais vu un Juif russe fou furieux sur un navire anglais ? Cela causerait un incident international ! Pensez aux gens que vous allez bouleverser... Je crois que vous feriez bien de dire oui...

Il l'embrassa derechef.

— Simon, je vous en prie... soyez raisonnable... Vous me détesterez peut-être quand vous me reverrez à New York.

— Je vous le ferai savoir demain soir. Si je ne vous déteste pas, est-ce que vous vous marierez avec moi ?

— Non !

C'était impossible de garder son sérieux avec lui à certains moments, et à d'autres il semblait voir jusqu'au tréfonds de son âme.

Il lui prit les mains fermement et plongea son regard dans le sien.

— Je n'ai jamais de ma vie demandé une femme en mariage. Je suis épris de vous. Je suis un homme capable. Je dirige une affaire. Ma famille m'estime très intelligent. Je vous en conjure, Zoya... je vous en prie, chérie... je vous en prie, épousez-moi.

— Oh, Simon, je ne peux pas, répondit-elle en le regardant d'un air malheureux. Que penseraient mes enfants ? Ils comptent entièrement sur moi, ils ne sont pas préparés à voir quelqu'un entrer dans leur vie, et moi non plus. J'ai été seule trop longtemps.

— Oui, c'est exact, dit-il gravement. Beaucoup trop longtemps. Mais rien ne vous oblige à le rester. Voulez-vous y songer ?

Elle hésita, puis fléchit et leva les yeux vers lui.

— Oui... mais cela ne signifie pas qu'il en sortira quoi que ce soit.

Cela suffisait à Simon. Ils restèrent assis sur le pont pendant des heures à bavarder et, le lendemain matin, il frappa à la porte de sa cabine à sept heures.

— Venez avec moi voir la statue de la Liberté.

— Maintenant ?

Elle était encore en chemise de nuit et ses cheveux tressés en longue natte lui pendaient dans le dos quand elle lui ouvrit.

— Quelle heure est-il ?

Il sourit en voyant la natte et la chemise de nuit.

— L'heure de se lever, paresseuse. Vous vous habillerez après. Enfilez juste un manteau et des chaussures.

Elle se blottit dans le vison qu'Axelle lui avait donné plusieurs années auparavant et rit en mettant des souliers à hauts talons, puis le suivit sur le pont dans cet accoutrement.

— Si une de mes clientes me voit, elle ne se fiera plus jamais à mon bon goût.

— Parfait. Alors peut-être qu'Axelle vous congédiera et je pourrai vous sauver d'un sort terrible.

Mais l'un et l'autre se turent en apercevant la silhouette de New York découpée sur le ciel et la statue de la Liberté comme ils entraient lentement au port.

— C'est beau, n'est-ce pas ?

— Oui.

Elle hocha la tête joyeusement. Elle avait rendu hommage au passé et maintenant elle regardait de nouveau vers l'avenir. Tout ici semblait neuf, bouillant de vie, et rien que cette vue la rassérénait. Simon se tourna vers elle et, la prenant dans ses bras, la pressa contre lui pendant que le paquebot se glissait à quai, puis elle redescendit précipitamment s'habiller et fermer ses malles. Elle ne le revit qu'au moment où elles s'apprêtaient à débarquer. Il leur offrit de les déposer, mais elles durent refuser car la voiture d'Axelle les attendait. Toutefois, il descendit la passerelle à leur suite, portant leurs bagages à main, et soudain Zoya poussa un cri et s'élança. Sur le quai, se tenait Nicolas, si jeune et si beau, qui l'attendait en la cherchant des yeux dans la foule. Elle courut à lui en criant son nom et il se jeta dans ses bras, l'étreignant solidement. Il était venu seul après avoir conduit Sacha à l'école. L'affection qu'elle avait pour lui était visible. Simon, qui escortait Axelle, les regardait avec envie, puis il se dirigea vers l'endroit où Zoya se tenait avec son fils et lui serra solennellement la main en souriant. Il aurait aimé avoir un fils comme lui, surtout après avoir constaté combien il ressemblait à Zoya. Il se présenta quand ce dernier leva les yeux vers lui.

— Bonjour, je suis Simon Hirsch. Vous devez être Nicolas.

Nicky sourit timidement à cet inconnu et rit.

— Comment l'avez-vous su ?

— Votre mère parle tout le temps de vous.

— Je parle aussi d'elle, répliqua-t-il aimablement en passant le bras autour de Zoya.

Elle lui dit qu'il avait grandi. Il n'avait pas loin de quinze ans et il était déjà presque de la taille de Clayton.

— Est-ce que tu t'es amusée ? demanda-t-il pendant que l'employé des douanes inspectait ses malles.

— Oui, mais tu m'as trop manqué.

Elle lui dit alors quelque chose en russe, il se mit à rire et Simon aussi. Elle se rendit compte qu'il l'avait comprise.

— Ce n'est pas de jeu !

Elle lui avait dit que ses cheveux étaient trop longs et qu'il ressemblait à un gros et brave chien hirsute. Alors soudain Nicolas s'intéressa à Simon.

— Vous connaissez donc le russe, monsieur ?

— Un peu. Mes parents sont de Vladivostok. Ma mère me disait aussi en russe des choses comme ça, parfois elle me les dit encore.

Tous rirent. Peu après, une fois les bagages inspectés, Axelle et Zoya furent libres de partir. Quand elles s'éloignèrent, Simon resta à les regarder longtemps en agitant la main, tandis que dans la voiture Nicolas demandait à sa mère, de nouveau en russe :

— Qui est-ce ?

— Un ami d'Axelle. Il se trouvait par hasard sur le bateau avec nous.

— Il a l'air gentil, commenta Nicolas, sans plus.

— Il l'est, dit Zoya d'une voix neutre, demandant ensuite comment allait Sacha.

— Aussi impossible que d'habitude. Maintenant, elle veut un chien. Un barzoï, s'il vous plaît. Elle dit qu'ils sont à la mode et elle va te faire une vie d'enfer jusqu'à ce qu'elle en ait un. Je les trouve horribles. Si nous avons quelque chose, que ce soit un carlin ou un boxer.

— Qui a dit que nous allions avoir un chien ?

— Sacha. Et ce que Sacha veut, Sacha l'obtient.

Axelle sourit. Ils avaient délaissé le russe pour le français quand Zoya lui avait dit de ne pas être impoli envers Axelle.

— C'est vraiment comme ça ?

— Non ? accusa Nicolas, qui sourit de toutes ses dents.

— Pas tout le temps, avoua-t-elle en rougissant.

Mais il avait raison, Sacha était une enfant très tenace et c'était parfois plus facile de lui céder pour avoir la paix.

— A part cela, est-ce qu'elle a été sage ?

Il était passé la voir tous les jours, Zoya le savait, bien qu'il fût installé chez un camarade et elle à la maison avec une baby-sitter. Nicolas gémit.

— Hier, elle a piqué une colère quand j'ai dit qu'elle ne pouvait pas aller au cinéma avec une camarade. Elle n'avait pas encore fait ses devoirs et de toute façon il était trop tard. Je suis sûr qu'elle va t'en parler à la minute où tu mettras le pied chez nous.

— Bienvenue à la maison, dit Axelle d'un ton taquin.

Zoya rit. Ses enfants lui avaient manqué énormément, mais c'était Simon qui lui manquerait maintenant, elle le savait. Il s'était montré charmant avec Nicolas quand ils avaient fait connaissance.

— Votre ami paraît très gentil, dit-il poliment à Axelle en cours de route.

— Je suis de cet avis.

Elle regarda Zoya d'un air significatif pendant que le jeune garçon continuait à bavarder. Elle espérait en son for intérieur que Zoya reverrait Simon maintenant qu'elles étaient de retour.

Peu après son arrivée chez elle, Zoya reçut un énorme bouquet de roses. La carte jointe disait seulement : *N'oubliez pas. Tendresse. S.* Elle rougit en la rangeant dans son bureau, puis elle reporta son attention sur sa fille, qui, comme prévu, se répandait en plaintes furibondes contre son frère.

— Je rentre à l'instant, donne-moi une minute pour me réhabituer ! s'exclama Zoya en riant.

— Pouvons-nous avoir un chien ?

Nicolas avait raison. Les exigences se succédèrent sans répit pendant les deux premières heures, et Sacha fut à peine radoucie par la robe rouge. En revanche, Nicolas fut enchanté de sa montre, des vêtements et des livres. Il lui jeta les bras autour du cou et lui appliqua un gros baiser chaleureux sur la joue.

— Bienvenue à la maison, maman.

— Je t'aime, mon petit cœur... et toi aussi, dit-elle en attirant également Sacha dans le cercle de ses bras.

— Alors, le chien ? demanda celle-ci.

Sa mère éclata de rire.

— Nous verrons, Sacha... Nous verrons.

A ce moment-là, la sonnerie du téléphone la tira d'affaire, et elle alla décrocher. C'était Simon. Elle le remercia pour les roses tout en riant de Nicolas et de Sacha qui discutaient de l'hypothétique barzoï.

— Est-ce que je vous manque déjà ?

— Beaucoup. Je crois que j'ai besoin d'un arbitre ici.

— Excellent. Je vais postuler. Et pour le dîner, demain soir, qu'est-ce que vous en pensez ?

— Que diriez-vous d'un chien ?

Elle rit et il fut déconcerté, il entendait le raffut à l'autre bout du fil.

— Vous voulez manger un chien ?

— C'est une bonne idée, répliqua-t-elle gaiement, souhaitant soudain sa présence plus qu'elle ne l'aurait imaginé.

— Je passerai vous prendre à huit heures.

Réflexion faite, pourtant, elle fut prise de panique. Que diraient les enfants ? Que penserait Nicolas ? Elle avait envie de le rappeler pour lui dire qu'elle avait changé d'avis, mais, même après que les enfants furent couchés, elle ne parvint pas à s'y décider.

Il se présenta le lendemain soir à huit heures précises et sonna au moment où Zoya sortait de sa chambre. L'appartement était petit, mais simple et élégant. Ils ne possédaient pas grand-chose, en revanche ce qu'ils avaient était de bonne qualité. Encadré dans l'embrasure de la porte, Simon avait l'air plus grand que nature et, en le faisant entrer, Zoya vit que Sacha le dévisageait.

— Qui c'est, ça ? questionna Sacha, au mépris de toute politesse.

Zoya était furieuse. Nicolas avait raison, Sacha dépassait les bornes.

— Voici Mr Hirsch. Puis-je vous présenter ma fille, Alexandra ?

— Enchanté.

Il lui serra gravement la main, sur quoi Nicolas survint.

— Oh, bonjour... Comment allez-vous ?

Il sourit avec sincérité, puis traita Sacha de peste quand ils sortirent. Zoya sourit en refermant la porte et ils attendirent l'ascenseur. L'expression qu'elle avait lue dans les yeux de Sacha l'inquiétait. C'était comme si elle savait pourquoi il était là, mais Simon lui dit qu'il s'y attendait, qu'il avait le cuir épais et qu'elle n'avait donc pas à s'en faire.

Il l'emmena dîner au 21, ils bavardèrent pendant des heures comme sur le paquebot, puis il la reconduisit lentement à pied et l'embrassa avec tendresse quand ils furent à quelques mètres de chez elle.

— Je ne peux supporter de ne pas vous voir. Toute la journée, aujourd'hui, j'étais comme un gamin qui attend Noël. Pourquoi n'emmènerions-nous pas les enfants quelque part demain après-midi ?

C'était dimanche et elle n'était pas obligée d'aller travailler, l'idée la séduisait, mais elle redoutait aussi ce que dirait Sacha ou même le gentil Nicolas.

— Que penseront les enfants ?

— Ils penseront qu'ils ont un nouvel ami. Est-ce si terrible ?

— Ils se montreront peut-être de nouveau insolents envers vous.

— J'en fais mon affaire. Je crois que vous ne comprenez pas, Zoya. Ceci est tout ce que je désire. Ce que je vous ai dit sur le bateau, je le pensais pour de bon. Je vous aime.

— Comment le savez-vous ? Comment pouvez-vous en être aussi sûr ?

Elle avait encore peur de ce qu'elle éprouvait à son égard, mais à elle aussi il avait manqué toute la journée et elle n'avait aucune envie de le quitter maintenant, même seulement jusqu'au lendemain. Comment était-ce possible ? Comment lui était-ce arrivé, après toutes ces années ? Elle savait qu'elle était amoureuse de lui, elle aussi. Mais elle ne savait pas encore quel parti prendre. Elle avait toujours envie de fuir et elle n'était plus certaine de le pouvoir.

— Donnez-nous une chance, mon amour.

Il l'embrassa de nouveau.

— Je passerai vous chercher tous les trois à midi.

— Vous êtes très courageux.

Il lui sourit joyeusement.

— Pas autant que vous, mon ange. A demain. Peut-être que nous irons nous balader en voiture quelque part.

— Les enfants adoreraient cela.

Le lendemain, en dépit des protestations de Sacha, qui voulait jouer avec ses poupées, ils se rendirent à Long Island, qui les enchanta. Nicolas avait failli suffoquer d'admiration devant la voiture, une Cadillac flambant neuve, d'une élégante teinte vert foncé avec des pneus à flanc blanc et toutes les options possibles. Il n'avait jamais rien vu d'aussi beau et Simon l'invita à s'installer à côté de lui sur le siège avant.

— Aimerais-tu la conduire, mon garçon ?

Il attendit d'être sur une petite route et laissa Nicolas prendre le volant. Le garçon était au septième ciel. Zoya l'observait du siège arrière, où elle était assise avec Sacha. Simon avait raison, Nicolas avait besoin d'un homme dans sa vie. Il avait besoin d'un ami. Même Sacha avait l'air de mieux se comporter et, sur le chemin du retour, elle ne cessa de faire du charme à Simon. Il les avait emmenés déjeuner dans un petit restaurant de sa connaissance. Ils avaient mangé des huîtres, des crevettes et, en dessert, de la glace.

— Eh bien, comtesse Ossoupov, dit-il d'un ton taquin, une fois que les enfants furent couchés, comme il était assis avec elle dans la salle de séjour. Comment m'en suis-je tiré ? Ai-je réussi ou échoué ?

— Vous le demandez ? Nicolas n'a jamais été aussi heureux et je crois que Sacha est amoureuse de vous.

— Et sa mère ?

Il la regardait avec gravité, les yeux fixés sur les siens qu'elle détourna, puis elle se décida lentement à lui faire de nouveau face.

— Qu'en dites-vous, Zoya… M'épouserez-vous ?

Avec l'impression que le cœur lui manquait, elle lui tendit la main et répondit à voix basse :

— Oui… oui, Simon, je vous épouserai.

Il eut l'air sur le point de tomber en pâmoison et elle se demanda si elle avait perdu la tête. C'était fou de décider ça alors qu'elle le connaissait à peine, mais elle savait qu'elle ne pouvait pas vivre sans lui.

Il la prit dans ses bras et questionna à mi-voix, n'osant pas en croire ses oreilles :

— Vous parlez sérieusement ?

Elle leva vers lui un sourire tremblant.

— Oui, Simon, c'est sérieux.

38

Axelle fut abasourdie quand Zoya, en arrivant travailler le lendemain, lui annonça qu'elle allait se marier. Elle avait espéré que quelque chose naîtrait de leur rencontre, mais elle n'avait jamais imaginé un dénouement aussi rapide.

— Qu'en pensent les enfants ? demanda-t-elle à Zoya, qui était elle-même stupéfaite de ce qu'elle avait fait ou accepté de faire.

Ils avaient convenu d'attendre un peu, pour laisser les enfants s'habituer d'abord à lui. Zoya n'était pas prête non plus à se marier sur-le-champ. Après tant d'années de solitude, Simon comprenait qu'elle ait besoin d'un délai pour se familiariser avec l'idée du mariage, et il était disposé à lui donner tout le temps nécessaire, dans des limites raisonnables.

— Nous ne leur avons encore rien dit. Mais ils ont l'air de le trouver sympathique.

Elle raconta à Axelle la promenade à Long Island. Leur idylle avait été vraiment un coup de foudre. Ils ne se connaissaient que depuis quelques semaines, pourtant Zoya savait qu'il était quelqu'un de bien, et aussi qu'elle l'aimait.

Il passa à la boutique dans l'après-midi. Il apportait des fleurs à Zoya, ainsi qu'à Axelle. Cette dernière fut touchée qu'il ait pensé à elle, et il la remercia d'avoir favorisé leur idylle.

— Simplement, ne me l'enlevez pas trop tôt, Mr Hirsch.

Cette idée l'horrifiait déjà, mais l'un et l'autre lui assurèrent qu'ils avaient l'intention de procéder par petites étapes. Il devait encore la présenter à ses parents. Et il n'y avait pas que cette question-là à régler. Il savait que les deux enfants avaient prévu de passer la fin de la semaine chez des camarades et, sans la prévenir, il sonna à l'appartement de Zoya le samedi matin. Il portait une énorme gerbe de lilas blancs et arborait un sourire mystérieux que Zoya feignit de ne pas remarquer.

— Vous avez l'air très content de vous-même, Mr Hirsch.

— Pourquoi ne le serais-je pas ? La chance veut que je sois fiancé avec une femme très belle, absolument merveilleuse.

Il l'embrassa et elle emporta les lilas à la cuisine pour les mettre dans l'eau. Quand il la rejoignit, elle prenait un vase en épais cristal taillé. Elle l'avait acheté parce qu'il lui rappelait celui dont sa mère se servait toujours pour les fleurs de leur jardin à Saint-Pétersbourg.

— Ils sont ravissants, n'est-ce pas ?

Elle recula d'un pas pour les admirer et se retrouva dans les bras de Simon. Il la retourna avec douceur vers lui et l'embrassa.

— Pas aussi ravissants que toi.

Elle resta un moment blottie sans rien dire dans ses bras, savourant sa gentillesse et son affection. Il lui caressa les cheveux et murmura en la regardant :

— Allons nous promener quelque part. Le temps est magnifique aujourd'hui.

Il savait qu'elle n'était pas obligée de se précipiter pour rentrer s'occuper des enfants.

— Quelle bonne idée !

Elle lui dédia un sourire heureux. Il retourna dans la salle de séjour pendant qu'elle allait se changer pour mettre un pantalon et un chandail blancs en cachemire. Il jeta un coup d'œil aux photographies exposées partout dans des cadres d'argent et s'arrêta avec surprise devant une photo des enfants Romanov suspendues la tête en bas et faisant des grimaces comiques à l'adresse de la personne qui manipulait l'appareil. En la regardant avec attention, il se rendit compte que l'une des jeunes filles en tenue de tennis était une Zoya beaucoup plus jeune ; il devina avec justesse que sa voisine était Marie, et les autres ses sœurs. Cela le stupéfiait toujours de penser qu'elle avait vécu des moments historiques. Toutefois, ils appartenaient maintenant à un passé lointain. La photo elle-même était craquelée et jaunie. Il y en avait d'autres, de Sacha, de Nicolas, et plusieurs de Clayton. C'était un homme à l'allure distinguée et Zoya avait l'air heureuse à côté de lui.

— Que fais-tu ici, tout silencieux ?

Elle entrait en souriant dans la pièce, superbe dans ce chandail et ce pantalon blancs. Il y avait des moments où elle lui rappelait Katharine Hepburn.

— Je regardais quelques-unes de tes photos. Nicolas ressemble beaucoup à son père, n'est-ce pas ?

— Quelquefois, avoua-t-elle en souriant. Et un peu aussi à mon père.

Elle prit un grand cadre d'argent avec une photo de ses parents, qu'elle tendit à Simon.

— Et à mon frère, aussi.

Elle désigna un autre cadre sur la table, tandis que Simon hochait la tête.

— Ce sont des gens distingués.

Comme toujours, il était impressionné par sa lignée aristocratique, mais Zoya eut un sourire triste.

— Tout cela remonte à bien longtemps.

C'était presque incroyable que vingt ans aient passé depuis la dernière fois qu'elle avait vu ses parents.

— De temps à autre, je crois qu'on ne devrait vivre que dans le présent. Le passé n'est qu'un lourd fardeau à porter. Et cependant... ajouta-t-elle en levant vers lui un regard chargé d'expérience, c'est dur de renoncer à ses souvenirs... d'oublier... d'aller de l'avant...

Voilà pourquoi elle avait voulu attendre un peu avant qu'ils se marient. Elle avait encore des choses dont elle devait se détacher. Elle avait encore à faire un pas de géant du passé jusqu'au présent. Simon le comprenait et il ne la pressait pas. Il savait qu'elle avait besoin de temps et il était prêt à se montrer patient. Surtout maintenant qu'elle avait accepté de l'épouser. Cette promesse étant faite, il pouvait attendre et l'aider à accomplir la transition.

— Je crois que nous nous détachons quand nous y sommes prêts. A propos, es-tu prête à partir ?

— Oui, monsieur.

Elle avait sur le bras un blazer bleu marine et, quelques minutes plus tard, ils étaient dans sa voiture, roulant vers ce qu'il appela « une destination secrète ».

— Cela signifie-t-il que vous m'enlevez, Mr Hirsch ?

Elle riait et se sentait jeune tandis qu'ils avançaient sous le soleil. Ne pas avoir à se préoccuper des enfants donnait une agréable impression d'insouciance. C'était différent quand elle était obligée de penser à eux, cela la rendait plus sérieuse, moins romanesque, mais maintenant elle avait seulement à savourer la présence de Simon, qui rit de sa suggestion.

— T'enlever est la meilleure idée que j'aie eue depuis que nous nous connaissons. A la réflexion, j'aurais dû le faire à Paris.

Mais il était tout disposé à transiger pour le Connecticut, et ils filaient sur la route touristique appelée Merritt Parkway, cependant qu'il lui parlait de son entreprise et de quelques-unes de ses idées pour sa collection d'automne. Il adorait bavarder avec elle, de tout et de rien, ou de son espoir qu'un jour il collectionnerait des tableaux de maîtres. Il affectionnait particulièrement les impressionnistes, et Zoya lui décrivit la collection de ses parents en Russie.

— Je ne dirai pas que les objets comptent encore à ce point-là pour moi. C'est drôle, je crois que cela me paraissait naturel de vivre entourée de ces belles choses mais, ayant tout perdu une fois puis ayant vendu ensuite tout ce que je possédais avec Clayton, je ne m'attache plus guère à rien.

Elle leva sur lui des yeux aimants et eut un lent sourire.

— Les gens sont plus importants.

Il allongea la main sans rien dire par-dessus la table pour lui caresser les doigts – ils étaient en train de déjeuner – et leurs mains s'étreignirent. Un peu plus tard, ils s'en allèrent et parlèrent gravement en poursuivant leur traversée de la campagne. C'était la fin de l'après-midi et Zoya, appuyée contre lui, était détendue.

— Fatiguée ?

Elle étouffa un bâillement, puis rit en secouant la tête.

— Non, seulement heureuse.

— Nous reviendrons dans un moment. Il y a un endroit que je veux te montrer d'abord.

— Où ?

Elle adorait être avec lui. Tout en lui la faisait se sentir en sécurité, aimée, heureuse.

— C'est un secret.

Elle eut un petit rire et, une demi-heure plus tard, elle fut stupéfaite quand elle le découvrit : un petit cottage anglais au bord d'un chemin vicinal que Simon connaissait, ceint d'une barrière, avec d'énormes arbres qui l'ombrageaient et une profusion de rosiers dont le parfum capiteux les assaillit quand ils descendirent de voiture et regardèrent autour d'eux.

— A qui est cette maison, Simon ?

— J'aimerais pouvoir dire que c'est la mienne. Elle appartient à une merveilleuse dame anglaise qui l'a transformée en auberge pour pouvoir l'entretenir. Je l'ai découverte il y a des années et je viens ici de temps à autre me décrasser le système de toute la folie de New York. Viens à l'intérieur, je veux que tu fasses sa connaissance.

Il n'en souffla mot à Zoya, mais il avait téléphoné à Mrs Whitman de bonne heure ce jour-là pour l'avertir de leur arrivée. Quand ils entrèrent dans la confortable salle de séjour parée d'adorable chintz à motifs floraux, un vrai thé anglais les attendait. La théière d'argent luisait de façon attirante et il y avait des assiettes remplies de sandwichs tout fins et de petits gâteaux. Leur hôtesse était une grande femme mince aux cheveux blancs, au débit rapide et syncopé, avec un regard rieur et de longues mains gracieuses endurcies par ses travaux dans le jardin. De toute évidence, elle attendait Simon et Zoya.

— Quel plaisir de vous revoir, Mr Hirsch.

Elle leur serra la main avec cordialité, regarda Zoya d'un œil élogieux et eut un air approbateur quand Simon la lui présenta comme sa fiancée.

— Quelle bonne nouvelle ! C'est récent, donc ?

— Très.

Ils avaient répondu à l'unisson et éclatèrent de rire. Mrs Whitman leur versa à chacun une tasse de thé et les invita à s'asseoir dans son confortable petit salon. Il y avait une jolie cheminée et d'élégants meubles anglais d'époque qu'elle avait apportés avec elle cinquante ans auparavant. Elle avait vécu à Londres, puis à New York, et, à la mort de son mari, elle s'était retirée à la campagne. Elle reconnut tout de suite l'accent de Zoya et quelque chose dans sa manière d'être l'avertit qu'elle était plus qu'elle ne le paraissait. Elle songea que Simon avait fait un choix intéressant et judicieux, et, au grand amusement de Zoya, elle le dit. Puis en l'honneur de

405

leurs fiançailles, elle apporta une bouteille de son meilleur xérès.

Le soleil se couchait sur le jardin quand elle but à leur santé. Un peu plus tard, elle prit son verre sans rien dire et quitta la pièce après avoir jeté à Simon un coup d'œil discret. Elle habitait à l'arrière de la maison et, quand elle avait des hôtes importants, elle leur laissait l'usage du salon en même temps que des chambres à l'étage. Il y en avait deux, qui communiquaient entre elles par l'intermédiaire d'une salle de bains équipée d'une grande baignoire victorienne, et s'y dressaient de magnifiques lits à baldaquin qu'elle avait fait expédier d'Angleterre.

— Viens voir.

Simon avait tout décrit à Zoya, et elle hésitait.

— Ne va-t-elle pas s'en formaliser, Simon ?

Elle essayait d'imaginer où Mrs Whitman était allée. Leur hôtesse était partie depuis une éternité, mais c'était si agréable de rester assise dans cette pièce gaie à boire du xérès avec lui que Zoya ne demandait pas autre chose. Toutefois, elle éprouvait des scrupules à visiter l'étage supérieur sans y être invitée.

— Ne sois pas ridicule. Je connais cette maison comme la mienne.

Il la prit par la main et la conduisit au premier étage dans les jolies chambres ; Zoya sourit quand elle les vit. Les lumières étaient allumées, les lits ouverts, comme si Mrs Whitman attendait à tout moment des invités. Cependant ces chambres étaient visiblement inoccupées et, comme Zoya se tournait pour redescendre au rez-de-chaussée, Simon l'attira dans ses bras avec un rire grave et lui baisa les lèvres. Elle avait perdu le souffle quand il la relâcha et sa coiffure était dans un désordre affriolant. Alors, d'un air malicieux, il l'entraîna sur le lit avec lui et Zoya, poussant un « Ah ! » de surprise, essaya de se dérober à ses caresses.

— Simon ! Que va penser Mrs Whitman ! Arrête !...
Nous allons froisser le lit !... Simon !...

Mais c'est d'elle qu'il se moquait quand il se rassit en
riant sous l'énorme baldaquin.

— Je l'espère bien.

— Simon ! Veux-tu te lever !

Elle riait de lui, elle aussi. Il avait l'air parfaitement à
son aise, ainsi assis tout habillé sur le lit d'une des deux
chambres d'hôte de Mrs Whitman.

— Non, je ne veux pas.

— Tu es ivre !

Il n'avait pratiquement rien bu de la journée, à l'exception du très sage petit xérès de Mrs Whitman, et il n'en
avait pas eu assez pour que cela lui monte à la tête.
Néanmoins, à l'évidence, il s'amusait follement. Il étira
un long bras et ramena Zoya vers lui.

— Je ne suis pas ivre, mais tu avais raison ce matin
quand tu as dit que tu étais enlevée. J'ai pensé que cela
te ferait du bien de t'évader un jour ou deux, mon
amour. Nous voilà donc installés confortablement dans
ma retraite secrète.

Il planta un baiser sur ses lèvres entrouvertes, puis sourit en la voyant le regarder avec de grands yeux.

— Considère-toi comme enlevée.

Il avait l'air infiniment satisfait de lui-même tandis que
Zoya le considérait avec stupeur.

— Tu parles sérieusement ? Nous restons ici ?

— Oui, aux deux questions. En fait, ajouta-t-il en
paraissant pour la première fois légèrement embarrassé,
j'ai pris la liberté d'apporter quelques petites choses dont
j'ai pensé que tu pourrais avoir besoin.

Devant sa mine penaude, Zoya sourit d'une oreille à
l'autre, ravie.

— Simon, tu es extraordinaire !

Elle s'assit d'un bond sur le lit à côté de lui comme
une enfant, lui jeta les bras autour du cou et l'embrassa.

En l'occurrence, il lui avait acheté une chemise de nuit et un peignoir en satin de toute beauté, des mules assorties, ainsi que toutes sortes de crèmes, de lotions et d'huiles de bain dont il avait pensé qu'elles lui plairaient peut-être, avec du rouge à lèvres de deux tons différents, une brosse à dents et la marque de dentifrice dont il avait préalablement relevé le nom dans sa salle de bains. Il avait emballé le tout dans une petite valise, qu'il lui monta quelques instants plus tard et déposa dans la chambre voisine de la sienne. Elle se mit en devoir d'ins-pecter son contenu avec de petits roucoulements de plai-sir, puis subitement elle se tourna vers lui.

— Que va penser Mrs Whitman si nous restons ici, Simon ? Elle sait que nous ne sommes pas mariés.

Leur hôtesse était l'incarnation même de la bien-séance, mais Simon savait qu'elle était beaucoup moins collet monté qu'elle n'en avait l'air, et dotée d'un immense sens de l'humour. De plus, il était difficile de se montrer intraitable devant deux êtres aussi visiblement amoureux.

— Que veux-tu qu'elle pense, Zoya ? Nous avons des chambres séparées.

Elle hocha la tête et se remit à déballer les trésors qu'il lui avait apportés, et elle fut émue de découvrir un énorme flacon de son parfum favori.

— Bonté divine, Simon, y a-t-il quelque chose à quoi tu n'as pas songé ?

— J'espère bien que non.

Il l'enlaça de nouveau, puis alla prendre le reste des sandwichs qu'il remonta dans leur chambre avec un autre verre de xérès. Il avait proposé de l'emmener dîner au restaurant, mais Zoya avait affirmé qu'elle n'avait pas faim.

— Ne bougeons pas d'ici, j'aimerais autant.

Il alluma le feu dans sa chambre et ils s'assirent devant, bien au chaud, en dégustant des sandwichs au cresson et les fins petits biscuits anglais de Mrs Whitman qui, affirma Zoya, étaient exactement comme ceux que sa grand-mère avait coutume de lui donner quand elle était enfant en Russie.

— C'est parfait, chéri, n'est-ce pas ?

Elle se pencha pour l'embrasser encore et il la regarda avec bonheur. Elle était tout ce qu'il avait toujours souhaité.

Elle le laissa vers neuf heures et alla dans sa propre chambre se préparer pour se coucher. Tous deux étaient fatigués et Simon devina qu'elle était nerveuse. Il l'entendit faire couler un bain et un long moment passa avant qu'il perçoive de nouveau des bruits dans sa chambre. Il se demanda ce qu'elle faisait et comment elle était dans la chemise de nuit en satin ivoire. C'était de la lingerie à porter pour une nuit de noces, ce qui était justement ainsi qu'il avait envisagé leur week-end secret. Il se dirigea lentement vers la porte et frappa doucement. Quand la porte s'ouvrit, il retint son souffle en la voyant. La tunique de satin la moulait à la perfection, ses cheveux roux flottaient doucement sur ses épaules et la chair veloutée de son cou invitait à la caresse.

— Mon Dieu... tu es fantastique...

— Cette chemise est superbe, Simon... Merci...

Avec une expression timide, elle recula d'un pas dans la pièce et le regarda. Il n'avait jamais vu personne d'aussi ravissant. Elle réussissait à être à la fois majestueuse et attirante, et il lui fallut toute sa maîtrise de soi pour ne pas se précipiter sur elle, mais il n'osa pas. On aurait dit une belle porcelaine, un des délicats trésors anglais du salon de Mrs Whitman.

— Zoya...

Elle lui sourit lentement, son expression virginale disparut, elle était femme maintenant, une femme qui en était venue à l'aimer profondément, pour toute sa gentillesse, ses attentions, sa bonté envers elle. Elle comprit en le regardant qu'elle avait été bénie le jour où elle l'avait rencontré.

— Pourquoi n'entres-tu pas un petit moment ?

Elle s'effaça et sa voix s'était étranglée en l'invitant à venir. Il franchit le seuil avec de nouveau l'impression d'être un gamin, puis l'élan de sa virilité chassa sa réserve. Il la prit dans ses bras et la chemise de nuit glissa lentement des épaules de Zoya comme il l'étreignait. Un effleurement suffit à la faire tomber jusqu'à sa taille puis à glisser le long de ses hanches minces, et en un instant elle fut nue devant lui.

— Je t'aime tant.

Il pouvait à peine parler. Il couvrit de baisers sa bouche, son cou, ses seins, laissa ses lèvres poursuivre leur course sur son corps puis, d'un seul geste puissant, il la souleva, la déposa sur le lit et, une minute après, il était étendu auprès d'elle. Il lui fit l'amour comme il avait rêvé de le faire depuis le jour où ils s'étaient rencontrés, et le silence régna dans la pièce quand ils s'allongèrent enfin côte à côte, repus, heureux, liés à jamais. Elle était tout ce qu'il avait souhaité. Plus qu'il n'avait jamais osé rêver.

— Je t'aime, Simon.

Elle savait en le disant qu'elle l'aimait comme jamais un autre homme avant lui. Elle était une femme et elle était sa femme, pour toujours. Le présent et l'avenir leur appartenaient, le passé n'était qu'un souvenir confus. Ils retournèrent dans la chambre de Simon, et restèrent couchés dans son lit à contempler le feu qui s'éteignait doucement. Après avoir fait de nouveau l'amour, ils s'endormirent dans les bras l'un de l'autre, leurs rêves réalisés, leurs corps fondus en un seul, leurs vies unies aussi sûrement que s'ils avaient été mariés ce soir-là chez Mrs Whitman. C'était une nuit de noces parfaite et, le lendemain matin, leur petit déjeuner apparut mystérieusement sur des plateaux dans le salon, où Zoya, qui avait enfilé sur sa peau nue le peignoir de satin ivoire, suivit Simon avec un petit rire joyeux.

— On se sent en plein péché, tu ne trouves pas ? chuchota-t-elle en tartinant des muffins avec de la gelée de myrtilles.

Elle en tendit un à Simon et lui servit une tasse de café. C'était comme si elle n'avait jamais appartenu à aucun autre homme, il y avait trop longtemps qu'elle avait été l'épouse de Clayton, elle était à présent celle de quelqu'un d'autre. Mais Simon sourit et secoua la tête.

— Je n'ai pas du tout l'impression de pécher. Je me sens marié.

— Moi aussi, dit-elle à mi-voix.

Elle le regarda, les yeux débordant de tout ce qu'elle éprouvait, et, sans dire un mot de plus, il la ramena au premier étage, les muffins intacts sur l'assiette, le café oublié.

39

Les deux semaines qui suivirent, tout entre eux donna l'impression de changer. Ils appartenaient l'un à l'autre et le savaient. Le seul obstacle à surmonter était le fait que Zoya ne connaissait pas encore ses parents. Elle était inquiète à l'idée de les rencontrer, mais il la rassura de son mieux après lui avoir annoncé à l'improviste un vendredi soir qu'il avait prévenu sa mère qu'il l'amènerait dîner.

— Qu'a-t-elle répondu ?

Zoya, qui portait une nouvelle robe noire, le regarda d'un air soucieux. Il ne l'avait pas avertie pour ne pas l'effrayer. Il avait juste déclaré qu'ils dîneraient dehors. Et voilà que soudain, en dépit de tout ce qui s'était passé entre eux chez Mrs Whitman quinze jours auparavant, elle se sentait de nouveau comme une toute jeune fille, terrifiée à la perspective de rencontrer la mère de celui qu'elle aimait.

— Tu tiens vraiment à le savoir ? dit-il en riant. Elle m'a demandé si tu étais juive.

— Oh, non... et attends qu'elle ait entendu mon accent. Quand elle découvrira que je suis russe, cela va être affreux.

— Ne sois pas ridicule.

Pourtant, elle avait raison. A peine Simon l'eut-il présentée que sa mère l'examina en plissant les paupières.

— Zoya Andrews ? Qu'est-ce que c'est que ce nom-là ? Votre famille est-elle d'ascendance russe ?

Elle présumait qu'on lui avait donné le nom d'une grand-mère ou d'une parente éloignée. Elle était presque aussi grande que Simon et regardait Zoya de haut.

— Non, Mrs Hirsch, répondit cette dernière en levant vers elle ses grands yeux verts et en priant pour que la tempête n'éclate pas. Je suis née en Russie.

— Vous êtes russe ?

Elle posa la question dans sa langue natale, et Zoya faillit sourire en entendant l'accent. C'était celui des paysans qu'elle avait connus dans sa jeunesse et, l'espace d'un instant, il lui rappela Fiodor et sa gentille femme, Ludmilla.

— Oui, confirma-t-elle, cette fois-ci dans sa langue maternelle, qu'elle parlait avec la diction aisée et l'assurance des classes supérieures.

Elle savait que la vieille dame s'en apercevrait tout de suite et plus que probablement la haïrait à cause de cela.

— D'où ?

L'inquisition continuait et Simon jeta un coup d'œil désemparé à son père, qui, lui aussi, observait attentivement Zoya. Ce qu'il voyait lui plaisait, c'était une femme séduisante, de toute évidence bien élevée et courtoise. Simon avait bien choisi, mais il savait qu'il n'y avait pas moyen de faire taire Sofia, son épouse.

— De Saint-Pétersbourg, répondit Zoya avec un sourire grave.

— Saint-Pétersbourg ?

Elle était impressionnée, mais aurait préféré mourir plutôt que de l'avouer.

— Quel était votre nom de jeune fille ?

Pour la première fois de sa vie, Zoya fut contente que ce ne soit pas Romanov, mais son propre nom ne valait guère mieux. Elle faillit éclater de rire en face de cette géante en robe d'intérieur à l'imprimé fleuri. Elle avait des bras presque pareils à ceux d'un homme et, par comparaison, Zoya se sentit encore plus enfantine.

— Ossoupov. Zoya Constantinovna Ossoupov.

— Pourquoi ne pas nous asseoir pour bavarder ? suggéra Simon, mal à l'aise.

Sa mère ne semblait en aucune façon se radoucir et ne faisait pas un pas vers les chaises à dossier droit de la salle à manger dans leur petit logement de Houston Street.

— Quand êtes-vous arrivée ici ?

Elle avait interrogé Zoya de but en blanc et Simon gémit intérieurement. Il se doutait de ce qui suivrait.

— Après la guerre, madame. J'ai quitté la Russie pour Paris en 1917, au début de la révolution.

Dissimuler ce qu'elle était ne rimait à rien. Elle était seulement navrée pour Simon, qui avait l'air au supplice en écoutant le dialogue entre sa mère et la femme qu'il voulait épouser. Mais désormais unis par des liens charnels autant qu'affectifs, ils savaient l'un et l'autre que rien ne pourrait les séparer.

— Ah, on vous a jetée dehors.

Zoya lui sourit.

— Je suppose qu'on peut appeler ça comme ça. Je suis partie avec ma grand-mère... après que ma famille a été tuée, ajouta-t-elle, le regard assombri.

— Comme la mienne, répliqua brutalement Sofia Hirsch.

Leur nom avait été Hirschov auparavant, mais l'agent du service d'immigration d'Ellis Island avait eu la paresse de l'écrire en entier et, sans plus de cérémonie, ils étaient devenus Hirsch.

— Ma famille a été tuée dans les pogroms, par les cosaques du tsar.

Zoya en avait entendu parler quand elle était enfant, mais elle n'avait jamais pensé qu'elle aurait un jour à faire face à une attaque sur ce sujet.

— Je suis navrée.

— Hmm...

414

La mère de Simon pinça les lèvres, puis d'un air dédaigneux gagna la cuisine pour finir de préparer le dîner. Quand il fut prêt, elle alluma les bougies pour la prière du sabbat. Elle observait strictement les prescriptions religieuses chez elle et avait pétri le *challah*[1], qu'on sert avec le vin de cérémonie. C'était pour Zoya une expérience toute nouvelle.

— Vous savez ce que cela signifie, casher ? lança la mère de Simon au beau milieu du dîner.

— Non... je... oui... ma foi, pas très bien.

Ils continuaient à s'exprimer en russe. Zoya se sentit gênée de son ignorance.

— On ne boit pas de lait avec la viande.

C'était le mieux qu'elle pouvait faire et la mère de Simon darda de nouveau sur lui des regards désapprobateurs, l'appelant constamment « Shimon », s'adressant à son fils non plus en russe mais en yiddish.

— Tout doit être maintenu séparé. Les laitages ne doivent jamais entrer en contact avec la viande.

Ils avaient deux séries de vaisselle et, grâce à leur prospérité nouvelle, ils possédaient maintenant deux fours. Tout cela parut très compliqué à Zoya quand elle l'expliqua, mais elle affirmait de façon véhémente sa dévotion à la loi talmudique. Puis elle se tourna vers son fils avec un orgueil qui suscita un sourire chez Zoya.

— Il est si intelligent, il aurait pu devenir rabbin. Mais qu'est-ce qu'il fait ? Il va dans la Septième Avenue et chasse sa famille de l'affaire.

— Maman, ce n'est pas vrai, dit Simon gentiment. Papa a pris sa retraite, l'oncle Joe et l'oncle Isaac aussi.

---

1. *Challah*, *hallah* ou *hallot* : pain blanc souvent en forme de natte ou de torsade, servi chez les juifs au repas du vendredi soir inaugurant le sabbat, et aux fêtes.

En les écoutant, Zoya se rendit compte que c'était un aspect de sa vie qu'elle n'avait pas réellement compris. Une chose était de l'entendre en parler et une autre de se trouver face à face avec eux. Elle fut soudain terrifiée à l'idée qu'ils ne la jugent pas à la hauteur de leur famille. Elle ne connaissait rien de la religion de Simon, elle ignorait l'importance qu'il y attachait. Elle ne savait même pas si lui-même était pieux, tout en soupçonnant que tel n'était pas le cas. Sa propre religion ne revêtait pas à ses yeux une extrême importance, quoiqu'elle crût en Dieu. Elle-même ne fréquentait l'église qu'à Pâques et à Noël.

— Que faisait votre père ?

Sofia Hirsch lui posa la question à brûle-pourpoint, après que Zoya l'eut aidée à débarrasser la table. Elle était déjà au courant que celle-ci travaillait dans un magasin et que Simon l'avait rencontrée à Paris.

— Mon père était dans l'armée.

A cette réponse, la vieille dame riposta presque dans un cri :

— Pas un cosaque ?

— Non, maman, bien sûr que non, répliqua Simon à sa place.

Il avait visiblement envie de s'en aller et soudain Zoya trouva cela très drôle. Leurs deux existences, dont les points de départ étaient si différents, s'étaient croisées quelque part à mi-chemin et, après avoir claironné son titre aux oreilles des gens, la voilà maintenant qui avait à assurer à cette femme que son père n'avait pas été un cosaque. Brusquement, du coin de l'œil, elle constata que Simon trouvait cela comique aussi. On aurait dit qu'il devinait ce qu'elle pensait. Et il décida de taquiner un peu sa mère. Il se doutait qu'elle serait impressionnée – même si elle risquait fort de feindre l'horreur... Il avait déjà senti que son père approuvait et, même si sa mère était d'accord, elle ne le reconnaîtrait pas.

— Zoya est comtesse, maman. Elle est simplement trop modeste pour utiliser son titre.

— Comtesse de quoi ? rétorqua sa mère.

Cette fois-ci, Zoya rit ouvertement.

— D'absolument plus rien. Vous avez tout à fait raison. Tout cela est fini.

La révolution avait éclaté dix-neuf ans auparavant et, sans être oubliée, elle semblait appartenir à une autre vie.

S'ensuivit alors un long silence, tandis que Simon cherchait comment s'en aller élégamment avec Zoya, puis sa mère déclara d'un ton mélancolique, comme s'adressant aux divinités qui pouvaient l'écouter :

— Quel dommage qu'elle ne soit pas juive !

Simon sourit. C'était ce que Sofia avait trouvé de plus aimable pour dire que Zoya lui plaisait.

— Est-ce qu'elle se convertirait ?

Elle posa la question à Simon comme si Zoya n'était pas dans la pièce, et comme cette dernière restait interdite, Simon répondit pour elle.

— Bien sûr que non, maman. Pourquoi le ferait-elle ?

Son mari lui offrit un autre verre de vin, son fils lui tapota la main et elle examina Zoya avec un intérêt soutenu.

— Simon dit que vous avez des enfants.

Cela ressemblait plus à une accusation qu'à une question, mais Zoya était toujours fière d'eux et son visage s'éclaira.

— Oui, j'en ai deux.

— Vous êtes dvorcée.

Simon gémit intérieurement, tandis que Zoya répondait aimablement à Sofia :

— Non, je suis veuve. Mon mari est mort il y a sept ans, d'une crise cardiaque.

Elle avait décidé de le lui dire pour qu'elle ne s'imagine pas qu'elle l'avait assassiné.

— C'est triste. Quel âge ont-ils ?

— Mon fils, Nicolas, a presque quinze ans, et Alexandra a onze ans.

Sofia hocha la tête, apparemment satisfaite pour une fois, et Simon profita de l'occasion pour se lever et dire qu'ils devaient partir. Zoya se leva à son tour et la remercia pour le dîner.

— Ravie d'avoir fait votre connaissance, répliqua Sofia du bout des lèvres, tandis que son mari lui souriait.

Il avait à peine ouvert la bouche de la soirée, sauf de temps à autre pour parler à voix basse à Simon. C'était un homme timide qui avait passé un demi-siècle dans l'ombre de sa très loquace épouse.

— Revenez un de ces jours, dit-elle poliment comme Zoya lui serrait la main et la remerciait de nouveau dans son russe aristocratique.

Simon comprit que le lendemain elle l'appellerait au téléphone et qu'il en entendrait des vertes et des pas mûres.

Il escorta Zoya jusqu'à la Cadillac garée devant la maison et poussa un soupir de soulagement en se glissant derrière le volant, puis regarda d'un air de détresse la femme qu'il aimait.

— Je suis désolé. Je n'aurais pas dû t'amener ici.

Zoya rit de sa mine. Elle se pencha et l'embrassa.

— Ne sois pas ridicule. Ma mère aurait été cent fois pire. Sois donc heureux de ne pas avoir à l'affronter.

— C'est incroyable, les questions qu'elle pose, et elle se demande pourquoi je n'amène jamais personne à la maison… Il faudrait que je sois fou ! *Meschugge !* ajouta-t-il en yiddish.

Il se tapota la tête pour expliquer le mot à Zoya, qui riait, puis il la ramena lentement chez elle.

— Attends un peu que Sacha te fasse la vie dure. Jusqu'ici, elle a été un ange.

— Alors nous sommes à égalité. Je ne t'exposerai plus jamais à ça, je le jure.

— Mais si, cela m'est égal. J'étais seulement morte de peur qu'elle me questionne sur le tsar. Je ne tenais pas à lui mentir, mais je n'avais pas follement envie de lui dire la vérité, répliqua-t-elle gentiment. Je suis contente que nous ne soyons pas des Romanov. Elle se serait écroulée sur le dîner.

Il rit à cette pensée et l'emmena au Copacabana passer un moment pour se détendre en buvant du champagne. Pour Simon, la soirée avait été très pénible. En revanche, Zoya était surprise qu'elle se soit déroulée aussi paisiblement. Elle s'était attendue à pire, ce qui horrifia Simon.

— Comment aurait-ce pu être pire ?

— Elle aurait pu me prier de m'en aller. A un moment, j'ai cru qu'elle allait me mettrait à la porte.

— Elle n'oserait pas. Elle n'est pas aussi acariâtre qu'elle en a l'air, dit-il avec un sourire embarrassé. Et elle fait un consommé de poule sensationnel.

— Je lui demanderai de m'apprendre.

Soudain Zoya se rappela une question qu'elle s'était posée.

— Faudra-t-il que je serve de la nourriture casher ?

Il se mit à rire à perdre haleine.

— Alors, oui ou non ?

— Ma mère serait enchantée si nous le faisions, mais laisse-moi te dire, mon amour, que je refuserais de manger à la maison. Ne t'inquiète pas de ces choses-là. D'accord ? Tu promets ?

Se penchant, il l'embrassa comme l'orchestre attaquait sa chanson favorite, « I've Got You Under My Skin », de Cole Porter.

— Aimeriez-vous danser, Mrs Andrews, ou devrais-je vous appeler comtesse Ossoupov ?

— Pourquoi pas simplement Zoya ? répliqua-t-elle gaiement en le suivant sur la piste de danse.

— Et Zoya Hirsch ? Qu'est-ce que tu en dis ?

Elle lui sourit tout en dansant et ils éclatèrent de rire à l'unisson, pensant de nouveau la même chose. C'était à coup sûr un drôle de nom pour la cousine du tsar.

40

Ils réussirent à garder le secret vis-à-vis des enfants jusqu'à un jour de juin où Sacha les surprit en train de s'embrasser passionnément dans la cuisine. Elle les regarda avec des yeux ronds, muette d'horreur, puis s'en alla à grands pas s'enfermer dans sa chambre, qu'elle refusa de quitter jusqu'après le dîner, quand Nicolas menaça de défoncer la porte si elle ne sortait pas et ne se conduisait pas comme quelqu'un de raisonnable. Il était mortifié pour sa sœur. Il avait de l'affection pour Simon et commençait à espérer qu'il avait des intentions sérieuses à l'égard de sa mère. Simon n'avait été que gentillesse pour eux tous, les emmenant en promenade le dimanche après-midi, au restaurant chaque fois que possible, et en leur apportant des cadeaux choisis avec soin. Il était passé plus d'une fois dans sa Cadillac prendre Nicolas à sa sortie de classe, et il avait apporté aux enfants une radio, qu'ils adoraient tous.

— Conduis-toi convenablement, ordonna Nicolas avec colère. Et va faire tes excuses à maman !

— Je *n'irai pas* ! Elle l'embrassait dans la cuisine.

— Et alors ? Elle l'aime bien.

— Mais pas comme ça... Ça, c'est *dégoûtant* !

— C'est toi qui es dégoûtante. Va tout de suite leur dire que tu regrettes.

Elle se dirigea en traînant les pieds vers la salle de séjour et refusa de regarder Simon. Ce soir-là, après son départ, Zoya la mit enfin au courant.

— Je suis très éprise de lui, Sacha.

La fillette fondit en larmes. Nicolas, sur le seuil de la chambre, écoutait.

— Et papa ? Tu ne l'aimais pas ?

— Bien sûr que si... mais, chérie, il n'est plus là maintenant. Il est mort depuis longtemps. Ce serait agréable d'avoir avec nous quelqu'un qui nous aime. Simon vous aime beaucoup, toi et Nicolas.

— Je l'aime bien aussi, dit Nicolas, défendant avec fermeté la cause de Simon, ce qui toucha Zoya. Est-ce que vous allez vous marier ? demanda-t-il gentiment.

Les regardant l'un après l'autre, elle acquiesça d'un signe de tête et Sacha piqua une nouvelle crise de nerfs.

— Je te déteste ! Tu me gâches la vie !

La réaction de l'enfant la troublait profondément.

— Pourquoi, Sacha ? Ne le trouves-tu pas sympathique ? Il est si gentil et il sera si bon pour nous.

Elle essaya de la prendre dans ses bras, mais la fillette, hystérique, ne voulut pas la laisser faire.

— Je vous déteste *tous les deux* ! hurla Sacha, qui ne savait même pas pourquoi elle le disait, sinon peut-être pour peiner sa mère.

Nicolas explosa aussitôt de fureur et bondit vers la silhouette sanglotante sur le lit.

— Excuse-toi ou je te gifle !

— Assez ! Arrêtez, tous les deux ! Ce n'est pas une manière de commencer une nouvelle vie.

Sacha cessa de pleurer le temps de demander :

— Quand allez-vous vous marier ?

— Nous n'avons pas encore décidé. Nous voulions nous donner un peu de temps.

— Pourquoi ne faites-vous pas ça cet été, nous pourrons alors partir en vacances tous ensemble ? proposa Nicolas.

Zoya sourit. Cela lui paraissait une bonne idée et elle se doutait que Simon serait content, mais cette perspective n'agréait visiblement pas à Sacha.

— Je n'irai nulle part avec vous.

— Si, tu iras, nous te fourrerons dans une valise et nous partirons, comme ça au moins nous ne serons pas obligés de t'écouter.

Elle tourna alors sa colère contre son frère avec une expression accablée.

— Je te *déteste* ! Je ne vais nulle part avec eux.

Elle renifla bruyamment et darda sur sa mère un regard furibond, mais Nicolas braqua sur elle des yeux accusateurs et lui riva son clou.

— Tu sais ce que tu es ? Tu es jalouse ! Jalouse de maman et de Simon.

— Non !

— Si !

Ils continuèrent à crier et Zoya désespéra de jamais retrouver la paix, mais le lendemain, quand elle en parla à Simon, Sacha s'était calmée, bien que s'abstenant ostensiblement de parler à son frère.

— L'idée de Nick me plaît bien, dit-il d'un ton compatissant.

Il n'ignorait pas le mal que Zoya avait parfois avec Sacha. Lui-même s'entendait assez bien avec elle, mais à l'égard de sa mère elle avait de perpétuelles exigences, voulant toute son attention, son temps, de nouvelles robes, de nouveaux vêtements. Elle ne cessait de tester ses limites.

— Pourquoi ne pas nous marier en juillet et partir pour Sun Valley avec les enfants ?

— Cela ne t'ennuierait pas de les prendre avec nous pendant notre lune de miel ?

Elle était stupéfaite de voir à quel point il était bon ; il était prêt à accepter ses enfants comme les siens propres, et elle en était profondément émue.

— Bien sûr que non. Cela te plairait ?

— Je serais ravie.

— Entendu.

Il l'embrassa avant d'aller consulter un calendrier.

— Que dirais-tu du 12 juillet pour notre mariage ?

Il la regarda d'un air rayonnant comme elle passait le bras autour de sa taille. Elle n'avait pas été aussi heureuse depuis bien longtemps. C'était vraiment devenu difficile d'attendre de l'épouser. Tout ce qu'elle désirait à présent, c'était être sienne, pour la vie.

— Que dira ta mère ?

Il réfléchit, puis sourit.

— Nous la chargerons de parler à Sacha. Elles sont faites l'une pour l'autre.

Zoya rit et il l'embrassa.

41

Le 12 juillet 1936, Simon Ismaël Hirsch et Zoya Alexandra Evgenia Ossoupov Andrews furent mariés par un juge dans le jardin de la jolie petite demeure en grès brun d'Axelle, sise dans la 49e Rue Est.

La mariée portait un ensemble couleur crème de chez Norell et un minuscule chapeau avec un soupçon de voile ivoire. Elle leva les yeux vers son mari et sourit quand il l'embrassa. La mère de Simon avait choisi de ne pas venir, simplement pour leur faire savoir qu'elle n'approuvait pas que Zoya ne soit pas juive. En revanche, son père était présent, ainsi que deux vendeuses de la boutique. Il y avait une poignée d'amis et, naturellement, les deux enfants de Zoya. Nicolas était leur garçon d'honneur et Sacha arborait à côté d'eux une mine renfrognée. Zoya aurait pu avoir une cérémonie plus grandiose si elle l'avait voulu et ses clientes les plus importantes, comme Barbara Hutton et Doris Duke, auraient aimé venir mais, quoique les connaissant bien, Zoya n'était pas intime avec elles. Elles appartenaient à une autre vie, et elle tenait à ce que son mariage soit célébré dans l'intimité.

Le majordome d'Axelle servit le champagne et, à quatre heures, Simon les reconduisit dans la Cadillac à l'appartement de Zoya. Ils avaient décidé d'y rester jusqu'à la fin de leur lune de miel, où ils chercheraient quelque chose de plus grand. Pour le moment, ils iraient passer trois semaines à Sun Valley. La station avait été inaugurée cette année-là et ils prirent à Pennsylvania Station le train pour l'Idaho. Simon avait apporté des jeux pour les enfants et même Sacha ne se sentait plus de joie quand ils arrivèrent à Chicago. Ils passèrent la nuit au Blackstone et continuèrent leur voyage le lendemain. Tous étaient joyeux quand ils atteignirent Ketchum, Simon et Zoya plus encore après une nuit de passion effrénée. Leur entente physique était quelque chose qu'aucun d'eux n'avait éprouvé auparavant et cela les rapprochait plus encore.

Il y avait trois mois seulement qu'ils s'étaient rencontrés, mais elle avait l'impression d'avoir connu Simon sa vie entière. Il apprit à Nicolas à pêcher, ils allaient se baigner tous les jours et ils revinrent à la fin du mois, bronzés, éclatants de santé et heureux. C'est alors que Zoya prit vraiment conscience de ne pas vivre un rêve. Elle était assise et regardait Simon se raser le premier jour de leur retour lorsqu'elle se sentit submergée par une vague de bonheur en le voyant se savonner la figure. Elle se mit subitement à rire en caressant la peau lisse qu'elle aimait tant, et l'embrassa.

— Qu'y a-t-il de si drôle ?

Il s'était retourné en souriant et elle secoua la tête.

— Rien, cela paraît tout d'un coup si réel, tu ne trouves pas ?

— Si, bien sûr.

Il se pencha pour l'embrasser, la barbouilla de savon, elle rit, il l'embrassa encore et, peu après, elle ferma à clef la porte de la chambre puis ils firent de nouveau l'amour avant de s'en aller tous les deux travailler. Elle avait promis à Axelle qu'elle resterait à la boutique jusqu'à fin septembre. Les jours donnèrent l'impression de filer comme l'éclair. Trois semaines après leur retour, ils trouvèrent un appartement qui les enchanta, donnant sur Park Avenue et la 68e Rue. Il avait de grandes pièces bien aérées, et leur chambre était à l'opposé de celles des deux enfants. Nicolas disposait d'une pièce spacieuse, pleine de charme, et Sacha insista pour que la sienne soit peinte en violet.

— Moi aussi, quand j'étais petite, j'ai eu une chambre violette... J'avais à peu près ton âge.

Elle lui parla alors du ravissant boudoir mauve d'Alix. Le décrire lui ramena en mémoire de tendres souvenirs que Sacha écouta avec fascination.

Il y avait une photographie de Clayton dans la chambre de Nicolas et, à côté, il plaça un beau cliché de Simon. Les deux hommes de la famille partaient pour de longues promenades à pied en fin d'après-midi quand Simon revenait de son travail et, la semaine suivant leur emménagement, il leur rapporta un petit cocker.

— Regarde, maman ! s'exclama Nicolas avec animation. Il est exactement comme Sava !

Elle fut surprise qu'il se la rappelle encore. Quant à Sacha, elle bouda pendant une journée parce que ce n'était pas un barzoï. Toutefois le chien était adorable et ils l'appelèrent Jamie. Leur vie donnait l'impression d'être idyllique quand ils eurent fait leur nid dans le nouvel appartement. Il y avait même une chambre d'ami à côté de la bibliothèque et Simon dit d'un ton taquin que c'était pour leur premier bébé. Mais Zoya fit un signe négatif en riant. A trente-sept ans, elle avait depuis longtemps perdu l'envie d'avoir d'autres enfants.

— J'ai eu mes bébés il y a longtemps, Simon. Je suis trop vieille pour cela maintenant. Je serai grand-mère un de ces jours, dit-elle, moqueuse.

Il secoua la tête en passant un bras autour de ses épaules.

— Te faut-il aussi une canne, grand-maman ?

Assis dans leur chambre, ils bavardèrent tard dans la nuit, comme autrefois avec Clayton. Néanmoins, la vie avec Simon était bien différente. Ils avaient des intérêts communs, des amis communs, ils étaient des adultes qui s'étaient unis dans la force et non la faiblesse. Elle était à peine plus qu'une enfant quand Clayton l'avait sauvée des horreurs de son existence à Paris en 1919 et l'avait amenée à New York. Maintenant, ce n'était plus du tout la même chose, songea Zoya en se rendant à son travail, jouissant de ses derniers jours chez Axelle.

Le tout dernier, assise avec une mine attristée à son bureau Louis XV, elle regarda son amie d'un air désolé par-dessus sa tasse de thé.

— Qu'est-ce que je vais faire, maintenant ? Comment vais-je occuper mes journées ?

Axelle rit.

— Pourquoi ne pas avoir un bébé, une fois chez vous ?

Zoya secoua la tête, regrettant de ne pouvoir rester avec Axelle, mais Simon voulait qu'elle jouisse de la liberté qu'elle n'avait pas eue depuis des années. Elle avait travaillé pendant sept ans et elle n'y était plus obligée désormais. Elle pouvait profiter de ses enfants, de son mari, de leur foyer, et faire ce qui lui plaisait, mais Zoya trouvait tout cela bien morne sans la boutique et son activité quotidienne.

— Vous parlez comme mon mari.

— Il a raison.

— Je vais tellement m'ennuyer sans le travail.

— J'en doute fort, ma chère.

Mais il y avait des larmes dans les yeux d'Axelle quand Simon passa prendre son épouse cet après-midi-là et les deux femmes s'embrassèrent. Zoya promit de faire un saut le lendemain et de l'emmener déjeuner.

Simon rit et mit en garde la femme qui avait favorisé leur idylle dès son début.

— Vous allez devoir verrouiller les portes pour l'empêcher de venir ici. Je ne cesse de lui répéter qu'elle a un monde entier à découvrir au-dehors.

427

Arrivée au mois d'octobre, elle se retrouva avec bien du temps libre, et pas la moindre idée de comment l'occuper. Elle rendait visite à Axelle presque tous les jours, fréquentait les musées, allait chercher Sacha à l'école. Elle passait même fréquemment voir Simon à son bureau et écoutait avidement ce qu'il projetait pour son affaire. Il avait décidé d'ajouter une collection de manteaux pour enfants et il était désireux d'avoir son avis, qu'elle lui donna. Son instinct infaillible en matière de mode aidait Simon à faire des choix intéressants auxquels il n'aurait pas pensé tout seul.

— Simon, cela me manque tellement, confessa-t-elle en décembre comme ils prenaient un taxi pour rentrer chez eux en sortant du théâtre.

Il l'avait emmenée à la première de *You Can't Take It With You*, avec Frank Conlan et Josephine Hull, au Booth Theater. La soirée avait été agréable, mais elle était nerveuse et tourmentée. Elle avait découvert qu'elle avait travaillé pendant trop d'années pour y renoncer et rester chez elle les bras croisés.

— Si je retournais quelque temps chez Axelle ?

Il y réfléchit puis, comme ils arrivaient à l'appartement, il se tourna vers elle.

— C'est parfois difficile de revenir en arrière, mon cœur. Pourquoi ne pas te lancer dans quelque chose de nouveau ?

Comme quoi ? se demanda-t-elle. Elle ne s'y connaissait qu'en danse et en robes, et danser était assurément hors de question. Elle rit sous cape quand ils entrèrent chez eux et il se tourna pour lui jeter un coup d'œil. Elle était si belle avec son teint velouté, ses yeux brillants et ses cheveux roux. Elle avait encore une allure de jeune fille et la voir le remplissait toujours de désir. Elle n'avait pas l'air assez âgée pour avoir un fils de quinze ans quand elle s'assit en riant dans un fauteuil et le regarda, séduisant dans le smoking qu'il portait. Il l'avait commandé à Londres, au grand scandale de sa mère : « Ton père aurait pu t'en confectionner un plus beau. »

— Qu'est-ce qu'il y a de drôle ?

— Juste une pensée saugrenue... Je me suis rappelé quand je dansais au Fitzhugh. C'était vraiment horrible, Simon... Ce que je détestais ça !

— Je dois dire que je t'imagine mal secouant ton derrière et faisant voler tes perles...

Il rit à cette vision, mais son cœur s'émut de pitié pour elle en même temps. Elle avait témoigné de tant de bravoure à travers ce qu'elle avait enduré. Il regrettait seulement de ne pas l'avoir connue à cette époque. Il l'aurait épousée et lui aurait épargné tout cela. Elle n'avait pas besoin qu'on la sauve à présent, elle était capable et forte. Il était presque tenté de la prendre avec lui dans son affaire mais savait que sa famille en serait horrifiée. Elle n'appartenait pas au monde de la Septième Avenue. Elle faisait partie d'un univers beaucoup plus choisi, et subitement une idée s'imposa. Il alla se verser un verre de cognac et déboucher pour elle une bouteille de champagne pendant qu'ils bavardaient, assis devant le feu.

— Pourquoi n'ouvrirais-tu pas ta propre boutique ?

— Comme celle d'Axelle ?

Elle eut l'air déconcertée, mais l'idée lui plut, après quoi elle songea à son amie et secoua la tête.

— Ce ne serait pas loyal envers Axelle. Je ne veux pas entrer en compétition avec elle.

Cette dernière avait été trop bonne envers elle pour qu'elle lui nuise maintenant, mais Simon avait d'autres idées en tête :

— Alors, fais quelque chose de différent.

— Mais quoi ?

— Vends de tout, vêtements de femmes, d'hommes, peut-être même d'enfants. Mais uniquement la plus belle qualité. Tu habilles les gens entièrement... y compris chaussures, sacs et chapeaux... Apprends-leur l'élégance, pas seulement au gratin comme les femmes qui vont chez Axelle mais aux autres aussi, celles qui ont de l'argent mais qui ne savent pas choisir leurs toilettes.

Les femmes qu'elle habillait chez Axelle étaient certes les plus élégantes de New York, mais la plupart, comme lady Mendl, Doris Duke et Wallis Simpson, achetaient également leurs vêtements à Paris.

— Tu pourrais commencer par un petit magasin, puis agrandir au fur et à mesure. Tu pourrais même vendre mes manteaux !

Il rit et elle le regarda pensivement tout en buvant son champagne à petites gorgées. Elle était séduite par cette idée. Puis elle lui lança une question importante :

— En avons-nous les moyens ?

Elle avait conscience que ses affaires marchaient bien, mais elle ignorait de quel capital il disposait. Ils n'en avaient jamais parlé. Ils possédaient plus qu'il ne leur en fallait pour la vie qu'ils menaient, mais les parents de Simon habitaient toujours Houston Street et elle savait qu'il leur assurait des revenus, ainsi qu'aux deux frères de son père.

Il la considéra gentiment puis vint s'asseoir à côté d'elle.

— J'ai l'impression qu'il serait temps qu'on ait une conversation sérieuse à ce sujet, tous les deux.

Elle rougit en secouant la tête. Elle n'avait pas vraiment envie d'être au courant mais, si elle ouvrait une boutique, peut-être qu'il le fallait.

— Simon, je ne veux pas être indiscrète. Ton entreprise ne concerne que toi.

— Non, mon amour. Elle est à toi aussi maintenant, et elle marche très bien. Extrêmement bien, même.

Il lui annonça le profit réalisé l'année précédente et elle le dévisagea, stupéfaite.

— Tu plaisantes ?

— Ma foi, s'excusa-t-il, ne comprenant pas l'expression de stupeur qu'il voyait dans ses yeux, nous aurions pu faire mieux si j'avais commandé tous les cachemires que je voulais en Angleterre. Je ne sais pas pourquoi je me suis abstenu, la saison prochaine je n'hésiterai pas.

Elle lui rit au nez.

— Es-tu fou ? Je ne pense pas que la Banque d'Angleterre ait manipulé autant d'argent l'année dernière. Simon, c'est fantastique ! Mais je croyais... je veux dire, tes parents...

Cette fois, c'est lui qui se moqua d'elle.

— Ma mère ne quitterait pas Houston Street même sous la menace d'une arme. Elle adore cet endroit.

Toutes les tentatives de Simon pour les installer dans un appartement plus luxueux dans le quartier résidentiel du nord de Manhattan au-delà de la 59ᵉ Rue avaient échoué. Sa mère aimait ses amis, les magasins où elle se fournissait et même le voisinage. Elle s'était installée dans le Lower East Side quand elle était arrivée à New York, une génération plus tôt, et elle avait bien l'intention d'y mourir.

— Je crois que mon père serait ravi de changer de quartier, mais ma mère s'y oppose.

Elle portait encore des robes-tabliers et tirait orgueil de n'avoir qu'un « bon » manteau, alors qu'elle aurait pu s'offrir tous ceux d'Axelle si elle l'avait voulu.

— Qu'est-ce que tu fais avec tout ça ? Tu l'investis ?

Elle songea avec un frémissement à son défunt mari et à ses spéculations boursières, mais Simon avait beaucoup plus de clairvoyance que Clayton. Il sentait d'instinct ce qui marchait en affaires et, dans son cas, ce qui marchait rendait beaucoup d'argent.

— J'en ai investi une partie, en obligations principalement, et j'ai replacé pas mal d'argent dans l'affaire. J'ai aussi acheté deux usines textiles l'an dernier. Je pense que si nous nous mettons à fabriquer notre propre marchandise, nous réussirons mieux qu'avec certaines de nos importations, sans compter que de cette façon je pourrai contrôler la qualité. Les deux usines sont en Géorgie, où la main-d'œuvre est extrêmement bon marché. Cela prendra quelques années, mais j'estime qu'une grosse différence dans nos bénéfices se fera sentir.

Elle n'arrivait même pas à l'imaginer, les chiffres qu'il venait de mentionner étaient déjà fantastiques. En vingt ans, il avait édifié l'entreprise à partir de rien. A quarante ans, il avait amassé une vaste fortune.

— Alors, ma chérie, si tu veux ouvrir ton propre magasin, vas-y. Tu ne retires le pain de la bouche de personne.

Il réfléchit une minute tandis que Zoya tentait d'assimiler ce qu'elle avait appris au cours de cette dernière demi-heure.

— En fait, je pense que ce serait un fichtrement bon investissement.

— Simon, dit-elle en posant son verre et en levant sur lui un regard pressant, m'aideras-tu ?

— Tu n'as pas besoin de mon aide, mon cœur, sauf peut-être pour signer les chèques.

Il se pencha et l'embrassa.

— Tu en sais davantage sur ce métier que tous les gens de ma connaissance, tu as un sens inné de ce qui est bien et de ce qui ne va pas. J'aurais dû t'écouter à propos du « rose shocking » quand nous étions à Paris.

Il rit gaiement, tout son tissu rose lui était resté sur les bras, les commandes n'étaient pas venues. Les New-Yorkaises n'étaient pas prêtes pour l'apprécier, à part la poignée qui se rendaient directement chez Schiaparelli et l'achetaient à Paris.

— Par où dois-je commencer ?

Son esprit travaillait, soudain surexcité.

— Cherche un emplacement ces prochains mois, par exemple. Et nous pourrions aller à Paris au printemps, ce qui te permettrait de commander des marchandises pour la collection d'automne. Si tu démarres maintenant... dit-il les paupières plissées, calculant en silence, tu pourrais ouvrir en septembre.

— C'est terriblement tôt.

Neuf mois seulement et il y avait beaucoup à faire.

— Je pourrais demander à Elsie de s'occuper de la décoration intérieure, elle a un instinct infaillible pour deviner ce que veulent les gens, même quand ils l'ignorent eux-mêmes.

Il sourit gentiment à son épouse, tout animée par ses projets.

— Tu es aussi capable de t'en charger toi-même.

— Non, je ne pourrais pas.

— Peu importe, tu n'aurais pas le temps, de toute façon. Entre le choix du local, celui du personnel et les achats pour le magasin, tu auras déjà trop à faire pour te charger de la décoration par-dessus le marché. Laisse-moi réfléchir... Je vais demander à des gens que je connais qu'ils cherchent un local.

— Tu parles sérieusement? demanda-t-elle, un feu vert dansant dans ses yeux. Tu crois vraiment que je devrais me lancer?

— Absolument. Tentons le coup. Si ça ne marche pas, nous fermerons et nous épongerons la perte au bout d'un an. C'est sans risque.

Elle eut alors la certitude qu'ils en avaient vraiment les moyens.

Elle ne parla de rien d'autre pendant les trois semaines suivantes et, quand elle l'emmena à la messe pour la Noël russe, elle chuchota à son oreille pendant la majeure partie de l'office. Un des copains de Simon qui travaillait dans l'immobilier avait repéré ce qu'il estimait être le lieu rêvé et elle brûlait d'impatience de le visiter.

433

— Ta mère s'évanouirait si elle te voyait sortir d'ici, dit-elle avec un rire léger en levant vers lui un regard joyeux.

L'office ne l'avait même pas attristée cette fois-ci, elle était trop enthousiasmée par ce qu'ils essayaient de monter ensemble.

Elle y avait rencontré Serge Obolenski pour la première fois depuis des mois. Il s'était incliné poliment quand elle l'avait présenté à Simon, et elle s'était exprimée d'abord en anglais par égard pour Simon, avant de poursuivre dans son russe élégant.

— Je suis surpris que tu ne l'aies pas épousé, déclara Simon d'un ton grave.

Il tentait de masquer qu'il était jaloux, mais Zoya éclata de rire. Ils rentraient chez eux dans la Cadillac verte.

— Serge ne s'est jamais intéressé à moi, mon chéri. Il est bien trop malin pour se marier avec de vieux titres russes sans le sou. Il préfère de beaucoup la haute société américaine.

Simon l'attira plus près de lui sur la banquette et se pencha pour l'embrasser.

— Il ne sait pas ce qu'il perd.

Le lendemain, Zoya emmena Axelle déjeuner et lui raconta avec animation ses projets. Elle lui en avait parlé dès le début et lui dit timidement qu'elle ne voulait pas lui faire directement concurrence. Son amie la regarda avec surprise.

— Pourquoi pas ? Est-ce que Chanel ne rivalise pas avec Lanvin ? Et Elsa avec eux tous ? Ne soyez pas ridicule. Ce sera fantastique pour le chiffre d'affaires !

Zoya n'avait pas envisagé les choses sous cet angle et elle fut soulagée d'avoir la bénédiction d'Axelle.

Quand elle vit l'endroit découvert par l'ami de Simon, elle en fut tout de suite enchantée. Il était parfait. C'était à l'origine un restaurant au coin de la 54ᵉ Rue et de la

Cinquième Avenue, à trois rues seulement de chez Axelle. Son état était épouvantable mais, en l'examinant paupières plissées, elle comprit que c'était exactement ce qu'elle souhaitait et, mieux encore, la totalité de l'étage au-dessus était disponible.

— Prends les deux, conseilla Simon.

— Tu ne penses pas que c'est trop grand ?

Le local était immense. Il semblait trop vaste pour sa petite clientèle, mais Simon eut un mouvement de tête négatif dicté par son instinct pour ce qui marchait dans les affaires.

— Tu peux vendre des vêtements pour femmes au rez-de-chaussée, pour hommes au-dessus, et si ça marche... dit-il avec un clin d'œil à l'adresse de son ami, nous achè-terons l'immeuble. En fait, peut-être que nous devrions l'acheter tout de suite, avant qu'ils s'avisent de fixer un loyer trop élevé.

Il effectua quelques calculs sur un bloc-notes, puis hocha la tête.

— Vas-y, Zoya. Achète-le.

— L'acheter ?

Elle faillit s'étrangler en le disant.

— A quoi me serviront les trois autres étages ?

— Loue-les avec un bail d'un an. Si le magasin est un succès, tu peux récupérer un étage chaque année. Tu seras peut-être bien contente d'avoir cinq étages, un jour.

— Simon, c'est de la folie !

Mais sa joie était si grande qu'elle en explosait pres-que. Elle n'avait même jamais rêvé de posséder son propre magasin et voilà que l'occasion s'offrait à elle. Ils engagèrent des architectes, Elsie de Wolfe, et, quelques semaines plus tard, elle était entourée d'épures, de maquettes et de dessins, des échantillons de marbre traî-naient partout dans la bibliothèque, ainsi que des tissus et des chutes de bois pour des lambris. Toute la maison était en effervescence tandis qu'elle tirait ses plans et

Simon lui donna finalement une table dans son propre bureau, avec une secrétaire chargée de régler tous les détails pour elle. Il y eut un article à ce sujet dans le *New York Times* : *Attention, New York ! Quand Zoya Ossoupov, l'ex-merveilleuse comtesse d'Axelle, et Simon Hirsch, avec son empire de la Septième Avenue, se sont associés en juillet dernier, ils ont peut-être bien lancé quelque chose de fantastique !* Ces paroles étaient prophétiques.

Ils s'embarquèrent en mars pour Paris sur le *Normandie*, en vue d'acheter les modèles pour les ateliers de confection de Simon et de choisir quelques-uns des éléments de base de la première collection de Zoya. Cette fois-ci, elle prit tout ce qu'elle aimait, sans avoir à en référer à Axelle. Elle ne s'était jamais amusée autant qu'en faisant des achats avec Simon, qui lui alloua un budget illimité. Ils séjournèrent au George-V et jouirent de quelques précieux moments de solitude qui furent comme une lune de miel pour eux. Ils revinrent à New York un mois plus tard, heureux, reposés et plus amoureux que jamais. Leur arrivée à la maison fut seulement gâchée par la nouvelle que Sacha avait été renvoyée de son école. A douze ans, elle devenait absolument impossible.

— Comment cela s'est-il produit, Sacha ?

Elle eut un entretien en tête à tête avec la fillette, le soir de leur retour. Comme l'année précédente, Nicolas était venu les chercher au bateau, cette fois-ci dans la nouvelle Duesenberg commandée par Simon avant que la fabrication en soit arrêtée, un an auparavant. Nicolas avait été fou de joie de les revoir, puis il avait annoncé à Zoya la nouvelle concernant sa sœur. Elle était allée à l'école parée de rouge à lèvres et de vernis à ongles, et avait été surprise en train d'embrasser un des professeurs. Il avait été licencié sans autre forme de procès et Sacha avait été renvoyée sans espoir d'être réintégrée.

— Pourquoi ? demanda Zoya. Qu'est-ce qui a pu te pousser à faire ça ?

— Je m'ennuyais, répondit Sacha en haussant les épaules, et aller dans une école de filles est stupide.

Simon avait pris en charge les frais d'études à Marymount et Zoya avait été follement contente de voir sa fille dans une école meilleure que celle qu'elle avait les moyens de lui offrir. Nicolas était resté à Trinity, comme avant leur mariage, et il était ravi d'y être. Il avait encore deux années avant d'aller à Princeton, comme son père avant lui. Sacha avait tenu six mois à Marymount et maintenant elle se trouvait expulsée sans même avoir la politesse de prendre un air confus. Il n'y avait que deux professeurs masculins dans toute l'école, le maître de musique et le professeur de danse, et même ainsi Sacha avait réussi à créer des ennuis. Zoya se demanda si c'était une façon de la punir pour être partie si longtemps et avoir eu tant de joie de sa nouvelle entreprise. Pour la première fois, elle hésita, mais c'était trop tard à présent. Elle avait passé toutes ses commandes américaines avant de partir et acheté le reste à Paris. Elle était obligée d'ouvrir, coûte que coûte. Ce n'était vraiment pas le moment que Sacha lui mette des bâtons dans les roues. Mais sa fille n'était plus l'unique objet de ses préoccupations à présent.

— Cela ne te contrarie donc pas du tout ? demanda Zoya. Pense à la bonté qu'a eue Simon de t'envoyer là-bas.

La fillette se contenta de hausser les épaules et Zoya sentit qu'elle était restée insensible à ses arguments. Elle retourna dans leur chambre et trouva Simon en train de déballer ses affaires.

— Je suis navrée, Simon. C'est d'une ingratitude incroyable de sa part d'avoir fait ça.

— Qu'a-t-elle dit ?

Il se tourna vers sa femme avec une expression soucieuse. Il y avait quelque chose chez Sacha qui l'avait inquiété au cours des derniers mois. Elle l'avait regardé d'un œil avide plus d'une fois, avec une expression qui aurait incité un homme moins correct à la traiter en femme et non en enfant, mais il n'en avait jamais soufflé mot à Zoya. Il avait simplement continué à la traiter comme une petite fille, ce qui l'avait encouragée davantage. Toutefois, elle n'avait en somme que douze ans, et elle était extraordinairement jolie. En elle s'associaient la froide beauté germanique de sa grand-mère maternelle et le feu russe de sa mère. C'était une combinaison redoutable.

— Est-elle bouleversée ? demanda-t-il.

Zoya secoua la tête d'un air consterné.

— Si seulement...

Sacha paraissait totalement dépourvue de contrition.

— Que vas-tu faire maintenant ?

— Chercher une autre école, je pense. C'est un peu tard dans l'année pour cela.

On était déjà à la mi-avril.

— J'aurais pu engager un professeur particulier jusqu'à l'automne, mais je ne suis pas sûre que ce soit bon pour elle.

Toutefois l'idée plut à Simon.

— Peut-être devrais-tu, pour le moment. Elle ne serait plus sous pression.

Pour autant que le professeur était une femme. Mais le seul que trouva Zoya était un jeune homme intimidé, qui lui assura pouvoir s'occuper de Sacha sans problème. Il tint exactement un mois, puis s'enfuit terrifié, sans expliquer à Zoya que Sacha l'avait accueilli la veille dans une chemise de nuit appartenant visiblement à sa mère et, après cela, lui avait dit qu'elle voulait qu'il l'embrasse.

— Tu es une sale gosse.

Ainsi la traitait encore Nicolas nuit et jour. A près de seize ans, il était beaucoup plus clairvoyant que leur mère à son sujet. Elle se battait avec Nicolas comme un chat, le griffant au visage quand elle était en colère. Même Simon était inquiet à son sujet mais, juste au moment où il avait presque perdu espoir, elle redevenait docile et étonnamment charmante.

L'aménagement du magasin se poursuivait à un rythme fantastique et, dès juillet, il sembla bien que l'ouverture pourrait avoir lieu en septembre. Ils célébrèrent leur anniversaire dans une villa de location à Long Island cette année-là, deux jours après la disparition de l'aviatrice Amelia Earhart au-dessus du Pacifique. Nicolas était fasciné par elle et il confia en secret à Simon qu'il voulait apprendre à voler un jour. Charles Lindbergh avait été le héros de son enfance. Il était également fasciné par le *Hindenburg*, le dirigeable qui avait explosé au-dessus du New Jersey, début mai. Par chance, quand il avait essayé de convaincre Zoya et Simon de se rendre en Europe à bord de ce dirigeable, sa mère avait pris peur, et de toute façon ils avaient voulu voyager en bateau, en souvenir de leur traversée de l'année précédente sur le *Queen Mary*.

— Eh bien, Mrs Hirsch, qu'en pensez-vous ?

On était début septembre, et Simon se trouvait dans le rayon chaussures de l'étage réservé aux dames, dans son nouveau magasin.

— Est-ce bien exactement ce que vous vouliez ?

Les larmes lui brouillaient les yeux tandis qu'elle regardait autour d'elle avec un émerveillement muet. Elsie de Wolfe avait créé une ambiance de beauté et d'élégance, murs tendus de soie gris pâle et sols de marbre rose. Il y avait des éclairages tamisés et de vastes arrangements de fleurs soyeuses sur de magnifiques consoles Louis XV.

— On dirait un palais !

— Rien de moins que ce que tu mérites, ma douce.

Il l'embrassa et, ce soir-là, ils fêtèrent l'événement au champagne. La boutique devait ouvrir la semaine suivante avec une réception étincelante où la crème de New York serait présente.

Zoya avait acheté sa propre robe pour l'ouverture chez Axelle.

— Ce sera excellent pour mes affaires ! Je n'aurai qu'à dire dans ma prochaine publicité que la comtesse Zoya s'habille ici.

Les deux femmes étaient devenues des amies fidèles, et l'une et l'autre savaient que rien ne pourrait changer cela maintenant.

Zoya et Simon avaient peiné longtemps pour trouver le nom de son magasin et finalement, avec un éclair dans les yeux, Simon avait dit en riant :

« Je l'ai !

— Moi aussi, avait rétorqué Zoya avec un sourire fier, Hirsch and Co.

— Non… avait-il gémi au son de ce nom dépourvu de romantisme. Je ne sais pas pourquoi je n'y ai pas songé plus tôt : Comtesse Zoya ! »

Elle jugeait l'appellation trop tape-à-l'œil, mais il finit par la convaincre. C'était cela que les gens voulaient, toucher le mystère de l'aristocratie, avoir un titre même s'il fallait pour cela l'acheter ou, dans le cas présent, acheter les vêtements qu'une comtesse avait choisis pour eux. Les entrefilets dans les chroniques ne tarissaient pas d'éloges sur la boutique et, pour la première fois depuis des années, Zoya accepta les invitations aux réceptions. On les présentait comme la comtesse Zoya et son mari Mr Hirsch ; partout les membres de la haute société et les débutantes se précipitaient autour d'elle. Elle avait toujours une allure parfaite dans les robes simples qu'elle portait, de chez Chanel, Mme Grès, ou Lanvin. Les gens brûlaient d'impatience de voir le magasin, et les femmes étaient convaincues d'en ressortir exactement pareilles à Zoya.

— Tu as décroché la timbale, mon amie, chuchota Simon le soir de son ouverture.

Le magasin était bondé de tout ce qui comptait à New York. Axelle elle-même lui avait envoyé un arbre haut d'un mètre quatre-vingts composé de minuscules orchidées blanches phalaenopsis. *Bonne chance, mon amie. Affectueusement, Axelle,* disait la carte écrite en français, que Zoya lut les larmes aux yeux, puis elle tourna un regard adorateur vers Simon.

— C'était ton idée à toi.

— C'est notre rêve.

Il sourit : en un sens, c'était leur enfant. Même ceux de Zoya étaient là, Sacha dans une belle robe de dentelle blanche, qui avait un air de grâce réservée et aurait convenu aux enfants du tsar, ou à Zoya elle-même au temps de sa jeunesse, raison pour laquelle elle l'avait achetée à Paris. Nicolas était vêtu de son premier smoking, dont les manchettes s'ornaient des boutons offerts par Simon, de minuscules saphirs montés sur or blanc et entourés de diamants, un Nicolas de seize ans incroyablement beau garçon. Ils formaient une belle famille, les photographes prirent des instantanés d'eux tous, et Zoya posa à maintes reprises avec les femmes resplendissantes qui allaient devenir ses clientes.

De ce jour, le magasin ne désemplit pas. Les femmes arrivaient en Cadillac, en Pierce Arrow, en Rolls. De temps à autre, c'était une Packard qui s'arrêtait devant la porte, ou une Lincoln, et Henry Ford en personne vint acheter un manteau de fourrure pour son épouse. Zoya avait projeté de n'en vendre que quelques-uns, elle voulait que la majeure partie de ses manteaux soient ceux de Simon, mais Barbara Hutton commanda une sortie de bal en hermine et Mrs Astor un manteau de zibeline. Dès la fin de l'année, l'avenir de Comtesse Zoya était assuré. A l'époque de Noël, le chiffre des ventes fut astronomique. Même le rayon hommes à l'étage supérieur, élégamment décoré, marchait bien. Les hommes faisaient leurs emplettes dans des salles lambrissées aux belles cheminées, tandis que leurs épouses dépensaient leur fortune à l'étage au-dessous dans les salons tendus de soie grise. C'était tout ce dont Zoya avait rêvé, pour ne pas dire plus, et dans leur appartement de Park Avenue, les Hirsch se portèrent mutuellement des toasts au champagne le soir de la Saint-Sylvestre.

— A nous !

Zoya, en robe de velours noir dessinée pour elle par Dior, leva son verre. Mais Simon se borna à sourire, puis leva son verre de nouveau :

— A la Comtesse Zoya !

42

A la fin de l'année suivante, il s'avéra que Simon avait vu juste en achetant l'immeuble entier, car Zoya dut ouvrir un autre étage. Le rayon pour hommes déménagea au troisième. Au premier, elle proposait ses fourrures et ses modèles exclusifs de haute couture, et il y avait également une minuscule « boutique » pour les enfants de sa clientèle. Les petites filles étaient maintenant accueillies pour acheter des tenues habillées et leurs premières robes de soirée. Elle vendit même des robes de baptême, la plupart françaises, et tout aussi ravissantes que celles qu'elle avait vues enfant dans la Russie impériale.

Sa propre fille adorait venir au magasin et choisir de nouvelles robes chaque fois que la fantaisie l'en prenait, mais Zoya finit par mettre le holà. Elle semblait avoir un appétit insatiable pour les vêtements coûteux et sa mère ne voulait pas qu'elle en prenne l'habitude.

— Et pourquoi ? riposta Sacha avec une colère boudeuse la première fois que Zoya lui dit qu'elle ne pouvait pas aller s'acheter n'importe quoi sur un simple caprice.

— Parce que tu as déjà des quantités de jolies choses dans ta penderie et que certaines te deviennent trop petites avant même que tu aies eu l'occasion de les mettre.

A treize ans, elle était grande et mince comme Natalia l'avait été. Elle avait déjà presque une tête de plus que sa mère. Et Nicolas, à dix-sept ans, les dépassait toutes les deux. Il finissait sa dernière année d'école avant d'intégrer Princeton.

« J'aimerais pouvoir entrer dans les affaires maintenant, comme toi », avait-il dit plus d'une fois à Simon avec admiration.

Ce dernier s'était montré plein de bonté envers eux trois, et Nicolas l'adorait.

« Tu le feras un jour, fils. Ne sois donc pas aussi pressé. Si j'avais eu la chance d'aller à l'université comme toi, j'aurais été enchanté.

— Cela paraît une perte de temps quelquefois », avait avoué Nicolas.

Mais il savait que sa mère comptait qu'il aille à Princeton. Ce n'était qu'à une centaine de kilomètres de chez eux, et il projetait de revenir chaque fois que ce serait possible. Il avait une vie mondaine active, mais s'arrangeait aussi pour bien réussir en classe, au contraire de sa sœur. C'était une beauté à treize ans, et elle paraissait facilement cinq ans de plus tandis qu'elle se déplaçait en chaloupant dans les robes que Zoya achetait encore pour elle.

« C'est trop enfantin ! » se plaignait-elle, lorgnant les robes de soirée au magasin.

Elle mourait d'impatience d'avoir l'âge de les porter. Et quand Simon proposa de l'emmener voir le nouveau film de Walt Disney, *Blanche-Neige et les sept nains*, elle se sentit profondément offensée.

— Je ne suis plus un bébé !

— Alors n'agis pas comme si tu en étais un, riposta Nicolas d'un ton méprisant.

Ce qu'elle voulait plutôt, c'était danser la samba et la conga, comme Simon et Zoya quand ils se rendaient à El Morocco. Nicolas désirait les accompagner, mais Zoya soutint qu'il était trop jeune. A la place, Simon les emmena tous au 21, où ils discutèrent sérieusement de ce qui arrivait aux Juifs en Europe. Simon était très inquiet de la politique de Hitler à la fin de 1938 et il avait la conviction qu'une guerre était sur le point d'éclater, même si personne d'autre à New York ne semblait s'alarmer. Les gens allaient à des soirées, des réceptions, des bals, et les robes s'envolaient du magasin de Zoya. Elle pensait même ouvrir un autre étage, mais cela lui paraissait prématuré. Elle redoutait que les affaires ralentissent. Simon ne fit que rire de ses craintes.

— Vois les choses comme elles sont, chérie, tu as du succès ! Les affaires ne vont pas péricliter. Une fois qu'on a réussi comme toi, ça ne s'évanouit pas en fumée. Tu as un nom, et derrière ce nom de la qualité et du style. Aussi longtemps que tu auras à vendre, tu auras des clients.

Elle n'osait pas reconnaître qu'il avait raison, et elle travaillait plus que jamais, à tel point qu'on dut lui téléphoner au magasin quand Sacha fut de nouveau renvoyée à titre temporaire, juste avant les vacances de Noël. Ils l'avaient inscrite dans une petite école dirigée par un Français plein de distinction mais qui ne badinait pas en matière de discipline, et il téléphona en personne à Zoya pour se plaindre de Sacha. Elle prit un taxi jusqu'à la 95ᵉ Rue pour le supplier de ne pas renvoyer la fillette. Elle avait fait l'école buissonnière et fumé une cigarette dans la salle de danse, apparemment.

— Vous devez la punir, madame. Et vous devez vous montrer stricte, sinon je crains que nous n'ayons tous à le regretter un jour.

Toutefois, après une longue conversation avec Zoya, il accepta de ne pas renvoyer Sacha. Elle serait mise à l'épreuve après les vacances de Noël. Simon promit de la conduire en voiture à l'école lui-même pour s'assurer qu'elle s'y rendait bien.

— Crois-tu que je devrais quitter le magasin tous les jours pour être à la maison quand elle rentre de classe ? demanda Zoya à Simon ce soir-là.

— A mon avis, non, répliqua-t-il avec franchise, furieux lui-même contre Sacha pour la première fois. A près de quatorze ans, elle devrait être capable de se conduire correctement jusqu'à six heures quand nous revenons tous les deux.

Il savait cependant que Zoya ne rentrait parfois qu'après sept heures. Il y avait toujours tant à faire au magasin, tant de retouches qu'elle voulait superviser en personne, de commandes particulières dont elle s'occupait elle-même pour éviter les erreurs. Une partie du succès provenait de sa disponibilité envers les clientes qui réclamaient la comtesse Zoya. « Tu ne peux pas tout faire toi-même », lui avait plus d'une fois répété Simon, mais elle pensait en son for intérieur qu'elle le devait, exactement comme elle pensait qu'elle devrait aussi être chez elle avec les enfants. Mais Nicolas avait maintenant presque dix-huit ans et Sacha seulement quatre ans de moins, ce n'étaient pratiquement plus des enfants. « Il faut qu'elle se résigne à se conduire correctement. » Quand il le dit à Sacha ce soir-là, elle sortit en fureur de la bibliothèque et claqua la porte de sa chambre, tandis que Zoya fondait en larmes.

— Parfois, je pense qu'elle paie le prix de la vie que j'ai menée avant, dit-elle en se mouchant.

Elle leva vers lui un regard malheureux. Sacha était un terrible sujet d'inquiétude pour Zoya ces derniers temps, ce qui fâchait Simon contre elle.

— J'étais toujours en train de travailler quand elle était petite et, à présent... cela donne presque l'impression qu'il est trop tard pour la dédommager.

— Tu ne lui dois pas de dédommagement, Zoya. Elle a tout ce qu'elle peut vraiment désirer, y compris une mère qui l'adore.

Le fond du problème, c'est qu'elle avait été beaucoup trop gâtée, mais il ne voulait pas être celui qui le dirait. Son père lui avait passé tous ses caprices quand elle était bébé, puis Nicolas et Zoya pendant les années qui avaient suivi. Zoya avait aussi choyé Nicolas, mais il n'en était devenu que plus gentil et attentionné, appréciant la moindre chose que Simon faisait pour lui, au contraire de Sacha, qui voulait toujours davantage et piquait des colères presque quotidiennement. Si elle ne désirait pas une nouvelle robe, c'était une paire de chaussures, ou un voyage quelque part ; elle se lamentait parce qu'ils n'allaient pas à Saint-Moritz ou n'avaient pas de résidence secondaire à la campagne. Cependant, malgré la fortune qu'avait édifiée Simon, ni lui ni Zoya n'avaient de goût pour le luxe excessif. Elle avait déjà connu tout cela et ce qu'elle partageait avec Simon maintenant était plus important.

Les inquiétudes de Zoya au sujet de Sacha faillirent gâcher leurs vacances de Noël et, après la Noël russe, elle eut l'air réellement malade. Elle était pâle et travaillait trop au magasin, presque comme si elle essayait de noyer là-bas ses chagrins. Alors, pour lui remonter le moral, Simon annonça qu'il l'emmenait skier à Sun Valley, sans les enfants. Cela exaspéra encore plus Sacha. Elle voulait aller avec eux et Simon lui répliqua fermement qu'elle ne le pouvait pas. Elle dut rester à New York et aller en classe, et elle fit tout ce qui était en son pouvoir pour gâcher leur séjour. Elle téléphona pour annoncer que le chien était malade, Nicolas leur dit le lendemain que c'était un mensonge ; elle répandit de l'encre sur le tapis de sa chambre et l'école appela pour signaler qu'elle recommençait à sécher les cours. Zoya ne souhaitait plus que rentrer pour reprendre sa fille en main. Mais elle était si tourmentée qu'elle fut malade dans le train tout le long du trajet et, quand ils arrivèrent à New York, Simon insista pour qu'elle aille chez le médecin.

— Ne sois pas stupide, je suis simplement fatiguée, lui riposta-t-elle d'un ton sec, ce qui n'était pas dans ses habitudes.

— Ça m'est égal. Tu as une mine atroce. Ma mère a même dit que tu l'inquiétais quand elle t'a vue hier.

Ce qui fit rire Zoya. D'ordinaire, Sofia Hirsch se lamentait à propos de sa religion, pas de sa santé. Mais elle finit par accepter d'aller chez le médecin la semaine suivante, se sentant ridicule. Elle avait travaillé trop dur, voilà tout, et elle se tracassait toujours à propos de Sacha, bien que l'adolescente eût l'air plus facile maintenant qu'ils étaient revenus de Sun Valley.

Elle n'était donc nullement préparée à ce que le médecin lui annonça après l'avoir examinée.

— Vous êtes enceinte, Mrs Hirsch, dit-il en la dévisageant avec un sourire bienveillant par-dessus son bureau, ou devrais-je vous appeler comtesse Zoya ?

— Je suis *quoi* ?

Elle le regardait d'un air incrédule. Elle avait quarante ans et un bébé, même celui de Simon, était bien la dernière chose dont elle avait envie. Ils étaient tombés d'accord deux ans et demi auparavant, au moment de leur mariage, pour dire que c'était hors de question. Elle savait que Simon le regrettait mais maintenant, avec le magasin, ce serait de toute façon absurde. C'*était* absurde, pensa-t-elle en fixant le médecin d'un air sceptique.

— Mais c'est impossible !

— Ma foi, c'est pourtant le cas.

Il lui posa d'autres questions et calcula que l'enfant arriverait vers le 1er septembre.

— Votre mari sera-t-il content ?

— Je... Il...

Zoya pouvait à peine parler, ses yeux se remplirent de larmes et, promettant de revenir dans un mois, elle se hâta de quitter le cabinet.

Elle garda le silence à table au dîner, ce soir-là, avec la mine qu'on a lorsque quelqu'un est mort, et Simon lui jeta à plusieurs reprises un coup d'œil inquiet, mais il attendit qu'ils soient seuls dans la bibliothèque pour demander ce qu'avait dit le médecin.

— Il y a quelque chose qui ne va pas ?

Il serait incapable de vivre s'il arrivait quelque chose à Zoya, il le savait, et il voyait à son expression qu'elle était terriblement bouleversée.

— Simon... dit-elle en levant vers lui des yeux angoissés, je suis enceinte.

Il la contempla fixement puis, soudain, il se précipita et l'enlaça avec un cri de joie.

— Oh, chérie... Oh, chérie... Oh, mon Dieu, je t'aime !

Quand elle l'examina de nouveau, elle vit qu'il riait et pleurait en même temps, et elle n'eut pas le courage de lui confier que tout l'après-midi elle avait pensé à se faire avorter. Elle savait qu'un avortement était dangereux, bien sûr, mais elle savait aussi que plusieurs de ses clientes en avaient subi un et avaient survécu, et elle était beaucoup trop âgée pour avoir un enfant. Personne n'avait de bébé à quarante ans ! Personne qu'elle connaissait en tout cas, personne qui soit sain d'esprit. Les larmes lui montèrent de nouveau aux yeux et elle s'adressa à son mari avec irritation :

— Comment peux-tu être si content ? J'ai quarante ans, je suis trop âgée pour avoir d'autres enfants.

Il eut de nouveau une expression soucieuse en la voyant pleurer.

— C'est ce que le médecin a dit ?

— Non, rétorqua-t-elle avec fureur en se mouchant. Il a dit : « Félicitations ! »

Simon éclata de rire, tandis qu'elle se mettait à arpenter la pièce avec énervement.

— Et le magasin ? Songes-y, Simon. Et les enfants ?

Il s'assit paisiblement dans un fauteuil avec l'air d'avoir conquis le monde.

— Cela leur fera du bien. Nicolas entre à l'université l'année prochaine et je crois qu'il sera content pour nous, de toute façon. Et ce sera parfait pour Sacha de ne plus être la petite dernière. Quoi qu'il en soit, il faudra qu'elle s'y habitue. Quant au magasin, il n'y a pas de souci à se faire pour lui. Tu peux y aller quelques heures par jour et ensuite tu auras une nurse...

Il avait déjà tout prévu et Zoya s'en prit à lui. Elle avait travaillé avec tant d'acharnement et les humeurs de Sacha étaient toujours si capricieuses que c'était bien la seule chose dont elle n'avait pas besoin dans sa vie, un bébé pour rompre l'équilibre.

— Quelques heures ? Tu t'imagines que je peux diriger ce magasin en quelques heures ? Simon, tu es fou !

— Non, je ne suis pas fou, sauf de ma femme... dit-il avec un sourire grave.

Il leva vers elle un visage rayonnant, de nouveau semblable à un adolescent. A quarante-trois ans, il allait être père.

— Je vais être papa !

Il avait l'air tellement content que cela la paralysa et, s'asseyant sur le divan avec une mine désespérée, elle se mit à pleurer de plus belle.

— Oh, Simon... comment cela a-t-il pu arriver ?

— Viens ici... dit-il en se rapprochant et en passant un bras autour de ses épaules, je vais t'expliquer...

— Simon, arrête ça !

— Pourquoi ? Tu ne peux pas devenir plus enceinte que tu ne l'es déjà, de toute façon.

Il était d'autant plus amusé qu'elle avait toujours pris tant de précautions, mais la destinée distribue parfois les cartes différemment, et il ne voulait pas que Zoya change cette donne-là. Elle avait déjà vaguement fait allusion à des choses qu'on pouvait « changer » et il avait compris de quoi elle parlait, mais point n'en était question. Il n'allait pas la laisser risquer sa vie en avortant de l'enfant qu'il avait toujours souhaité.

— Zoya... mon cœur, calme-toi une minute et réfléchis. Tu peux travailler aussi longtemps que tu en seras capable. Tu peux probablement t'asseoir dans ton bureau au magasin tous les jours jusqu'à l'arrivée du bébé, pour autant que tu ne t'agites pas trop. Ensuite tu reprendras ton activité, et rien ne sera changé sinon que nous aurons un beau petit bébé à aimer pour le restant de nos jours. Est-ce si terrible, mon cœur ?

Non, bien sûr, quand il l'expliquait ainsi, et il s'était montré si bon envers ses enfants qu'elle savait qu'elle ne pouvait pas le priver du sien. Elle soupira et se moucha de nouveau.

— Il se moquera de moi quand il grandira, il croira que je suis sa grand-mère au lieu de sa mère !

— Pas si tu gardes l'allure que tu as maintenant, et pourquoi changerait-elle ?

Elle était toujours belle et, à quarante ans, elle avait presque une apparence de jeune fille. Seul le fait qu'elle ait un fils de dix-sept ans donnait une indication sur son âge, et elle était tellement fière de lui qu'elle en parlait constamment. Sans cela, personne n'aurait deviné qu'elle avait plus de vingt-cinq ans, trente au plus.

— Je t'aime tant, lui assura de nouveau Simon.

Soudain, Zoya songea à Sacha et pâlit.

— Qu'allons-nous lui dire ?

— La bonne nouvelle, répliqua-t-il en souriant gentiment à son épouse, que nous allons avoir un bébé.

— Je crois qu'elle sera très perturbée.

Ce qui se révéla l'euphémisme du siècle. Aucun d'eux n'était préparé à l'ouragan qui s'abattit sur Park Avenue quand Zoya lui parla du bébé.

— Tu es *quoi* ? *Jamais* je n'ai rien entendu de *plus* révoltant ! Qu'est-ce que je vais dire à mes amies, pour l'amour du ciel ? Elles vont se moquer de moi et me rendre l'école invivable, et ce sera *entièrement ta faute* !

Zoya regarda d'un air malheureux Sacha jeter feu et flamme.

— Chérie, cela ne change pas l'affection que j'ai pour toi. Ne le sais-tu pas ? dit Zoya, désarmée.

— Je m'en moque ! Et je ne veux pas vivre ici avec toi, si tu as un bébé !

Elle avait claqué la porte de sa chambre et, plus tard dans l'après-midi, après la classe, elle avait disparu. Deux jours entiers furent nécessaires pour découvrir qu'elle séjournait chez une camarade. Zoya et Simon avaient entre-temps téléphoné à la police. Dans l'appartement de sa camarade elle affronta avec un air de défi ses parents au visage marqué par le chagrin. Zoya lui demanda calmement de rentrer à la maison avec eux et elle refusa. Alors subitement, pour la première fois, Simon explosa de fureur :

— Va chercher tes affaires, *immédiatement* ! Tu as compris ?

Il la saisit par le bras et la secoua. Elle le regarda avec des yeux stupéfaits, jamais il n'avait agi ainsi et elle l'avait cru doté d'une patience sans bornes. Mais même Simon avait ses limites.

— Maintenant, va chercher ton manteau et ton chapeau avec tout ce que tu as apporté ici, tu rentres avec nous que cela te plaise ou non, et si tu ne te conduis pas convenablement, Sacha, je te fais enfermer au couvent.

Pendant un moment elle le crut. Il ne voulait pas que son épouse ait une fausse couche à cause d'une sale gosse pourrie gâtée. Sacha revint peu après dans la pièce avec ses affaires, l'air un peu penaude et au fond d'elle-même un peu effrayée par Simon. Zoya se répandit en excuses auprès de la mère de la camarade de Sacha et ils la ramenèrent en voiture chez eux, où Simon la tança d'importance à la minute où ils mirent les pieds dans l'appartement.

— Si jamais tu t'avises encore de causer la moindre peine à ta mère, Sacha Andrews, je te battrai comme plâtre, tu entends ?

Il hurlait, mais Zoya sourit intérieurement. Elle savait qu'il ne porterait jamais la main sur l'enfant ou sur quiconque, mais il était tellement en colère que sa figure était blême. Soudain elle commença à craindre qu'il n'ait une crise cardiaque, comme Clayton.

— Va dans ta chambre, Sacha, ordonna-t-elle froidement.

La fillette obéit en silence, pour une fois abasourdie par leur réaction. A ce moment-là Nicolas entra à pas de loup et les regarda.

— Tu aurais dû faire cela depuis longtemps. Je crois que c'est ce dont elle a besoin. Un bon coup de pied au derrière.

Il eut un rire espiègle, tandis que Simon reprenait son calme.

— Je serais enchanté de m'en charger pour toi, n'importe quand.

Puis il se tourna vers sa mère avec le sourire qui rappelait si souvent à Zoya son propre frère Nikolaï.

— Je voulais seulement que tu saches que je trouve cela merveilleux, le bébé.

— Merci, mon cœur.

Elle s'approcha et passa le bras autour de son beau et grand fils, le regardant avec un air timide.

— Cela ne va pas trop te gêner que ta vieille mère ait un bébé ?

— Si j'avais une vieille mère, peut-être.

Il lui sourit et, un instant après, son regard croisa celui de Simon, dans lequel il vit toute l'affection que celui-ci lui portait. Il se dirigea vers lui et l'étreignit aussi.

— Félicitations, papa, dit-il gravement en l'embrassant.

Les larmes montèrent irrépressiblement aux yeux de Simon. C'était la première fois que le garçon l'appelait comme ça. Une nouvelle vie avait commencé pour eux tous, pas seulement pour Simon et Zoya.

43

En avril 1939 eut lieu à Flushing Meadows l'inauguration de l'Exposition universelle. Zoya désirait vivement
s'y rendre, mais Simon pensait qu'elle ferait mieux de
s'en abstenir. Il y avait une foule énorme et elle était
enceinte de quatre mois. Elle travaillait toujours à plein
temps au magasin, tout en se ménageant un peu plus
qu'avant. Simon emmena les enfants à sa place à l'Exposition. L'un et l'autre y prirent le plus grand plaisir.
Même Sacha se conduisit convenablement, comme la
plupart du temps depuis l'explosion maintenant fameuse
de Simon. Cependant elle se montrait difficile avec Zoya
chaque fois qu'elle pouvait s'y risquer sans en subir les
conséquences, ce qui était encore trop souvent.

En juin, la Pan Am organisa les premiers vols transat-
lantiques avec des passagers et Nicolas brûlait d'envie
d'aller en Europe sur le *Dixie Clipper*, mais Simon refusa
de l'y autoriser. Il estimait que c'était trop dangereux et,
plus important encore, son inquiétude à propos de ce qui
se passait en Europe s'était grandement accentuée. Zoya
et lui avaient de nouveau fait la traversée sur le *Normandie* au printemps, pour acheter ce qu'il fallait pour le
magasin et des tissus pour sa collection de manteaux.
Toutefois, il avait senti la tension qui régnait partout et il
avait eu conscience d'un antisémitisme accru par rapport
à ce qu'il avait perçu lors de son précédent voyage. Maintenant certain qu'il y aurait une guerre, il offrit en

échange à Nicolas, pour fêter son diplôme de fin d'études, un voyage en Californie, qui ravit le jeune homme. Il prit l'avion jusqu'à San Francisco et fit de même pour le retour. Il avait adoré tout ce qu'il avait vu là-bas et, en revenant, fut amusé par le tour de taille de sa mère. En août, elle avait finalement cessé de se rendre au magasin, qu'elle appelait au téléphone toutes les demi-heures. Elle ne savait pas quoi faire d'elle-même quand elle ne travaillait pas. Simon lui apportait des bonbons, des livres, et les revues qu'elle aimait le mieux, mais tout ce à quoi elle pouvait penser à la fin d'août était la nursery installée dans la chambre d'amis à côté de la bibliothèque, et il la trouvait là tous les jours en train de plier de minuscules vêtements d'enfant. C'était un aspect de Zoya qu'il n'avait jamais vu auparavant. Elle réorganisait même les placards de Simon et changeait le mobilier de place dans leur chambre.

— Vas-y doucement, Zoya, la taquina-t-il un jour, j'ai peur de rentrer le soir. Je risque de m'asseoir dans un fauteuil qui n'y est plus.

Elle rougit, bien consciente du fait.

— Je ne sais pas ce qui m'arrive. J'éprouve un besoin constant de mettre la maison en ordre.

Elle avait aussi fait retapisser la chambre de Sacha, qui était partie dans un camp d'été pour jeunes filles dans les Adirondacks, et c'était un soulagement pour Simon de ne pas avoir à s'inquiéter en ce moment précis à cause d'elle. Cela semblait se passer bien là-bas, elle n'avait échappé qu'une fois aux animateurs qui encadraient les enfants, pour aller danser avec ses camarades au village voisin. Ils l'avaient trouvée menant une file de conga et l'avaient ramenée avec eux sans autre forme de procès, mais du moins n'avaient-ils pas menacé de la renvoyer chez ses parents. Simon voulait que Zoya se détende avant de donner naissance à leur enfant.

Fin août, l'Allemagne et la Russie stupéfièrent le monde en signant un pacte de non-agression, mais Zoya ne s'intéressait apparemment pas aux nouvelles mondiales. Elle était trop occupée à téléphoner au magasin et à changer la disposition des meubles dans l'appartement. Le 1er septembre, en rentrant, Simon offrit de l'emmener au cinéma. Sacha devait revenir le lendemain soir. Nicolas ne partait que la semaine suivante pour Princeton, mais il était sorti avec des camarades, paradant dans la voiture que Simon venait de lui offrir pour aller à l'université. C'était un coupé Ford flambant neuf, tout juste sorti des chaînes de montage de Detroit, avec tous les accessoires possibles et imaginables.

« Tu es beaucoup trop généreux avec lui », avait dit Zoya en souriant, reconnaissante comme toujours de tout ce qu'il faisait pour eux.

Simon s'était arrêté au magasin ce soir-là et lui apportait des nouvelles fraîches. Il remarqua qu'elle paraissait encore plus mal à l'aise que le matin.

— Ça va, chérie ?

— Très bien.

Mais elle dit qu'elle était trop fatiguée pour aller au cinéma. Ils se couchèrent à dix heures ce soir-là et, une heure plus tard, il la sentit bouger, puis il perçut un léger gémissement et il alluma la lumière. Elle était allongée près de lui les yeux clos, se tenant le ventre.

— Zoya ?

Il était aux cent coups, bondit du lit et courut dans la pièce à la recherche de ses vêtements, incapable de se souvenir de l'endroit où il les avait laissés.

— Ne bouge pas. J'appelle le médecin.

Il n'arrivait même plus à se rappeler où était le téléphone. Du fond du lit, elle se moqua de lui.

— Je crois que ce n'est qu'une indigestion.

Mais l'indigestion s'aggrava considérablement dans les deux heures qui suivirent et, à trois heures du matin, il demanda au portier de leur chercher un taxi. Il aida Zoya à s'habiller, puis à monter dans la voiture qui les attendait en bas. Elle pouvait à peine parler à ce moment-là et elle avait du mal à marcher. La terreur avait saisi Simon. Tout d'un coup, il ne s'inquiétait même plus du bébé, il voulait seulement qu'elle aille bien. Il était fou d'énervement quand on l'emporta sur un brancard à l'hôpital et il arpenta les couloirs tandis que le soleil se levait. Il sursauta quand, une heure plus tard, une infirmière lui effleura l'épaule.

— Elle va bien ?

— Oui, dit l'infirmière en souriant, vous avez un beau petit garçon, Mr Hirsch.

Il la regarda fixement, puis fondit en larmes quand elle s'éloigna à pas muets. Une demi-heure après, on le laissa voir Zoya. Elle somnolait paisiblement, le bébé dans les bras, quand il entra dans sa chambre sur la pointe des pieds et s'arrêta, ému d'admiration, en voyant son fils pour la première fois. Le bébé avait une masse de cheveux noirs comme les siens, et sa petite main était repliée autour des doigts de sa mère.

— Zoya ? chuchota-t-il dans la vaste chambre ensoleillée du Doctors Hospital. Comme il est beau, reprit-il à voix basse lorsqu'elle ouvrit les paupières et lui sourit.

La naissance avait été difficile, le bébé était gros, mais même ainsi, juste après, elle savait que cela en avait valu la peine.

— Il te ressemble, dit-elle, la voix encore enrouée par suite de l'anesthésie.

— Pauvre gosse.

Ses yeux se remplirent de larmes une nouvelle fois et il se pencha pour l'embrasser. Il n'avait jamais été aussi heureux de sa vie et Zoya avait l'air tout heureuse et fière en lissant doucement de la main les cheveux noirs soyeux.

— Comment l'appellerons-nous ?

— Pourquoi pas Matthew ? suggéra-t-elle à mi-voix pendant que Simon contemplait son fils.

— Matthew Hirsch.

— Matthew Simon Hirsch, compléta Zoya.

Elle glissa de nouveau dans le sommeil, son fils au creux du bras, sous les yeux de son mari, dont les larmes de joie tombèrent dans la masse de ses cheveux roux quand il l'embrassa.

44

Matthew Simon Hirsch venait de naître quand les hostilités éclatèrent en Europe. L'Angleterre et la France avaient déclaré la guerre à l'Allemagne quand celle-ci avait envahi la Pologne, leur alliée. Simon entra dans la chambre de Zoya avec une expression farouche et annonça la nouvelle mais, un instant après, il avait presque oublié quand il eut Matthew dans ses bras et l'entendit réclamer sa mère d'un cri vigoureux.

Lorsque Zoya revint à l'appartement de Park Avenue, Sacha était là pour l'accueillir. Même elle ne put qu'être conquise par ce beau bébé qui ressemblait tellement à Simon.

— Il a le nez de maman, annonça-t-elle avec un ravissement amusé, en admiration que tout soit si menu et parfait chez ce petit être quand elle le tint pour la première fois dans ses bras.

A quatorze ans, elle était trop jeune pour être autorisée à venir à l'hôpital, en revanche Nicolas avait fait la connaissance de son frère avant de partir pour Princeton.

— Et il a mes oreilles ! dit Sacha en gloussant. Mais le reste c'est Simon.

Le 27 septembre, après une offensive brutale, Varsovie capitula, avec d'énormes pertes en vies humaines. Simon fut bouleversé par cette nouvelle, Zoya et lui parlèrent fort avant dans la nuit, les souvenirs de la révolution remontant à la mémoire de Zoya. C'était terrible et

Simon pleurait sur les Juifs qui étaient massacrés d'un bout à l'autre de l'Allemagne et de l'Europe de l'Est. Il faisait son possible pour ceux qui réussissaient à s'évader. Il avait institué un fonds de secours et s'efforçait d'obtenir des papiers pour des parents dont il n'avait jamais entendu parler. Les gens en Europe consultaient les annuaires pour appeler des habitants de New York portant le même nom qu'eux et les supplier de les aider, ce qu'il ne refusait jamais. Mais le nombre de ceux qu'il parvenait à assister était dérisoire. Les autres étaient conduits à la mort, dans les camps de concentration où ils étaient enfermés, ou bien massacrés dans les rues de Varsovie.

Quand Matthew eut trois mois, Zoya reprit son travail, c'était le jour où la Russie envahit la Finlande. Simon écoutait avidement les nouvelles d'Europe, en particulier les émissions d'Edward R. Murrow à Londres.

On était alors le 30 novembre et Zoya fut enthousiasmée de trouver le magasin bondé. Ils allèrent tous voir *Le Magicien d'Oz* quand Sacha sortit de l'école. Nicolas était revenu de Princeton, où il se plaisait beaucoup, mais c'est de la guerre qu'il parla surtout avec Simon pendant son séjour à la maison pour les vacances.

Nicolas se plut davantage encore la deuxième année à Princeton et, avant d'y retourner, il alla passer les vacances d'été en Californie. Zoya n'avait pas pu se rendre en Europe cette année, à cause de la guerre, il fallait faire appel à des modélistes des Etats-Unis. Elle avait une préférence marquée pour Norman Norell et Tony Traina. On était en septembre 1941 et Simon était certain que leur pays allait entrer en guerre, mais Roosevelt affirmait toujours que non. La guerre n'avait certes pas affecté l'activité du magasin, l'année avait été la meilleure qu'avait jamais faite Zoya. Quatre ans après avoir ouvert ses portes, elle utilisait la totalité des cinq niveaux de l'immeuble que Simon avait eu la sagesse d'acheter. Il

461

avait acquis aussi quatre autres usines textiles dans le Sud, et sa propre entreprise était florissante. Zoya avait un rayon entier rempli de ses manteaux et elle le taquinait toujours en disant qu'il était son fournisseur favori.

A cette époque-là, le petit Matthew avait deux ans et c'était l'enfant chéri de tout le monde, Sacha comprise. Elle avait seize ans et, selon n'importe quel critère, elle était d'une beauté extraordinaire. Elle était grande et mince comme la mère de Zoya et, si elle n'avait pas hérité le port de reine de Natalia, il émanait d'elle une sensualité qui attirait les hommes comme le miel les abeilles. Zoya n'était que trop heureuse qu'elle soit encore à l'école et n'ait commis aucune incartade scandaleuse pendant près d'un an. En récompense, Simon avait promis de les emmener tous skier à Sun Valley cet hiver-là, et Nicolas tenait beaucoup à les accompagner.

Le 7 décembre, ils étaient assis dans la bibliothèque en train d'en discuter quand Simon mit la radio en marche. Il aimait écouter les nouvelles lorsqu'il se trouvait à la maison, et il tenait Matthew perché sur son genou quand son visage se figea. Il fourra le petit garçon dans les bras de Sacha et courut dans la pièce voisine à la recherche de Zoya. Son visage était blême quand il la rejoignit dans leur chambre.

— Les Japonais ont bombardé Pearl Harbor, à Hawaï !

— Oh, mon Dieu...

Il l'entraîna dans l'autre pièce pour écouter les informations, le présentateur expliquait d'une voix hachée ce qui s'était passé. Ils se tenaient tous figés sur place. Matthew tira sur la jupe de Zoya pour essayer d'attirer son attention, mais elle se contenta de le prendre dans ses bras et de le serrer contre elle. Elle était seulement capable de penser que Nicolas avait vingt ans. Elle ne voulait pas qu'il meure comme son frère Nikolaï était mort, aux premiers jours de la révolution.

— Simon... qu'est-ce qui va se passer maintenant ?

Mais elle le devina d'instinct tandis qu'ils écoutaient. Les prédictions de Simon avaient fini par se réaliser. Ils allaient entrer en guerre. Le président Roosevelt l'annonça, d'une voix emplie d'un profond regret, mais pas aussi profond que celui de Zoya. Simon s'engagea dans l'armée le lendemain matin. Il avait quarante-cinq ans et Zoya le supplia de ne pas partir, mais il la regarda tristement à son retour à la maison.

— J'y suis obligé, Zoya. Je ne pourrais pas vivre avec moi-même si je me contentais de rester assis bien tranquille chez moi sans rien faire pour défendre mon pays.

Et ce n'était pas seulement pour sa patrie, mais pour les Juifs d'Europe qu'il le faisait. Partout dans le monde, la cause de la liberté était bafouée, il ne pouvait pas attendre paisiblement, sans broncher, que les choses s'arrangent.

— Je t'en prie... supplia Zoya, accablée de chagrin. Je t'en prie, Simon...

Elle était déjà passée par là, elle avait perdu ceux qu'elle aimait et elle savait qu'elle serait incapable de survivre encore à cette épreuve... Pas Simon, si gentil, si cher, si aimant.

— Je ne pourrais pas vivre sans toi. Je t'aime trop. Ne pars pas. Je t'en prie...

Elle était étreinte par la peur mais le dissuader était impossible.

— Il le faut, Zoya.

Ils étaient étendus côte à côte dans leur lit ce soir-là, et il la caressa doucement de ces grandes mains qui tenaient son fils avec tant d'amour, les mêmes mains qui la touchaient maintenant et la serraient contre lui, sanglotante, terrifiée à l'idée de perdre l'homme qu'elle chérissait si tendrement.

— Il n'arrivera rien.

— Tu n'en sais rien. Nous avons trop besoin de toi pour que tu partes. Pense à Matthew.

Elle aurait dit n'importe quoi pour le faire rester, mais même cet argument ne le persuada pas.

— C'est à lui que je pense. Le monde ne vaudra pas la peine d'y vivre quand il grandira, si le reste d'entre nous ne se dresse pas pour défendre le respect de la personne humaine et ce qui est juste.

Il souffrait encore de ce qui s'était produit en Pologne deux ans auparavant. Mais maintenant que son propre pays avait été attaqué, il n'avait visiblement pas le choix. Même les caresses passionnées de Zoya cette nuit-là et ses supplications renouvelées ne l'ébranlèrent pas. Il avait beau l'aimer, il savait qu'il devait partir. Son amour pour Zoya n'avait d'égal que son sens du devoir envers sa patrie, quoi qu'il lui en coûte.

Il fut envoyé à Fort Benning, en Géorgie, pour s'entraîner et, trois mois plus tard, il revint passer deux jours chez lui avant de partir pour San Francisco. Zoya voulait retourner dans la petite maison de Mrs Whitman, dans le Connecticut, pour être seule avec lui, mais Simon estimait qu'il devait vivre ces moments-là à la maison avec les enfants. Nicolas rentra de Princeton pour l'accompagner à la gare et lui dire au revoir, et les deux hommes se serrèrent solennellement la main à Grand Central Station.

— Prends soin de ta mère pour moi.

Simon parlait paisiblement dans le vacarme qui l'environnait, toujours gentil, toujours calme. Même Sacha pleurait. Matthew pleurait aussi, bien que ne comprenant pas ce qui arrivait. Il savait seulement que son papa s'en allait quelque part, que sa mère et sa sœur pleuraient, et que son grand frère avait aussi l'air triste.

Nicolas étreignit l'homme qui avait été un père pour lui pendant ces cinq dernières années, et il y avait des larmes dans ses yeux quand Simon ajouta :

— Fais attention à toi, fils.

— Je veux partir aussi.

Il le dit si bas que sa mère ne l'entendit pas.

— Pas encore, répliqua Simon. Essaie de finir tes études. On t'appellera peut-être sous les drapeaux, de toute façon.

Mais il ne voulait pas qu'on l'appelle, il voulait se rendre en Angleterre pour piloter des avions. Il y pensait depuis des mois et, en mars, il fut incapable de résister plus longtemps. Simon se trouvait dans le Pacifique à ce moment-là et Nicolas annonça sa décision le lendemain du dix-septième anniversaire de Sacha. Zoya refusa de l'entendre, elle tempêta contre lui et pleura.

— N'est-ce pas suffisant que ton père soit parti, Nicolas ?

Elle en était venue à parler de Simon en ces termes et Nicolas n'y voyait pas d'objection. Il l'aimait comme un père.

— Je le dois le faire, maman. Ne peux-tu le comprendre ?

— Non, je ne peux pas. Aussi longtemps qu'on ne te mobilise pas, pourquoi ne restes-tu pas où tu es ? Simon veut que tu termines tes études, il te l'a dit lui-même.

Elle s'efforçait désespérément de le raisonner, mais elle sentait bien qu'il ne se laisserait pas fléchir. Assise avec lui dans la salle de séjour, elle pleurait. Simon lui manquait déjà follement et la perspective de voir partir aussi Nicolas était plus qu'elle ne pouvait endurer.

— Je pourrai retourner à Princeton après la guerre.

Mais depuis des années il avait l'impression de perdre son temps. Il se plaisait beaucoup à Princeton, n'empêche qu'il voulait entrer dans le monde réel, travailler comme Simon et, à présent, se battre comme lui dans le Pacifique. Simon leur écrivait chaque fois qu'il le pouvait, leur racontant ce qui se passait autour de lui dans les limites de ce qui était autorisé. Zoya regrettait maintenant plus que jamais qu'il ne soit pas à la maison pour persuader Nicolas de retourner à l'université. Après deux jours de discussion, elle comprit qu'elle avait bataillé en vain. Trois semaines plus tard, il s'en allait en Angleterre pour s'entraîner. Elle était assise dans l'appartement, seule, songeant amèrement à tout ce qu'elle avait perdu et craignait de perdre de nouveau... un père, un frère, finalement une patrie, et maintenant son mari et son fils s'en étaient allés. Sacha était sortie, et elle restait assise, le regard vague. Elle n'entendit même pas la sonnette de la porte palière. La sonnerie résonna de nouveau, insistante, et elle songea à ne pas répondre, puis lentement elle se leva. Il n'y avait personne qu'elle avait envie de voir. Elle voulait seulement que ces deux-là reviennent avant qu'il leur arrive quoi que ce soit. Elle savait qu'elle ne le supporterait pas.

— Oui ?

Elle était rentrée du magasin une heure plus tôt, même cela ne suffisait plus à lui occuper l'esprit ces derniers temps. Rien n'y parvenait. Elle était constamment obsédée par la pensée de Simon et maintenant elle aurait aussi à se faire du souci pour Nicolas, exécutant des raids de bombardement au-dessus de l'Europe.

Le jeune homme en uniforme attendait nerveusement dehors. Il en était venu à haïr sa mission, ces derniers mois. Il contemplait maintenant Zoya en regrettant qu'on n'ait pas envoyé quelqu'un d'autre à sa place. Elle avait l'air gentille, avec ses cheveux roux artistement noués en chignon et son sourire en le regardant, ne devinant pas ce qui allait venir.

— Télégramme pour vous, ma'am...

Puis, avec le regard triste d'un enfant, il marmotta :

— Je suis navré.

Il le lui tendit et tourna les talons. Il ne voulait pas voir son expression quand elle l'ouvrirait et lirait la nouvelle. La bordure noire le disait déjà et Zoya eut un « Ah ! » étranglé tandis qu'elle la détachait d'un geste brusque avec des mains qui tremblaient irrésistiblement, et l'ascenseur revint à temps pour sauver le messager. Il était déjà parti quand elle lut les mots : *... regret de vous informer que votre mari, Simon Ismaël Hirsch, a été tué hier...* Le reste était une tache brouillée quand elle s'affaissa à genoux dans le vestibule, prononçant son nom dans un sanglot... et soudain se remémorant Nikolaï se vidant de son sang sur les dalles de marbre du palais de la Fontanka...

Elle resta là à sangloter pendant ce qui lui parut des heures, aspirant de tout son être à connaître de nouveau la douceur de sa main, la vue de sa silhouette, le parfum de l'eau de Cologne qu'il utilisait... la fraîche odeur de son savon à barbe... n'importe quoi... n'importe quoi... Il ne reviendrait jamais. Simon avait disparu, comme les autres.

45

En rentrant, Sacha trouva sa mère assise dans le noir. Quand elle apprit la mort de Simon, pour une fois dans sa vie, elle réagit comme il le fallait. Elle téléphona à Axelle, qui vint soutenir Zoya et l'aider à organiser l'office religieux. Le lendemain, le magasin était fermé, les portes drapées de crêpe. Axelle s'installa dans l'appartement auprès de Zoya, qui demeurait assise comme une souche, incapable de penser de façon cohérente ou de faire plus que hocher la tête pendant qu'Axelle prenait à sa place les décisions pour la cérémonie. Zoya avait l'air incapable d'en prendre aucune, ce qui ne lui ressemblait vraiment pas.

Son dernier acte de courage avait été de se rendre la veille au soir chez les parents de Simon à Houston Street. Sofia Hirsch avait hurlé et gémi dans les bras de son mari ; finalement, Zoya était partie discrètement, trébuchant et s'agrippant au bras de Sacha. Elle était aveuglée par le chagrin et la souffrance d'avoir perdu l'homme qu'elle avait aimé plus qu'aucun autre.

La cérémonie elle-même fut un supplice, avec ses litanies qui lui étaient étrangères et les lamentations de la mère de Simon. Zoya se cramponnait aux mains d'Axelle et de Sacha, qui la raccompagnèrent à l'appartement où elle pleura intarissablement.

Axelle la regarda et dit presque durement :

— Il faut reprendre ton travail dès que tu le pourras.

Elle savait combien il était facile de lâcher prise, de renoncer, comment elle avait failli sombrer quand son propre mari était mort. Zoya ne pouvait pas se permettre ce luxe maintenant. Elle avait trois enfants dont elle devait s'occuper, et elle-même. Elle avait survécu auparavant à des tragédies. Elle devait surmonter de nouveau cette épreuve.

Mais Zoya se contenta de secouer la tête tandis que les larmes continuaient à ruisseler sur sa figure et qu'elle regardait Axelle d'un air morne. Plus rien apparemment ne valait la peine de vivre.

— Je ne peux même pas y penser maintenant. Je me moque du magasin. Je ne tiens à rien. Sauf à Simon.

— Eh bien, tu dois prendre sur toi. Tu as des responsabilités envers tes enfants, toi-même, tes clients... et Simon. Tu dois continuer en mémoire de lui, continuer à construire ce qu'il t'a aidée à commencer. Tu ne peux pas abandonner maintenant. Le magasin était le cadeau qu'il t'a fait, Zoya.

C'était vrai, mais le magasin semblait si dénué d'intérêt à présent, si ridiculement négligeable sans Simon pour en parler ensemble, quelle importance tout cela avait-il ?

— Il faut que tu sois forte.

Axelle lui tendit un verre de cognac pris dans le bar et insista pour qu'elle en boive une gorgée sous ses yeux.

— Bois tout. Cela te fera du bien.

Elle s'était soudain transformée en gendarme. Zoya sourit à son amie à travers ses larmes, puis se remit à pleurer de plus belle.

— Tu n'as pas survécu à la révolution et à ce qui a suivi pour abandonner maintenant, Zoya Hirsch.

Mais entendre le nom de Simon accolé au sien déchaîna un nouveau torrent de larmes.

Axelle revint tous les jours jusqu'à ce qu'elle eût convaincu Zoya de reprendre le chemin du magasin. Ce fut quasiment un miracle quand elle y consentit enfin, juste pour quelques minutes. Elle était vêtue d'un austère tailleur noir, avec des bas noirs, mais du moins était-elle de retour dans son bureau. Les minutes devinrent des heures au bout de quelques jours. Puis elle finit par aller s'asseoir à son bureau presque toute la journée, le regard perdu dans le vide, songeant à Simon. Elle s'y rendait tous les jours comme un robot et Sacha avait recommencé à lui causer du souci. Zoya savait qu'elle perdait son emprise sur elle, mais elle ne parvenait pas à s'occuper de cela non plus. Tout ce dont elle était capable, c'était de subsister jour après jour, une heure après l'autre, terrée dans son bureau, puis de rentrer chez elle le soir pour rêver de Simon. Même le petit Matthew lui fendait le cœur, rien que de le voir était un rappel constant de son père.

Les avoués de Simon lui téléphonaient depuis des semaines, et elle avait échappé à toutes leurs tentatives pour la rencontrer. Simon avait laissé deux employés fidèles chargés de ses usines textiles et de l'atelier où l'on confectionnait ses manteaux. Elle savait que tout était solidement tenu en main, et elle avait assez de mal à diriger son propre magasin sans s'occuper de cela aussi. Discuter de sa succession avec les hommes de loi impliquerait d'affronter le fait qu'il était mort et elle ne le pouvait pas. Elle était en train de penser à lui, se rappelant leur week-end dans le Connecticut, quand une de ses assistantes frappa doucement à la porte de son bureau.

— Comtesse ? dit la jeune femme de l'autre côté du battant, tandis que Zoya s'essuyait de nouveau les yeux.

Elle était assise à son bureau, le regard fixé sur une photo de Simon. Elle avait eu une nouvelle discussion avec Sacha, mais maintenant même cela semblait n'avoir pas d'intérêt.

— Je viens tout de suite.

Elle se moucha de nouveau et jeta un coup d'œil à un miroir pour réparer son maquillage.

— Il y a quelqu'un qui désire s'entretenir avec vous.

— Je ne veux parler à personne, chuchota-t-elle en entrouvrant la porte. Répondez que je ne suis pas là.

Puis, ayant réfléchi, elle demanda :

— Qui est-ce ?

— Un Mr Paul Kelly. Il a dit que c'était important.

— Je ne le connais pas, Christine. Répondez simplement que je suis sortie.

La jeune femme avait l'air inquiète, c'était tellement bouleversant de voir Zoya anéantie à ce point depuis que son mari avait été tué, mais c'était compréhensible. Toutes se faisaient du mauvais sang ces temps-ci à cause de maris, de frères, d'amis et des télégrammes bordés de noir tant redoutés, comme celui qui avait été apporté à Zoya.

Zoya referma la porte, en priant que personne d'important ne vienne ce jour-là. Elle ne pouvait pas supporter les airs de compassion, les paroles aimables. Cela rendait tout encore pire. Puis il y eut de nouveau un coup frappé à la porte. C'était Christine, nerveuse et déconcertée.

— Il dit qu'il attendra. Qu'est-ce que je dois faire maintenant ?

Zoya soupira. Elle ne voyait pas du tout qui c'était. Peut-être le mari d'une cliente, quelqu'un qui craignait qu'elle ne discute d'une maîtresse avec une épouse. Elle recevait des visiteurs de cette sorte quelquefois, et elle les rassurait toujours avec une courtoise réserve. Mais elle ne s'était occupée de personne depuis la mort de Simon. Elle retourna ouvrir la porte à son assistante, image de la désolation dans sa robe et ses bas noirs. Son regard exprimait un chagrin incommensurable.

— Bon. Faites-le entrer.

Elle n'avait rien d'autre à faire, de toute façon. Elle était devenue incapable de se concentrer sur quoi que ce soit. Ni ici ni à la maison. Elle n'était plus bonne à rien pour personne à présent. Elle resta debout en silence tandis que Christine introduisait un homme distingué, de haute taille, vêtu d'un costume bleu marine, avec des cheveux blancs et des yeux bleus. Il fut frappé par sa beauté et son immense tristesse, dans ses vêtements tout noirs, avec ce regard pour qui il semblait transparent.

— Mrs Hirsch ?

C'était inhabituel qu'on l'appelle ainsi ici et elle acquiesça d'un signe de tête avec tristesse en se demandant vaguement qui il était.

— Oui ?

— Mon nom est Paul Kelly. Notre cabinet s'occupe de... heu... la succession de votre mari.

Elle paraissait accablée de douleur quand elle lui serra la main et l'invita à s'asseoir sur une des chaises à côté de son bureau.

— Nous étions très désireux de vous joindre.

Il lui adressa un regard de léger reproche, et elle remarqua qu'il avait des yeux intéressants. Il avait l'air d'un Irlandais et elle devina avec justesse qu'il avait eu naguère des cheveux noirs comme jais, maintenant devenus d'un blanc de neige.

— Vous n'avez pas répondu à nos appels téléphoniques.

En la voyant, il comprenait maintenant pourquoi. Cette femme était anéantie par le chagrin, et il se sentit navré pour elle.

— Je sais.

Elle détourna la tête. Puis, avec un soupir, elle le regarda.

— A vrai dire, je n'avais pas envie d'entrer en communication avec vous. Cela rendait tout trop réel. Cela...

Sa voix baissa jusqu'au murmure et elle se détourna de nouveau.

— ... cela a été très pénible pour moi.

Il hocha la tête et la contempla dans le long silence qui suivit. Elle était très éprouvée, c'était visible, et pourtant, par-delà le chagrin, il devinait une force énorme, une force qu'elle-même semblait avoir oubliée.

— Je comprends. Mais nous avons besoin de connaître vos intentions en ce qui concerne certains points de la succession. Nous allions proposer une lecture officielle du testament, mais peut-être qu'étant donné les circonstances présentes...

Sa voix s'éteignit comme le regard de Zoya se dirigeait lentement vers le sien.

— Peut-être qu'il vous suffit de savoir pour le moment qu'il a laissé en fidéicommis la quasi-totalité de ce qu'il avait pour vous et pour son fils. Ses parents et ses deux oncles ont été pourvus de legs importants, ainsi que vos deux enfants, Mrs Hirsch, poursuivit-il, d'un ton officiel. Des legs très généreux, préciserai-je, d'un million de dollars pour chacun, bien entendu en fidéicommis. Ils ne pourront pas toucher au capital avant l'âge de vingt et un ans, et il y a plusieurs autres conditions, mais très raisonnables, j'en suis sûr. Notre service spécialisé dans la gestion des fidéicommis l'a conseillé pour tout cela...

Mais il s'interrompit en voyant Zoya le regarder fixement.

— Il y a quelque chose qui ne va pas ?

Il regretta soudain d'être venu. Elle n'était pas vraiment en état d'écouter ce qu'il disait.

— Un million de dollars chacun ?

C'était beaucoup plus qu'elle n'avait jamais imaginé et ils étaient ses enfants à elle, pas les siens. Elle était abasourdie. Mais c'était bien de Simon. Son amour pour lui lui broya de nouveau le cœur.

473

— Oui, c'est exact. De plus, il a voulu offrir un poste à votre fils dans son entreprise, quand il sera en âge de l'occuper, naturellement. C'est une grande société à diriger, avec la manufacture de confection et les six usines, en particulier maintenant, avec les marchés de guerre qui ont été attribués après son départ...

A travers le bourdonnement de sa voix, Zoya essaya d'assimiler ce qu'il avait dit. C'était tout Simon d'avoir pourvu aux besoins de chacun d'eux et même d'avoir projeté de prendre Nicolas avec lui dans l'affaire. C'était tout Simon... si seulement il avait vécu pour être avec eux, au lieu de leur laisser une fortune.

— Quels marchés ? Il ne m'avait parlé d'aucun marché de guerre.

Son esprit revenait lentement à la vie, il y avait tant de choses auxquelles penser, tant que Simon avait édifié, à partir de rien. Elle lui devait de tenter de comprendre.

— Ils n'étaient pas encore définitivement attribués quand il est parti. Les usines textiles doivent fournir toute l'étoffe pour nos uniformes militaires pendant la durée de la guerre.

Il lui jeta un coup d'œil, incapable de ne pas apprécier la beauté et l'élégance de la femme assise en face de lui avec une dignité tranquille, toute au chagrin et à la souffrance d'avoir perdu son mari.

— Oh, mon Dieu... Qu'est-ce que cela représente en termes de ventes ?

Pendant un instant, ce fut comme si Simon était de nouveau là. Elle savait qu'il aurait été fou de joie et, quand l'avoué lui donna une estimation approximative du chiffre, elle le regarda avec incrédulité.

— Mais ce n'est pas possible... vraiment ?

Elle eut une ombre de sourire et parut soudain beaucoup plus jeune, en tout cas pas âgée des quarante-trois ans que lui attribuaient les documents qu'il avait consultés. C'était difficile à croire en la voyant maintenant.

— C'est possible, j'en ai bien peur. Pour parler carrément, Mrs Hirsch, vous et votre fils allez être très riches après la guerre. Et si Nicolas entre dans la société, Mr Hirsch a prévu pour lui une part importante de celle-ci.

Il avait pensé à tout, mais c'était une piètre consolation à présent. Que feraient-ils de cela sans Simon ? Tout en écoutant elle prit conscience qu'Axelle avait raison. Elle devait à Simon de perpétuer ce qu'il avait érigé. C'était le dernier cadeau qu'il lui avait fait, qu'il leur avait fait à tous. Elle devait continuer pour lui, pour leurs enfants.

— Est-ce que les hommes qu'il a laissés à la tête de l'affaire sont capables de la diriger ?

Elle plissait les paupières en le dévisageant, comme si elle le voyait pour la première fois, et il lui sourit. Elle était belle quand son visage se détendait, encore plus belle qu'il ne l'avait pensé au premier abord.

— Oui, je le crois. Ils doivent nous rendre des comptes, naturellement, à nous, précisa-t-il en plongeant son regard dans celui de Zoya, et à vous. Mr Hirsch vous a nommée administratrice de toutes ses sociétés. Il avait un grand respect pour votre sens des affaires.

Il détourna le regard comme les yeux de Zoya se remplissaient de larmes. Elle se domina et répondit d'une voix qui n'était guère plus qu'un murmure. Simon avait compté pour elle beaucoup plus que toutes ses sociétés, mais cet homme ne comprendrait jamais cela.

— Je l'ai beaucoup aimé.

Elle se leva et alla regarder par la fenêtre la Cinquième Avenue. Elle ne pouvait pas tout lâcher maintenant. Elle devait continuer... pour les enfants... et pour lui. Elle se retourna lentement vers Paul Kelly.

— Merci d'être venu ici, dit-elle à travers ses larmes, lui coupant presque le souffle par sa beauté. Je n'aurais peut-être jamais répondu à vos coups de téléphone.

Elle n'en avait pas eu envie. Elle n'avait pas voulu affronter la perte de Simon, mais maintenant elle comprenait qu'elle y était obligée.

Il eut un rire désabusé.

— Je le craignais. C'est pourquoi je suis venu. J'espère que vous me pardonnerez mon intrusion. C'est un magasin magnifique, ajouta-t-il. Ma femme vient faire des achats ici chaque fois qu'elle le peut.

Zoya inclina la tête, songeant à toutes les clientes privilégiées qu'elle avait négligées et pratiquement oubliées.

— Je vous en prie, dites-lui de me demander la prochaine fois qu'elle viendra. Nous pourrons lui montrer ce qu'elle désire ici même, dans mon bureau.

— Peut-être vaudrait-il mieux pour moi que vous verrouilliez les portes avant qu'elle n'arrive !

Il sourit et Zoya lui sourit en retour. Puis il lui posa quelques questions concernant Nicolas. Elle expliqua qu'il se trouvait à Londres, pilotant des bombardiers avec les troupes américaines rattachées à la Royal Air Force.

— Vous avez beaucoup de pain sur la planche, n'est-ce pas, Mrs Hirsch ?

Elle hocha tristement la tête et il fut touché par son air vulnérable. Elle s'était construit un empire personnel, avec l'aide de son mari bien sûr, pourtant elle semblait aussi délicate que des ailes de papillon, assise là en face de lui derrière son bureau.

— Prévenez-moi s'il y a quoi que ce soit que je puisse faire pour vous aider.

Mais que pouvait-il faire ? Personne ne pouvait lui ramener Simon, et c'était tout ce qu'elle désirait.

— Je voudrais passer un peu de temps dans les bureaux de mon mari, dit-elle en fronçant légèrement les sourcils. Si je deviens administratrice de ses sociétés, il faudra que je me familiarise avec tous leurs rouages.

Et peut-être que dans le travail elle trouverait un bienheureux oubli.

— Ce serait sage.

Il était profondément impressionné par elle, de toutes les manières.

— J'avais l'intention de le faire moi-même, et je serai heureux de partager tous nos renseignements avec vous.

Il était associé dans un des plus importants cabinets juridiques de New York, dans Wall Street. Elle supposait qu'il avait environ dix ans de plus qu'elle, mais la façon dont ses yeux pétillaient quand il riait le rajeunissait. En réalité, il avait cinquante-trois ans et les paraissait bien. Ils bavardèrent un petit moment, puis il se leva à regret.

— Voulez-vous que nous nous retrouvions la semaine prochaine dans le bureau de Mr Hirsch sur la Septième Avenue, ou aimeriez-vous que j'apporte le plus de documents possible ici, dans le vôtre ?

— Je vous rejoindrai là-bas. Je veux qu'ils sachent qu'ils sont surveillés... par nous deux.

Elle sourit, lui serra la main, puis reprit à mi-voix :

— Merci, Mr Kelly. Merci d'être venu ici.

Il sourit de nouveau, tout son charme irlandais transparaissant dans ses yeux.

— Je suis heureux à la perspective de travailler avec vous.

Elle le remercia encore et il partit. Assise à son bureau, elle laissa son regard se perdre dans le vide. Les chiffres des marchés de guerre qu'il lui avait cités étaient ahurissants. Pour le fils d'un tailleur établi dans un pauvre quartier d'immigrants, il avait accompli une œuvre formidable. Il avait bâti un empire. Elle sourit une fois de plus à la photo de Simon et quitta silencieusement son bureau, redevenue elle-même pour la première fois depuis sa mort. Les vendeuses le remarquèrent aussi quand elles passèrent vivement à côté d'elle en allant s'occuper de leurs clientes. Zoya prit l'ascenseur et s'arrêta à chaque étage pour jeter un coup d'œil sur les divers rayons. Il était temps qu'on la revoie. Temps que la comtesse Zoya poursuive sa carrière... avec le souvenir de Simon dans son cœur, où il resterait toujours... de même que celui de tous ceux qu'elle avait aimés. Mais elle ne pouvait pas penser à eux maintenant. Il restait trop de travail à faire. Pour l'amour de Simon.

46

A la fin de 1942, Zoya passait une journée entière par semaine dans les bureaux de Simon, sur la Septième Avenue, et Paul Kelly était généralement là avec elle. Ils avaient débuté très cérémonieusement par Mr Kelly et Mrs Hirsch. Elle portait de simples tailleurs noirs et lui des costumes bleu marine ou à fines rayures de couleur. Mais après plusieurs mois, un brin d'humour s'était introduit dans leurs relations. Il lui racontait des blagues énormes et elle le faisait rire avec des histoires du magasin. Après cela, elle choisit des vêtements où elle était plus à l'aise pour travailler, et il posa sa veste et remonta ses manches. Il était profondément impressionné par sa clairvoyance en affaires, Simon avait eu raison de la respecter comme il l'avait fait. Au début, Paul l'avait jugé fou de l'avoir nommée administratrice, mais il s'était montré plus astucieux qu'il ne le pensait et elle bien davantage. En même temps elle réussissait à rester féminine, jamais elle n'élevait la voix, mais c'était évident pour tous qu'elle ne tolérerait aucune bêtise de personne. Et elle surveillait les comptes d'un œil d'aigle. Toujours.

— Comment en êtes-vous venue à tout ceci ? lui demanda-t-il un jour où ils déjeunaient sur le bureau de Simon.

Ils avaient fait monter des sandwichs et s'accordaient un répit bienvenu. Atherton, Kelly et Schwartz avaient remplacé un des directeurs généraux de Simon la veille, et il y avait pas mal de choses à mettre en ordre maintenant.

— Par erreur, répliqua-t-elle en riant.

Elle lui raconta le temps où elle dansait dans un music-hall, son emploi chez Axelle et, bien longtemps avant cela, son passage dans les Ballets russes. Le succès de son remarquable magasin était désormais connu de tous.

Lui-même était un ancien de Yale et il avait épousé une jeune fille de la haute société de Boston nommée Allison O'Keefe. Ils avaient eu trois enfants en quatre ans et il parlait d'elle avec considération, mais il n'y avait pas d'étincelle dans ses yeux quand il prononçait son nom, pas l'ombre de la gaieté que Zoya avait si souvent partagée avec lui. Cela ne la surprit donc pas quand, après une journée épuisante, il avoua à la fin de l'après-midi qu'il n'avait aucune envie de rentrer chez lui.

— Allison et moi, nous sommes des étrangers depuis des années.

Elle ne lui enviait pas cela. Simon et elle avaient été les meilleurs amis du monde, en dehors de la passion physique qu'ils avaient partagée et dont elle se souvenait encore avec nostalgie.

— Pourquoi restez-vous marié avec elle ?

Tout le monde donnait l'impression de divorcer, puis elle se rappela pourquoi avant même qu'il lui réponde avec un air de regret :

— Nous sommes catholiques tous les deux, Zoya. Elle n'y a jamais consenti. J'ai essayé il y a une dizaine d'années. Elle a eu une dépression nerveuse, ou du moins elle l'a prétendu, et elle n'a plus jamais été la même depuis. Je ne peux pas l'abandonner maintenant. Et, ma foi...

Il hésita, puis décida d'être sincère avec elle. C'était une femme en qui il pouvait avoir confiance, au cours de l'année passée ils étaient devenus des amis sûrs.

— Pour être franc avec vous, elle boit. Je ne pourrais pas vivre en paix avec moi-même s'il lui arrivait quelque chose à cause de moi.

— Ce n'est pas bien drôle pour vous.

Une riche Bostonienne frigide qui buvait et refusait de lui accorder le divorce. Zoya réprima un frisson à cette pensée, mais elle voyait des quantités de femmes de ce genre au magasin, des femmes qui faisaient des emplettes parce qu'elles s'ennuyaient et qui ne mettaient jamais ce qu'elles rapportaient à la maison parce qu'en réalité elles ne se souciaient pas de leur apparence.

— Ce doit être une vie bien solitaire pour vous.

Elle le regardait avec douceur et il se rappela qu'il ne devait pas trop en dire. Ils avaient à travailler ensemble chaque semaine, et il avait appris cette leçon depuis longtemps. Il y avait eu d'autres femmes dans sa vie, mais elles n'avaient jamais compté beaucoup pour lui. C'étaient juste des femmes à qui parler une fois en passant ou avec qui faire l'amour de temps à autre, mais jamais encore il n'avait rencontré personne comme Zoya et ce qu'il éprouvait pour elle, il ne l'avait ressenti pour aucune femme depuis des années, pour ne pas dire jamais.

— J'ai mon travail pour me soutenir le moral, répliqua-t-il en lui souriant gentiment, exactement comme vous.

Il savait à quel point elle travaillait dur. C'était tout ce pour quoi elle vivait maintenant, cela et ses enfants, qu'elle chérissait.

En 1943, ils avaient pris l'habitude de dîner ensemble le lundi soir, quand ils quittaient les bureaux de Simon. C'était devenu une occasion de discuter plus longuement de ce qu'ils avaient fait ce jour-là, et ils mangeaient en général dans un des petits restaurants juste à côté de la Septième Avenue.

— Comment va Matt ? demanda-t-il en lui souriant un soir de ce printemps.

— Matthew ? A merveille.

Il avait trois ans et demi et c'était la joie de sa vie.

— Il me donne l'impression d'être de nouveau jeune.

C'était paradoxal qu'elle se soit jugée trop vieille pour avoir un enfant quand il était né et que, de tous, ce soit Matt qui lui apporte à présent le plus de joie. Sacha sortait tellement que c'était presque comme si elle n'était plus là. Elle venait d'avoir dix-huit ans. Il l'avait vue une fois et avait été sidéré par sa beauté. Par contre, il se doutait qu'elle donnait pas mal de fil à retordre à sa mère. Plus d'une fois, elle avait avoué qu'elle arrivait tout juste à la maintenir scolarisée. Nicolas était toujours à Londres, et elle priait nuit et jour pour qu'il revienne sain et sauf.

— Comment vont vos enfants, Paul ?

Il n'en parlait guère. Ses deux filles étaient mariées, l'une à Chicago, l'autre sur la côte Ouest, et son fils se battait quelque part aux alentours de l'île de Guam. Il avait deux petits-enfants en Californie, qu'il voyait rarement. Sa femme n'aimait pas aller là-bas et il n'osait pas la laisser seule chez eux.

— Mes enfants vont bien, je suppose, répliqua-t-il avec un sourire. Ils ont quitté le nid depuis si longtemps que nous n'avons pas beaucoup de nouvelles. Leur enfance n'a pas été facile en tout cas, avec Allison qui buvait tellement. Une chose comme ça change tout.

Puis il la regarda gaiement, il aimait toujours l'entendre raconter ce qu'elle faisait.

— Quoi de neuf au magasin ?

— Pas grand-chose. J'ai inauguré un autre rayon, pour hommes cette fois, et nous présentons des styles nouveaux. Ce sera agréable de pouvoir retourner en Europe après la guerre, pour tenter de lancer des choses différentes.

Mais il n'y avait pas de fin en vue pour le conflit qui faisait rage de l'autre côté de l'Atlantique.

— J'adorerais retourner en Europe un de ces jours. Tout seul, ajouta-t-il avec franchise et gaieté.

Garder l'œil sur son épouse n'avait rien de drôle, quand elle allait de bar en bar ou se terrait dans sa chambre sous le prétexte qu'elle était fatiguée alors qu'elle était ivre. Zoya se demanda pourquoi il le supportait. C'était pour lui un fardeau terrible et elle le lui dit quand il la raccompagna et qu'elle l'invita à monter prendre un verre. Il n'était venu qu'une fois dans son appartement et il en avait gardé seulement l'impression qu'il était accueillant et chaleureux, comme elle-même quand elle le regardait. Il prit avec joie l'ascenseur avec elle et s'assit sur le divan dans la bibliothèque pendant qu'elle lui versait à boire. A leur arrivée, elle avait appelé Sacha, mais sa fille n'était pas encore rentrée et la bonne était sortie. Seul Matthew était là, endormi dans sa chambre, sa nurse auprès de lui.

— Vous devriez aller en vacances quelque part un jour, Paul. Allez tout seul en Californie voir vos enfants. Pourquoi votre vie serait-elle paralysée par ce que fait votre femme ?

— Vous avez raison, mais seul ce n'est pas amusant.

Il était toujours à l'aise et franc avec elle, comme maintenant où il buvait à petites gorgées, regardant Zoya qui s'était assise. Elle portait une robe blanche et ses cheveux étaient tirés en arrière comme ceux d'une fillette.

— Non, ce n'est pas très amusant de faire les choses seul, admit-elle en souriant. Mais je m'y habitue.

S'accoutumer à une vie sans Simon avait été affreusement pénible.

— Ne vous y habituez pas, Zoya. C'est infect.

Il le dit avec une telle véhémence qu'elle en fut surprise.

— Vous méritez mieux que cela.

Il avait passé sa vie seul et il ne voulait pas que la même chose lui arrive. Elle était vibrante, vivante et belle, et elle méritait mieux que cette solitude qu'il connaissait trop bien. Mais elle rit et secoua la tête.

— J'ai quarante-quatre ans, je suis trop vieille pour recommencer.

Elle savait aussi que personne ne pourrait jamais égaler Simon.

— Quelle blague ! J'ai presque cinquante-cinq ans et si j'avais la chance de pouvoir recommencer, je la saisirais.

C'était la première fois qu'il le lui disait. Il étira ses longues jambes devant lui, sa masse de cheveux blancs soigneusement coiffée, la regardant de ses yeux brillants. Il adorait toujours être en sa compagnie. Il se faisait une fête toute la semaine de leur lundi accablé de travail. Ces lundis l'aidaient à vivre.

— Je suis heureuse comme ça.

Elle se mentait à elle-même plus qu'à lui. Elle n'était pas heureuse, mais c'était tout ce qu'elle avait, à présent.

— Non, vous n'êtes pas heureuse. Pourquoi le seriez-vous ?

— Parce que c'est tout ce que j'ai, répliqua-t-elle posément, assez sage pour accepter sa vie telle qu'elle était, plutôt que de se ronger de regret pour un passé qui s'était évanoui à jamais.

Elle l'avait fait autrefois, et elle ne recommencerait pas. Elle devait se contenter de ce qu'elle avait, ses enfants, son travail, et une fois par semaine ses conversations avec Paul Kelly.

Il la regardait avec attention. Sans un mot, il posa son verre et alla s'asseoir à côté d'elle, la fixant intensément de ses yeux bleus.

— Je veux simplement que vous sachiez quelque chose. Je n'y peux strictement rien et je n'ai rien à vous offrir pour le moment, mais, Zoya... je vous aime. Je vous ai aimée dès le premier jour où nous nous sommes rencontrés. Vous êtes ce qui m'est échu de meilleur.

Il vit qu'elle avait l'air frappée de stupeur et, sans ajouter un mot, il la prit dans ses bras et l'embrassa sur la bouche, sentant son cœur se gonfler et tout son corps brûler d'ardeur pour elle.

— Vous êtes si belle... si forte...

— Ne dites pas cela, Paul... Non...

Elle voulait le repousser mais ne réussit pas à s'y résoudre. Elle se sentait terriblement coupable de le désirer, cela paraissait renier le souvenir même de Simon, pourtant elle ne put s'empêcher de lui rendre son baiser et de se cramponner à lui comme si elle se noyait.

— Je t'aime tant, chuchota-t-il en l'embrassant encore, l'étreignant de ses bras vigoureux, sentant le cœur de Zoya battre contre sa poitrine, puis la regardant avec un sourire. Allons-nous-en quelque part... loin d'ici... n'importe où... Cela nous fera du bien à tous les deux.

— Je ne peux pas.

— Si, tu peux... *Nous* le pouvons.

Il serrait sa main dans la sienne et eut l'impression de revivre. Il se dépouillait du fardeau des années en la regardant. Il était de nouveau jeune et n'avait aucunement l'intention de la laisser lui échapper. S'il devait vivre avec Allison pour le restant de ses jours, au moins peut-être pour un moment radieux pourrait-il avoir Zoya.

— Paul, c'est fou.

Elle s'écarta de lui et se mit à arpenter la pièce, voyant le visage de Simon dans leurs photographies, jetant un coup d'œil à ses trophées, ses trésors, ses livres d'art.

— Nous n'en avons pas le droit.

Mais il n'allait pas lâcher prise maintenant. Si elle l'avait giflé, il aurait demandé pardon et serait parti, mais il voyait bien qu'elle le désirait autant qu'il la désirait lui-même.

— Pourquoi cela ? Qui a établi ces règles ? Tu n'es pas mariée. Je le suis, mais pas d'une façon qui ait un sens pour qui que ce soit. Et cela dure depuis des années. Je suis pris au piège d'un mariage de pure forme avec une femme qui ne sait même pas que je suis en vie et qui ne m'aime plus depuis des années, en admettant qu'elle m'ait aimé un jour... N'ai-je pas droit à davantage ? Je t'aime.

Ses yeux plaidaient pour ce qu'il souhaitait si passionnément et Zoya le regardait avec attention.

— Pourquoi ? Pourquoi m'aimes-tu, Paul ?

— Parce que tu es exactement ce que j'ai toujours voulu.

— Je n'ai pas grand-chose à te donner.

Elle était franche avec lui, comme elle l'avait toujours été avec Clayton et Simon.

— Même un peu de toi suffira, je le comprends.

Alors, dans un mouvement plus paisible, il l'embrassa et Zoya, à son propre étonnement, ne se dégagea pas. Ensuite, ils restèrent assis pendant des heures à bavarder, à s'embrasser, à se tenir la main, et minuit était passé quand il s'en alla, promettant de lui téléphoner le lendemain. Elle demeura assise dans l'appartement silencieux, en proie à un fort sentiment de culpabilité quand il partit. C'était mal, cela devait l'être... oui ou non ? Que penserait Simon ? Mais Simon ne penserait rien, il était mort, elle était vivante, et Paul Kelly comptait aussi pour elle. Son amitié lui était précieuse et il avait éveillé quelque chose en elle qu'elle avait pratiquement oublié. Elle était toujours assise à la même place, songeant à lui, quand elle entendit Sacha rentrer ; cette dernière se rendit silencieusement dans sa chambre. Elle était habillée d'une robe rouge vif, son maquillage était tout brouillé et son expression ne plut pas à Zoya. Elle la soupçonnait d'avoir bu plus que de raison, elle l'avait déjà morigénée à ce sujet. Elle l'affronta cette fois-ci avec un regard las. C'était épuisant d'être toujours en train de se battre avec elle.

— Où étais-tu ?

Sa voix était calme, son esprit encore empli de Paul, tandis qu'elle examinait sa fille de haut en bas.

— Sortie.

Elle tourna le dos pour que sa mère ne voie pas son visage. Zoya ne s'était pas trompée. Elle était ivre, mais toujours belle.

— Faire quoi ?

— Je dînais avec un ami.

— Sacha, tu n'as que dix-huit ans, tu ne peux pas t'en aller vagabonder n'importe où à ta fantaisie. Et tes cours ?

— Je termine mes études dans deux mois, quelle différence cela fait-il maintenant ?

— Une très grande pour moi. Il faut que tu te conduises convenablement. Les gens jaseront si tu exagères, ils savent qui tu es, qui je suis. Tu ne veux pas de ça, Sacha. Sois raisonnable.

Mais c'était sans espoir et il y avait longtemps que cela durait. Depuis que Simon était mort et que son frère était parti, Sacha menait une vie de bâton de chaise et Zoya avait presque renoncé à exercer son autorité, elle avait peur de la perdre complètement. Plus d'une fois, Sacha avait menacé de quitter la maison, ce qui aurait été encore pire. Du moins ainsi Zoya avait-elle une idée de ce qui se passait et de ce que Sacha faisait.

— Tout ça, c'est de la foutaise démodée, répliqua Sacha en jetant sa robe par terre et en arpentant la pièce en combinaison. On ne croit plus à ces blagues-là maintenant.

— Les gens croient les mêmes choses auxquelles ils ont toujours cru. Tu fais tes débuts dans le monde cette année. Tu ne voudrais pas qu'on dise des choses déplaisantes sur toi, mon cœur.

Sacha haussa les épaules et ne répondit rien. Avec un soupir, Zoya l'embrassa en lui souhaitant une bonne nuit. Elle sentit l'odeur d'alcool dans son haleine, l'odeur

487

de fumée de tabac dans ses cheveux, et elle la regarda d'un air malheureux.

— Je ne veux pas que tu boives.

— Pourquoi ? J'ai l'âge.

— Ce n'est pas la question.

Sacha se contenta de hausser de nouveau les épaules et tourna le dos jusqu'à ce que sa mère s'en aille. Lui parler ne servait à rien. Zoya avait hâte que Nicolas revienne, peut-être aurait-il encore de l'influence sur elle. Personne d'autre n'en avait. Zoya se demanda avec angoisse ce qui se passerait quand Sacha commencerait à recevoir l'argent que Simon avait laissé. Si quelqu'un n'y mettait pas des limites, c'est là qu'elle commettrait des folies. Zoya y réfléchissait encore quand le téléphone sonna à une heure. Son cœur manqua un battement, elle redoutait de terribles nouvelles. Mais c'était Paul. Il se trouvait chez lui, néanmoins il avait décidé de l'appeler. Allison dormait enfermée dans sa chambre et, après avoir quitté Zoya et l'ambiance chaleureuse de son appartement, il se sentait doublement solitaire.

— Je voulais juste te dire tout ce que ce soir représente pour moi. Tu m'as donné quelque chose de précieux.

— Je ne vois pas quoi, Paul.

Sa voix était basse et douce, dans son esprit ce qu'elle avait donné n'était pas grand-chose. Quelques baisers et la chaleur d'un moment.

— Tu me rends l'existence de nouveau intéressante. Rien que nos lundis soir font que le reste de ma vie vaut la peine d'être vécue.

Elle s'avisa alors qu'elle aussi les attendait avec impatience, il était intelligent, aimable et amusant.

— Tu vas me manquer, cette semaine.

Puis il ajouta d'une voix gaie :

— Penses-tu que la foudre nous tomberait dessus si nous nous rencontrions un mardi ?

— Penses-tu que nous devrions tenter l'expérience ?

Elle se sentit très hardie en le disant. Ils rirent tous les deux comme des enfants heureux.

— Déjeunons demain ensemble et nous verrons bien.

Il souriait comme il n'avait pas souri depuis des années. Elle le faisait se sentir jeune et il y avait en lui quelque chose qui la rendait heureuse et détendue.

— Tu crois que nous devrions ?

Elle voulait éprouver un sentiment de culpabilité, mais, chose curieuse, ce n'était pas le cas. Elle avait l'impression bizarre que Simon aurait compris.

— Demain à une heure ?

— Disons midi.

Sa main tremblait quand elle raccrocha. C'était fou de faire ça... pourtant elle n'avait pas envie d'y mettre fin. Elle se rappelait le contact de ses lèvres sur les siennes dans la bibliothèque ce soir-là, il avait quelque chose d'innocent et de sain. Paul était son ami, quoi qu'il arrive désormais. C'était quelqu'un avec qui elle pouvait travailler, parler, passer du temps, discuter de ses affaires à lui et de ses enfants à elle. Il l'écoutait et donnait l'impression de prendre à cœur ce qui arrivait. Elle se demanda si c'était mal mais, cette nuit-là, elle rêva de Simon ; il se tenait à côté de Paul Kelly et il souriait.

47

Paul arriva au magasin le lendemain peu avant midi et la trouva assise dans son bureau en train d'étudier ce qu'elle avait à faire avec un air grave, un stylo planté dans les cheveux. Après avoir frappé doucement, il avait ouvert la porte et souri en voyant Zoya installée à sa table.

— Voilà un spectacle familier, dit-il avec gaieté comme elle levait la tête. Trop occupée, Zoya ? Dois-je revenir plus tard ?

— Non, c'est parfait. Ces choses-là n'ont rien d'urgent, répliqua-t-elle joyeusement, savourant la chaleur de leur amitié.

Il avait attendu avec impatience de la revoir et, lorsqu'elle quitta son siège pour aller prendre son sac, il fut de nouveau frappé par sa beauté. Elle était encore remarquablement jolie.

— Rude journée ? questionna-t-il avec son sympathique sourire irlandais.

— Pas autant qu'elle aurait pu l'être.

Elle lui adressa un sourire en réponse au sien, contente qu'il soit venu la voir. Cela lui était plus facile de le rencontrer ici que dans le bureau de Simon. C'était son territoire, pas celui de Simon, et cela permettait à Paul de partager son présent plus que son passé, ce qui semblait soudain plus important.

Ils allèrent à pied déjeuner au 21 et, à trois heures, ils y étaient encore, bavardant et riant.

Spencer Tracy occupait une table voisine, en compagnie d'une femme portant des lunettes noires et une capeline. Zoya se demanda qui elle était, mais Paul ne s'y intéressait pas. Il ne pouvait pas détacher ses yeux de Zoya.

— Pourquoi fais-tu cela ? questionna-t-elle finalement, cherchant des yeux les siens mais réconfortée par ce qu'elle y voyait, rien que de la tendresse, de la force, et tout ce qu'il éprouvait d'affection pour elle.

— Parce que je t'aime, dit-il très bas. Je n'avais jamais eu l'intention de tomber amoureux de toi, mais c'est arrivé. Est-ce si mal ?

Elle ne pouvait lui répondre oui, après tout ce qu'elle avait appris du vide de l'existence qu'il menait avec Allison.

— Ce n'est pas mal mais, Paul...

Elle marqua un temps d'hésitation avant de poursuivre :

— Qu'aurons-nous si nous nous laissons aller à nos sentiments ? Quelques instants volés de temps à autre ? Est-ce cela que tu veux ?

— Si c'est tout ce qu'il y a, j'en serai reconnaissant. Pour moi, ces heures avec toi sont précieuses, Zoya. Le reste est... eh bien, ce qu'il doit être.

Il comprenait instinctivement qu'elle n'attendait pas plus de lui que cela. Elle avait ses enfants, le magasin et ses souvenirs de Simon.

— Je ne veux pas te demander davantage. Je n'en ai pas le droit. Je ne veux pas te mentir. Jamais. Tu sais que je ne peux pas quitter Allison et si ce que je peux te donner n'est pas suffisant, je le comprendrai, dit-il en prenant doucement sa main sous la table. Peut-être suis-je très égoïste.

Zoya secoua la tête. A côté d'eux, Spencer Tracy riait. Elle se demanda de nouveau qui était sa compagne et pourquoi il avait l'air si heureux.

— Je n'ai pas l'impression d'être prête pour plus que cela, de toute façon. Peut-être ne le serai-je jamais. J'ai beaucoup aimé Simon...

— Je le sais.

Puis elle ajouta d'une petite voix :

— Mais je crois que je t'aime aussi...

C'était vraiment curieux, elle ne s'y était pas attendue, mais elle se plaisait en sa compagnie. Elle avait passé chaque lundi avec Paul et elle en était venue à s'appuyer sur lui et à le respecter.

— Je ne te demande pas plus que tu ne veux donner. C'est entendu.

Elle ne pouvait pas exiger davantage de lui. Il semblait comprendre tout ce qu'elle ressentait. Son courage s'affermissant, il lui sourit avec douceur.

— Viendras-tu avec moi un jour, quand tu seras prête ?

Elle le regarda longuement, puis eut un lent hochement de tête.

— Je ne sais pas quand ce sera. Je ne le suis pas encore.

Bien que ses baisers, la veille, aient éveillé en elle une intense réaction, elle n'était pas encore décidée à être infidèle à la mémoire de son mari.

— Je ne te presse pas. Je peux attendre. Peut-être même ma vie entière.

Tous deux sourirent. Comme il était différent de Simon, avec son impatience optimiste et son enthousiasme pour la vie, et combien différent de Clayton avec sa douceur et ses manières aristocratiques. Paul Kelly avait sa personnalité propre, sa manière d'être et sa situation particulières.

— Merci, Paul.

Elle le regarda avec reconnaissance et, sans ajouter un mot, il se pencha pour l'embrasser.

— Dînons ensemble chaque fois que ce sera possible.

Il avait l'air joyeux et plein d'espoir.

— Est-ce qu'Allison ne va pas s'en offusquer ?

Un voile de tristesse assombrit un instant le visage de Paul.

— Elle ne s'en apercevra même pas.

C'est Zoya qui l'embrassa, cette fois-ci. Un baiser pour panser la blessure d'années de solitude. Ils étaient tous deux solitaires maintenant, pourtant les moments qu'ils passaient ensemble étaient toujours heureux et gais. Les décisions qu'ils prenaient pour l'affaire de Simon étaient importantes et elle adorait lui parler du magasin. Quelquefois, elle le faisait rire pendant des heures en lui racontant des anecdotes sur ses clientes les plus excentriques... ou sur le petit Matthew.

Paul la raccompagna ensuite au magasin, où l'un et l'autre reçurent un choc en s'apercevant que quatre heures allaient bientôt sonner, et plus que jamais il avait du mal à se séparer d'elle.

— Peux-tu te libérer pour dîner vendredi soir ou attendons-nous jusqu'à lundi ?

Ils étaient devant le magasin et il la regardait gaiement, sans insister. Elle savait que Sacha serait absente pour le week-end et elle eut soudain envie de le voir avant leur habituel tête-à-tête dans le bureau de Simon.

— Dîner m'irait très bien.

Ses yeux plongèrent leur feu vert dans les siens et il sourit.

— J'ai dû faire une bonne action dans ma vie pour avoir autant de chance à présent.

— Ne sois pas ridicule.

Elle rit puis lui déposa un baiser sur la joue comme il promettait de lui téléphoner. Elle savait qu'il le ferait, et elle l'appellerait aussi, ne serait-ce que sous prétexte de parler affaires.

Mais les roses qui arrivèrent pour elle dans l'après-midi n'avaient guère de rapport avec les affaires. Il s'agissait de deux douzaines de roses blanches, parce qu'elle lui avait dit un jour qu'elle les aimait. Elle savait depuis long-temps qu'il oubliait rarement quelque chose. La carte disait : *Pas des moments volés, Zoya chérie, seulement empruntés. Merci pour ce prêt de toi, pour chaque instant précieux. Affection. P.* Elle lut la carte et sourit en la mettant dans son sac, puis elle ressortit de son bureau pour s'occuper de sa clientèle. Mais il n'y avait aucun doute, Paul ajoutait quelque chose à sa vie. Quelque chose de très grande valeur, qu'elle avait presque oublié... le contact d'une main, le regard d'un homme qui s'intéressait à elle et voulait être là pour elle. Impossible de savoir où la vie les conduirait un jour. Nulle part peut-être. Mais entre-temps elle savait qu'elle avait besoin de lui, exactement comme il avait besoin de Zoya. Elle retourna à son travail d'un pas plus léger. Elle n'éprouvait même pas le moindre sentiment de gêne à ce sujet.

— Qui avez-vous vu à déjeuner aujourd'hui ? questionna son assistante avec curiosité comme elles s'apprêtaient à fermer le magasin.

C'était rare que Zoya quitte le magasin pour déjeuner. Elle se contenta de rire et son regard pétilla comme il ne l'avait pas fait depuis des mois.

— Spencer Tracy, répliqua-t-elle sur le ton de la confidence.

— Tiens, tiens, dit la jeune assistante avec un sourire.

Elle l'avait vu tout de même. C'était vrai. Elle avait vu Spencer Tracy... et Paul Kelly.

48

Après cela, Paul et Zoya continuèrent à se retrouver tous les lundis après-midi dans les bureaux de Simon. Ils travaillaient avec acharnement et dînaient tard. Chaque fois que l'un et l'autre parvenaient à se libérer, ils allaient passer ensemble un week-end paisible, à marcher sur la plage, à parler de leur vie et à faire l'amour, mais leur amitié comptait toujours pour eux bien davantage que les relations charnelles. Puis ils retrouvaient New York, leur vie quotidienne, et les gens faisant partie de leur existence. Leur liaison ne jouait pas sur le reste de leur vie. Ils avaient tous les deux trop d'autres choses à faire. Et elle ne se berça jamais de l'illusion qu'elle l'épouserait. C'était sans espoir. Paul était son ami, un ami très cher, et quand ils assistaient aux conseils d'administration, année après année, ils s'enorgueillissaient du fait que personne n'était au courant de l'attachement qui les unissait en privé, pas même les enfants de Zoya. Matthew l'aimait beaucoup et Sacha le tolérait. Elle était maintenant trop occupée à mener sa propre vie pour se soucier de ce que faisait sa mère. Quant à Nicolas, il combattait avec la RAF sur le vieux continent.

Le président Roosevelt mourut le 12 avril 1945. Trois semaines plus tard, la guerre s'acheva en Europe. Zoya, les joues ruisselantes de larmes, se réjouit. Son fils était encore vivant. Il revint à la maison le jour de ses vingt-quatre ans et, deux jours plus tard, la guerre se termina aussi dans le Pacifique. Il y eut des commémorations sans fin, et des défilés sur la Cinquième Avenue. Zoya ferma le magasin et, quand elle rentra chez elle, ce fut pour voir Nicolas debout devant la fenêtre de leur salle de séjour, en pleurs, qui regardait les gens danser dans la rue.

— Si seulement papa avait pu vivre pour voir ce jour-là, lui murmura-t-il en observant la joie dans la rue.

Zoya contempla avec tendresse ce beau garçon qui était son fils. Il ressemblait plus que jamais à Nikolaï, surtout maintenant en uniforme. Il était devenu un homme au cours de ces années passées au loin, et elle ne fut pas surprise quand il lui dit qu'il ne retournerait pas à Princeton. Il voulait commencer à apprendre ce dont il aurait besoin sur l'empire que Simon avait laissé derrière lui. Paul lui enseigna tout ce qui lui était nécessaire et Nicolas fut abasourdi par la somme qui lui avait été léguée. Sacha savait aussi qu'elle hériterait l'année suivante d'une masse d'argent considérable, sans toutefois connaître encore le montant exact. Mais Nicolas fut consterné pendant son bref séjour chez sa mère quand il vit la façon dont elle se comportait. Elle sortait tous les soirs jusqu'à l'aube, rentrait ivre la plupart du temps et se montrait grossière envers quiconque tentait de discuter de sa conduite avec elle, en particulier Nicolas, mais aussi Zoya. Il était furieux quand il en parla un soir, tard, à sa mère. Sacha était rentrée de bonne heure et se trouvait dans sa chambre déjà ivre morte. Un soldat en uniforme l'avait déposée, tellement saoul lui-même qu'il pouvait à peine marcher et Nicolas s'était retenu pour ne pas le jeter dehors.

— Est-ce que tu ne peux pas faire quelque chose au sujet de Sacha, maman ? Elle est complètement déchaînée.

— Elle est trop âgée pour qu'on lui donne la fessée, Nicolas, et je ne peux pas l'enfermer dans sa chambre.

— J'aimerais essayer, répliqua-t-il d'un air farouche.

Mais le lendemain quand il parla à sa sœur, ce fut sans effet. Elle ressortit le soir même et ne revint que bien après quatre heures du matin.

Elle était encore plus belle qu'auparavant, trop jeune pour que ses excès entament sa beauté, mais Zoya savait qu'à terme c'était ce qui se passerait si elle n'y mettait pas un frein. Elle fut moins que satisfaite quand, au mois de décembre de cette année-là, Sacha s'enfuit pour épouser un garçon qu'elle connaissait depuis moins de trois semaines ; le fait qu'il était le fils d'un joueur de polo de Palm Beach était pour Zoya une piètre consolation. Son style de vie était aussi échevelé que celui de Sacha, ils buvaient, dansaient, faisaient la fête tous les soirs, et ce fut encore plus inquiétant quand la jeune femme, lors de son passage à New York en mars, annonça avec entrain à sa mère qu'elle attendait un enfant dans le courant de septembre.

— Pour l'anniversaire de Matthew, je pense.

Elle n'en avait manifestement aucune idée précise. Matthew venait d'entrer dans la pièce. Âgé de six ans et demi, il avait les grands yeux bruns et la gentillesse de Simon. Il adorait Nicolas, mais il avait appris depuis longtemps à se tenir à l'écart de sa sœur. Elle buvait trop, et elle était soit indifférente, soit ouvertement désagréable. Elle avait à cette époque vingt et un ans et l'héritage laissé par Simon ne faisait que la mener encore plus vite à sa perte.

En juin, elle revint de nouveau chez sa mère et annonça que Freddy la trompait. Elle prit aussitôt sa revanche. Elle acheta une nouvelle voiture, deux bracelets de diamants, coucha avec un des amis de Freddy, en dépit de son état, puis s'en retourna à Palm Beach rejoindre son mari. Zoya savait qu'elle n'y pouvait rien. Même Nicolas ne voulait plus en entendre parler. Sacha était ce qu'elle était, c'est-à-dire rien de plaisant. Zoya en discutait souvent avec Paul, et sa sagesse indulgente la consolait un peu.

Nicolas emmenait Matthew à la pêche pendant le week-end, et jouer au ballon dans le parc, chaque fois qu'il en avait la possibilité. Il avait énormément de travail sur les bras, mais il trouvait toujours du temps pour le petit garçon, ce qui par contrecoup donnait à Zoya quelques moments de tranquillité avec Paul Kelly. Ils continuaient à vivre leur liaison dans le secret et Nicolas n'en sut jamais rien, grâce à leur discrétion.

Le bébé de Sacha vint au monde fin août. Une minuscule petite fille aux cheveux roux, Marina. Zoya se rendit en Floride pour la voir, et elle la contempla avec une admiration craintive. Elle était si petite et si mignonne, et sa mère ne paraissait pas s'intéresser à elle le moins du monde. Presque aussitôt après sa naissance, Sacha s'en allait faire la bringue n'importe où en roulant à tombeau ouvert dans ses voitures de luxe, avec ou sans Freddy, qui, tout comme elle, ne se refusait rien. Zoya ne savait jamais où ils étaient, et à sa grande désapprobation, le bébé restait constamment aux mains d'une nurse. Elle tenta de discuter avec Sacha de son genre de vie au cours de leurs rares conversations par téléphone, mais comme il fallait s'y attendre cette dernière ne voulait rien entendre. Nicolas n'avait plus jamais de ses nouvelles. C'était presque comme si elle avait disparu de leur vie, et Zoya regrettait surtout de ne pas voir davantage le bébé. Aussi la veille de Noël, quand le téléphone sonna, Zoya se prit à espérer que c'était Sacha. Nicolas dînait avec elle, et Matthew venait d'aller se coucher après avoir décoré l'arbre. Il avait sept ans et croyait encore un peu au père Noël, quoique probablement pour la dernière année, se doutait Zoya. Il était toujours la joie de sa vie, et elle souriait gaiement en décrochant le récepteur.

— Allô ?

C'était la police de l'Etat de Floride. Elle eut un coup au cœur, redoutant aussitôt la raison pour laquelle on l'appelait. On lui expliqua que Sacha et Freddy avaient eu un accident en rentrant d'une réception et, tandis qu'elle retenait son souffle, ses pires craintes reçurent leur justification. Elle raccrocha le récepteur, les yeux fixés sur Nicolas, incapable de le prévenir. Un instant après, la nurse du bébé leur téléphona, dans tous ses états parce qu'elle se retrouvait seule avec l'enfant. Nicolas lui répondit et promit de prendre l'avion le lendemain matin pour aller chercher la petite. La nurse expliqua tout à Nicolas, qui regardait sa mère avec une horreur muette. Zoya s'accabla de reproches en pleurant, ce soir-là, elle avait fait tout ce qu'il ne fallait pas, affirmait-elle, et maintenant c'était trop tard. Elle n'avait pas su épauler sa fille et maintenant elle était morte. « Elle était si gentille quand elle était petite... » se lamenta Zoya. En revanche, Nicolas avait d'autres souvenirs de Sacha. Il se rappelait seulement combien elle avait été gâtée, égoïste et désagréable envers sa mère. Mais pour Zoya cela semblait injuste. Elle n'avait que vingt et un ans et voilà qu'elle avait disparu, comme le brillant éclair éphémère d'une étoile filante par une sombre nuit d'été. Un moment vivante, puis soudain disparue à jamais.

Nicolas prit l'avion pour la Floride le lendemain et revint avec le corps de sa sœur et son petit bébé, Marina. Ce fut un triste Noël pour Zoya, qui luttait pour retenir ses larmes en déballant avec des mains tremblantes les cadeaux en compagnie de Matthew, tandis qu'elle se demandait s'il y avait quelque chose qu'elle aurait dû faire et qu'elle n'avait pas fait pour sa fille. Peut-être que si elle n'avait jamais travaillé, si leur situation avait été meilleure, si Clayton n'était pas mort... ou Simon... ou peut-être... Les interrogations angoissantes étaient infinies, cependant qu'elle s'efforçait de se concentrer sur Matthew, qui n'avait pas l'air de comprendre ce qui était arrivé à sa sœur. Il était beaucoup trop calme, ce dont Zoya s'alarmait. Néanmoins, elle se rendit compte qu'il ne le concevait que trop bien quand il leva de grands yeux bruns vers les siens et s'enquit doucement :

— Est-ce qu'elle était ivre, cette fois encore, maman ?

Elle fut choquée en entendant ce que disait Matthew, mais il avait raison. Elle avait bu plus que de raison. Zoya, le bébé de Sacha dans les bras, ne le nia pas. Tard dans la soirée, elle était assise à la contempler quand Marina ouvrit les yeux et bâilla d'un air somnolent. Elle était âgée de quatre mois et n'avait plus maintenant que Zoya, Matthew et Nicolas.

— Je suis trop vieille pour cela, dit Zoya avec un soupir, ce soir-là, quand Paul lui téléphona selon son habitude.

— Non, elle est mieux avec toi qu'elle ne l'aurait été avec eux. C'est une enfant qui a de la chance.

Lui aussi avait de la chance de partager sa vie avec elle. Les bénédictions dans l'existence de Zoya s'étendaient à tous ceux qui l'entouraient... excepté Sacha ; elle s'accusa de nouveau ce soir-là, avec la conviction de ne pas avoir fourni à sa fille l'appui nécessaire. Mais aurait-elle pu agir autrement ? Elle n'aurait jamais la réponse et c'était une blessure cuisante. Tout ce qu'elle pouvait faire à présent pour compenser était d'aimer Marina comme si c'était sa propre fille. Elle plaça le berceau près de son lit et resta assise pendant des heures à contempler le bébé endormi, ses yeux clos, sa peau tiède, ses cheveux roux soyeux, pareils aux siens. Elle se promit de la protéger et, cette fois-ci, de faire de son mieux. Tandis qu'un sanglot se formait dans sa gorge, elle se remémora la nuit où Sacha et Nicolas avaient failli mourir dans l'incendie... La petite Sacha gisait sur le trottoir, asphyxiée par l'épaisse fumée, les pompiers bataillaient pour la ranimer, puis elle avait remué et Zoya l'avait serrée dans ses bras en sanglotant, comme elle sanglotait maintenant à l'évocation de ce souvenir... Comment les choses avaient-elles pu tourner si mal ? Finalement, en dépit de tout, elle l'avait perdue à seulement vingt et un ans.

L'enterrement eut lieu deux jours plus tard. Y assistaient quelques-unes de ses camarades d'école et les gens qu'elle avait connus en grandissant à New York. Sur leurs visages se lisait une stupeur muette, quand Zoya quitta l'église au bras de Nicolas, Matthew lui tenant la main. Elle vit Paul debout au dernier rang, l'air grave, sa chevelure blanche dépassant au-dessus de la foule. Il lui offrit des yeux tout ce qu'il ressentait pour elle. Elle ne lui rendit son regard qu'une seconde, puis continua sa marche, encadrée par ses fils, tandis qu'à la maison, dans le lit voisin du sien, la petite Marina, qui avait encore toute sa vie devant elle, les attendait.

49

1947 fut l'année du « new-look » lancé par Dior. Zoya emmena Matthew et Marina quand elle séjourna à Paris pour commander ses nouveaux modèles. Matthew avait près de huit ans et Marina était encore un bébé. Elle conduisit Matthew à la tour Eiffel, se promena avec lui le long de la Seine et aux Tuileries, où elle était allée voilà si longtemps avec Evgenia.

— Parle-moi encore de ta grand-mère.

Elle sourit en lui racontant de nouveau tout, les troïkas dans la Russie de sa jeunesse, les jeux auxquels ils avaient joué, les gens qu'ils avaient connus. C'était une façon de partager avec lui son histoire, qui était en fait la sienne aussi. Ils allèrent ensuite dans le Midi et, l'année suivante, toujours avec les deux enfants, Zoya se rendit à Rome. Elle emmenait Marina partout avec elle, comme si elle pouvait jusqu'à un certain point compenser la perte de sa mère. Marina était maintenant comme sa propre enfant et elle lui ressemblait tellement quand elle courait partout sur le bateau d'un pas mal assuré lors de leur retour que les gens la prenaient naturellement pour la fille de Zoya. A quarante-neuf ans, elle avait toujours un air de jeunesse et cela ne paraissait invraisemblable à personne qu'elle ait encore de jeunes enfants.

« Cela me maintient jeune, je suppose », avait-elle dit plus d'une fois à Paul.

Il était d'accord avec elle. Zoya était encore plus jolie qu'avant.

Nicolas était maintenant à la tête de la société et, au printemps 1951, il avait bien en main les usines textiles. Il était âgé de près de trente ans et, lorsque Zoya rentra d'Europe avec les petits, il vint les voir pour se faire raconter le voyage. Matthew avait onze ans et Marina quatre ans et demi, des cheveux roux brillants et de grands yeux verts. Elle piailla de rire lorsque Nicolas la chatouilla. Il la mit lui-même au lit et retourna dans la salle de séjour annoncer ses projets à Zoya.

— Eh bien, maman...

Il hésita, en lui souriant, et elle devina que quelque chose d'important se préparait.

— Oui, Nicolas ? Suis-je censée prendre un air grave ou essaies-tu seulement de m'effrayer ?

Elle s'y attendait depuis un certain temps. Il fréquentait une charmante jeune fille du Sud. Il l'avait rencontrée quand il était allé inspecter les usines en Caroline du Sud. Elle était très belle et un peu enfant gâtée. Mais sur ce point-là, Zoya n'avait jamais émis de réflexions. Il était adulte et libre d'orienter sa vie à sa guise. Comme elle l'avait dit à Paul, elle respectait son jugement. C'était un jeune homme raisonnable, avec un cœur tendre et un esprit qui s'était aiguisé à diriger les affaires de Simon.

— Serais-tu très surprise si je te disais que je suis fiancé ?

Le regard de Nicolas jouait avec le sien et elle rit.

— Devrais-je l'être, mon chéri ?

— Elizabeth et moi, nous allons nous marier à l'automne, annonça-t-il fièrement.

— Je suis heureuse pour toi, dit-elle en le contemplant avec un sourire.

C'était un homme de valeur et ses deux pères auraient été fiers de lui.

— J'espère qu'elle te rendra heureux, mon chéri.

— C'est déjà le cas.

Zoya ne pouvait pas demander davantage et elle offrit d'aider la jeune fille à choisir une robe de mariée. Elle se rappelait l'inquisition de Sofia, des années auparavant, avant qu'elle épouse Simon. Les parents de ce dernier étaient morts depuis longtemps, et ses oncles après eux. Elle n'avait jamais été intime avec eux, mais elle avait veillé à ce que Matthew leur rende visite souvent et ils lui en avaient été reconnaissants.

Elle prit bien garde de s'abstenir de toute réflexion quand Elizabeth débarqua dans le magasin et traita tout le monde de haut. La robe de mariée ne fut qu'un détail. Elizabeth, apparemment, attendait de sa future belle-mère qu'elle fournisse la totalité de son trousseau et leur achète un appartement. Zoya sentit un petit frisson glacé lui courir le long de l'échine après cela quand elle assista à la cérémonie, regardant Matthew mettre soigneusement en équilibre les anneaux sur le coussin qu'il tenait et Marina balancer un petit panier plein de pétales de roses en agitant la main à l'adresse de sa grand-mère au premier rang. Elle leur sourit fièrement.

Mais Nicolas se comporta avec vaillance, pourvoyant à tous les besoins de sa jeune épouse, répondant à toutes ses exigences, se pliant à ses moindres caprices, jusqu'au moment où il fut incapable de le supporter plus longtemps. Presque quatre ans jour pour jour après leur mariage, Nicolas renvoya Elizabeth chez ses parents. Marina avait alors neuf ans et Zoya la conduisait tous les jours à son cours de danse académique. C'était son unique passion dans la vie depuis qu'elle avait cinq ans. Cette fois-ci Zoya était résolue à tout faire pour l'enfant, hantée comme elle l'était toujours par l'idée qu'elle n'avait pas dû s'occuper assez de Sacha. Tous les jours à trois heures, elle quittait le magasin, passait prendre Marina à l'école de Miss Nightingale et la conduisait au cours de danse, où elle exécutait les mêmes jetés, les mêmes fouettés, les mêmes exercices que Zoya une vie plus tôt, à Saint-Pétersbourg, sous la direction de Mme Nastova.

C'était bizarre comme les choses se répétaient. Elle lui avait parlé de l'école du Mariinski, de ses merveilles et de ses joies, et de la sévérité de Mme Nastova. Quand Nicolas et elle assistèrent à son récital, elle pleura en silence. Son fils se pencha vers elle et posa sa main sur la sienne, et Zoya sourit à travers ses larmes en regardant Marina.

— Elle est si charmante, si candide.

La vie commençait tout juste pour elle. Elle s'appliquait tellement à tout ce qu'elle faisait, c'était une enfant si sérieuse et si gentille ! Matthew était comme un frère pour elle, en dépit de leurs sept ans d'écart, un peu comme Nikolaï quand elle-même devenait adulte. C'était étrange, ce recommencement perpétuel, génération après génération, sa propre passion pour la danse née de nouveau chez Marina.

Ce soir-là, Paul offrit un minuscule bouquet à la ballerine en herbe et, quand Marina fut partie se coucher, babillant avec excitation à propos de la façon dont s'était déroulé le récital, il posa à Zoya la question qu'elle redoutait d'entendre de sa part depuis des années. Sa femme avait fini par mourir de cirrhose quelques mois auparavant, et dans la bibliothèque silencieuse, après le départ de Nicolas, qui était rentré chez lui, Paul regarda gravement Zoya.

— Zoya... au bout de douze ans, je peux te le demander maintenant. Veux-tu m'épouser ?

Il se pencha pour lui prendre la main et elle plongea son regard dans le sien avec le sourire né d'un amour longtemps partagé mais jamais complètement épanoui. Leur liaison durait depuis douze ans, elle l'aimait profondément et tenait à son amitié, mais ce temps-là était passé pour elle. Elle n'avait jamais voulu se remarier après Simon. Elle était heureuse de regarder Matthew

505

grandir et Marina danser. Elle s'activait toujours dans le magasin presque avec la même énergie qu'elle déployait auparavant. A cinquante-six ans, elle ralentissait à peine son rythme. Mais le mariage n'était pas ce qu'elle souhaitait à présent, et elle effleura de ses lèvres les doigts de Paul en secouant négativement la tête.

— Paul, mon chéri, je ne peux pas.

Il l'écoutait, l'air frappé au cœur, et elle tenta de trouver les mots pour s'expliquer :

— J'ai dépassé tout cela maintenant. Je suis trop vieille pour épouser qui que ce soit...

— Ne dis pas cela, Zoya, regarde-toi ! Tu n'as pas changé depuis la première fois que je t'ai vue.

Elle était toujours tellement jolie !

— Mais si, à l'intérieur, dit-elle gentiment. Je désire vieillir en paix, voir Matthew démarrer dans la vie et Marina devenir exactement ce qu'elle souhaite. Je veux qu'elle jouisse du luxe de faire ce qu'elle veut, d'être ce qu'elle doit être... et moi aussi.

Il l'avait redouté, avant même de lui poser la question. Il y avait des années qu'il voulait l'épouser, mais il ne le pouvait pas. Et maintenant qu'il était libre, le moment était passé pour elle. Cela se serait-il déroulé différemment, si Allison était morte plus tôt ? Ses week-ends avec Zoya étaient moins fréquents maintenant, mais ils se rendaient encore de temps à autre dans sa maison du Connecticut. Cependant, ces dernières années, ces petits intermèdes avaient pris moins d'importance pour elle. C'était leur amitié qui comptait à ses yeux, et elle aurait attendu davantage du mariage ; de la passion. A l'heure actuelle, ce qui la passionnait uniquement, c'étaient les enfants. Les enfants, et le magasin. Encore et toujours le magasin, en mémoire de Simon.

— Je ne peux plus être l'épouse de quelqu'un. Je l'ai compris maintenant. J'ai donné tout ce que j'avais à donner à Clayton, puis à Simon, il y a longtemps. Maintenant, il y a moi. Les enfants, mon travail, et toi, quand l'un et l'autre nous en avons le temps. Je ne pourrais pas te donner assez de moi-même pour justifier le mariage. Ce ne serait pas honnête envers toi. Je veux un peu de temps pour moi maintenant, Paul, si horrible que cela soit à entendre. Mais peut-être est-ce mon tour d'être égoïste. Je veux voyager quand les enfants seront assez grands, je veux être de nouveau libre. Peut-être pour retourner en Russie un jour... revoir Saint-Pétersbourg... ou Livadia.

Elle savait que cela lui serait pénible, mais c'était un rêve qu'elle avait nourri ces dernières années et qui chaque jour se faisait plus réalisable. Il lui fallait seulement le temps et le courage d'y retourner. Mais elle savait qu'elle ne pourrait rien faire de tout cela avec lui, car il avait sa vie, sa maison, son travail, son jardinage, ses amis. Il avait considérablement ralenti ses activités ces dernières années.

— Je crois que je suis finalement devenue adulte.

Lui, à soixante-six ans, paraissait soudain bien plus âgé, mais cela Zoya ne le dit pas.

— J'ai été tellement occupée pendant tant d'années à survivre. J'ai fini par découvrir qu'il existe beaucoup plus que cela dans l'existence. Peut-être que si je l'avais su plus tôt... alors les choses auraient pu se passer autrement pour Sacha.

Elle se reprochait encore la mort de sa fille. Fouiller le passé pour voir comment elle aurait pu agir différemment était difficile et cela n'avait plus d'importance, en fait. Pour Sacha c'était trop tard, mais pas pour Matthew ou Marina, ou même pour elle. Elle avait encore du temps à vivre et elle avait choisi de le vivre seule, quel que fût son amour pour Paul Kelly.

— Est-ce que cela signifie que c'est fini entre nous ?

Il la regardait avec des yeux tristes, découragés. Elle se pencha doucement en avant et l'embrassa sur les lèvres.

Il ressentit la même flamme qu'il avait toujours eue pour elle depuis le premier jour.

— Pas à moins que tu ne le souhaites. Si tu peux m'accepter comme ça, je serai ici pour t'aimer très longtemps.

Tout comme elle avait été là pour lui pendant les années où il était marié. Il eut un rire grave.

— C'est bien ma chance, le monde est enfin devenu adulte, les gens se conduisent d'une façon qui aurait choqué l'univers il y a vingt ans, couchant ouvertement ensemble, vivant dans le péché, et qu'est-ce qui se passe ? Je t'offre la respectabilité douze ans trop tard.

Ils rirent tous les deux, confortablement assis dans la bibliothèque.

— Zoya, tu es trop jeune pour moi.

— Merci, Paul.

Ils s'embrassèrent de nouveau et, peu après, il rentra chez lui. Elle avait promis de passer le week-end avec lui dans le Connecticut et il en était rasséréné jusqu'à un certain point. Zoya se rendit à pas de loup dans la chambre de Marina, où elle la regarda dormir, et, de nouveau, elle sourit. Un jour, le monde lui appartiendrait. Les larmes montèrent aux yeux de Zoya comme elle se courbait doucement pour déposer un baiser sur sa joue, et Marina, qui rêvait paisiblement, frémit sous la main aimante de sa grand-mère.

— Danse, petite... petite ballerine... danse...

50

Les années Kennedy rendirent la vie passionnante pour Zoya au magasin. L'épouse du jeune sénateur lançait des modes que tout le monde, captivé, adoptait. Zoya l'admirait beaucoup. Elle fut même invitée à dîner à la Maison Blanche, au grand plaisir de son fils aîné. Elle était encore aussi belle, aussi élégante qu'au temps où il était enfant. A soixante et un ans, tous la reconnaissaient quand elle parcourait son magasin d'un pas altier, redressant un chapeau, fronçant les sourcils devant quelque chose qui ne lui plaisait pas, modifiant d'une main experte l'arrangement d'un bouquet. Axelle était morte et sa boutique n'était plus qu'un souvenir, mais Zoya avait bien assimilé les leçons qu'elle lui avait enseignées.

Marina suivait les cours de danse de la Juilliard School à cette époque. De temps à autre, elle se produisait en tant que professionnelle et, chaque fois que Zoya la voyait danser, elle ressentait presque la même exaltation que lorsqu'elle avait dansé pour Diaghilev plus de quarante ans auparavant. Matthew sortit diplômé de Harvard en juin 1961 et Zoya était là pour l'applaudir, assise au premier rang en compagnie de Nicolas. Elle était fière du beau jeune homme qu'il était devenu. Il devait s'inscrire dans une école de commerce et, ensuite, travailler au magasin avec elle. Nicolas voulait le prendre avec lui, mais Matthew avait avoué s'intéresser davantage au commerce de détail. Zoya avait promis de garder le magasin ouvert jusqu'à ce qu'il soit prêt, et les deux garçons avaient ri.

« Tu ne fermerais pas les portes même si tout brûlait jusqu'aux fondations », s'était gentiment moqué Matthew.

Elle aussi avait ri. Elle connaissait bien ses garçons et les aimait profondément. Elle bavardait distraitement avec Nicolas un jour, dans l'avion qui les ramenait à New York, et elle finit par se tourner vers lui. C'était facile de voir que quelque chose le préoccupait et elle décida de le questionner :

— Alors, Nicolas, de quoi s'agit-il ? Je ne peux pas supporter plus longtemps cette incertitude.

Les yeux de Zoya pétillèrent de gaieté tandis qu'il émettait un petit rire nerveux.

— Tu me connais trop bien.

Il redressa sa cravate et s'éclaircit la gorge.

— Rien d'étonnant après toutes ces années.

Il en avait trente-neuf.

— Qu'est-ce que tu me caches ?

Soudain elle se rappela cette promenade en troïka avec son frère où elle l'avait taquiné à propos de sa danseuse. Elle sut, sans qu'il le lui dise, que l'origine de l'embarras de son fils était une femme.

— Je vais me remarier.

— Dois-je applaudir ou pleurer ? Me plaira-t-elle plus que l'autre ? ajouta-t-elle en riant.

Il la dévisagea posément. C'était un bel homme dont les yeux étaient aussi vifs que les siens.

— Elle est avoué, de profession. En fait, elle va travailler pour Paul Kelly. Elle habite Washington, elle a été employée dans l'administration Kennedy. Elle est drôle, intelligente, ne vaut rien comme cuisinière et je suis fou d'elle.

Il rit, puis reprit son air embarrassé.

— A vrai dire, j'espérais que tu viendrais dîner avec nous ce soir, si tu n'es pas trop fatiguée.

Depuis plus d'un an, ils faisaient la navette entre New York et Washington.

Zoya le regarda avec gravité, espérant qu'il avait fait un choix plus sage, cette fois-ci.

— J'avais l'intention de travailler tard au magasin, mais... je peux me laisser convaincre de changer d'avis.

Ils riaient tous les deux quand il la déposa devant chez elle avant de se rendre à son propre appartement, où Julie l'attendait déjà. Il lui annonça qu'il avait invité sa mère à dîner, et elle ouvrit de grands yeux terrifiés.

— Oh, non ! Et si elle me déteste ? Regarde cette robe ! Je n'ai rien apporté de convenable de Washington.

— Tu es superbe. Elle se fiche complètement de ça.

— Tu parles !

Julie avait vu des photographies de sa future belle-mère, toujours impeccable et vêtue à la dernière mode avec une suprême élégance.

Zoya l'examina avec attention pendant le dîner à La Côte basque, son restaurant favori, qui se trouvait juste à côté de son magasin. Julie était bien tout ce qu'avait dit Nicolas, amusante, intelligente, passionnée par la vie, absorbée par son travail mais pas à l'exclusion de tout le reste. Elle avait dix ans de moins que lui et Zoya fut certaine qu'elle serait une bonne épouse. Au point qu'elle prit une importante décision ce soir-là quand elle les eut quittés. Elle leur donnerait en cadeau de mariage l'œuf de Pâques impérial. Il était temps qu'elle le transmette à ses enfants.

Seule, elle retourna paisiblement au magasin après le dîner et pénétra dans les salles silencieuses grâce à sa clef. Le veilleur de nuit ne fut pas surpris lorsqu'il aperçut la lumière sous la porte de son bureau. Elle venait souvent tard le soir, simplement pour vérifier quelque chose, ou pour prendre du travail à rapporter à la maison. En rentrant chez elle, Zoya songea combien ce serait agréable que Matthew travaille un jour avec elle. Il était demeuré la joie de sa vie, cet enfant qu'elle s'était crue trop âgée pour avoir. Simon avait eu raison. Il l'avait aidée à rester jeune, encore maintenant où elle marchait, pleine d'allant à soixante-deux ans, en direction de sa maison pour retrouver Marina, qui attendait anxieusement sa grand-maman bien-aimée.

Il était minuit quand elle arriva et entendit sa petite-fille l'appeler depuis sa chambre :

— Grand-maman, est-ce toi ?

— Je l'espère bien.

Elle entra dans sa chambre, enleva le chapeau qu'elle avait mis pour dîner avec Nicolas et Julie, et sourit à l'enfant qui lui ressemblait tant. Ses cheveux roux étaient aussi longs que les siens, même s'ils étaient blancs à présent, et ceux de Marina descendaient en cascade sur sa chemise de nuit.

— Tu ne sais pas ! On m'a demandé de danser au Lincoln Center !

— Voilà un joli coup ! Raconte-moi comment c'est arrivé.

Elle s'assit au bord du lit, l'écoutant bavarder joyeusement. Marina vivait uniquement pour la danse, mais preuve en était faite à présent, il ne s'agissait pas seulement d'une illusion née de sa vanité de grand-mère, la petite avait du talent.

— Très bien. Alors maintenant, dis-moi quand.

Elle avait débité d'un trait les noms de toute la troupe, du chorégraphe et du directeur, l'histoire de leur vie, la musique, pour elle le « quand » n'était pas aussi important.

— Dans six semaines ! C'est incroyable, non ? Je ne serai jamais prête.

— Mais si, tu le seras.

Ses études avaient un peu souffert ces dernières années, mais pour Marina cela n'avait pas non plus beaucoup d'importance et Zoya se surprenait fréquemment à se demander si cette fois les muses se réjouiraient, si Marina deviendrait un jour une grande danseuse. Elle lui avait raconté depuis longtemps qu'elle avait dansé dans sa jeunesse à Paris pour les Ballets russes et une fois avec Nijinski, puis, bien après, elle lui avait parlé du Fitzhugh's Dance Hall. Marina adorait raconter cette histoire, cela rendait sa respectable grand-mère bien plus pittoresque.

Six semaines plus tard, la représentation se déroula à merveille. Les critiques parlèrent d'elle pour la première fois. A quinze ans, elle commençait sa carrière. Marina était devenue une vraie ballerine.

51

Le premier enfant de Nicolas, une fille, naquit en 1963, l'année où John Kennedy fut assassiné, l'année aussi où Matthew vint travailler au magasin. Zoya fut profondément touchée quand Nicolas et Julie baptisèrent leur fille Zoe, une américanisation de son propre nom qu'à la vérité elle aimait bien davantage.

Marina, qui avait dix-sept ans, faisait maintenant une carrière professionnelle. Elle avait emprunté le nom de jeune fille de Zoya et était connue comme Marina Ossoupov. Elle travaillait dur et voyageait d'un bout à l'autre du pays. Nicolas estimait qu'on devrait la forcer à aller à l'université quand elle aurait fini ses études secondaires, mais Zoya n'était pas d'accord avec lui.

— Tout le monde n'est pas fait pour cela, Nicolas. Elle a déjà une vie. Maintenant que te voilà père, ne sois donc pas si bourré de préjugés.

Zoya était constamment prête à accueillir les idées nouvelles, toujours curieuse de la vie, jamais ennuyeuse. Paul était encore profondément amoureux d'elle. Il avait pris sa retraite depuis plusieurs années et s'était installé définitivement dans le Connecticut. Elle se rendait chez lui en voiture chaque fois qu'elle le pouvait, et il se plaignait toujours qu'elle soit bien trop occupée. Le magasin donnait l'impression d'entamer une toute nouvelle carrière. Zoya y avait introduit Cardin, Saint Laurent, Courrèges, et à présent, Matthew l'accompagnait quand

elle se rendait à Paris. Il courait après tous les manne-
quins qui passaient à sa portée et adorait séjourner au
Ritz. A vingt-quatre ans, il vibrait d'enthousiasme et
d'espièglerie, sur ce point pas très différent de sa mère.
Au lieu de diminuer ses activités, comme elle l'avait promis, une fois qu'il serait là, elle ne travaillait apparemment que de plus belle.

— Ta mère est étonnante, disait Julie à Nicolas.

Et au contraire de la plupart des brus, elle le pensait
sincèrement. Les deux femmes déjeunaient ensemble de
temps à autre et, quand la petite Zoe eut cinq ans, Zoya
lui acheta son premier tutu et ses premiers chaussons de
danse. Marina avait alors vingt-deux ans et était devenue
une étoile de premier rang. Elle dansait dans le monde
entier, suscitant l'enthousiasme des critiques. Elle était
partout l'idole des amateurs de ballet et, l'année précédente, elle avait même dansé en Russie. Elle avait raconté
à sa grand-mère avec animation sa visite à Leningrad,
jadis Saint-Pétersbourg, où elle avait vu le palais d'Hiver
et même visité l'Ecole de Mariinski, qu'on appelait maintenant le Kirov. Zoya eut les larmes aux yeux en l'écoutant. C'était comme un rêve réalisé... tous ces lieux
qu'elle avait quittés voilà plus de cinquante ans, où restait encore une part d'elle-même, et maintenant Marina
était allée là-bas. Elle aussi parlait encore de se rendre en
Russie, mais soutenait qu'elle réservait cela pour ses
vieux jours.

— Et ce sera quand, maman ? questionna Nicolas,
moqueur, lors de son soixante-dixième anniversaire. Je
vieillis plus vite que toi. J'ai presque cinquante ans.
L'ennui, c'est que tu ne portes pas ton âge et moi si.

— Ne sois pas ridicule, Nicolas, j'ai l'air d'une anti-
quité !

Le plus étonnant, c'est que c'était tout à fait faux. Elle
était encore belle, ses cheveux roux désormais blancs
mais toujours impeccablement coiffés, sa silhouette

toujours svelte mise en valeur par ses tailleurs stricts et ses robes aux lignes sobres. Elle était un objet d'envie pour tous et une source d'inspiration pour ceux qui la connaissaient. Les gens venaient encore au magasin supplier qu'on les laisse voir la comtesse. Matthew était toujours en train de raconter des anecdotes cocasses sur des gens qui affirmaient devoir absolument la rencontrer.

— Un peu comme le Louvre, commentait ironiquement Zoya, seulement en plus petit.

— Allons, maman, ne sois pas modeste. Sans toi, le magasin ne serait rien.

Mais ce n'était plus vrai. Matthew avait appliqué les méthodes de merchandising qu'il avait apprises à l'école commerciale et, au bout de cinq ans d'activité au magasin, il avait doublé leurs ventes. L'année d'après, il avait lancé un nouveau parfum appelé, naturellement, « Comtesse Zoya », et de nouveau les ventes avaient doublé en cinq ans. En 1974, les Comtesse Zoya – la personne comme le magasin – étaient devenues légendaires.

Avec la célébrité, en revanche, vinrent des sollicitations qui intéressèrent Matthew mais terrorisèrent sa mère. Un groupe offrit d'acheter le magasin, plusieurs autres chaînes aussi, ainsi qu'une société spécialisée dans les alcools et une autre qui vendait des aliments en boîte mais cherchait à diversifier ses investissements. Matthew se rendit au bureau de Nicolas pour discuter de toutes ces propositions avec lui, et les deux frères conférèrent pendant des jours. Nicolas était seulement surpris que les offres ne soient pas venues plus tôt.

— Tout l'honneur t'en revient, commenta gravement Nicolas en regardant avec affection son frère cadet.

Mais Matthew secoua la tête et se mit à se promener vivement dans la pièce. Il était toujours en mouvement. Il prit en main des livres, jeta un coup d'œil à des objets qui se trouvaient dans la bibliothèque de son frère, puis se retourna vers lui.

— Non, non, Nick. C'est à elle qu'en revient l'honneur. Moi, je n'ai fait que le parfum.

— Ce n'est pas entièrement vrai, Matthew. J'ai vu les chiffres.

— L'important n'est pas là. Qu'allons-nous dire à maman ? Je sais ce qu'elle va penser. J'ai trente-cinq ans, je peux trouver un autre emploi. Elle en a soixante-quinze. Pour elle, ce sera terminé.

— Je n'en suis pas tellement sûr.

Nicolas réfléchit. Sur un plan strictement commercial, les offres étaient trop belles pour être refusées, une en particulier qui leur plaisait à l'un et à l'autre. Elle maintenait Matthew en place pour cinq ans, comme président et conseiller, et leur attribuait une somme incroyable à tous, y compris Zoya. Mais tous deux savaient que ce n'était pas l'argent qui intéressait leur mère. C'était le magasin, les gens, l'animation.

— Je pense qu'elle comprendra la valeur de cette offre.

Quand Nicolas exprima cet espoir, Matthew éclata de rire et se laissa choir momentanément dans un fauteuil de cuir.

— Alors tu ne connais pas notre mère. Elle va piquer une crise. C'est ce qu'elle fera *après* que nous devons considérer. Je ne veux pas que cela la déprime. A son âge, cela la tuerait.

— Voilà encore un point à prendre aussi en compte, ajouta Nicolas avec sagesse, à soixante-quinze ans, nous ne pouvons pas nous attendre à ce qu'elle s'occupe du magasin éternellement. Il changera fatalement une fois qu'elle sera partie, même si tu y es encore. Elle y ajoute quelque chose. On le sent se mettre à vibrer quand elle arrive.

Elle venait encore travailler tous les jours, même si maintenant elle se faisait ramener chez elle par un chauffeur à cinq heures piles. Nicolas avait insisté sur ce point plusieurs années auparavant et elle avait cédé de bonne grâce. Mais elle était là tous les matins à neuf heures, quoi qu'il advienne.

— Nous allons être obligés de lui en parler, conclut finalement Matthew.

Et, quand ils s'y résolurent, elle piqua la crise qu'il avait si judicieusement prévue.

— Maman, regarde ce qu'on nous offre, je t'en prie, implora-t-il.

Elle se tourna vers lui avec un regard glacial, digne de sa propre mère.

— Y a-t-il quelque chose que j'ignore ? Sommes-nous subitement réduits à la misère ou sommes-nous seulement avides ?

Elle dévisagea son fils d'un air significatif et Matthew rit. Elle était impossible, mais il l'aimait tendrement. Il vivait avec la même femme depuis cinq ans et il était convaincu qu'il l'aimait pour l'unique raison qu'elle était d'origine russe, avait des cheveux roux et ressemblait vaguement à Zoya. « Je sais, c'est très freudien », avait-il admis plus d'une fois. Mais elle était aussi très belle, intelligente et dotée d'un puissant charme sensuel. En quoi elle n'était pas tellement différente non plus de sa mère.

— Veux-tu au moins y réfléchir ? demanda Nicolas.

— Oui. Mais ne t'attends pas à ce que j'accepte. Je ne veux pas vendre le magasin à un fabricant d'aliments pour chiens simplement parce que vous deux ne savez pas quoi faire de votre peau.

Elle se tourna vers son fils cadet.

— Pourquoi n'inventes-tu pas un nouveau parfum ?

— Maman, nous ne recevrons jamais une autre offre comme celle-là.

— Mais est-ce que nous en avons envie ?

Puis, les regardant, elle comprit et en fut sans aucun doute blessée.

— Vous pensez que je suis trop vieille, hein ?

Ses yeux passèrent de Nicolas à Matthew et elle fut émue par le respect et l'affection qu'elle lut sur leurs visages.

— Je suis vieille, effectivement. C'est indéniable. Mais je suis en bonne santé. Moi, dit-elle en réfléchissant, les paupières plissées, je comptais me retirer à quatre-vingts ans.

Tous trois partirent d'un éclat de rire et elle se leva en promettant d'y réfléchir.

Pendant les quatre mois qui suivirent, les discussions homériques continuèrent comme de nouvelles offres arrivaient, encore supérieures aux précédentes. En réalité, la question n'était pas le montant de la vente, mais bien la vente elle-même, purement et simplement. Au printemps 1975, quand Paul mourut paisiblement dans son sommeil à quatre-vingt-six ans, Zoya commença à comprendre qu'elle ne vivrait pas éternellement. C'était déloyal de sa part de tenir ses fils en bride et de leur refuser le droit d'agir comme bon leur semblait. Elle avait eu sa vie, et sa liberté d'action, elle n'avait pas le droit d'entraver la leur. Autant elle avait mis d'obstination à les combattre, autant elle usa de bonne grâce en capitulant tard dans l'après-midi, à la fin d'une réunion du conseil d'administration, les laissant muets de stupeur.

— Tu parles sérieusement ? demanda Nicolas, qui la dévisageait, ahuri.

Il avait pratiquement renoncé et s'était résigné à garder le magasin, ne serait-ce que pour sa mère.

— Oui, Nicky, je parle sérieusement. Je crois qu'il est temps.

Elle avait répondu d'un ton serein, elle ne l'avait pas appelé ainsi depuis des années.

— Tu en es sûre ?

Cela l'inquiétait subitement qu'elle accepte de céder avec autant de résignation. Peut-être ne se sentait-elle pas bien, ou était-elle déprimée. Pourtant, quand il affronta le regard vert toujours perçant, elle n'en avait pas l'air.

— J'en suis sûre, si c'est ce que vous souhaitez tous les deux. Je trouverai autre chose pour m'occuper. J'ai envie de voyager un peu.

Elle avait promis à Zoe tout juste quelques semaines plus tôt de l'emmener à Paris cet été-là.

Elle se leva lentement et considéra chacun des membres du conseil.

— Merci, messieurs. Pour votre sagesse et votre patience, et pour la joie que vous m'avez donnée.

Elle avait inauguré le magasin presque quarante ans auparavant, certains d'entre eux n'étaient même pas encore nés. Faisant le tour de la table, elle serra la main de chacun d'eux, puis elle partit et Matthew s'essuya les yeux. Cela avait été un moment extraordinaire.

— Eh bien, ça y est.

Nicolas le regarda tristement pendant un moment quand ils furent de nouveau seuls.

— Combien de temps penses-tu que cela prendra pour régler l'affaire ?

Ils étaient déjà tombés d'accord sur l'offre qui leur convenait.

— Quelques mois. Tout devrait être bouclé cet été.

Matthew était à la fois ému et enchanté. Nicolas hocha la tête, la mine grave.

— Elle projette d'emmener Zoe en Europe. J'avais l'intention de l'en dissuader, mais maintenant je crois que je m'en abstiendrai.

— Oui, cela leur fera du bien à toutes les deux.

Nicolas acquiesça d'un signe et retourna à son bureau.

52

La journée s'annonçait radieuse et ensoleillée quand Zoya s'assit pour la dernière fois à son bureau. Elle avait emballé ses affaires la veille et Matthew avait donné en son honneur une réception fantastique. Toutes les célébrités, les étoiles de la bonne société, et même deux personnages princiers, alors de passage, avaient empli le magasin. Tous l'avaient embrassée, serrée sur leur cœur, et avaient évoqué des souvenirs. Maintenant elle était assise et se les remémorait, ces trente-huit années, au moment où elle se préparait à quitter son bureau. Le chauffeur l'attendait probablement, mais elle n'était pas pressée de partir. Elle alla à la fenêtre jeter un coup d'œil sur la Cinquième Avenue, et la circulation incessante à ses pieds. Tant de choses avaient changé en quarante ans, tant de rêves s'étaient réalisés et d'autres brisés. Elle se rappelait l'aide que lui avait apportée Simon pour faire démarrer le magasin, comme il était enthousiaste, comme ils étaient heureux quand ils étaient allés ensemble en Europe pour leur première tournée d'achats. Cela avait rempli une vie entière, maintenant prête à s'achever en un instant.

— Comtesse... ?

Une voix douce résonnait sur le seuil de la porte et, se retournant, elle vit sa dernière assistante, une femme plus jeune que Marina.

— Oui ?

— La voiture est en bas. Le chauffeur désirait que vous soyez prévenue, au cas où vous attendriez.

— Merci, répliqua-t-elle avec un sourire gracieux, le dos droit, le regard altier. Dites-lui, je vous prie, que je descends dans un moment.

Ses paroles et son attitude annonçaient sa noblesse plus encore que son titre. Nul de ses collaborateurs ne l'oublierait jamais.

Le battant se referma sans bruit. Elle regarda une dernière fois autour d'elle. Elle savait qu'elle reviendrait, pour voir Matthew, mais ce ne serait plus tout à fait la même chose. Le magasin était à eux maintenant. Elle le leur avait laissé et ils avaient choisi de le vendre. Mais elle se doutait que Simon ne leur aurait pas donné tort. C'était un homme d'affaires avisé, et Matthew aussi.

Elle jeta un ultime coup d'œil par-dessus son épaule et ferma la porte, bien droite dans un nouveau tailleur Chanel bleu marine, ses cheveux relevés et soigneusement nattés. A l'instant où elle quittait son bureau, elle faillit entrer en collision avec Zoe.

— Grand-maman ! J'avais peur que tu sois partie. Regarde ! Regarde ce que j'ai là !

Nicolas avait depuis longtemps consenti au voyage à Paris et elles s'en allaient dans deux semaines, mais pas par bateau cette fois-ci. Elles prenaient l'avion. Il ne restait plus de paquebot digne de ce nom. Quant à Zoe, cela lui était égal. Elle bondissait comme un cabri, avec l'exubérance de ses douze ans, les mains pleines de prospectus, et Zoya rit.

— Qu'est-ce que tu as déniché ?

Zoe jeta un coup d'œil par-dessus son épaule comme si elle était suivie et chuchota d'une voix de conspiratrice :

— Surtout, n'en dis rien à papa. Une fois qu'on sera là-bas, il ne s'en apercevra même pas.

Les prospectus qu'elle tendait à sa grand-mère concernaient non pas Paris mais la Russie. Ce fut la silhouette imposante du palais d'Hiver qui lui sauta aux yeux, puis, au fil des photos, le palais Catherine... le palais Alexandre... le palais Anitchkov... Zoya se tourna vers sa petite-fille, s'interrogeant en silence.

— Grand-mère, allons en Russie !

Elle se l'était promis depuis des années, et il se pourrait bien qu'avec la petite Zoe elle y soit prête.

— Je ne sais pas. Ton père ne voudrait peut-être pas que tu...

Puis, en y réfléchissant, elle sourit. Elle était partie avec sa grand-mère plus d'un demi-siècle auparavant, maintenant elle pouvait y retourner avec sa propre petite-fille.

— Vois-tu, reprit-elle, radieuse, en passant le bras autour des épaules de l'enfant, cette idée me tente tout à fait.

Elles empruntèrent l'escalator, feuilletant les prospectus, échafaudant des projets, l'esprit en ébullition.

Quand elles arrivèrent au rez-de-chaussée, Zoya leva les yeux et fut stupéfaite de voir tous ses employés qui se pressaient là à l'attendre, beaucoup pleurant ouvertement. Elle leur serra la main, sourit, en embrassa un ou deux, puis brusquement ce fut fini, l'enfant et elle étaient dans la Cinquième Avenue et elle congédiait d'un geste son chauffeur. Elle n'avait envie de se rendre nulle part en voiture. Elles partaient pour une longue promenade à pied, Zoe parlant avec excitation du voyage.

— Et... nous pourrions aller à Moscou !

Ses yeux étincelaient, exactement comme ceux de Zoya, qui l'écoutait.

— Non. Moscou a toujours été très ennuyeuse. Plutôt Saint-Pétersbourg... et peut-être... Tu sais, quand j'étais jeune, l'été nous allions au palais de Livadia... en Crimée...

Elles suivaient la rue, main dans la main, quand approcha lentement la limousine de Nicolas. Il n'avait pas pu supporter l'idée qu'elle quitte seule le magasin et il était venu pour la raccompagner chez elle, et il les aperçut soudain... Zoya, le dos bien droit dans le tailleur Chanel, et sa propre fille, ses cheveux sombres volant au vent tandis qu'elle parlait avec animation. L'ancien monde et le nouveau. Le passé et l'avenir, rentrant à la maison main dans la main. Il décida de les laisser tranquilles et retourna lentement au magasin pour voir Matthew.

— Est-ce que tu crois que nous pourrions y aller, grand-maman ?... A Livadia, je veux dire...

Elle levait un regard plein d'amour vers la vieille femme et Zoya sourit.

— Sans aucun doute, ma chérie, sans aucun doute.

Vous avez aimé ce livre ?
Vous souhaitez en savoir plus sur Danielle STEEL ?
Devenez, gratuitement et sans engagement, membre du
CLUB DES AMIS DE DANIELLE STEEL
et recevez une photo en couleur dédicacée.

Pour cela il suffit de vous inscrire sur le site
www.danielle-steel.fr
ou de nous renvoyer ce bon accompagné d'une enveloppe
timbrée à vos noms et adresse au
Club des Amis de Danielle Steel
– 12, avenue d'Italie – 75627 PARIS CEDEX 13

Monsieur – Madame – Mademoiselle

NOM :
PRÉNOM :
ADRESSE :

CODE POSTAL :
VILLE :
Pays :

E-mail :
Téléphone :
Date de naissance :
Profession :

La liste de tous les romans de Danielle Steel publiés aux Presses de la Cité se trouve au début de cet ouvrage. Si un ou plusieurs titres vous manquent, commandez-les à votre libraire. Au cas où celui-ci ne pourrait obtenir le ou les livres que vous désirez, si vous résidez en France métropolitaine, écrivez-nous pour le ou les acquérir par l'intermédiaire du Club.

Cet ouvrage a été imprimé au Canada par
Marquis Imprimeur en novembre 2013

Composé par Nord Compo Multimédia
7, rue de Fives, 59650 Villeneuve-d'Ascq

Dépôt légal : novembre 2013